LE CORPS

Le Corps

by Chantal Jaquet

Copyright © Presses Universitaires de France/Humensis, Le corps, 2001.
Korean Edition Copyright © Greenbee Publishing Co., 2021.
All rights reserved.
This Korean edition published by arrangement with Humensis through Shinwon Agency Co., Seoul.

몸

하나이고 여럿인 세계에 관하여

샹탈 자케 지음

정지은·김종갑 옮김

그린비

쿠부스에게

"여기 나는 쉼이 불가능한 몸을 바라보기 위해,

둥그레진 두 눈만을 원하고 있습니다."

F. G. 로르카

차례

| 일러두기 |

1 이 책은 Chantal Jaquet, *Le corps*, PUF, 2017(초판 2001)을 완역한 것이다.

2 이 책의 주는 모두 각주이며, 옮긴이의 주는 각주 내용 앞에 '[옮긴이]'라고 표기했다. 본
  문과 각주 내용 중 옮긴이가 추가한 부분은 대괄호([ ])로 표기했다.

3 외국어 고유명사는 2002년에 국립국어원에서 펴낸 외래어표기법을 따라 표기하되, 관례
  가 굳어서 쓰이는 것들은 그것을 따랐다.

서론

"이따금 이성은 우리의 몸을 전혀 이해하지 못하는 영혼의 능력처럼 보인다."[1]—폴 발레리(Paul Valéry)

우리는 몸과 함께 세계로 오게 되었다. 우리는 쾌와 고통의 변천을 따르면서 사랑의 최초 대상에 묶여 있거나, 족쇄에 묶여 있는 것처럼 몸에 묶여 있다. 붙잡히거나 사로잡힌 우리가 몸을 선택한 것이 아니다. 우리는 좋을 때나 나쁠 때나 몸과 결합되어 있다. 영혼의 상태들은 거의 허락되지 않는데, 우리가 대안을 가지고 있지 않기 때문이다. 오비디우스나 아풀레이우스에게는 미안한 말이지만, 우리는 자신을 변형시키려고 해봤자 헛된 일이다. 우리는 자기 자신을 해체시켜서 타자의 몸 안으로 미끄러져 들어갈 수 없다. 몸은 내밀하고 구체적인 실재가

---

1 *L'âme et la danse* [『영혼과 춤』], p. 163. —자세한 서지정보와 참조사항은 본문 뒤에 있는 '참고문헌' 속에 있다.

묵직한 두께 속에 있는 것처럼, 스스로 움직이고 동요되고 살아 있는 형태처럼 주어지며, 이 형태는 유동적이었다가 부동적이 되고 감각적이었다가 무감각적이 되곤 한다. 우리는 어디든지 몸을 데려가며, 몸은 우리 자신과 타인 사이에서 직접적이면서 동시에 매개적으로 현전한다. 산다는 것은 몸을 지니고 있다는 것이고, 박탈될 수 없는 유일무이한 시점에서 세계를 지각한다는 것이다.

그렇지만 몸이 아무리 친숙한 것이라고 해도 소용이 없다. 몸은 심오한 낯섦 속에 머물러 있다. 몸이 스스로 항구적으로 변형되는 데에는 기관들의 말 없는 작용이 필요한데, 우리는 그 작용을 포착할 수 없다. "목구멍의 협부는 변덕스러운 필연성과 유기적 수수께끼의 문지방"[2]이라고 발레리는 말한다. 여기서 문제가 되는 "수수께끼"는 의도적으로 은폐된 비밀처럼 이해되어서는 안 된다. 실제로 몸은 알고자 하는 욕망을 회피하지 않으며 자신의 본성을 감추려고 애쓰지도 않는다. 몸은 오히려 각자에게 자기 자신을 발견하라고 권유하고 자신의 몸의 특성의 수수께끼를 해독하라고 권유한다. 발레리는 인간이 자신의 몸에 대한 탐험가의 태도를 가질 것을, 어느 정도 친숙한 몸의 영역들을 식별해 낼 것을, 그리고 자기 자신을 알기 위해서 자기 자신을 미지의 무언가로 삼을 것을 주장한다. "이 영역 안에 '너 자신을 알라'(Gnôti Séauton)가 있다. 그 영역은 다른 영역에 비해 불완전하지 않으며, 다른 영역에 비해 우연적으로 풍요롭거나, 본질적으로 한정되어 있는 것도 아니다 ── 그 영역에서 소크라테스는 모색하고 길을 잃

2 *Ibid.,* p. 149.

는다."[3]

그렇지만 인간은 일반적으로 몸의 "너 자신을 알라"를 고려한 발레리의 요청을 듣지 못한 상태에 있으며, 프랑시스 퐁주(Francis Ponge)는 그런 무관심에 대해 놀란다. "인간은 자신의 몸 전부를 거의 알지 못하며, 그것의 고유한 깊이 베인 상처를 결코 본 적이 없다. 인간은 자신의 피를 보는 경우가 드물다. 자신의 피를 본다면 인간은 불안해진다. 인간은 다만 자신의 몸의 외곽만을 인식하도록 자연에 의해 허락받는다. (…) 게다가 인간은 그것을 개의치 않는다는 것을 인정하자. 완전한 수수께끼 속에서 살아가는 인간의 능력, 인간을 가장 가까이에서 또는 가장 심각하게 건드리는 것에 대해 순전하게 무지한 채로 살아가는 인간의 능력보다 더 명백한 것(더 놀라운 것)은 아무것도 없다."[4]

이런 아름다운 무관심은 그럼에도 불구하고 보통의 인간에게만 해당하는 것이 아니다. 그런 무관심은, 적어도 20세기에 후설, 사르트르, 메를로-퐁티와 함께 현상학이 도래하기 전까지, 그리고 그 주제에 관한 실제적인 연구들의 발전이 있기 전까지 철학자들에게서도 공유되었다. 철학의 하늘에서 정신은 광채를 내지만, 몸은 부재를 통해 빛을 발한다. 중요한 논문들의 제목은 제목이 시사하는 바 자체를 말하고 있다. 철학자들이 선호하는 것은 영혼 및 영혼의 평화와 정열에 대해 사색하기, 인간 오성 및 인간 오성의 개혁에 대한 시도와 조사를 완

---

3 *Mauvaises pensées et autres* [『나쁜 생각들과 그 외의 글들』], R, p. 890.
4 "Proêmes, notes premières de 'l'homme'" [「서막들, '인간'의 최초의 기록들」], in *Le partie pris des choses*, pp. 210~211.

성하기, 이성이 순수한지, 실천적인지 또는 변증법적인지를 비판하기, 정신의 현상학이나 의식의 직접적 소여들에 대한 분석을 전개하는 것이다. 분명 몸에 대한 반성은 완전히 부재하지는 않으나, 언제나 주변적이고 결코 중심적이 되지 못한다. 몸에 대한 반성은 인지적 과정, 사유나 정열의 다양성, 완벽한 합리적 통제에 대한 장애물을 해명할 수 있는 정도에서만 개입될 뿐이다. 몸은 탐구의 주된 대상을 이루지 않으면서 매체 또는 은유로서 사용된다.

1) 침묵의 이유들

많은 점에서 몸은 정신에게 최상의 실재성이라는 특권을 부여하고, 기만하는 감각적 외양들 가운데로 살(chair)을 밀어넣을 정도로 완전히 정신을 향해 돌아선 철학의 타자이다. 영혼은 존재와 유사하고 몸은 비-존재와 유사하다. 운명의 장난이 아닌가! 비가시적인 것이 가시적인 것을 대신하고 가시적인 것을 광경으로 기능하게 만든다. 놀라운 사변적 힘에 의해서 철학자들은 영혼의 실재성이 신임을 얻게 만들고 몸의 실재성은 신임을 잃게 만든다. 그리하여 공통 감각에 대해서 친숙한 자명성의 대상이 되었던 것이 진지하게 진리 추구에 몰두하기를 욕망하는 주체에 대해서는 모호하고 문제적인 것이 된다. 그리하여 데카르트(René Descartes)는 경험적 인식들, 매우 잘 정초된 추론들과, 보다 일반적으로 그의 모든 사유를 강타하는 궁극적 회의의 끝에서, 고유한 몸의 실존에 대해서는 불확실한 채로 머물러 있으면서도 자신을 정신으로서, 즉 사유하는 실체로서 통각하기에 이른 것이 아니겠는가? [이것은] 기만하지 않는 신의 발견에 앞서는 확실히 임시적인 단계이다. 그러나 이것은 또한 자아를 구성하고 인간에게 최초의 정체성을 수여하는 영혼의 우선성이 계시되는 단계이다. 그러한 원리에 강한, 『방법 서설』의 저자는 이렇게 결론을 짓는다. "내가 나이게 하는 영혼은 몸과 완전히 구별되며, 영혼은 몸보다 더 알기 쉽다. 그리고 비록 몸이 존재하지 않는다고 할지라도 영혼은 영혼으로서 존재하는 것이다. 영혼은 자신이 존재하는 바 그 모든 것으로 자신이 존재하도록 내버려두지 않을 것이다."[5] 그처럼 진리를 보증하는 신이 합당한 질서를 몸에게 부여하지 않고, 몸의 자리를 자연의 창설 가운데 놓지 않는 한, 몸은 철학의 환상지가 되고 철학을 떠나지 않는 유령이 될 것이다.[6]

정신에게 부여한 그러한 존재론적이고 인식형이상학적 우선성은, 어쨌든 몸이 생각할 거리들을 제공하는 한에서, 전적으로 반박될 수 있다. 사드(marquis de Sade)는 우리 몸의 가장 단순한 움직임이 이 움직임을 반성하는 모든 인간에게 사유만큼이나 짐작하기 어려운 수수께끼라는 것을 관찰하게 했다. 존재론적이거나 가치론적인 위계질서와 무관하게, 우선적으로 몸의 목소리를 듣지 않고서도 우리는 정말로 정신을 알 수 있고 정신을 분석할 수 있을까? 만일 니체(Friedrich Nietzsche)가 소리 높여 주장하듯이 "[나는] 전적으로 몸일 뿐, 그 밖의 아무것도 아니"[7]라면, 만일 "영혼은 몸 안의 어떤 것을 위한 단어에 불

---

5 *Discours de la méthode*, quatrième partie, p. 33. [『방법 서설』, 4부]

6 [옮긴이] 몸은 사유하는 정신에 대해 여전히 수수께끼이기 때문에, 그런 몸의 진리의 근거를 합당한 질서를 부여하는 신이나 자연의 설립 속에 놓을 수밖에 없다는 의미다.

7 *Ainsi parlait Zarathoustra*, première partie, "Des contempteur du corps". [『차라투스트라는 이렇게 말했다』, 제1부 「몸을 경멸하는 자들에 대하여」, 책세상, 51쪽]

과할 뿐"이라면, 정신에 대한 모든 담론이 가치가 있을까? 차라투스트라는 몸으로부터 분리된 순수 사유라는 착각을 고발한다. "너의 생각과 너의 감정 뒤에 너의 몸과 몸 안의 너의 자아가 있다. 미지의 땅(la terra incognita)."[8] 몸은 강력한 주인이며 정신은 그런 몸의 도구이다. 몸은 거대한 이성이고 이 몸의 장난감이 바로 작은 이성이다. 고통과 쾌락을 각인시키며, 치유하고 향유하기 위한 사유를 정신에게 권유하는 것이 바로 몸이다. 이러한 조건에서 몸이라는 미지의 땅이 거의 경작되지 않았다는 것을 어떻게 이해할 수 있을까? 정신에게 주어진 우선성은 몸이 철학적 탐구의 주요한 대상이 결코 되지 못했음을 일부 설명하지만, 그 이유를 설명하는 데에는 충분하지 않다.

철학자들은 몸 공포증자(somatophobie)들인가? sêma(기호)에 대한 soma(몸), 무덤에 대한 몸의 그 유명한 동일시(assimilation)가 피타고라스 전통 너머에서 그 반향을 발견했다는 것은 사실이다. 플라톤은 『파이돈』에서 몸을 감옥처럼 생각한다. 그는 사유를 막는 그런 골칫거리로부터 자유로워지라고 철학자에게 권고한다. "철학자의 영혼은 몸을 마음속 깊이 경멸하고 몸으로부터 도망쳐서 자기 자신 안에서 고립되기를 추구한다."[9] 철학한다는 것은 몸으로서 죽는다는 것, 몸으로부터 해방되고 분리되는 것을 배우는 것이다. 플로티노스(Plotinos)는 『엔네아데스』에서 "우리가 사유의 추구 속에서 몸을 사용하고자 할 때 몸은 장애물"[10]이라고 주장하면서 플라톤의 뒤를 따른다. 그 명제들은

---

8 *Ibid.*, variante I, 2, 34.
9 *Phédon*, 65c.
10 *Ennéades*, IV, 3, 19, p. 86.

기독교 신학자들에 의해 계승되고 확대되었으며 잘 알려졌으면서도 종종 잘못 해석되는바, 몸에 대한 불신, 그리고 몸의 원죄적 욕망의 수행 역할에 대한 불신을 낳는 데 크게 기여한다. 자신의 책 『도덕론』에서 말브랑슈(Nicolas Malebranche)는 가능한 한 육체의 고행이나 몸과의 교류의 단절을 권장한다. 그는 물론 신앙인에게 자살을 권유하지는 않는다. "몸을 죽이고 생명을 끝내는 죽음을 자신에게 주어서는 안 된다. 그러나 몸을 무너뜨리고 생명을 단축시키는 죽음을 자기에게 주어야 한다. 내가 의미하는 것은 정신과 몸의 결합 또는 정신의 몸에 대한 의존성이다. 몸의 희생을 시작하고 계속해야 하며, 신으로부터 그것의 소비와 보상을 기다려야 한다. 왜냐하면 지상에서의 기독교도의 삶은 지속적인 희생이기 때문이다. 이 희생을 통해서 그는 끊임없이 자신의 몸, 자신의 향락, 자기 사랑을 [세상의] 이치에 대한 사랑에게 제물로 바친다."[11] 몸과 결별하도록 촉구된 철학자는 당연히 몸을 본질적이고 사변과 탐구에 합당한 자격을 가진 것처럼 취급할 수 없다. 영혼의 구원을 염려한 그는 자신의 동요를 피하기 위해서나 몸을 이성으로 다시 데려오기 위해서 반드시 필요한 것으로서만 몸을 알려고 노력한다.

어쨌든 모든 예상과는 반대로 몸을 배경으로 추방하는 것이 물질과 관계해서 정신에게 특권을 부여하는 이원론적 사상가들만의 특징은 아니다. 즉 몸에 대한 반성이 몸 공포증의 성향을 가장 덜 가진 일원론적 철학자들에게서 반드시 최고의 표지처럼 있지는 않다. 그리하여 정신과 몸이 유일한 동일 개체로서, 즉 때로는 사유 속성으로 이해되

---

11 *Traité de morale*, I, XI, §III.

고 때로는 연장 속성으로[12] 이해되는 스파노자(Baruch Spinoza)에게서, 몸적 본성에 대한 특수한 분석은 거의 자리를 점하고 있지 않으며, 그 분석은 『에티카』 2부에서 정리 13과 정리 14에 있는 간략한 물리학 요약으로 귀착될 뿐이다. 정신은 현실적으로 존재하는 몸의 관념이 아닌 다른 것이 아니라는 것,[13] 그리고 몸의 역량과 몸의 본질은 몸의 대상의 역량 및 본질과 상관적이라는 것을 인정하면서, 스피노자는 그 자신이 고백하듯이 "몸과 관련된 몇몇 전제들"[14]만을 우리에게 전달한다. 5개의 공리, 7개의 보조 정리, 하나의 정의, 6개의 요청, 이 안에 몸에 대한 모든 과학이 마련되어 있다. 명시해야 할 것은 이 유일한 6개의 요청이 특히 인간 몸과 관련된다는 사실이다.

물론 이런 물리학의 간결한 특징은 정신의 본질을 해명하는 것만을 붙잡아야 한다는 필연성에 의해 설명된다. 몸(Corpore)이 아니라 정신(Mente)이라는 제목이 달린 2부의 목적은 신의 본질을 따르는 모든 것들을 설명하는 데 있는 것이 아니라, "마치 손으로 하듯이 우리를 인간 정신과 이것의 최고의 지복에 대한 인식으로 인도할 수 있는 것들만을"[15] 설명하는 데 있다. 따라서 몸과 관련된 담론은 보조 정리적 위상을 간직하며 완벽함을 전혀 주장하지 않는다. 게다가 스피노자는 만일 그의 계획이 전문가로서(ex professo) 몸을 다루는 것이었다면, 그가 제시하는 것을 더욱 장황한 방식으로 증명해야 했을 것이라

---

12 *Éthique*, II, XXI, scolie.
13 *Ibid.*, XIII. [스피노자, 『에티카』, 강영계 옮김, 서광사, 2007, 96쪽]
14 *Ibid.*, XIII, scolie. [『에티카』, 97쪽]
15 *Ibid.*, II, préface. [『에티카』, 81쪽]

고 명시하면서 상기한 요청들을 사용한다.[16] 그럼에도 불구하고 『에티카』의 저자의 간결한 표현은 단지 자신의 주제로부터 지나치게 멀어지지 않으려는 염려를 따르는 것만은 아니다. 그것은 더 깊은 이유와 연관되어 있다. 즉 그 이유는 몸의 구조와 역량의 정확한 본성에 대한 무지다. 이러한 내용이 『에티카』 3부의 정리 2에 붙는 그 유명한 주석에서 나온다. "몸이 무엇을 할 수 있는지에 대해서는 실제로 지금까지 아무도 규정하지 않았다. 다시 말해, 지금까지 경험은, 단지 몸적인 것(corporel)으로 고려된 본성의 법칙들에 의해서 몸이 무엇을 할 수 있는지, 그리고 영혼에 의해 규정되지 않는 한에서 몸이 무엇을 할 수 없는지를 아무에게도 가르쳐 주지 않았다. 모든 몸 기능을 설명할 수 있을 정도로 정확하게 몸의 구조를 알고 있는 사람은 아무도 없다.…" 그러므로 몸을 다루는 분석들이 드물고 간략했던 이유는 무지와 대면한 어떤 신중함, 그리고 괴상한 가설들로 이끌리지 않으려는 염려 때문이었다. 따라서 몸의 수수께끼 앞에서 침묵하라고 권유하는 것은 가능적인 경멸(éventuel mépris)보다는 가능적인 착각(éventuelle méprise)이다. 그 결과 몸을 중심으로 한 담론의 부재는 원초적인 몸 공포증의 목록 안에 자동적으로 놓여서는 안 된다. 왜냐하면 몸 담론의 부재는 몸적 본성을 의심하는 경향이 있는 이원론적 철학과 마찬가지로 몸적 본성을 완전하게 복권시키는 일원론적 철학 안에서도 확인되기 때문이다. 몸 담론의 부재는 근본적으로 무지에서 비롯된다. 무시는 그러한 무지의 무능하고 오만한 변장에 불과하다.

---

16 *Ibid.*, lemme VII, scolie. [『에티카』, 103쪽]

그러나 오늘날 몸이 무엇인지를 누가 알고 있을까? 발레리는 얼마나 우리가 탐구의 도구들에 종속되어 있는지를 보여 주면서 우리에게 겸손하라고 요구한다.

눈에게 목덜미는 수수께끼이다. 거울이 없이 인간은 어떻게 자신의 얼굴을 그려 낼 수 있었을까? 그리고 우리가 해부학을 알지 못한다면 어떻게 몸의 내부를 그려 낼 수 있을까? 만일 우리가 해부학을 안다고 할지라도, 우리가 몸 기관들의 내밀한 작동을 보고 이해하기 위해 반드시 필요한 것을 가지고 있지 않다면, 몸 기관들의 내밀한 작동은 우리에게서 빠져나간다. 내밀한 작동이 도망치는 게 아니다. 그것은 우리 앞에서 후퇴하지 않는다. 그것에 접근할 수 없는 것이 바로 우리다.[17]

비록 점차 더 섬세해진 접근과 점차 더 완벽해진 도구들 덕분에 몸의 경탄할 만한 구조가 천천히 드러날 수 있다고 할지라도, 탐구는 어떤 중대한 장애물과 맞닥뜨리며, 바로 이 장애물이 어째서 철학자들이 종종 이 주제로부터 등을 돌렸는지를 설명해 준다. 몸을 주제로 삼는 사변의 희소성은, 이것이 부과하는 무지와 보류를 넘어서, 몸을 순수하게 이성적인 반성의 대상으로 삼는 것에 대한 어려움과 연결되어 있다. 순수한 외재성으로 포착될 수 있는 물질적 대상들과는 반대로 인간의 몸은 복합적 존재이다. 왜냐하면 그것은 주체와 대상 간의 구분을 모호하게 만들기 때문이다. 고유한 몸의 경험은 내가 내 앞에 정

---

17 *Mauvaises pensées et autres*, A, *Esprit*, p. 798.

립할 수 있는 대상의 경험이 아니다. 왜냐하면 몸은 늘 나와 함께 있으며 나는 나의 몸을 쫓아낼 수도 없고 나의 몸을 **부분 밖의 부분**(partes extra partes)[18] 가운데에서 관조할 수도 없기 때문이다. "나는 나의 몸으로부터 나의 몸을 본다"[19]고 앙토냉 아르토(Antonin Artaud)는 말했다. 관찰자의 태도를 취함으로써 인간은 자신의 몸의 직접적인 소여들을 변형시키고 자신의 존재에 필연적으로 영향을 미친다. 따라서 인간은 결코 완전한 방관자가 될 수 없으며, 반대로 동시에 늘 행위자가 된다. 고유한 몸의 경험은 자신의 내면에 의해, 그리고 자기 자신과의 충만한 일치에 의해 특징지어지는 주체의 경험이 더 이상 아니다. 왜냐하면 몸은 타인에 대해 가시적인 바깥, 어떤 외재성을 지니고 있으며, 그리하여 환경으로부터 영향을 겪을 수 있기 때문이다. 가깝고도 먼 나의 몸은 가장 심원한 내밀성의 경험과 가장 근본적인 이질성의 경험을 내게 제공하는데, 왜냐하면 나는 어느 정도는 초연해지면서 몸을 대상처럼 고려할 수 있기 때문이다. 몸은 전적으로 나 자신이 아닌 채로 전적으로 나의 것이 된다. 그리고 이런 존재 방식은 순수한 객관성으로도, 순수한 주관성으로도 환원될 수 없다. 고유한 몸의 특수성은 기괴하면서 동시에 친밀한 어떤 불투명성 속에서 주어진 존재에 관한 명석 판명한 담론을 끌어내는 데 있어서의 어려움을 확실히 설명하고 있다. 경험을 통해 포착될 수 있는 고유한 몸은 오성에 의해서는 포착될 수 없는 것처럼 보인다.

---

18 이 부분 밖의 부분에서 부분들은 서로가 서로에 대해 외재적이다.
19 *Cahiers de Rodez* [『로데즈의 노트』], mai-juin, 1945, p. 140.

데카르트는 상상력의 도움을 받아 오성이 인식할 수 있으며 연장을 갖는 몸들(corps)과 감각이 인식할 수 있으며 영혼과 결합된 인간의 몸(corps)을 구분하면서 그 점을 이미 분명하게 말했다.[20] 인간의 몸은 물론 연장 실체로서 파악될 수 있지만 "이 몸(내가 나의 것이라고 부를 수 있는 특별한 권리에 의한 이 몸)은 다른 어떤 것보다 더욱 본래적으로 그리고 더욱 밀접하게 내게 속하며",[21] 영혼과 결합되어 있다. 그리하여 "나는 나의 몸에 매우 밀접하게 결합되어 있고 너무나 뒤섞여 있어서, 나는 나의 몸과 단 하나의 전체를 구성하기에 이른다."[22]

영혼과 결합된 몸에 대한 분석의 원리는 몸만을, 또는 영혼만을 연구하기 위한 지배적인 원리와 동일하지 않다. 실제로 "두 가지 것 사이에 있는 결합을 이해한다는 것은 그 둘을 단 하나의 것으로 이해한다는 것입니다."[23] 그리하여 실체들의 구별을 고려하는 개념들에 근거하면서 결합을 포착하는 것은 불가능하다. 그렇기 때문에 데카르트는 네 가지 종류의 원초적 개념들을 구분하고 그것들을 혼동하지 말 것을 강력하게 권고한다.

우선 나는 우리 안에 어떤 원초적 개념들이 있다고 생각합니다. 그것은 본래적인 개념들과 같으며, 우리는 이 개념들을 본떠서 다른 모든 인식들을 형성하게 됩니다. 그리고 그런 종류의 개념들은 거의 없을

---

20 Cf. *Lettre à Élisabeth du 28 juin 1643*, A.T., III, pp. 691~692.
21 *Méditations* VI, p. 60.
22 *Ibid.*, p. 64.
23 *Lettre à Élisabeth du 28 juin 1643*, A.T., III, p. 692.

것입니다. 왜냐하면 우리가 생각할 수 있는 모든 것에 적합한 존재, 수, 지속 등에 대한 가장 일반적인 개념들 이후에, 우리는 특정한 몸에 대해서 연장의 개념만을 가지며, 이 개념에 형상과 운동의 개념이 따라오기 때문입니다. 그리고 오로지 영혼에 대해서 우리는 사유의 개념만을 가지며, 이 개념 안에 오성의 지각들과 의지의 성향이 포함됩니다. 끝으로 영혼과 몸 모두에 대해서 우리는 그것들의 결합의 개념만을 가집니다. 이 결합의 개념에 영혼이 몸을 움직이기 위해 갖거나, 감정들과 정념들을 야기함으로써 몸이 영혼에 대해 작용하기 위해 갖는 힘의 개념이 의존합니다.[24]

첫 번째 개념들이 우리가 생각할 수 있는 모든 것에 적용되는 일반적 개념들이라면, 다른 세 개념들, 즉 특정한 몸과 관련된 개념들, 오로지 영혼과만 관련된 개념들, 끝으로 영혼과 몸을 함께 다뤘던 개념들은 오류의 대가 없이 자신들 영역 바깥의 것들을 설명하는 데 사용될 수 없다. 그처럼 영혼과 결합된 몸과 관련된 인식들은 사유의 개념이나 연장의 개념에 근거하지 않고 오로지 결합이라는 원초적 개념에 근거해서 세워진다. 그런데 결합이라는 이 원초적 개념은 순수 오성에 의해서도, 상상력의 도움을 받은 오성에 의해서도 파악될 수 없으며, 오로지 감각에 의해서만 파악될 수 있는바, 이런 감각들의 가르침은 전적으로 판명하지 않다고 하더라도 명석하다. 따라서 고유한 몸은 자명성의 영역 안에서 완전하게 전개되는 담론의 대상이 될 수 없다.

---

24 *Lettre à Élisabeth du 21 mai 1643*, A.T., III, p. 665.

고유한 몸은 경험과 감각적 체험으로 돌려지는바, 이 점은 고유한 몸은 오성에 근거해서 정초되기 전에, 이미 철학적 반성에 의한 장 바깥에 놓인다는 것을 설명한다. 데카르트 그 자신이 엘리자베스 공주에게 권하길, 영혼과 몸의 결합을 이해하기 위해서 성찰을 포기하라고 하지 않았던가? "우리는 오로지 삶과 일상적 대화들을 사용하면서, 상상력을 발동시키는 것들에 대해 성찰하고 연구하는 것을 자제하면서만 영혼과 몸의 결합을 이해하는 법을 익히게 됩니다."[25] 삶의 용도만이 우리의 몸이 무엇인지를 우리에게 가르쳐 준다고 했을 때, 우리는 어째서 체계적인 접근이 힘든 것인지를 이해할 수 있고, 탐구의 장에서 고유한 몸을 분리해 내면서까지 어째서 탐구들이 주체처럼 보이는 정신의 철학을 향해 정향되거나, 대상처럼 보이는 물질적 몸의 철학을 향해 정향되는지를 이해할 수 있게 된다.

이는 인간의 몸이 사변에 제공되는 것이 아니라 오로지 경험적 접근에 속하는 것임을 의미하는 걸까? 데카르트가 모든 철학적 반성을 거부한 것은 아니었다는 점을 지적해야 한다. 그는 오로지 상상력을 발동시키는 것들에 대한 성찰과 검토를 금지한다. 달리 말해서, 그는 "영혼의 개념을 친밀한 것으로 만드는 데 기여하는" 형이상학적 사고를 거부하고, "형상들과 운동을 고찰할 때 주로 상상력을 발동시키고" "우리가 잘 구분된 몸의 개념들을 형성하는 데 익숙해지게 하는" 수학자들의 연구를 거부한다.[26] 사실상 형이상학과 수학은 영혼과 몸을 구

25 *Ibid.*
26 *Ibid.*

분하는 것을 가르친다. 따라서 형이상학과 수학은 (영혼과 몸의) 결합을 이해하기 위해 전혀 도움이 되지 못한다. 그렇지만 데카르트는 삶의 용도를 철학과 대립시키지 않는다. 그 증거는 그가 자신의 마지막 저작에서 영혼의 정념들에 대한 합리적이고 체계적인 접근을 전개하고 있다는 사실이다. 영혼의 정념들은 영혼과 몸의 결합을 작동시키는데,『정념론』(Les passions de l'âme) 52항에서는 정념들이 삶에 들여오는 용도와 방식에 근거한 정념들의 열거의 원리를 세우고 있다. 원리를 추구하는 철학자는 당연히 불확실한 것을 거짓으로 생각하겠지만, 반면에 삶의 용도를 위해서는 때때로 불확실한 것을 참으로 생각해야 한다. 그러나 만일 삶의 용도가 때때로 진리 추구의 질서와 정반대 입장을 취하는 그것 고유의 질서를 진행시킨다면, 이는 그 두 질서가 양립불가능하다는 것이 전혀 배제되지 않기 때문이다. 삶의 용도는 이성이 알지 못하는 자신의 이유들을 가지고 있다. 경험이 이성으로 환원될 수 없다고 해도, 그런 경험이 비합리적인 것은 아니다. 따라서 삶의 용도, 일상적 대화들로의 회송은 철학과의 작별을 의미하지 않는다.

2) 몸 : 철학적 대상?

어쨌든 질문은 몸이 진정 철학적 대상인지 아닌지를 아는 데 놓인다. 실제로 특정한 고유한 몸만이 아니라 인간의 몸 일반은 철학적으로 포착될 수 없는 것처럼 보인다. 사변이 다른 과학의 발견들이나 경험에 그토록 의존적인 적은 없었다. 스피노자가 강조했듯이, 만일 사유가 몸의 고유한 역량에 대한 인식에 의존하고 있다면, 과학적 지식의 형성 없이 몸의 철학은 있을 수 없을 것이다. 더구나 몸은 의학, 생물학 및 오늘날의 신경과학과 같은 생물학의 다양한 구성요소들에 속한 것처럼 보인다. 그랬을 때 철학이 과학적 지식들의 목록표를 만든다고, 몸을 말할 수 있는 권한을 스스로에게 주기 위해서 과학의 발달을 기다린다고 비난받을 수 있을까? 사정이 그러하다면, 철학은 언제나 너무 이르거나 너무 늦게 도착함으로써 적합성을 잃어버릴 위험을 갖게 될 것이다.

사실상 자연 과학들은 질문을 첨가하지 않으며, 역사적, 사회학적, 또는 심리학적 접근에게 양보한다. 하지만 몸의 연구가 인간 과학들에게 마찬가지로 의존한다고 할지라도, 여전히 이것은 철학에게 말할 것이 있음을 함축하는 것은 전혀 아니다. 자연 과학들은 몸의 구성과 몸의 기능들에 대한 이론적 연구를 떠맡지 않는 반면에 인간 과학들, 즉 역사, 인류학, 사회학은 몸의 다양한 실천들, 기술들, 그리고 시공간 안에서의 몸의 용도들을 분석하지 않는가? 몸은 공통적으로 과학들의 주변에 있는 이 영역들에 속한다. 그리하여 몸을 철학의 대상으로 세운다는 주장은 쓸데없는 것처럼 보인다.

그럼에도 불구하고 상이한 과학들이 동일한 대상을 목표로 삼는 것은 아니다. 그리하여 *pré carré*(고유한 영역)의 주장은 의미가 없으며 몸의 *terra incognita*(알려지지 않은 땅)의 또 다른 개척의 가능성이 늘 열려 있게 된다. 그런 점에서 마르셀 모스(Marcel Mauss)가 「몸 테크닉」(les techniques du corps)이라는 제목의 논문에서 탐구의 대상의 구성을 정당화하려고 시도할 때 그가 주었던 교훈을 떠올려야 한다. 대상의 위엄, "사회마다 인간이 전통적인 방식으로 자신의 몸을 사용할 수 있는 방식들"[27]을 지시하는 "몸 테크닉들"의 위엄은 자연 과학들에 맞서면서 힘들게 획득되었다. 그렇다고 해서 그것이 자연 과학들의 특권을 침해한 것은 아니다. 오늘날 어느 누구도 몸 테크닉이라는 개념의 형성을 새삼 문제 삼지 않으며, 몸 테크닉은 헤엄치고 걷고 달리는 여러 다른 유형들처럼 몸을 사용하는 기술이 사회마다 다양하다는 것이 사실인 한에서, '다양한' 표제 아래 분류되고 분산된 사실들에서 출발한 미지의 것에 대한 탐구였다. 모스에 따르면 바로 거기에 발전의 조건이 있다. "자연 과학이 발전할 때, 그것은 오로지 구체적인 것의 의미 안에서, 그리고 언제나 미지의 것의 의미 안에서 발진을 이루었다. 그런데 미지의 것은 과학들의 경계에서 발견되며, 그곳은 괴테가 말했듯이 교수들이 '서로 잡아먹는' 곳이다(나는 먹는다고 표현하며, 괴테는 아주 예의 바르지는 않았다). 일반적으로 이런 제대로 분배되지 않은 영역들 안에 긴급한 문제들이 존재한다."[28]

몸은 저명한 연구자들이 주장하는 영역들, 제대로 분배되지 않은 그런 영역들의 일부를 이루는 것처럼 보인다. 물리학자들, 의학자들, 생물학자들, 사회학자들은 자신들의 전리품을 놓고 다투지만 그래 봐야 소용이 없다. 그들은 그 주제에 대한 질문을 모두 다 해명하지 못한다. 상이한 접근들은 하나의 일치로 환원되지 않으면서도 서로 양분을 주고 서로 보완하고 서로 부분적으로 겹칠 수 있다. 왜냐하면 그 상이한 접근들은 동일한 대상을 가진 게 아니기 때문이다. 라마르크(Jean-

---

27 "Les techniques du corps", in *Sociologie et anthropologie*, p. 365.
28 *Ibid*.

Baptiste Lamarck)는 살아 있는 몸들을 연구할 때, 진화를 설명하기 위해서 당연히 역사적 자료들을 동원할 수 있다. 그러나 그의 목적은 사회적 사실들의 총체를 분명하게 드러내는 데 있지 않다. 모스는 몸 테크닉들이 해부학에 의존한다는 것을 적절하게 알고 있지만, 그가 관심을 갖는 것은 어떻게 전통적인 교육이 지워지지 않는 문화적 표시들을 몸에 각인시키는지를 보는 것이다. 각각의 과학은 자신의 대상과 자신만의 방법들을 정의한다. 그리하여 연구 분야들의 수와 같은 정도의 몸이 있다. 개념의 통일성은 몸을 조각내고 자신들의 탐구의 장을 규정하는 다양한 연구자들의 해부용 칼에 의해 산산이 부서진다. 이러한 프리즘을 통해 바라본 몸 하나는 여럿이 되고 저절로 회절되기에, 목표인 몸이 무엇인지를 명시해야 할 필요가 생겨날 정도이다. 게다가 바로 그런 이유 때문에, 몸의 통일성의 문제적 특징을 의식한 롤랑 바르트(Roland Barthes)는 몸들의 다수성과 개념의 다의성을 강조했다.

어떤 몸? 우리는 여러 개의 몸을 가지고 있다. 해부학자의 몸과 생리학자의 몸, 과학이 보거나 말하는 몸… 그러나 우리는 또한 앞선 몸과 아무런 연관이 없으면서 오로지 에로틱한 관계에 의해서만 생겨나는 향유의 몸을 경험한다. 이것은 또 다른 재단, 또 다른 명명이다.…[29]

이 말은 철학은 '자신의 고유한 몸'을 주장하고 있으며, 다른 과학들의 '낯선 몸'을 통합할 수 없게끔 정초되었다는 것인가? 상이한 연구

29 *Le plaisir du texte*, p. 29.

분야들 가운데에서 어떤 위계가, 예를 들어 생물학처럼, 일정 지식의 우월함이 존재하는 것은 아닌가?

과학적 인식은 필수적이라고 할지라도, 원초적 지식으로서 자신을 제시할 수 없고 몸에 대한 연구에 토대나 전제적 원리를 제공한다고 주장할 수 없다. 그런 관점에서 생물학과 해부학은 아무리 본질적일지라도, 철학적 연구의 가능성의 조건들이 아니며, 철학적 연구의 진전이나 지연의 책임을 필연적으로 맡고 있지도 않다. 미셸 앙리(Michel Henry)가 강조하고 있듯이, "생물학의 몸은 이를테면 문화적 대상이다. 생물학의 몸은 그런 자격에서 변형에 있어서나 출현에 있어서 본질적으로 역사적인데, 그러한 출현과 변형은 과학의 발전 자체가 가져오는 출현과 변형과는 다른 것이다."[30] 따라서 생물학의 몸은 본래적인 초석을 구성할 수 없는데, 왜냐하면 그것은 인간의 반성의 산물이기 때문이다. 미셸 앙리는, 공통 감각의 이해가 결국 어느 정도 신속하게 과학의 표상들을 통합하는 한에서, 역사적 존재인 인간들이 그런 생물학적 몸과 본래적인 관계를 시작한다는 점을 인정한다. 그러나 몸과 몸의 행동들에 대한 우리의 최초의 지식을 우리에게 전달하는 것은 그러한 관계가 아니다.

우리는 달리고 뛰고 걷고 팔을 들어올리기 위해서 생물학의 최근 저작들에 대한 독서를 기다리지 않는다. 만일 우리가 그런 독서에 우리 자신을 내맡긴다면, 그럼에도 불구하고 우리의 원초적 능력들을 변화

---

30 *Philosophie et phénoménologie du corps* [『철학과 몸의 현상학』], p. 5.

시킬 수 있는 것은 아무것도 없을 것이다. 왜냐하면 우리의 행동이 늘 전제하는 원초적인 앎에 대해서처럼 우리의 행동에 대해서 과학보다 더 효과가 없는 것은 없기 때문이다. (⋯) 생물학과 같은 과학은 그런 앎에 대해서 어떤 해명들을 우리에게 제공할 수 있는 것과는 거리가 멀다. 반대로 바로 그런 원초적인 앎에 근거해서 과학 자체가 세워진다. 과학은 자신의 가능성의 조건처럼, 그 안에서 과학이 대상들을 발견하고 설명들을 제공하고 무엇보다 질문들을 던질 수 있는 그런 존재론적 지평처럼 전제하는 어떤 것을 그 자신이 설명할 것이라고 간주될 수 없다.[31]

독자적 과학인 생물학은 본원적인 과학이 아니다. 그러니까 철학은 생물학에 예속되어 있지 않다. 게다가 생물학이 다루는 몸은 거주된 몸이 아니다. 그것은 의식의 존재인 대자적 존재의 양태에 의해서가 아니라, 공간 안에 놓인 대상의 양태, 즉자적 존재의 양태로서 연구되었다. 이러한 점이 메를로-퐁티(Maurice Merleau-Ponty)를 돋보이게 만든다.

만일 몸이 실제로 세계의 변두리라면, 만일 몸이 생물학자들이 내게 말하는 그런 대상이라면, 즉 내가 생리학 저작들 안에서 그 분석을 발견하는 그런 과정들의 결합, 내가 해부학 도면들 안에서 그 기술을 발견하는 그런 기관들의 총합이라면, 그때 나의 경험은 순수 의식의 대

---

31 *Ibid.*, p. 7.

화이거나 이런 순수 의식이 사유하는 객관적 상관관계들의 체계 외에 다른 무엇도 아닐 것이다. 나의 고유한 몸처럼 타인의 몸은 거주되지 않으며, 그것은 의식 앞에 있는 대상으로서, 의식은 이 대상을 사유하거나 구성한다. 경험적 존재로서 인간들과 나 자신, 우리들은 용수철에 의해 움직여지는 기계들에 불과하며, 진정한 주체는 비교할 어떤 것도 갖지 않는다. 피 흘리는 살 조각 안에 감춰진 의식은 불가사의한 성질들 가운데에서도 가장 불합리하다.[32]

철학은 몸의 즉자적 존재에 대한 분석을 금지하지 않는다고 할지라도, 또한, 무엇보다도 대자적 존재를 목표로 한다. 물론 문제가 되는 것은 즉자적 몸에 대자적 몸을 대립시키는 것도, 둘 가운데 어떤 몸이 진정한 몸인지를 추구하는 것도 아니다. 그러한 것들은 거짓 질문이기 때문이다. 실제적 몸은 해부학 도판들만이 아니라 체험된 경험이 내게 드러내는 몸이며, 실제적 몸은 고유한 몸으로도 환원되지 않고 객관적 몸으로도 환원되지 않는다.

어쨌든 나는 살과 뼈의 존재임에도 불구하고, 기관들과 조직들과 기능들의 전체로 나를 개괄할 수 없다. 객관적 몸은 체험된 몸, 세계 안에 삽입된 현상적 몸의 진리가 아니다. 객관적 몸은 실존적 풍부함을 박탈당한 빈곤해진 몸의 이미지를 제공한다. 아무리 참이라고 할지라도 생리학적 분석은 부분적인 관점으로 남아 있는바, 이러한 관점은 몸의 사실성과 그 세계 내적 상황을 인정하는 또 다른 담론에게 자리

---

32 *Phénoménologie de la perception*, p. 401.

를 양보한다. 게다가 바로 그런 이유 때문에 메를로-퐁티에게 현상학은 "그것의 생리학적 기원과 관계하지 않고, 과학자, 역사가, 사회학자가 제공할 수 있는 인과적 설명과도 관계하지 않는 있는 그대로의 경험의 직접적인 기술에 대한 시도"[33]로서 정의된다.

따라서 문제는 몸을 주제로 한 철학적 반성이 생물학, 의학, 사회학의 발전에 종속되는지 아닌지를 아는 것도 아니고, 그런 철학적 반성을 과학의 부록으로 축소시키면서 그것의 특수성을 인정하지 않는 것도 아니다. 문제는 어째서 몸이 철학적 대상인지를 이해하는 것이고, 몸을 주제로 한 탐구를 정당화하는 것이다. 이런 질문은 몸이 사변적 대상이라는 범주 안으로 다시 들어올 수 있는지를 알기 위해서, 한 사물을 사변적 대상으로 구성할 수 있는 것이 무엇인지를 결정할 것을 함축한다.

사물들은 본래 존재의 속성을 소유하고 있지 않거나 철학적이지 않다. 사물들이 그렇게 될 수 있는 것은 사물들을 바라보고 사물들에게 질문하는 방식을 따르면서다. 따라서 문제가 되는 것은 철학적 사유의 전개에 유리한 대상들이 어떤 유형인지를 결정하는 것이다. 이점에 대해서 플라톤이 『국가』 7권에서 전하는 교훈을 들어 보자. 플라톤은 인간이 변증법을 실행하게끔 인도할 수 있는 대상들의 본성에 대해 질문한다. 그가 주제를 예시하기 위해 선택한 사례들은 몸의 장부에서 빌려 온 것들이며, 사변을 일깨우는 소명을 보여 준다.

---

33 *Ibid.*, avant-propos, p. 1.

우리의 감각에 타격을 주는 대상들 가운데 어떤 것들은 지성과 반성으로 이끌지 않는다. 왜냐하면 감각들이 그 대상들을 판단하는 것으로 충분하기 때문이다. (…) 반대로 다른 것들은 계속해서 지성과 반성을 끌어들이면서 대상들을 검토하게 한다. 왜냐하면 대상들이 산출하는 감각은 건전한 그 어떤 것도 제공하지 않기 때문이다. (…) 반성을 촉발하지 않는 대상들은 (…) 상반된 두 인상을 동시에 산출하지 않는 대상들이다. 반대로 대상들이 그런 인상들을 산출한다면, 나는 그 대상들을 반성으로 인도하는 것들 가운데 놓을 것이다. 그리고 그런 경우는 가까이에서건 멀리에서건 우리에게 도달하는 인상이 대상은 저것이 아니라 차라리 이것이라고 구분하도록 내버려 두지 않을 때다.[34]

그러므로 철학적 대상들은 모순된 감각들을 산출하는 대상들, 주의 깊은 검토의 자격이 있는 대상들이다. 왜냐하면 그것들의 본질은 한눈에 결정되도록 놓여 있지 않기 때문이다. 그 대상들은 모순적 본성 때문에 영혼을 당황스럽게 만들고 영혼으로 하여금 곤경으로부터 벗어나기 위해 반성하게 만든다. 따라서 대상의 철학적 본성을 구성하는 것은 모순적 실존이다. 실제로 영혼은 결단을 내리기 위해서 연구를 하고 오성으로 향할 수밖에 없는데, 왜냐하면 판단하거나 대답을 얻는 데 감각들은 무능하기 때문이다.

철학적 대상들과 철학적이지 않은 대상들 간의 차이를 해명하기 위해서, 소크라테스는 두 가지 예의 도움을 받는데, 이 두 가지 예는 매

---

34 *République*, VII, 523b.

번 손가락을 끌어들인다. 엄지, 검지, 중지의 세 손가락의 단순한 지각은 모순적인 것을 전혀 포함하고 있지 않다는 점에서 철학적 대상이 아니다. 그것들을 손가락으로 인지하는 데에는 감각이면 충분하다. "대부분의 인간들에게서 영혼은 손가락이 무엇인지를 오성에게 질문하도록 강요받지 않는다. 왜냐하면 어떤 경우에도 시각은 손가락을 손가락이 아닌 다른 것이라고 동시에 증명할 수 없기 때문이다."[35] 반대로, 손가락들이 크거나 작다는 것을 판단하기 위해서는 감각으로는 불충분하다. 왜냐하면 검지는 엄지와 중지에 비교해서 크거나 작으므로, 모순적인 성질의 매체처럼 보이기 때문이다. 만일 감각이 큰 것은 작은 것이고, 작은 것은 큰 것임을 우리에게 보여 준다면, 큼과 작음을 어떻게 이해해야 할까? 영혼은 이러한 혼동을 반성하고 풀어낼 것을 권유받는다. 대상의 본성이 아니라 철학적 본성을 이해하기 위한 패러다임을 제공하는 것이 바로 몸의 일부분이라는 사실을 확인한다는 것은 흥미로운 일이다. 지각되거나 비교된 손가락들, 이것이 세계의 차이 전부를 만들어 내는 것이다! 첫 번째 경우에 그것들은 우리를 공통 감각에 고정시키고, 두 번째 경우에 그것들은 상승하는 변증법의 발판이 된다.

그런데 우리는 그 부분들 가운데 하나의 철학적 소명을 전체로 확장시키면서, 몸 전체가 그런 모순적 대상들, 즉 반성을 촉발시키는 모순적 대상들의 범주 속으로 들어간다고 판단할 수 있을까? 폴 발레리는 손가락들만이 아니라 손 전체가 사변을 일깨운다는 사실을 관찰하

---

35 *Ibid.*, 523d.

면서 그렇게 할 것을 우리에게 권유한다. "사람들은 탁자 위에 놓인 자신의 손을 관찰한다. 그 결과 어떤 철학적인 경악의 상태가 생겨난다. 나는 이 손 안에 있고, 또 거기에 있지 않다. 그 손은 나이고, 또 내가 아니다. 그리고 실제로 이러한 현전은 모순을 강요한다. 나의 몸은 모순이며, 모순을 불러일으키고 모순을 부과한다. 살아 있는 존재의 이론 속에서 바로 그러한 속성이 근본적인 것이 될 것이다. 그 속성을 우리가 정확한 용어로 표현한다면 말이다."[36]

소크라테스의 유명한 사례가 증언하는 것처럼, 몸은 부분들을 넘어서 그 총체성에 있어서 탁월한 철학적 대상이다. 죽은 것이건 살아 있는 것이건, 어떤 의미에서 소크라테스의 몸을 통해서 철학은 구성되었다. 실제로, 상징적으로, 철학적 **자료집**(코르푸스Corpus)[37]이 탄생한 것은 그의 시신으로부터다. 물론 소크라테스 이전에 많은 철학자들이 있지만, 오로지 플라톤의 추모하는 작품들에서 시작해서 철학은 단편적으로 남아 있기를 멈추고 우리에 대해서 진정한 몸을 얻게 되었다. 그처럼 **분산된 단편들**(membra disjecta)[38]은 소크라테스의 무덤 위에서 모임으로써 **자료집**(corpus)이 된다. 그 무덤의 유해는 철학의 신비주의적 장소를 구성하게 된다. 이것이 장-프랑수아 샬(Jean-François Schaal)이 강하게 강조하는 내용이다.

---

36 *Tel quel, Moralités*, p. 529.
37 [옮긴이] corpus는 문서 등 모든 기록들을 모은 자료집을 의미하지만 이것의 어원은 corps(몸)다.
38 [옮긴이] 위의 코르푸스가 자료집의 의미를 띠는 것처럼, 분산된 단편들(membra disjecta)은 따로 따로 떨어진 사지들의 의미도 가진다.

작품은 거장에 대한 기억을 기념하고 보존하기 위해서 구축되었다. 그런 의미에서, 그리고 오로지 그런 의미에서, 작품은 (말라르메적인 무덤의 의미에서) 그의 무덤이 될 것이다. 이 무덤은 그의 살아 있는 몸에 생기를 불어넣는 그의 정신의 무덤이며, 시신의 분산으로 운명지어진 그의 물질 몸의 무덤이 아니다. 작품은 글자들, 단어들, 문장들의 물질 자체 속에 소크라테스의 정신을 보존하는 써진 **기호**(sêma)일 것이다. 그것은 **그의 정신의 글자들의 몸**일 것이다. 'Corpus'라는 라틴어 단어는 텍스트들의 전체를 가리킨다. 글자가 있기 훨씬 전에 그것은 플라톤의 작품에, 이 소크라테스의 'corpus'에 붙여졌다.[39]

그러나 소크라테스가 죽기 훨씬 전에, 그의 몸은 모순적인 생명체이고 철학적 반성을 필연적으로 일깨운다. 그의 전설적인 추한 외양은 정신들을 혼란스럽게 만들고, 존재와 나타남 간의 분리를 계시하면서 잘 확립된 확실성들이 동요하게 만든다. 그리스인들에게는 실제로 외적인 몸의 완벽함은 내적인 완벽함의 표명이다. *Sôma et sêma*, 즉 몸은 기호다. 몸의 아름다움은 도덕적 선함의 지표이고, 추함은 악함의 지표이다. *Monstrum in fronte, monstrum in animo*(얼굴이 추하면, 영혼도 추하다). 영혼의 거울인 몸은 보아야 하는 비(非)가시적인 것을 제시하는 가시적인 존재다. 그러나 기호들은 모호하고 반사들은 거짓이다. 소크라테스에 대해서, 그의 몸의 추함이 도덕적 아름다움을 감추고 있다고 말해야 할까? 알키비아데스에 대해서는 반대로 그의 빛

---

39 *Le corps* (cours préparation HEC), Ellipses, 1993, p. 18.

나는 몸이 폭군의 영혼을 감추고 있다고 말해야 할까? 소크라테스가 추한 만큼이나 알키비아데스는 아름답다, 그는 소크라테스가 아름다운 만큼이나 추하다. 가치들의 제단을 뒤집어엎는 이 무시무시한 쌍은 *Kaloskagathos*(아름다움과 선함)라는 그리스의 이상을 모독하고, 존재와 나타남의 통일성을 파괴한다. 소크라테스의 추한 몸은 비합리적인 것들의 존재만큼이나 추문적인데, 왜냐하면 그것은 우주(cosmos)의 아름다운 조화를 파괴하고 인간들을 깜짝 놀라게 하기 때문이다. 어떻게 대머리에 납작코에 튀어나온 눈을 가진 존재가 도덕적 아름다움과 가장 최고의 덕목을 육화할 수 있단 말인가? 거기에는 어떤 속임수, 인위적 조작, 나아가 인간을 외관들의 놀이로 붙들어 놓으면서 남용하는 신의 간계가 있는 것은 아닐까?

　그런 점에서 소크라테스의 경우를 해명하기 위해 알키비아데스가 예술 및 예술의 환영 체계로부터 자신이 의존할 모델을 빌려 왔다는 사실은 그다지 놀랍지 않다. 실제로 조각은 수수께끼를 풀 열쇠를 제공한다. (소크라테스는) "조각실 안에 전시된 실레노스들과 가장 비슷하네. 장인들은 이 조각상들을 피리나 플롯을 물고 있는 것으로 빚어내는데, 이 조각상들을 중간에서 살짝 열어 보면, 그 안에 조그만 신상들이 들어 있는 것을 알 수 있다네. 두 번째로 소크라테스는 반인반우인 마르시아스를 닮았다네."[40] 그러니까 소크라테스의 몸은 가공(artefact)의 산물이다. 그의 몸은 사람들이 흔히 주목하듯이 실레노스와 비교될 뿐만 아니라 예술가에 의해 제작·조각된 실레노스와 비교

---

40 *Le Banquet*, 215a~215b.

된다. 따라서 알키비아데스의 유비는 소크라테스와 실레노스를 유사하게 놓는 것, 즉 소크라테스와 부여받은 지혜를 감추고 있는 납작코에 뾰족한 귀를 지닌 배불뚝이 반신(半神)을 유사하게 놓는 것을 목표로 한다기보다는 소크라테스가 능숙한 기교의, 어떤 구성의 산물임을 보여 주는 것을 목표로 한다. 이는 그의 몸이 자신의 중심에 보물을 감추고 있기 때문이다. 그의 몸은 신들의 작은 형상을 은폐하고 있는 반신이다. 소크라테스의 몸은 조각과 같은 것이다. 하지만 소크라테스의 몸은 일반적으로 그 표면을 통해 경탄하게 만드는 조각상들과는 반대로 심층에서 관찰되어야 하는데, 숨겨진 신들을 포함하고 있기 때문이다. 소크라테스의 몸은 반(半)신성성 뒤로 자신의 신성성과 완벽성을 감추고 있다. 따라서 실재는 겉으로 나타나는 것보다 복잡하다. 겉모습 안에 존재를 감추고 있는 다층 인형과 유사한 소크라테스의 몸은 열리고 해부되고 펼쳐질 것을 요청한다. 바로 이러한 균열, 틈을 소크라테스는 드러낸다. 존재는 충만하지 않으며 텅 빈 울림소리를 낸다. 그렇지만 이러한 공동(空洞)은 무의 지표가 아니라 상위의 충만함의 지표다. 사티로스인 마르시아스와의 비교는 실재의 복잡성과 소크라테스의 몸이 지닌 애매성의 이념을 더욱 보강한다. 디오니소스의 유모 역할을 했던 아버지인 실레노스는 인간 몸을 가지고 있으며 숫양처럼 발굽과 뿔을 지닌 사티로스들의 아버지이기도 하다. 겉모습을 보고 소크라테스를 판단하는 사람은 누구나 그를 혐오스러운 존재로 여길 것이며 그의 신성한 본성을 알지 못할 것이다. 그렇지만 동물성과 인간성을 조합한 이 괴물스러운 몸은 마르시아스에 대한 참조가 함축하듯이 신성을 볼 수 있게 한다. 마르시아스의 계시를 받은 곡조는 인간들을 매혹시키고 강한 의미에서 그들을 열광시키기 때문이다. 인간들을 신에게 사로잡혀 있는 상태 속에 놓는 사티로스[마르시아스]와 유사하게 소크라테스는 말 외의 다른 일체의 도구 없이, 자신을 향해 주의 깊은 귀를 내어 준 사람이라면 누구든지 지성적인 세계로 데려가 진정한 아름다움을 경험하게 만든다. 자신의 말의 지탱물인 소크라테스의 몸은 신성의 도약대이다. 그의 몸은 변증법을 출산하므로 산파술의 덕목을 가지고 있다. 따라서 철학은 이 볼품 없는 존재의 육체 속에서 몸을 얻는다. 그 존재 안에는 철학이 반성의 동인으로 사용할 정도로 풍요로운 모순이 머무르고 있다.

소크라테스의 경우는 전형적인데, 왜냐하면 몸의 경이로운 역량을 성찰하도록 권유하고 내부에 숨은 신을 발견하도록 권유하기 때문이다. 이 전복적인 존재, 그것의 아름다움은 바랠 수 있으나 그것의 추함은 매혹시킬 수 있는 그런 존재는 어떤 것인가? 이것은 추함의 감춰진 아름다움의 역설만큼이나 낯선 역설이다. 왜냐하면 소크라테스가 사랑에 빠진 위축된 자[알키비아데스]에게 조금도 양보하지 않는 반면에, 알키비아데스는 결국 매료되고 말 것이기 때문이다.[41] 우리가 존재하는 그것이 우리가 아니라는 것을 계시하는 이 몸의 본성은 정확히 무엇인가? 겉모습에서 속이는 역량을 지닌 그것은 심층에서는 진리를 드러낸다. 따라서 이 영역에서는 발레리의 소원에 일치하면서, *Gnôti Séauton* (너 자신을 알라)을 장려하는 것이 중요하고, 스피노자를 따르면서, 몸이 무엇을 할 수 있는지를 질문하는 게 중요하다.

---

41 *Ibid.*, 219d.

그런 목적에서, 우선적으로 중요한 것은 이 주제에 대한 철학적 교설들에 근거하는 고전적 시각 속에서, 몸들(물체들)에서부터 인간 몸까지 몸의 특성의 다양한 양상들을 탐험하는 일일 것이다. 1장은 다수의 형태들로 분산되어 있는 몸의 개념적 통일성을 분명하게 하는 것을 목표로 할 것이다. 그리고 물질적 몸들만이 아니라 비(非)물질적 몸들에 초점을 맞추면서 몸의 본질을 정의하고 한정하도록 노력할 것인바, 비물질적 몸이란 몸의 개념의 은유적 역량, 즉 실재의 이해가능한 모델들을 제공할 수 있는 효율과 능력을 나타냈고 지금도 나타내고 있는 정신적 몸 또는 정치적 몸과 같은 것을 말한다. 2장은 살아 있는 몸과 이 몸의 특수성을 명확히 하는 데 있어서의 난점들을 검토하는 데 할애될 것이다. 반면에 3장은 인간 몸의 본성, 그리고 인간 몸과 정신의 문제적인 관계를 더욱 특별히 다루게 될 것이다.

가장 단순한 것에서부터 가장 복잡한 것까지 상이한 몸의 형태들을 분석한 다음에, 두 번째로 중요한 것은 보다 사적인 관점에서 인간 몸의 역량을 성찰하는 일일 것이다. 이 성찰은 몸의 적응력 및 그 문화의 무한한 다양성으로 인해 모든 관점들을 포괄할 수 없기 때문에 일정한 접근의 관점들에 특권을 부여하게 될 것이다. 그리하여 4장은 예술적이고 윤리적인 시점에서만이 아니라 기술적 시점에서 몸의 실천적 역량을 연구하게 될 것이다. 몸의 모든 기술들과, 그 자체만으로도 하나의 저작의 가치가 있는 스포츠와 관련된 몸 문화의 모든 형태들을 검토하는 대신에, 몸의 기술들 일반의 의미화 작용을 강조하고, 몸 예술(Body Art)과 같이 덜 알려진 실천들 또는 스포츠와 예술이 교차하는 활동들에 역점을 두는 게 더 바람직한 것처럼 보였다. 그렇기 때문에 철학자들이 전반적으로 무시했던 춤이 이 책 안에서 건축과 몸의 예술 옆에, 선택된 자리를 갖게 될 것이다. 끝으로 5장은 몸의 성적 역량을 검토하고 성적 차이들의 문제를 다루게 될 것이다.

1부

몸들(물체들)에서 인간의 몸으로

1장
몸 또는 몸들?

"이 멋진 단어, 커지는 것이 약속되고 성장이 약속된 이 몸이라는 단어가
우선 고유하게 물질적인 존재들, 가령 바다 소금, 분필 조각, 석영 등, 그
자체 당연히 몸들(물체들)인 것들에 적용된다는 것을 강조하고 싶다."
— 프랑수아 다고네, 『몸 다수와 일자』(*Le corps multiple et un*), p. 7

1. 몸의 본질

우리는 일종의 자동적인 인간형태론에 의해서 몸을 인간 몸과 곧바로
동일시한다. 몸이 갖는 다수의 양상들을 망각하면서 말이다. 그렇지만
인간은 제국 안의 제국이 아니고 몸의 특성을 독점하지 않는다. 유(類)
와 이 유의 주목할 만한 종 하나를 가리키기 위해서 동일한 표현을 사
용하는 것이 비합법적인 것처럼 보이지 않을 정도로, 확실히 인간 몸
은 원형으로 여겨진다. 아무튼 단수에 정관사를 사용하면서 그 유일무

이한 어휘 아래 목표로 하는 다수의 현실을 가려서는 안 된다. 게다가 이 표현의 라틴어 어원은 그것의 모호한 특징을 비쳐 보이게 한다. 왜냐하면 자료집(코르푸스corpus)이라는 단어는 살아 있는 유기체만이 아니라 시체도 가리키기 때문이다. 따라서 역설적으로 몸은 있는 것과 더 이상 있지 않는 것, 존재와 비(非)존재, 삶과 죽음을 동시에 가리킨다. '출관'(出棺, la levée du corps)이나 '매장'(l'inhumation du corps) 등의 표현들이 그것을 증언한다. 반대로 독일어는 Leib, 살아 있는 몸과 Körper, 시체의 차이를 표시하고, 두 개념들을 사용한다. 이것은 body(몸)와 corpse(시체)의 구분을 실행하는 영국도 마찬가지다.

살아 있는 것들과 죽은 것들을 가리키기 위해서 동일한 표현을 사용하는 것 자체는 전혀 추문적이지 않다. 생기가 없고 무기력한 존재들도 몸의 일부라는 사실은 이론의 여지가 없기 때문이다. 개념의 확장 영역은 실제로 인간 존재들만으로, 살아 있는 유기체만으로 한정되지 않는다. 반대로 그 영역은 천체들(천상의 몸들corps célestes)만이 아니라 지상의 몸들(corps terrestres), 기체들(corps gazeux)만이 아니라 광물체들(corps minéraux)을 포괄한다. 어쨌든 단수에서 복수로의 그런 이행은 어려움들을 가중시키기만 할 뿐이다. 정확히 말해서 우리는 몸(le corps)이라는 표현을 써야 할까, 아니면 몸들(물체들, les corps)이라는 표현을 써야 할까? 정관사 'le'로 겨냥된 단수성은 무엇인가? 몸과 몸들(물체들) 사이에, 다수성을 단 하나의 동일 개념 아래로 통일시킬 수 있는 공통의 척도는 존재하는 것일까? 우리는 살아 있는 것과 생기가 없는 것 사이에, 물질의 현전을 통한 연결부호가 구성되어 있다고 말할 수 있을까? 그리고 우리는 생기가 있는 존재들과 생기가 없는 존재들의 물질 부분처럼 몸을 정의할 수 있을까?

그것은 몸이 물질로도, 연장의 부분으로도 환원될 수 없다는 것을 잊는 것이리라. 실제로 비(非)물질적인 몸, 영적인 몸, 사회적 몸이 실존한다 : 의사단체(corps médical)[1]나 교원단체(corps enseignant), 위병대(corps de garde)나 자유군단(corps franc), 교단(corps d'église)[2]이나 영광의 몸(corps glorieux),[3] 교리집(corps de doctrines)과 권리전서(corps du droit), 정치단체(corps politique)나 대수학체(corps algébrique). 또한 개념의 순수하게 유물론적인 포착에 저항하고, 한계의 문제를 만들어 내는 몸이 실존한다. 우리는 그러한 몸의 유형들이 오로지 유비 또는 동음이의에 의한 것들이라고 간주해야 할까? 무엇이 그러한 명칭들에게 몸을, 달리 말해서 일관성과 두께를 주는 것일까? 다시금 공통의 속성에 대한 까다로운 질문이 출현한다. 그것은 물질적이고 비물질적인 실체들과 유사하며, 그런 실체들에게 몸이라는 명칭을 가져다주는 속성이다. 뿐만 아니라 몸은 동일한 형성과정, 조합 안에서의 유사한 요소들의 통일을 가리킬 수 있고, 또한 하나의 체계, **자료집**(코르푸스corpus)을 구성하기 위해서 정돈된 잡다하고 분산된 요소들의 통일을 가리킬 수도 있다.

그 모든 언표된 형상의 경우들에서 몸이라는 표현이, 생명적인 것이건, 정신적인 것이건, 또는 사회적인 것이건 하나의 기능의 통일성 아래 다수를 결집시키는 총체성의 관념을 함축한다는 것은 사실이

---

1 [옮긴이] 직역하면 의학적 몸이나, 의사들 집합을 이르는 표현이다.
2 [옮긴이] 칼뱅의 문장에서 나온 것으로 추측된다.
3 [옮긴이] 올리비에 메시앙(Olivier Messiaen)의 오르간 작품 제목.

다. 그렇지만 몸이 총체성만을 가리키는 것은 아니며, 부분들도 가리 킨다는 사실을 인정해야 한다. 사지와 머리에 대립되는 몸통을 가리키 기 위해서 몸이 사용되고 있지 않은가? 우리는 몸이라는 명칭 아래 유 기체 전체가 아니라 특정 기관들을 겨냥하면서, 유리체(琉璃體, corps vitré), 해면체(corps caverneux)라는 표현을 말하지 않는가? 동일한 현상이 생기가 없는 대상들에 대해서도 만들어진다. 우리가 전등의 본 체(corps d'une lampe)나 건축물의 본체(corps d'une édifice)를 떠올 릴 때처럼 그때 단어는 전체를 명명하기 위해서가 아니라 다만 주된 부분을 명명하기 위해서 사용된다. 게다가 우리가 하나의 몸은 그 자 체가 몸들로 구성되고, 이 몸들이 다시 부분들로 나눠질 수 있는 전체 를 구성한다는 것을 알고 있을 때, 총체성의 관념은 매우 상대적인 것 으로 있다. 그런 조건에서 어떻게 우리는 단순한 집합체로부터 유기적 총체성을 구분해 낼 수 있을까? 몸은 살아 있는 것과 죽은 것, 생기가 있는 것과 생기가 없는 것, 물질적인 것과 비물질적인 것, 총체적인 것 과 부분적인 것이 교대하는 변화무쌍한 것으로서, 모순적인 양상들의 다수성 속에서 해체된다. 몸은 어디서 시작해서 어디서 끝나는가? 문 제가 되는 것은 그 모든 몸들에 공통적인 본질과 속성들, 그 모든 몸들 에게 특수한 존재론적 위상을 부여하는 공통적인 본질과 속성들이 실 존하는지를 아는 것이다.

1) 개념 연장의 영역 문제(스토아학파의 관점)

개념의 확장 영역이 극도로 넓으며 실재성 전체를 포괄한다고 생각하는 것은 가능하다. 이것이 스토아학파 철학자들이 시작했던 길이며, 그들은 실재적인 것 전부가 몸적이라고 주장한다. 스토아학파 철학자들은 물질적인 원리에 의해 존재를 설명하려고 고심하며, 이 점을 고대의 원자론자들과 공유한다. 하지만 그들은 실재적인 것을 몸적인 것으로 환원시키면서 분석을 더욱더 급진적으로 만든다. 데모크리토스, 에피쿠로스, 루크레티우스는 분명히 우주는 운동 중에 있는 원자들의 조합의 산물이라고 간주하고, 원소적이고 견고하며 파괴될 수 없는 입자들에게 실존하는 모든 것의 동기를 설명할 과제를 부과한다. 그러나 그들은 그 유일한 최초의 몸들을 사용해서 모든 사물의 기원을 해명하지는 않는다. 그들은 실재적인 것을 이해할 수 있는 이중의 원리인 물질과 공백의 실존을 인정한다. 에피쿠로스는 『헤로도토스에게 보내는 편지』에서 "우주는 몸과 공백으로 구성되어 있다"고 주장한다.[4] 루크레티우스는 "실존하는 바 모든 자연은 (…) 본질적으로 두 가지 것들로 구성되어 있다. 몸들, 그리고 몸들이 그 안에서 자리를 얻고 모든 방향으로 움직이는 공백이다"[5]라고 주장하면서 에피쿠로스의 뒤를 따른다. 따라서 원자론자들은 모든 것이 충만한 스토아학파 철학자들과는 반대로 우주의 내부에서 공백의 실존을 전제한다. 키티온의 제논의 계승자들은 공백을 우주 외부로 쫓아내 버리고, 공백에게 원리적인 위상을 주지 않는다. 반대로 정원의 철학자들(philosophes du Jardin)[6]에

---

4 Cf. Épicure, *Lettre à Hérodote*, §39.

5 *De la Nature* [『자연에 대하여』] I, 415~420.

6 [옮긴이] 에피쿠로스는 서기 306년에 정원을 구입하고 그곳에서 친구들과 철학에 몰두했다. 그로부터 정원의 철학자, 정원 학교, 정원의 철학자들이라는 표현이 유래한다.

게 공백의 실존은 몸들의 상황과 운동을 이해하기 위한 필요조건이다. "만일 공백이 실존하지 않는다면, 몸들은 머물 거처를 갖지 못할 것이고, 우리가 보는 것처럼 몸들이 움직일 수 있는 간격을 갖지 못할 것이다."[7] 촉지가 불가능하며 비물질적인 공간이 없다면, 몸들은 스스로 이동할 수 없을 것인데, 왜냐하면 루크레티우스가 끊임없이 증언하듯이,[8] 몸들은 장애물 및 저항과 마주칠 것이기 때문이다. 따라서 공백은 최초의 몸들의 운동과 조합의 가능성의 조건이다. 심지어 원자론자들도 모든 것이 물질과 공백으로 환원된다는 것을 보여 주고, 사물들의 본성을 해명하기 위한 또 다른 원리를 갖는 것은 쓸데없는 일이라고 강조한다. 그들은 원자들의 실존과 비물질적인 공간의 실존을 증명하는데 전념하면서 물리학에 이중의 토대를 제공한다. 반면에 스토아학파의 철학자들은 오로지 단 하나의 토대에만 의지하며, 강화된 역량을 몸에게 수여한다. 그렇기 때문에 스토아학파의 명제는 그 급진성에 있어서 보다 진전된 검토를 받을 만하며, 그 명제는 몸이 유일하게 존재를 해명할 수 있는지 아닌지를 질문하도록 유도한다.

모든 것은 몸(물체)인가?

만일 우리가 제논, 클레안테스, 크리시포스를 믿는다면, 대답은 자명하다: 특정한 사물들에 대한 원리들 중 실재적인 그 어떤 것도 관념적인 것이 아니며, 반대로 모든 것은 몸을 가진다. 생성되지 않고 소

7 Épicure, *Lettre à Hérodote*, § 40~41.
8 *De la Nature* I, 335~340.

멸될 수 없는 두 원리들은 자연 안에서 작동하고 있다. 그것은 능동자(agent)와 수동자(patient)이다.[9] 수동자, 그것은 물질이고, 성질이 없는 실체이다. 능동자, 그것은 물질 안에 있는 근거이고 신이다. 그런데 수동자와 마찬가지로 능동자는 몸들이다. "어떤 효과도 몸적이지 않은 본성에 의해 만들어질 수 없으며, 능동자도 수동자도 몸들이 아닌 다른 것일 수 없다"고 제논은 생각했다.[10] 그리하여 물질만이 몸이[11] 아니라, 더 나아가, 극도로 대담하게도, 플로티노스에 따르면[12] 신도 똑같이 몸이다. 모든 것들의 원인인 신적인 로고스는 관념, 지성적 형태가 아니라, 매우 순수한 예술가의 불이며, 이것은 질서를 가진 세계의 발생을 개시하고 사방으로 퍼져 나간다. 포세이도니오스에 따르면, "신은 형태가 없는, 지성을 갖춘 숨결(pneuma)이다. 이것은 자신이 원하는 것으로 변형되고 모든 것과 유사한 것이 된다."[13]

스토아학파 철학자들에게 모든 실재성은 그런 두 가지 몸적 원리들에 근거해서 생성될 것이다. 만일 우리가 다오게네스 라에르티오스를 믿는다면, 신이나 정신, 또는 운명 ─ 이것은 모두 하나다 ─ 은 네 가지 요소를 탄생시킨다.[14] 불과 공기는 각각 더운 능동적 몸과 차가운 능동적 몸이고, 물과 흙은 각각 축축한 수동적 몸과 건조한 수동적 몸

9 Diogène Laërce, *Vie et opinions des philosophes*, VII, 134. [디오게네스, 『유명한 철학자들의 생애』]

10 Cicéron, *Nouveaux académiques*, II, op. cit. ; Jean Brun, *Les Stoïciens, textes choisis*, PUF, 1973, p. 46. [장 브룅, 『스토아학파 철학자들, 발췌 글들』]

11 Aetius, *Placita*, I, 9, 7, SVF, II, 325 : "스토아학파 철학자들은 물질이 몸라고 말한다."

12 *Ennéades* II, IV, 1. [플로티노스, 『엔네아데스』]

13 Stobée, *Eclogarum physicarum et ethicanum libi duo*, I, 58.

14 Diogène Laërce, *Vie et opinions des philosophes*, VII, 135.

이다. "원소로부터 탄생된 모든 것이 우선적으로 유래하며, 결국 모든 것이 원소로 분해된다."[15] 불과 공기가 그 자체 자신을 억누르고 분리되어 실존할 수 있는 매우 순수한 몸들인 반면에, 물과 흙은 혼합물을 함축하는 원소들이다. 왜냐하면 이것들은 스스로 자신을 포함하지 못하며 분리되어 실존할 수 없기 때문이다. 물과 흙은 자신들을 지탱할 능동자의 현전을 요청한다. 그처럼 물의 몸들이나 흙의 몸들이 실존할 수 있기 위해서, 공기의 프네우마, 증기, 숨결이 부분들을 모아야 한다. 세계와 구성된 모든 몸들은 네 원소로 분해되며, 이 네 원소는 함께 물질을, 즉 성질이 없는 실체를 형성한다. 원리들과 마찬가지로 원소들도 몸이다. 전자가 생성되지 않고 파괴될 수 없다고 말해 봐야 헛된 일이며, 후자가 거대한 우주적 충돌이 있을 때 생성되고 파괴될 수 있다고 말해 봐야 헛된 일이다. 그것들은 모두 몸적 본성을 공유하고 있다.

다음 차례에서 세계는, 이 개념에 주어진 의미가 무엇이든지 간에, 즉 그것이 하늘, 땅, 그리고 여기에 포함되어 나타나는 모든 것들로 형성된 전체를 포함할 뿐만 아니라 사물들의 질서를 정하는 신성성을 포함하든지 간에,[16] 몸이다. "불에서 출발해서 공기를 매개로 실체가 습기로 변하고, 이 습기의 두껍고 견고한 부분이 땅을 이룰 때, 반면에 가장 섬세한 땅의 부분들이 공기가 되고 이것이 다시 한 번 정련되면서 불

---

15 *Ibid.*, 136.

16 Stobée, *Eclogarum physicarum et ethicanum libi duo*, I, 184 : "크리시포스는 세계가 하늘과 땅, 그리고 거기서 발견되는 모든 자연들이거나, 신들, 인간들, 그리고 거기서 태어나는 것들로 구성된 전체라고 말한다. 그는 또한 세계를 신성성으로 명명하는바, 신성성으로부터 사물들이 질서 탄생하고 결국 끝에 이르게 된다." Cf. 이 점에 대해서는 또한 다음을 보라. Diogène Laërce, *Vie et opinions des philosophes*, VII, 142.

을 생성할 때, 세계의 탄생이 일어난다. 그런 다음 원소들의 혼합에 따라 그것들로부터 식물들, 동물들, 그리고 다른 종류의 존재들이 생겨난다."[17] 세계를 포함하는 힘과 동시에 지상의 살아 있는 존재들의 생산과 성장의 원리를 지시하는 자연은 hexis,[18] 몸적인 존재 방식이다. 세계에서 생겨나는 모든 것은 몸이며, 변질과 새로운 조합(sunkhusis)에 의한 병치(parathèsis)가 만들어 내는 원소들의 혼합이나, 완전한 배뇨(排尿, krasis)를 통해 설명된다. 그리하여 구성된 것 각각은 자신의 실체와 고유한 성질들을 온전히 보존하면서 다른 것들 안으로 전부 확산된다. 세계 그 자체는 영혼을 부여받은 지성적 생명체인데,[19] 왜냐하면 세계는 완벽함에 있어서 다른 모든 사물을 능가하며, 따라서 상위의 존재들의 특성인 이성을 틀림없이 소유할 것이기 때문이다. 그렇다면 이는 스토아학파 철학자들이 자신들의 보편화된 유물론 안에 균열을 내는 정신적 원리를 도입하고 있음을 의미하는 것일까?

그와는 거리가 멀다. 왜냐하면 세계의 영혼, 그리고 세계의 영혼의 일부인 인간의 영혼은 모두 몸이기 때문이다. 영혼은 자신의 실체와 고유한 성질들을 보존하면서도 몸을 통해 확산되고 몸과 혼합되는 프네우마, 더운 숨결이다. 마치 문어의 발들처럼 몸을 통해 펼쳐지고 확장되는 8개의 부분들로 구성된 영혼은 필연적으로 물질적일 수밖에 없다. 만일 영혼이 몸과 완전히 이질적인 본성을 소유하고 있다면, 영

---

17 Diogène Laërce, *Vie et opinions des philosophes*, VII, 142.

18 [옮긴이] 그리스어 ἕξις를 옮긴 것으로서, 아리스토텔레스에 따르면, 반복되어 자기 것이 된 습관(habitus)을 의미하며, 덕으로 이르는 경로에 있다.

19 *Ibid.*, 142~143.

혼은 몸과 결합될 수 없을 것이기 때문이다. 그렇기 때문에 관념들은 바람이 아니며, 그렇다고 해서 공기가 존재하는 방식으로 머물러 있지도 않다. 감각은 공기 위의 자국이고, 표상들은 프네우마적 본성을 가진다. 사유는 공기와 불과 같다. 요컨대, 스토아학파 철학자들에게 신, 세계, 영혼, 관념은 모두 몸을 가진다.

몸이 아닌 것들(incorporel)의 필연성

어쨌든 개념 정의의 영역의 확장은 이중으로 문제를 일으킨다. 한편으로, 몸이라는 표현의 의미는 너무나 과잉결정되어 있어서 비(非)결정적인 것이 된다. 동일한 개념이 원소들, 성질이 없는 실체만이 아니라 원리들에도 적용되며, 식물들, 동물들, 원인, 성질, 과학, 덕목처럼 이질적인 존재들의 관할 아래 뒤죽박죽되어 다시 모인다. 어떻게 우리는 장소, 자리를 점유하는 연장의 몸들과, 연장의 방식이 문제적일 수 있는 사유들과 성향들과 같은 지성적 실재성을 같은 개념 아래 통일시킬 수 있을까?

플루타르코스(Plutarchos)는 그 점을 지적할 수 있다고 장담하고, 영혼 속 다수의 몸적 형태들의 실존에 반대한다. 그는 스토아학파 철학자들이 우리가 몸에 대해 갖는 공통 개념들을 파괴하고, 매우 이질적인 개념들을 도입해서 그 공통 개념들을 완전히 망가뜨렸다고 비난한다. "왜냐하면 덕들과 악들이, 게다가 예술들과 회상들이, 또한 표상들, 정열들, 성향들이 몸이라는 것을 받아들이면서, 그것들이 어디에도 없고 그것들을 위한 자리가 없다는 것을 덧붙이는 것은 불합리하기 때문이다. 그들(스토아학파 철학자들)은 심장 안에 한 점과 같은 작은 도관을 남겨 놓고, 이것으로 영혼의 주요한 부분을 환원시킨다. 영혼의 그 부분은 너무나 많은 몸들이 점유하고 있어서 그것들의 엄청난 양은 하나를 다른 하나와 구분하고 분리하고자 하는 사람의 능력을 벗어나 버린다."[20] 이러한 조건에서, 몸의 개념은 혼란스럽게 남아 있고 사물들의 특수한 본성을 해명하지 못한다.

다른 한편, 몸 개념의 외연적인 영역은 지나치게 넓은 동시에 지나치게 제한적인데, 왜냐하면 그것은 모든 현실을 포괄하며 전부를 포함하지 않기 때문이다. 몸은 실재적인 것을 이해할 수 있는 원리이지만 그것의 모든 결과를 설명하는 데는 충분하지 못하다. 스토아학파 철학자들은 존재들을 설명하기 위해 지성적이고 비물질적인 모든 원인을 거부하고 난 후에 몸이 아닌 것(incorporel)들을, 특히 생성(devenir)과 사건들을 설명하기 위한 몸이 아닌 것들을 인정할 수밖에 없게 된다. 몸이 아닌 것들은 실제로 실존하지 않으며, 몸을 갖지 않는데, 왜냐하면 그것들은 능동적이지도 수동적이지도 않기 때문이다.[21] 원인과 성질이 언제나 몸적이라고 할지라도, 원인과 성질은 그렇지 않은 결과들을, 속성처럼, 산출할 수 있다. "스토아학파 철학자들은 네 종류의 몸이 아닌 것들, 즉 말로 표현되는 것(lekton), 무(無), 장소, 시간을 고려한다."[22] 이런 몸이 아닌 것들은 몸들의 활동을 이해하기 위해 반드시 필요한 사유의 대상들이다. 따라서, 예컨대 세계를 둘러싸는 무한정한 공백은 몸이 아니며, 부정적으로 "몸의 부재" 또는 "몸이 박탈된 간

---

20 *Des notions communes contre les Stoïciens*, XLV.
21 Cf. Sextus Empiricus, *Adversus Mathematicos*, VIII, 263.
22 *Ibid.*, X, 218.

격"[23]으로 규정된다. 그리하여 몸은 단순한 박탈에 이르게 된다. 몸은 작용과 반작용의 힘을 전혀 갖지 못하는데, 다른 몸들을 향해 인력을 행사하지도 못하고, 저항물로서 제공되지도 못하기 때문이다. 그것은 아무것도 아니지만, 그럼에도 불구하고 실존한다. 그것은 충만한 세계 안에서가 아니라 세계의 한계들 바깥에서 실존한다. 실제로 세계는 항구적으로 변화한다. 세계는 우주의 거대한 폭발을 통한 팽창과 수축을 차례로 경험한다. 따라서 세계의 확장은 그 안에서 세계가 펼칠 수 있는 무한정한 공백을 함축한다. 세계를 둘러싸는 이 공백은 필연적으로 몸이 아닌 것들이며, 이것이 없다면 운동은 멈춰질 것이다. 세계의 생성을 해명하기 위해서 결국 주랑(柱廊)의 철학자들[24]은 몸의 범주가 아닌 다른 범주들의 도움을 받을 수밖에 없게 된다. 자연의 역동성을 설명하기 위해서 그들은 세계와 공백에 의해 구성된 총체성을 사유해야 했다. 틀림없이 그런 이유 때문에 그들은 세계와 공백을 동시에 포함하는 전체, 우주(to pan)의 개념을 주조했을 것이다. 여기서 공백의 사례는 범례적인데, 왜냐하면 그것은 존재를 몸적인 것으로 환원시킨 다음, 실재적인 것을 이해하기 위해 몸이 아닌 것을 다시금 도입해야 하는 사유 체계가 갖는 긴장을 드러내기 때문이다.

　　스토아학파 철학자들은 몸적인 것과 몸이 아닌 것을 포함하는 어떤 것(Ti)인 최상위의 유(類)를 사유함으로써 그러한 긴장을 극복하려고 노력했다. 따라서 몸적이지도 않고 몸이 아닌 것도 아닌 그런 최상

---

23 Cf. Aetius, *Placita*, I. 20, I et Sextus Empiricus, *Adversus Mathematicos* X, 3, par E. Bréhier, *La théorie des incorporels dans l'ancien Stoïcisme*, p. 47.
24 [옮긴이] 스토아학파 철학자들을 일컫는 다른 표현이다.

위의 유의 통일성 아래에서 결국 실재성을 사유해야 한다. 몸은 단번에 그 자체만으로 이해가능성의 유일한 원리일 수 없게 된다. 최상위의 유 가운데에서 상반된 것들을 화해시키려는 시도는 문제를 완전하게 해결하지 못하는데, 왜냐하면 그 시도는 풀 수 없는 난점들과 맞닥뜨리기 때문이다. 몸이 아닌 것인 그것이 무(無)가 아님에도 불구하고 존재가 없이 있으면서 아무것도 아니라는 점을 고려하건대, 공백이 실존하는 방식은 이미 애매하다. 플루타르코스는 그런 명백한 비일관성을 놓치지 않고 공격한다. "일반적으로 존재하지 않는 것이 있고, 그것이 실로 있으며, 그것이 존재가 없이 있다고 말하는 것은 불합리하며 상식에 어긋난다."[25] 하지만 문제가 되는 것은 무엇보다 전체의 개념이다. 전체가 몸적이지도 않고 몸이 아닌 것도 아니라면, 그것의 존재론적 위상은 수수께끼로 남는다. *Ti*(어떤 것)처럼 전체는 실로 어떤 것이어야 한다. 그런데 그것은 무엇이란 말인가? 그처럼 플루타르코스는 스토아학파 철학자들의 일관성 없음을 고발하기에 유리한 입장에 있다. "그들은 세계 주변에 외부적인 공백을 인정하고, 전체가 몸적이지도 않고 몸이 아닌 것도 아니라고 말한다. 그 결과 전체는 비-존재라는 사실이 따라 나온다. 실제로 그들은 오로지 몸들만이 존재들이라고 주장하는데, 능동적으로 작용하고 수동적으로 겪는 것은 존재에 속하는 일이기 때문이다. 그러나 전체는 능동적으로 작용하지도 수동적으로 겪지도 않는 비-존재이다."[26] 이런 조건에서 우리는 비-존재가 어떻게

---

25 *Des notions communes contre les Stoïciens*, XXX.
26 *Ibid*.

존재와 공백으로 구성될 수 있는지를 잘 알지 못한다. 전체와 연관된 아포리아는 *Ti*의 단계에서 다시 나타난다. 이 어떤 것은 "내가 알 수 없는 것"(je ne sais quoi) 또는 "거의 아무것도 아닌 것"(presque rien)과 유사하다. 최상위의 유는 존재가 아니다. 그렇지 않다면 그것은 몸일 것이며 몸이 아닌 것을 포함하지 못할 것이다. 최상위의 유는 또한 무도 아닌데, 왜냐하면 존재를 포함하기 때문이다. 그것은 존재처럼 있으며, 그리하여 최상위의 유의 존재론적 위상은 순수하게 유비적으로 남아 있고 체계 안에서 맹점처럼 여겨진다.

따라서 몸의 개념은 실재성 전체로 확장될 수 없으며 보다 제한된 정의가 부과된다는 것을 인정해야 한다. 데카르트는 창조를 순수하게 물질적인 작품과 동류시하는 것을 거부하고 명석 판명한 존재의 분할을 작동시킴으로써 바로 그런 경로를 따른다.

2) 데카르트에게서 몸(물체)에서 연장으로의 문제적 환원

『성찰』의 저자에게, 창조된 모든 것들 간의 주된 구분은 "어떤 것들은 지성적, 다시 말해 지성적 실체들 또는 그런 실체들에 속하는 속성을 가지고 있고, 다른 것들은 몸적, 다시 말해 몸들 또는 몸에 속하는 속성들을 가지고 있다"[27]는 것이다. 이 차이는 이성에 의한 단순한 구분에 근거하는 것이 아니라, 정신과 몸의 실제적 본성에 근거하는 실재적 구분으로서 드러난다. 실제로 실체는 실존하기 위해 자기 자신만을 필

---

27 *Principes de la philosophie*, I, 48. [『철학원리』]

요로 한다. 물론 "실체의 이름은 신과 피조물의 견지에서 일의적이 아니다."[28] 왜냐하면 정확히 말해서 오로지 무한한 존재가 실존하기 위해 자기 자신만을 필요로 하기 때문이다. 어쨌든 어떤 피조물들은 실체로 불릴 수 있는데, 왜냐하면 그것들은 창조된 다른 어떤 것의 도움 없이 보존되고 실존할 수 있기 위해, 신의 통상적인 원조만을 필요로 하기 때문이다.[29] 그리하여 그 피조물들은 다른 모든 피조물과 무관하게 오성에 의해 실제로 파악될 수 있다. 그리하여 우리는 영혼과 몸이 구분된 두 실체들이라고 결론을 내릴 수 있다. 이는 "다만 우리가 그것 가운데 하나를, 다른 하나를 사유하지 않고도 명석 판명하게 이해할 수 있기 때문이다."[30] 실제로 우리는 신은 속이는 자가 아니며, 신은 우리가 명석 판명한 관념을 갖는 그 모든 것을 제작할 수 있다는 것을 확신한다.

그렇기 때문에 우리가 지금 예를 들어 연장이나 몸적 실체의 관념을 가지고 있다는 사실로부터, 비록 우리가 그러한 것이 현재 세계 속에 있는지 아닌지를 확실히 알지 못한다고 할지라도, 어쨌든 우리는 그것에 대한 관념을 가지고 있기에, 우리는 그런 것이 있을 수 있다고, 그리고 그것이 실존하는 경우에, 우리가 사유에 의해 규정할 수 있는 어떤 부분은 다른 부분들과 실제로 구분되어야 한다고 결론을 내릴 수 있다. 마찬가지로 우리들 각자는 자신이 사유한다는 것을 그 자체로 포

---

28 *Ibid.*, 51.
29 *Ibid.*, 51~52.
30 *Ibid.*, 60.

착하며, 사유함으로써 다른 모든 실체를, 즉 사유하는 것이거나 연장되어 있는 것이거나 다른 모든 실체를 자신이나 자신의 영혼으로부터 배제할 수 있기 때문에, 우리는 또한 그처럼 고려된 우리들 각자가, 사유하는 다른 모든 실체와, 그리고 몸적인 모든 실체와 실제로 구분된다고 결론을 내릴 수 있다.[31]

그처럼 궁극적 회의의 실행은 나의 정신의 실존을 의심할 여지 없이 드러내고, 불확실성이 뚜렷한 나의 몸과 외부 세계와 무관하게 사유하는 실체로서 나를 파악할 수 있게 한다. 따라서 지성적 실체들은 몸적 본질을 가지고 있지 않다는 것, 그리고 몸의 정의의 영역을 축소해야 하는 것이 분명하다. 그러나 데카르트가 여기서 암시하고 있는 몸의 관념이 정확히 무엇을 가리키는지를 아는 일이 여전히 남아 있다. 만일 회의와 판단 중지의 경험이 나로 하여금 사유하는 실체라는 나의 본성을 드러낼 수 있게 한다고 했을 때, 그렇다고 해서 그 경험이 내게 몸의 본질을 드러내는 것은 아니기 때문이다.

몸(물체)의 본성에 대한 기술과 정의

그럼에도 불구하고 나의 존재와 내게 떠오르는 사유들을 고려함으로써 나는 몸적 실체의 본성에 대한 명석한 관념을 소유하는 것처럼 보인다. 데카르트는 이 점을 2번째 성찰의 시작에서 타당하게 만든다. "몸(corps)에 속했던 것에 대해서 나는 그것의 본성을 전혀 의심하지

---

31 *Ibid.*

않았다. 왜냐하면 나는 그것의 본성을 매우 판명하게 인식한다고 생각했기 때문이다. 그리고 내가 가지고 있던 개념들에 따라 그것을 설명하고자 원했다면, 나는 이런 식으로 그것을 설명하고자 했을 것이다. 나는 몸을 어떤 형상에 의해 구획될 수 있는 모든 것으로 이해한다. 그것은 어떤 장소 안에 포함될 수 있고, 다른 모든 몸이 배제되는 식으로 어떤 공간을 채울 수 있다. 그것은 만짐이나 시각, 또는 청각이나 후각에 의해 감각될 수 있고, 그것 자체에 의해서가 아니라 그것이 만져지고 그것이 인상을 수용하는 이질적인 어떤 것에 의해 여러 가지 방식으로 움직여질 수 있다."[32] 요약하자면, 몸은 5가지 원초적인 특징을 소유할 것이다. 형상, 장소, 불가입성(impénétrabilité), 감각들에 의해 지각될 수 있는 가능성과 움직여질 수 있는 소질. 몸의 본성에 대한 이 분석은 분명한 자명성에도 불구하고, 명석 판명한 정의에 근거하고 있지 않으며, 있는 그대로 주어지지 않는다.

실제로 데카르트의 극도의 신중함과 그의 말의 조건적 특징에 주목해야 한다. 저자는 몸의 본성을 정의한다고 주장하지 않으며, 반대로 단순히 그것을 기술한다고(décrire) 주장한다.[33] 기술의 개념이 감각적 관찰로 환원되지 않고 영혼에도 똑같이 적용된다는 점을 보았을 때, 기술은 정의와 전혀 대립하지 않는다.[34] 기술은 몸의 참된 관념을 명백하게 주는데, 왜냐하면 기술은 몸의 한계를 정하고 전적으로

---

32 *Méditations métaphysique*, II, A.T., VII, p. 26.

33 사용된 라틴어 단어는 실제로 definire가 아니라 describere이다. cf. *Ibid.*, II, A.T., VII, p. 26, 1. 13.

34 Cf. 특히 『인간론』(*Traité de l'homme*) : "우선 나는 당신을 기술해야 한다. 몸을 따로, 그런 다음 영혼을 따로…"(A.T., XI, p. 119, 1. 2~3).

명료하게 몸을 알아볼 수 있게 하기 때문이다. 어쨌든 정의가 본질을 보여 주는 반면에 기술은 속성들을 진술하는 데 만족한다. 데카르트가 2번째 성찰의 저 요약문에서 몸을 이해하는 바를 기술할 때, 그는 몸의 본질을 전달하지 않는다. 그는 몸의 연장적 본성을 언급하지 않기 때문이다. 그는 몸의 속성들 가운데 몇몇을 열거할 뿐이다. 그런데 몸이 "감각될 수 있다"는 것을 주장하는 것, 이것은 몸의 본질적인 차이를 인식하게 하지 않는다. 뿐만 아니라 그렇기 때문에 데카르트는 1649년 2월 5일 모루스(Morus)에게 보내는 편지에서 몸을 감각적 실체로 정의하기를 거부한다. 영국의 철학자는 데카르트에게 어째서 그가 "몸이 감각적, 촉각적 또는 불가입적 실체이기보다 오히려 연장적 실체임"을 주장하는지를 질문한다. 이 질문에 대해 데카르트는 이렇게 대답한다. "사물의 본성 자체가 당신에게 경고하는 바는 감각적 실체를 이야기함으로써 우리는 몸을 우리의 감각과의 관계에 의해 정의 내리게 된다는 것입니다. 그런 식이라면 우리는 몸의 속성들 가운데 하나만을 해명하게 되는데, 이것은 인간이 전혀 존재하지 않을지라도 실존할 수 있음으로써 우리의 감각에 전혀 의존하지 않는 몸의 전체적 본성이 아닙니다."[35] 같은 방식으로, 불가입성은 몸의 본질을 표현하지 않는다. 그것은 인간 안에서의 웃음의 능력과 유사한 특질에 불과하다.[36] 왜냐하면 불가입성은 나눔의 개념이나 한계의 개념을 전제하며,

---

35 *Correspondance*, A.T., V., p. 268, 1. 5~12.

36 "하지만 다시 한 번 말하는데, 몸 안에서의 그런 촉각성과 불가입성은 인간 안에서의 웃음의 능력처럼 단지 논리학의 공통 규칙에 따른 4번째 단계에서의 특질이며, 내가 주장하거니와, 연장 안에 있는 참되고 본질적인 차이가 아니다."(*Ibid.*, A.T., V, p. 269, 1. 10~14)

이러한 개념들은 모든 몸들에게 필연적으로 적용되지 않는 것들, 특히 무규정적이거나 무한정한 크기를 가진 몸들에게 적용되지 않는 것들이기 때문이다.

그 결과 2번째 성찰에서 definire라는 단어가 아니라 describere라는 단어가 선택된 것은 사소하지 않으며, 몸적 실체의 본질을 분간하는 데 있어서 어려움을 증언한다. 그러한 선택은 몸의 본성이 인간 정신의 본성보다 인식하기가 더 어렵다는 것, 몸의 본성이 감각에 의해 결정될 수 없다는 것을 보여 주는 것을 겨냥하고 있다. 이것이 바로 밀랍 조각의 유명한 분석이 모범적인 방식으로 드러내는 내용이다. 이 분석에서 데카르트는 잘 안착된 감각적 확신들이 요동치게 만들고, 몸의 본질이 오로지 정신의 조사(inspection)에 의해서만 이해될 수 있음을 확증한다.[37] 만일 우리가 밀랍이라는 이 몸의 본질이 무엇인지를 묻는다면, 각자는 그것의 맛, 향기, 색깔, 크기, 그것의 차가움이나 형상, 그것의 단단함, 그것을 두드릴 때 나는 소리와 같이, 일정 수의 성질들을 내어놓을 수 있을 것이다. 그렇지만 그렇게 주장된 본질적 속성들이 연기처럼 사라져 버리거나 그 반대 성질들로 감소되게 하려면 그것을 불에 가까이 가져가기만 하면 된다. 맛과 색깔, 소리와 촉감이여, 안녕. 형상과 크기는 변하고, 고체는 액체가 되며, 단단함은 무른 것이, 차가움은 따뜻함이 된다. 존재하는 것처럼 보였다가 무(無)가 되어 버린 감각 성질들의 현혹성. 밀랍의 본질은 감각의 중재로 관찰된 그런 변화하는 특징들로 이루어질 수 없다. 밀랍의 본질은 불변하기 때문이

---

37 *Méditations métaphysiques*, II, A.T., IX, pp. 23~24.

다. 만일 동일한 밀랍이 남아 있다면, 그 변형들에도 불구하고 밀랍 안에서 존속하는 것을 생각해야 한다. 그렇다면 밀랍 안에서 분명하게 인식되는 실체적인 것은 무엇인가?

데카르트는 대답한다. "아마도 그것은 내가 지금 생각하는 것이었을까? 즉 밀랍은 꿀의 이 달콤함, 기분 좋은 이 꽃향기, 이 하얀색, 이 형상, 이 소리가 아니었고, 단지 조금 전 내게 그런 형태들로 나타났고 지금은 다른 형태들로 주시되는 하나의 몸이었을까?"[38] 따라서 밀랍의 본질을 구분해 내려면, 감각들의 작용에 의해 생겨나는 모든 것들을 배제하고, 밀랍을 변형들의 물리적 매체처럼 생각해야 한다. 이 단계의 분석에서, 오로지 변화만이 영원한 것처럼 보인다. 밀랍은 변형되는 일련의 형태들로 환원된다. 그랬을 때 우리는 밀랍이 때로는 이 형태로, 때로는 다른 형태로 나타나는 것이라고 말할 수 있을까?

"내가 밀랍을 그렇게 이해할 때, 정확히 말해서, 나는 무엇을 상상할까? 이 점을 주의 깊게 고찰해 보자. 밀랍에 전혀 속하지 않는 모든 것들을 물리침으로써 남아 있는 것을 보자. 확실하게 남아 있는 것은 연장적인 것, 즉 변형가능하고 가변적인 연장 외에 다른 것이 아니다."[39] 분석의 끝에서, 정신은 변화들에도 불구하고 남아 있는 것, 그것이 연장, 형상, 운동이라고 판단한다. 밀랍은 다수의 모습들을 띠면서 무한한 변화의 대상이 되는 연장의 한 조각이다. 밀랍의 크기가 증가하거나 감소하거나 간에, 이 크기는 그것이 연장으로 남아 있게 하는

38 *Ibid.*, p. 24.
39 *Ibid.*, p. 24.

것이 아니다. 여기서 문제가 되는 것은 감각에 의해 발견되는 진리도 아니고 상상력에 의해 발견되는 진리도 아니다. 그러한 진리는 밀랍의 무한정한 변화를 모두 다 관통할 수 없다. 반대로 문제가 되는 것은 정신의 조사에 의해 인식되는 명석 판명한 관념이다. 물질이 연장으로 환원되는 것은 추상적인 지적 작용이 아닌데, 왜냐하면 그러한 환원이 몸으로부터 그 수많은 성질들, 외관상의 풍요로움을 박탈하는 것은 다만 몸을 더 잘 보여 주기 위해서이기 때문이다. 어쨌든 데카르트는 여기서 속성들 간의 위계를 만들지 않으면서, 동일한 수준 위에 연장, 유연성, 가변성을 놓는다. 실제로 제2성찰에서 그의 목표는 몸의 본질을 규정하는 것이 아니라, 몸의 본성은 오성에 의해서만 파악될 수 있으며, 그것이 정신의 본성보다 인식하기가 어렵다는 것을 보여 주는 것이다.

데카르트는 『철학원리』[40]에서 그것이 없다면 다른 속성들이 생각될 수 없는 그런 주요 속성으로 더욱 정확하게 연장을 제시하게 된다. 속성 전부는 실체의 실존을 노출시키고 실체의 성질들 가운데 하나를 드러내는데, 왜냐하면 무(無)는 속성들을 가질 수 없을 것이기 때문이다.[41] "하지만 각 속성이 실체를 인식시키기에 충분하다고 할지라도, 어쨌든 그 가운데 실체의 본성과 본질을 구성하는 하나, 다른 모든 속성들이 의존하는 하나가 있다. 다시 말해 길이, 폭, 깊이 안에서의 연장은 몸적 실체의 본성을 구성한다."[42] 그 결과 연장(extension)은 몸을 창조된 다른 모든 것들로부터 명석 판명하게 차별화할 수 있는 주요

---

40 *Principes de la philosophie* I, 53.
41 *Ibid.*, 52.
42 *Ibid.*, 53.

속성이 된다. 연장적인 것(res extensa)으로서 몸은 지성적 실체인 영혼과 혼동될 수 없으며, 지성적 실체는 그 본성 전부가 사유하는 데 있다. 비물질적인 것인 영혼은 분명 심오하고 고귀하고 관대하지만, 그것의 크기는 연장적인 것이 전혀 아니다.

연장은 그 자체만으로도 물질적 실체의 본질을 인식시키기에 충분하다. "왜냐하면 다른 곳에서 사람들이 몸에게 부여할 수 있는 모든 것은 연장적인 것을 전제하며 연장적인 존재에 대한 의존일 뿐이기 때문이다."[43] 그러므로 연장은 그로부터 형상과 운동의 개념들이 따라 나오는 원초적 개념이 된다. 연장은 본원적인 것으로서, 이것의 본을 따라 우리는 몸과 관계되는 다른 모든 인식들을 형성한다.[44] "우리는 예컨대 연장된 사물 안에 있지 않은 형상을 생각할 수 없을 것이며, 마찬가지로 연장된 공간 안에서만 운동을 생각할 수 있다."[45]

연장 이외에 몸은 분명히 "형상, 운동, 부분들의 상황과 이 부분들이 분할되어야 하는 배치"[46]의 특징을 가진다. 이 목록은 남김없이 망라될 수 없다. 실제로 데카르트는 『철학원리』의 48절에서, 몸들과 관계하며 지금 그 복잡성을 설명할 수 없는 다른 속성들이 존재한다는 것을 이해시키고 있다. 『정념론』에서 데카르트는 살아 있는 몸의 특수한 기능들 가운데 하나로서 열기를 언급하며, 이것을 영혼의 탓으로 돌리기를 거부한다.[47] 이 모든 속성들은 몸적 실체에 속하지만, 주요 속성

---

43 *Ibid.*
44 *Lettre à Élisabeth*, 21 mai 1643.
45 *Principes de la philosophie* I, 53.
46 *Ibid.*, 48.

들은 아니다. 그것들은 연장에서 흘러나오고 연장을 전제하기 때문이다. 형상, 운동, 부분들의 상황, 가분성(divisibilité)은, 오성의 지각들과 의지의 경향성들이 영혼 속에서 사유라는 원초적 개념에 의존하듯이, 연장의 관념을 뒤따르는 관념들이다. 그 개념들은 연장에서 파생된다고 할지라도 몸에 고유한 속성들로 남아 있는 것은 아닌데, 왜냐하면 지성적 실체는 결코 그 개념들을 소유할 수 없을 것이기 때문이다. 영혼은 사각형도 아니고 삼각형도 아니다. 영혼은 형상을 갖지 않는다. 영혼은 동요되는 것(émue)이지 움직이는 것(mue)이 아니다. 왜냐하면 데카르트에 따르면 움직임은 물질의 부분들을 이것들이 만지는 몸들의 주변에서 다른 몸들의 주변으로 즉시 이동시키는 것이기 때문이다.[48] 비(非)물질적이고 비(非)연장적인 영혼은 비록 몸의 모든 부분들에 함께 결합되어 있다고 할지라도 혼합되어 있는 것이 아니며, 불가분적으로 남아 있다.

결정적으로 몸들의 복수성은 한 개념의 통일성 아래 집결되는 것이 실로 가능해 보인다. 모든 몸은 길이, 폭, 깊이 안에서의 연장된 실체 외에 다른 것이 아니다. 모든 몸에 공통적인 이 본질은 자명한 인식의 대상이 되는데, 왜냐하면 그것은 절대적으로 단순한 최초의 본유 관념, 즉 연장이라는 원초적 개념에 근거하고 있기 때문이다. 그렇지만 몸에 대한 이러한 정의가 데카르트의 고백 자체를 문제적인 것으로 남겨 놓지 않는 것은 아니다.

47 *Passions de l'âme* I, 4 et 5.
48 *Principes de la philosophie* II, 25.

몸(물체)이라는 단어의 모호한 특징

사실상 몸과 몸[49]이 있으며, 모든 것은 분할될 수 있는 연장의 한 부분으로 환원될 수 없다. 『성찰』의 저자는 이 어휘 아래 감춰져 있는 애매성을 분명하게 알아보고 강조한다. 실체전환(transsubstantiation)에 대한 메슬랑(P. Mesland)의 질문을 받은 데카르트는 그리스도가 성체의 빵 안에 현전하는 방식을 해명하기 위해서 몸의 개념을 재정의하기에 이른다. 1645년 2월 9일자 편지에서 데카르트는 우선 "몸이라는 이 단어는 매우 모호하다"는 것을 확인하고, 그것은 두 가지 뜻을 구분함으로써 혼동들을 제거하려고 노력한다. 한편으로는 "몸 일반"이, 다른 한편으로는 "인간의 몸"이 있다.

우리는 몸 일반을 말할 때, 물질의 결정된 부분과 우주를 구성하는 양(quantité) 전체를 이해한다. 그리하여 우리는 몸이 아주 작거나 더 이상 전체가 아니라고 즉각 판단할지라도, 그러한 양에서 약간이라도 제거할 수 없다. 또한 우리는 그 몸이 동일한 것이 더 이상 아니거나 수적으로 동일한 것(idem numero)이 더 이상 아니라고 생각하지 않는 이상 그 물질의 어떤 입자도 변화시킬 수 없다. 그러나 우리가 한 인간의 몸을 말할 때, 우리는 물질의 결정된 부분을 뜻하지 않으며, 결정된 크기를 갖는 부분을 뜻하지도 않는다. 우리는 단지 그 인간의 영혼과

---

49 [옮긴이] 여기서 "몸과 몸"은 몸 일반과 인간의 몸을 가리킨다. 불어에서 몸에 해당하는 단어 corps는 물체를 뜻하기도 하고 신체를 뜻하기도 하는바, 몸 일반으로 표현될 때 그 몸은 물체를 포함하는 물질 전체를 가리키고, 인간의 몸으로 표현될 때 그 몸은 물체적·물질적 특성을 배제한 몸을 가리킨다.

전체적으로 결합된 물질 전부를 이해한다. 그리하여 그 물질이 변한다고 할지라도, 그 물질의 양이 증가하거나 감소한다고 할지라도, 우리는 그것이 동일한 영혼에 실체적으로 연결되고 결합된 채로 있는 동안에는 그것이 동일한 몸, 수적으로 동일한 것이라고 항상 믿는다. 그리고 우리는 그 몸은 그러한 결합을 보존하기 위해 요구되는 모든 배치들을 자기 안에 갖고 있는 동안에는 완전하다고 믿는다.[50]

몸의 개념이 매우 넓은 외연을 가지고 있으며 매우 상이한 의미들을 포함하고 있다는 게 사실인 한에서, 이러한 조정은 데카르트가 제2성찰에서 정의보다는 오히려 기술(記述)을 말하기를 선호했던 이유를 다른 관점에서 해명한다. 모호함을 없애려는 목적으로 편지에서 작동되었던 분할은 그 용어의 의미론적 장의 복잡성을 드러낸다. 왜냐하면 "몸 일반"(le corps en général)은 "우주를 구성하는 양"만이 아니라 "물질의 결정된 부분"을 또한 지시하기 때문이다. 따라서 그것은 물질의 부분을 가리키거나, 물질의 총체성을 가리킨다. 그 결과 개념의 첫 번째 의미는 단순하지 않으며 혼동을 초래할 수 있다. 왜냐하면 그것은 연속적이고 무한정한 것만이 아니라 불연속적이고 한정적인 것도 포함하기 때문이다. "몸 일반"은 하나의 형상으로 마무리되는 모든 것과 동화될 뿐만 아니라, 제2성찰에서의 경우처럼 어떤 장소를 차지하고 배타적인 방식으로 공간을 채운다.[51] 그것은 또한 우주를 구성하

50 *Correspondance*, A.T., IV, p. 166, 1. 3~22.
51 Cf. *Méditations* II, A.T., VII, p. 26.

는 연장된 물질과도 동일시된다.[52] 그런 자격에서 몸 일반은 무한정한데, 왜냐하면 세계의 연장은 한계를 가질 수 없기 때문이다. 그렇지만 우리가 그런 한계를 발견한다고 가정할 때조차, 우리는 언제나 그 너머로 연장되는 공간들을 생각할 수 있다.[53] 그처럼 첫 번째 의미의 몸은 그것이 한정되어 있건 무한정하건, 연장된 물질의 또 다른 이름에 불과하다.

그런 조건에서, 어떤 사람들은 데카르트가 모호성을 없앤다는 명목 아래 모호성을 유지하지 않았는지, 그가 상이한 크기의 두 질서를 표현하기 위해 동일한 단어를 사용하도록 근거를 마련한 것인지를 질문할 수 있을 것이다. 실제로 『철학원리』의 저자는 한정된 크기와 무한정한 양을 단 하나의 범주 안에 묶는 것에서 부적절함을 경험하지 않는데, 왜냐하면 물질은 모든 곳에서 하나이며 동일하기 때문이다. 대지와 천체는 다른 물질로 만들어지지 않았다.[54] 세계 전부는 아마도 한계를 갖지 않으며, 한없이 연장되어 있을 뿐이다. 그처럼 우주 안에 실존하는 변이는 물질의 질적인 차이 때문이 아니라, 단지 물질의 부분들의 운동의 다양성 때문이다.[55] 그 결과 한정된 몸들을 무한정한 몸으로부터 본질적으로 구분할 필요가 없다. 그러므로 최종 순간에 "몸 일반" 개념의 사용과 외연을 정당화하는 것은 물질의 통일성과 획일성

---

52 『철학원리』에서 우주가 구성되는 물질은 게다가 몸 일반의 동의어처럼 분명하게 제시된다. Cf. II, 4 : "우리는 물질의 본성 또는 일반적으로 취해진 몸의 본성이 …임을 알게 될 것이다."

53 Cf. *Principes de la philosophie* II, 21.

54 *Ibid.*, 22.

55 *Ibid.*, 23.

의 원리가 된다.

그러나 동시에 어째서 인간 몸이 그런 원리에 어긋나고 별도의 의미를 부여받게 되는지를 알려고 하는 질문이 생겨난다. 인간의 몸은 이것을 표상하는 조각상들과 동일한 물질로 구성되고 연장되어 있지 않은가? 데카르트는 인간의 구성을 해명하고자 할 때, 그 스스로 "몸은 신이 특별하게 형성한 조각상 또는 대지의 기계일 뿐"[56]이라고 전제하지 않았던가?

분명히, "인간의 몸"는 물질로 구성되어 있고 연장적 본성을 소유하지만, "몸 일반"의 정의 안에 포함된 특정한 경우로 환원될 수 없다. 조각상과는 반대로, 인간의 몸은 그 구성요소들이 새로워지기 때문에 "물질의 결정된 부분"[57]으로 환원될 수 없고, 그 신장과 무게가 나이와 정황에 따라 달라지기 때문에 "결정된 크기"[58]로 환원될 수도 없다. "인간의 몸"을, "다만 우리는 이 인간의 영혼과 전체적으로 결합된 물질 전부를 이해한다."[59] 인간의 몸은 단순한 물질처럼 정의되는 것이 아니라 사유하는 본성과 결합된 물질처럼 정의된다. 그런 자격에서 인간 몸의 본질은 그저 연장에 의해 설명되는 것이 아니다. 그것은 몸과 영혼의 결합(union)에 대한 인식을 함축한다. 그런데 몸적 실체와 지성적 실체가 구분된다고 할지라도, 인간 안에서 그 둘의 결합을 생각하는 것은 "몸과 사유를 함께 가진 유일한 인격"[60]을 제시하는 것이 된

---

56 *Traité de l'homme*, A.T., XI, p. 119.
57 Cf. la lettre à Mesland, citée plus haut (*Correspondance*, A.T., IV, p. 166, 1. 3~22).
58 *Id*.
59 *Ibid*.

다. 따라서 인간 몸에 대한 인식은 1643년 5월 21일 엘리자베스 공주에게 보내는 편지에서 조사된 두 번째 원초적 개념에 근거하는 것이 아니라, 네 번째 개념에 근거한다. 왜냐하면 인간 몸에 대한 인식은 연장의 관념에서 출발해서가 아니라 결합의 관념에서 출발해서 형성되기 때문이다.

이제 우리는 데카르트가 메슬랑에게 보내는 편지에서 왜 몸이라는 단어의 두 가지 의미를 구분하는지를 이해한다. 오로지 연장, 형상, 운동에 의해 설명되는 "몸 일반"과 반대로, "인간의 몸"은 영혼에 결합된 물질인 한에서, 사유하는 실체와 연장적 실체 간의 결합과 상호작용의 개념들이 없다면 진정으로 이해될 수 없다. 그러므로 인간 몸의 과학은 기하학적 물리학에 한정되지 않으며, 『정념론』이 그 초석을 세운 생리심리학의 발명을 요청한다. 물론 한 인간의 몸은 연장된 실체처럼 분석될 수 있다. 그러나 이러한 분석은 몸의 특수성을 포착할 수 없으며, 몸의 역량의 본성을 분간할 수 없다. 그러한 목적에서 인간 몸의 활동을 해명하기 위해 감정 이론을 다듬어야 하고, 인간 몸의 정념을 이해하기 위해 의지적인 운동 이론을 다듬어야 한다. 어쨌든 1645년 2월 9일 메슬랑에게 보내는 편지에서 데카르트는 나중의 전개의 대상이 될 그런 고찰들을 언급하지 않는다. 그보다 데카르트는 몸의 단일성과 동일성을 정의할 수 있는 기준은 검토된 경우에 따라 완전히 달라질 수 있다는 것을 보여 줌으로써, 몸 개념의 두 가지 뜻을 구분하는 데 치중한다. 한편으로 물질의 변화 전부가 몸의 본성을 변형시키

60 *Lettre à Élisabeth du 28 juin 1643, Correspondance*, A.T., III, p. 694, 1. 2~4.

고 몸의 통합성에 영향을 미치는 반면, 다른 몸은 그렇지 않다.

실제로 "몸 일반"은 오로지 동일한 양의 물질을 보존하기만 하면, 동일한 것으로 온전히 남아 있다.

> 우리는 몸이 아주 작거나 더 이상 전체가 아니라고 즉각 판단할지라도, 그러한 양에서 약간이라도 제거할 수 없다. 또한 우리는 그 몸이 동일한 것이 더 이상 아니거나 수적으로 동일한 것(idem numero)이 더 이상 아니라고 생각하지 않는 이상 그 물질의 어떤 입자도 변화시킬 수 없다.[61]

따라서 우주는 우리가 그것의 물질의 미세한 일부를 잘라 낸다면 더 이상 우주가 아닐 것이다. 우주의 몸은 아무리 무한정하다 한들, 감소될 것이고 더 이상 총체성을 이루지 못할 것이다. 그것은 결정된 모든 몸들에서도 마찬가지다. 물질의 모든 증가와 모든 감소는 몸들의 본성을 바꾼다. 또 다른 부분들, 또 다른 몸들로.

반대로 "인간의 몸"은 동일한 영혼과 결합되어 있는 동안에는 그 물질이 지속적으로 변할지라도, 즉 증가하거나 감소할지라도 불가분적으로 동일하게 남아 있다. 이 점을 확립하기 위해서 데카르트는 세 단계의 과정을 거친다. 우선 그는 인간에 의거한 논증(argument *ad hominem*)을 전개하고 우리의 몸이 커져 봤자 소용없음을, 그것이 유아기부터 죽을 때까지 우리의 몸으로 남아 있음을 타당하게 만든다.

---

61 *Correspondance*, A.T., IV, p. 166, l. 6~11.

"우리의 몸이 비록 양에 있어서 훨씬 증가했다고 할지라도 우리가 유아기부터 가졌던 동일한 바로 그 몸을 가지고 있다고 믿지 않는 사람은 없다."[62] 데카르트는 그런 다음 인간 몸의 물질은 증가하는 것에 그치지 않고 시간 속에서 완전히 새로워지며, 그리하여 인간 몸은 "그때까지 있었던 그 어떤 물질의 부분"[63]도 더 이상 갖지 않게 된다는 것을 보여 주기 위해서 의사들의 공통된 의견에 의지한다. 결국 그 자신의 관찰에 근거를 두면서 데카르트는 분석을 급진적으로 만든다. 그는 부분들이 시간 속에서 변화할 뿐만 아니라 매 순간 변화하며, 그럼에도 불구하고 몸은 동일한 수(numero)로 남아 있다고 주장한다.

나는 피의 순환을 검토했고, 몸 안으로 들어오는 다른 부분들에 의해 자리에서 쫓겨난 우리 몸의 부분들의 지속적인 배출에 의해서만 영양 섭취가 이루어진다고 믿는다. 나는 우리의 사지의 입자가 단 한순간도 동일한 수(numero)로 남아 있다고 생각하지 않으며, 반면에 인간의 몸인 한에서 우리의 몸은 동일한 영혼과 결합되어 있는 동안에는 언제나 동일한 수(numero)로 남아 있다고 생각한다.[64]

"몸 일반"과 반대로 인간의 몸은 계속된 변화에도 불구하고 통일성과 동일성을 보존한다. 이러한 통일성은 영혼과의 결합과 연계되어 있으며 물질의 양과 배치에 전혀 의존하지 않는다. 그런 통일성은 몸

---

62 *Ibid.*, 1. 22~25.
63 *Id.*, pp. 166~167.
64 *Ibid.*, p. 167, 1. 4~12.

이 죽고 영혼이 물러나, 살아 있는 기관이 부패할 때 중단된다.[65]

  게다가 영혼과 결합되어 있는 한에서 인간의 몸은 그 부분들 가운데 하나가 절단된다고 할지라도, 불가분적인 총체성을 이룬다. 팔이 불구인 사람도 마찬가지로 사람이며, 데카르트는 두 번째 뜻으로 취해진 몸의 특수성을 강조하면서 그 점을 강하게 주장한다. "…그런 의미에서, 인간의 몸은 불가분적이다. 왜냐하면 만일 한 사람의 팔이나 다리가 절단된다면, 우리는 몸이라는 명칭의 첫 번째 의미를 채택하면서 그의 몸이 분할되었다고 생각하지만 두 번째 의미에서는 그렇게 생각하지 않는다. 우리는 절단된 팔이나 다리를 가진 사람이 다른 사람보다 사람이 아니라고 생각하지 않는다."[66] 그래서 「메슬랑에게 보내는 편지」에서 데카르트는 인간 몸의 본성을 정신의 본성과 근접하게 놓는데, 이는 그가 제6성찰에서 하지 않았던 일이다. 제6성찰에서 그는 "몸이 본성상 분할될 수 있고, 영혼은 완전히 불가분적이라는 점에서 정신과 몸 사이에 큰 차이가 있다"[67]고 강조했기 때문이다. 인간의 몸은 확실히 몸인 한에서 늘 분할되어 있지만, 인간의 몸인 한에서 불가분적이다. 그리고 이 점이 인간 몸의 특수성을 이룬다. 분할된 몸은 일반적으로 보았을 때 둘로 제공되며, 반면에 몸은 그 일부가 절제된 이후에도, 죽었거나 살아 있거나 늘 인간 몸으로만 남아 있게 될 것이다.

  결정적으로, 한편으로 "몸 일반"의 본질들, 다른 한편으로 인간 몸의 본질들은 연장된 물질 안에 있다고 할지라도, 동일한 본성을 갖지

---

65 *Passions de l'âme*, I, 6.
66 *Correspondance*, A.T., IV, p. 167, l. 13~18.
67 *Méditations*, VI, A.T., VII, pp. 85~86.

않는다. 첫 번째 경우에 동일성은 물질의 양에 달려 있고, 두 번째 경우에 동일성은 결합의 함수이다. 분할가능하며 물질의 변화에 따라 차이를 갖는 것이 몸 일반이고, 불가분적이고 변화에 무관한 것이 인간의 몸이다. 따라서 몸의 개념의 의미는 매우 모호하며, 구분들의 실행이 중요하다. 데카르트는 모든 몸들이 속성들을 공유한다는 것, 물질은 그러한 속성들을 동일한 어휘로 지시하는 것이 정당화되는 공통의 기체(基體)라는 것을 보여 준다. 그러나 그러한 인식은 가장 풍요로우면서 동시에 가장 빈약하다. 풍요로운 것은 그런 인식의 보편성 덕분이며 빈약한 것은 정신과의 결합의 함수 속에서 기능하는 본질적 차이를 모호한 채로 남겨 놓았기 때문이다. 그런 점에서 물질 그 자체는 몸들 간의 본성의 근본적 차이를 만들어 낼 수 없다는 점을 지적해야 한다. 역설적으로 인간 몸을 다른 몸들과 차별화하는 것은 비(非)몸적인 실체이다. 그러므로 마치 인간 몸은 그 자체 안에, 그리고 그 자체에 의해 스스로를 차별화하는 힘을 소유하고 있지 않으며 결합물이 필요한 것처럼 보인다. 요컨대 비(非)몸적인 것이 없다면 몸들은 물질의 일률성 안에 뒤섞여 들어갈 것이고, 인간은 생기를 얻은 조각상이 아닌 다른 것이 아니게 될 것이다.

만일 데카르트의 명제가 동일성의 원리에 근거를 두는 동시에 몸들의 구분의 원리에 근거를 둔다는 점에서 방법론적으로 설득력이 있다면, 그럼에도 불구하고 그의 명제는 수많은 질문들을 낳는다. 우리가 물질을 연장으로 환원시키는 것을 받아들인다고 할 때, 데카르트를 따르면서, 모든 몸들의 본질이 유일하게 연장 안에 있다는 것도 받아들여야 할까? 두 번째로, 만일 인간의 몸이 정신과 결합되어 있다면,

이는 인간 몸이 차별화의 고유한 원리를 자체적으로 가지고 있지 않다는 것, 인간 몸의 특수성은 영혼의 현전의 결과라고 말하는 것일까?

몸에서 연장으로의 데카르트적 환원에 대한 비판

몸의 연장된 물질로의 환원은 몸의 본질을 명확히 정할 수 있게 하는 것도 아니고, 몸의 구성 과정을 분명하게 드러낼 수 있게 하는 것도 아니다. 실제로 무한정하고 무형(無形)적인 연장을 한정된 형태를 포함하는 몸과 구별해야 한다. 플라톤은 이미 『티마이오스』에서 생성의 모태인 코라(chôra)를 몸 및 관념과 구별해야 할 필요성을 주장했다. "그야 어쨌든 지금으로서는 정신 안에 이 세 가지 부류가, 즉 무엇이 생성되는지, 무엇 안에서 생성되는지, 그리고 생성되는 것이 어떤 모델을 근거로 산출되는지가 자리하고 있어야 한다."[68] 생성의 과정에 붙잡혀 있는 것, 그것은 몸이다. 생성이 일어나는 용기(容器), 그것은 코라다. 모델, 그것은 관념이다. 코라는 제3의 원소로서, 이것은 관념들과도 구분되고, 관념들의 생성 속에 있으면서 관념들의 분절을 사유하기 위한 매개물로서 사용되는 사물들과도 구분된다. 몸이 형상을 부여받은 것(informé)인 반면에 코라는 무형적(informe)이다. 실로 코라는 어떤 형태도 갖지 않기 때문에 모든 형태를 수용할 수 있다. "그것은 언제나 모든 것을 받아들이면서도, 자기 속으로 들어오는 것들 중 그 어느 것과도 어떤 식으로건 유사한 형태를 갖는 일이 없다. 그것은 본성상 모든 것에 대해 모태로서 있으면서 그 안으로 들어오는 것들에 의해 변

---

68 *Timée*, 50c. [백종현·김동현 옮김, 『티마이오스』, 141. 본문에 맞게 번역을 일부 수정함.]

동도 하게 되고 모양도 다양하게 갖게 되어, 그것들로 인해 그때마다 다른 것으로 나타난다."[69] 플라톤은 용기(容器)를 어머니에, 모델을 아버지에, 그리고 이 둘 사이의 매개적 자연을 아이와 동일시한다.

데카르트가 한 것처럼 몸을 오로지 연장으로 정의하는 것은 불충분하다. 왜냐하면 그러한 정의는 몸의 실존도 본질도 포함할 수 없기 때문이다. 스피노자는 취른하우스(Ehrenfried Tschirnhaus)에게 보내는 1676년 5월 5일자 편지에서 특정한 몸의 실존을 데카르트적인 관성적인 연장에 근거해서 연역하려는 모든 시도의 공허함을 강조한다.

데카르트가 구상한 연장으로부터, 다시 말해 부동의 덩어리로부터, 증명에 의해 몸들의 실존을 끌어내는 것은, 당신이 말했듯이 어려울 뿐만 아니라 전적으로 불가능합니다. 부동의 물질은 그것이 자기 안에 머물러 있는 한에서 실제로 자기 존재 안에서 유지될 것이며, 오로지 더욱 강력한 외적 원인에 의해서만 움직이기 시작할 것입니다. 그런 이유로 나는 데카르트에 의해 인정된 자연의 사물들의 원리가 불합리하다고는 말할 수 없다고 할지라도 무용하다고 주장하는 것을 걱정하지 않습니다.[70]

관성의 법칙 덕분에 부동의 물질은 절대로 운동을 시작할 수 없고 몸들의 다양성을 산출할 수 없다. 몸들의 실존의 근거는 다른 곳에

---

69 *Ibid.*
70 *Lettre LXXXI.*

서 추구되어야 하며, 기계 장치의 신인 데우스 엑스 마키나(Deus ex machina)를 함축한다. 이런 관점에서 데카르트는 신의 원조가 필요했고 "세계를 운동 중에 있게 하기 위해서 작은 충격이 주어지는 것을 막을"[71] 수 없었다. 데카르트의 연장 개념은 극히 정태적으로 남아 있으며, 몸들의 구성의 역동적 원리와 몸들의 조직을 주관하는 힘들의 놀이를 밝힐 수 없었다.

데카르트는 특정한 몸들의 실존을 해명할 수 없을 뿐만 아니라, 그것들의 본성과 진정한 속성을 완전하게 끌어내는 데 성공하지 못한다. 몸의 본질이 연장에 있는지를 알고자 하는 질문에 대해 라이프니츠는 부정적으로 대답한다. 그는 실제로 몸 안에서 *aliquid praeter extensionem*, '연장을 넘어선 어떤 것'을 생각해야 한다고 진단한다. 라이프니츠는 "몸이나 물질의 관념이 연장의 관념과는 다른 것"[72]이라고 믿는 것에 대한 근거를 알베르티에게서 질문 받았을 때, "오늘날 학식이 있는 수많은 사람들은 몸의 본질이 길이, 폭, 깊이에 있다는 느낌에 이른다"[73]는 것을 인정한다. 하지만 그는 귀류법의 도움으로 그것의 오류를 증명한다. "만일 몸의 본질이 연장에 있다면, 오로지 연장만이 몸의 모든 변용들(affections)을 설명하는 데 충분해야 했을 것이다. 그런데 전혀 그렇지 않다."[74] 몸들의 작용들과 반응들은 순수 기하

---

71 마르그리트 페리에(Marguerite Périer)가 기록한 파스칼(Blaise Pascal)의 말. cf. *Pensées*, 1001, Lafuma, 77, Brunschvicg.

72 「몸들의 본질이 연장에 있는가라는 질문에 대한 라이프니츠의 편지의 요약, 1691」, *Système nouveau de la nature et de la communication des substances* [『자연 및 실체들의 소통의 새로운 체계』], GF, p. 35.

73 *Ibid.*

학적인 연장에 의해 설명되지 않는다. 따라서 물질은 운동에 대한 저항의 성질과, 몸에 내재하는 힘을 포함하는 자연적인 관성을 소유하고 있다. 이러한 힘이 없다면, 자연 속에서 운동 중인 몸 A가 부동의 몸 B와 마주쳤을 때 어째서 운동이 멈추는지를 이해하는 게 불가능할 것이다. 그 자체 운동과 부동과 무관한 연장만이 몸들 안에 있다고 할지라도, "첫 번째 몸이 두 번째 몸에게 전달하려는 속도와 함께 그 두 몸이 함께 진행되는 것을 막을 수 있는 것은 아무것도 없다."[75] 그러므로 변화에 저항하는 몸의 그런 능력에 무관심한 대신에 그런 능력을 설명하려면 연장 이상의 어떤 것을 생각해 내야 한다. 그 어떤 것이 바로 힘이다. 그처럼 몸의 본질을 인식하기 위해서 "연장의 개념 외에 힘의 개념을 이용해야 한다."[76] 힘은 불가사의한 개념이 아니다. 그것은 "그것을 막을 수 있는 것이 아무것도 없을 때, 작용(action)이 그 결과 일어나는 어떤 것"[77]이다. 라이프니츠는 그것을 노력과 동일시하거나 코나투스(conatus)와 동일시한다. 코나투스는 매 순간 전체에 실존해 있으면서, 운동과 시간보다 상위의 실재성을 소유하고 있다. 이것이 연속적 본성(nature)으로 하여금 그 모든 부분들이 결코 동시에 실존하지 못하게 만든다.[78] 따라서 몸의 본성은 크기, 상황의 변화를 포함할 뿐만 아니라, 몸이 작용을 가하고 저항할 수 있게 만드는 코나투스도 포함

---

74 *Ibid.*
75 *Ibid.*, appendice I, p. 38.
76 *Ibid.*
77 *Ibid.*, p. 40.
78 *Ibid.*

한다. 몸은 변화에 종속된 수동적인 물질로 있기를 그친다. 몸은 자연의 법칙들을 따르면서 작용하기 위해 늘 노력한다. 라이프니츠는 기하학의 개념들만으로 설명될 수 없는 몸의 역동적 차원을 강조한다.

확실히 "그는 모든 몸이 연장적이고 몸이 없는 연장은 존재하지 않는다는 점에 여전히 동의한다. 그럼에도 불구하고 장소, 공간 또는 전적으로 순수한 연장의 개념들을, 연장 이외에 저항도 또한 포함하는, 다시 말해 작용(action)과 겪음(passion)을 포함하는 실체의 개념과 혼동하지 말아야 한다."[79] 몸들의 실체를 이루는 것이 바로 힘이며, 힘은 몸들의 작용과 겪음의 원리가 된다. 관성적인 기하학적 연장은 결코 몸들의 모든 변용들을 설명할 수 없다. 그렇기 때문에 "그 어떤 노력도 없는 물질은 몸이 없는 장소처럼 비현실적이다."[80]

결국 라이프니츠는 몸의 형성에서 작동하는 힘들의 놀이, 외부 환경에 대한 몸의 저항에 대해 질문할 것을 권한다. 그렇기 때문에 어떻게 물질이 몸이 되며, 어떻게 물질이 단순한 집적이나 초보적인 응집에 한정되지 않는 형태로 정의되는지를 이해하는 것이 중요하다.

3) 몸, 더미, 집합체, 합금

몸은 그 한계들을 명확히 알기 어렵다고 할지라도 더미, 집합체 또는 합금과 같은 다른 유형의 물질적 존재들과 실제로 구별된다. 몸이 물

---

79 「몸들의 본질이 연장에 있는가라는 질문에 대한 라이프니츠의 편지의 요약, 1691」, p. 37.
80 *Ibid.*, appendice III, p. 43.

질로 구성되어 있다고 말하는 것은 몸의 본질을 결정하기에 충분하지 않을 뿐만 아니라, 어림도 없다. 한데 모인 모래알들이 몸을 형성하지는 않는다. 몸은 조직, 항구적 구조를 포함하며, 물질의 축적으로 구성된 보통의 더미와 구분된다. 때때로 더미는 뒤죽박죽 던져진 대상들의 아무런 실재적 연결이 없는 잡다한 수집물로 단순하게 환원된다. 더미는 지속적인 형태를 소유하고 있지 않으며 존재론적인 두께를 거의 가지고 있지 않다. 더미의 실존은 외부 원인들의 위협에 대해 저항하지 않는다. 반면에 몸은 일정한 변화들에도 불구하고 존속하는 형태, 무한한 지속 기간 동안 집요하게 자신의 존재를 지키는 형태로 특징지어진다. 어원학 사전에 따르면 몸(corps)이라는 단어는 나아가 '형태'를 의미하는 'Krp'라는 어근에서 파생되었다. 몸의 본질은 물질보다는 형태와 더 관련되어 있을 것이며, 몸의 형태는 퀴비에(Georges Cuvier)가 강력하게 상기시키고 있듯이, 삶의 계속된 소용돌이에도 불구하고 집요하게 남아 있는 것이다. "살아 있는 몸의 현행하는 물질은 곧 더 이상 존재하지 않게 될 것이다. 그렇지만 그것은 그것과 동일한 방향으로 나아가고 있는 미래의 물질을 제어하게 될 힘의 수탁자이다. 따라서 그런 몸들의 형태는 물질보다 본질적인데, 왜냐하면 몸들의 물질은 보존되기 때문이고, 게다가 종들의 차이를 구성하는 것은 형태들이지, 모든 종들에 있어서 거의 동일한 물질들의 조합이 아니기 때문이다."[81] 그러나 형태란 무엇이고, 어째서 여하한 모든 몸에 대해 형태가

---

81 *Histoire des progrès des sicences naturelles de 1789 jusqu'à ce jour(1810)* [『1789년부터 지금(1810)까지 자연과학 발전의 역사』], nouv. éd., 1834, p. 187.

구성적인 것일까? 더미 또한 아무리 일시적이라고 할지라도 어느 정도 형태를 소유하고 있지는 않은가?

더미와는 반대로 몸은 단순한 병치(parathèse)의 결과가 아니라 종합(synthèse)의 결과이다. 스토아학파 철학자들에게 병치(parathesis)는 쌓아 올린 밀알이나 보리처럼 표면으로만 접촉해 있는 몸들의 병렬에 의한 혼합 형태를 가리킨다. 이 경우에 결합은 매우 일시적인 것으로 남는다. 왜냐하면 그 결합은 표피적 접촉에 한정되기 때문이다. 더미에서 요소들은 구성되기보다는 그저 놓여 있을 뿐이며, 서로 외재적으로, 서로 무관하게 머물러 있다. 그리하여 우리는 전체의 본성에 변화를 주지 않고서도 한 요소를 제거하거나 추가할 수 있다. 물론 연쇄추리의 역설에 빠지는 것을 피하기 위해, 그런 작용이 한계를 가지고 있다는 것을 인정해야 한다. 더미 전체를 사라지지 않게 만들면서 모래알들을 무한정하게 제거할 수는 없기 때문이다. 어쨌든 일반적인 방식으로 더미는 몇몇 요소들의 추가나 공제에도 불구하고 더미로 남아 있다. 이상하게도 더미는 때때로 몸을 형성하지 않는 몸들을 결집시킨다. 밀알 하나하나는 실제로 몸의 명칭을 받을 자격이 있지만, 그것들의 축적은 그렇지 않다. 따라서 몸은 자신들의 동일성과 본성을 전달할 수 있는 더 작은 몸들의 집합이 아니다. 사실상 그러한 집합은 몸의 성질을 전체에게 주기는커녕 반대로 그런 성질을 몸에게서 제거하는 어떤 것이다. 그러므로 결집되는 것은 서로 유사하지 않으며, 축적된 몸들은 그저 더미에 불과할 뿐이다.

몸은 물질의 순수한 쌓기(parathèse)의 결과가 아니라, 반대로 구성요소들을 결합시키는 종합의 결과이다. 그리하여 그 구성요소들이 새로운 총체성을 구성하게 된다. 병치형태(parathèse)에서 단일성들이 병렬되고 서로 깊이 침투하지 못하는 반면, 종합(synthèse)에서 단일성들은 어떤 새로운 본성의 실재성을 탄생시키기 위해서 서로 조합하고 서로 변형된다. 스토아학파에 따르면, 병치(parathesis)와 반대로 종합(혼동sunkhusis)은 어떤 혼합물로서, 이 속에서 구성요소들 하나하나와 전혀 다른 어떤 하나가 형성되기 위해 구성요소들에게서 고유한 성질들은 사라지게 된다. 몸은 변형을 함축하고, 단순한 축적을 넘어서는 물질의 배치를 함축한다. 몸은 자신의 구성요소들로 환원이 불가능한 조직된 존재이다. 그렇기 때문에 몸은 물질의 단순한 축적과 근본적으로 구분된다.

　　더미와 다르게, 집합체(agrégat)는 상대적으로 안정적인 하나의 전체를 형성하는 방식으로서 부분들을 단단히 결합시킨 조합이다. 그런 식으로 자연은 모래알들을 모아서 사암으로 만든다. 그렇지만 더미에서 집합체로의 이러한 이행은 구성요소들의 지속적인 점착에도 불구하고 몸을 만들어 내지는 않는다. 결합의 견고함과 안정성은 필수적인 조건이지만, 몸을 이루기에 충분하지는 않다. 쌓기에 의해 형성된 총체성은 부분들의 합으로 요약되며, 그것의 본성은 부분들의 속성들의 총합을 초과하지 않는다. 결집은 요소들을 변형시키지 않으며, 그리하여 그 요소들은 결집이 해체되어도 온전하게 복구된다. 단일성은 표면적으로 남아 있으며 결합은 진정한 것이 아니다. 왜냐하면 혼합물은 실체들의 고유한 성질들을 보존하고, 질서 잡힌 구성을 산출하지도 않고, 보다 상위의 실재성 안에서의 융합도 산출하지 않기 때문이다. 집합체는 역동적인 종합을 작동시키는 것과는 거리가 멀다. 집합체는 자신의 부분들의 강화된 결합(cémentation)의 무기력 상태에 붙잡혀 있다. 게다가 기술적 관점에서, 그 용어가 모르타르나 시멘트의 구성에 참여하는 모래나 자잘한 자갈과 같이 생기가 없는 구성요소들의 집합을 가리킨다는 점에 주목해야 한다.

그러므로 결집되었거나 나란히 묶인 복수의 것들 내지 잡다한 것들은 강한 의미에서 몸을 구성하지 못한다. 그러나 몸이 필수적으로 강하게 연대한 부분들의 연합이며, 이 부분들이 조화를 이루며 작용하고 각자의 특수성을 초과하는 총체성 안에서 종합적으로 결합되어 있다고 해도, 몸은 알려진 적이 없는 실재성의 창조적 연합으로 요약되지는 않는다. 사실상 어떤 실체들은 새로운 실체를 형성하기 위해서 녹아 없어지기에 이른다. 합금이 그런 예로서, 이것은 상위 본질의 생산물을 얻기 위해 바탕이 되는 금속들을 화합시킨다. 예를 들어 청동은 구리와 주석으로부터 얻어진 고유한 실체임을 부인할 수 없다. 청동은 구리와 주석의 금속성을 지니지 않지만 그 둘을 견고하고 저항력이 강한 물질로 변모시킨다. 이는 청동이 몸을 구성한다고 말하는 것일까? 여기서 개념의 한계들에 대한 문제는 보다 첨예한 방식으로 제기된다. 왜냐하면 합금은 단순한 병치로 환원되지 않으며, 반대로 어떤 진정한 종합을 작동시키는 것처럼 보이기 때문이다. 실제로 합금은 알려진 적이 없는 산물, 기초 금속들로 다시 환원이 불가능한 산물을 내놓기 위해서, 구성요소들을 변형시키고 해체하며 녹이는 것이기 때문이다. 이런 조건에서 어떻게 몸을 합금과 구분할 수 있을까?

그 두 개념(몸, 합금)이 겹치지 않는다는 건 사실이다. 몸의 외연의 영역이 합금의 외연의 영역보다 광범위하기 때문이다. 후자는 주로 금속에 집중되어 있다. 그렇지만 그것은 본질적 차이를 확립하기에 충분하지 않다. 그 무엇도 몸을 금속이 아닌 구성요소들로까지 확장된 합금처럼 생각하는 것을 막을 수 없기 때문이다. 물론, 합금의 가공은 일반적으로 금속들의 일정 속성들을 향상시키려는 목적을 지닌 인공적 산물이며, 반면에 몸의 구성은 어떤 외적 목적성도 갖지 않은 자연 법칙들을 따르고 있다. 그럼에도 불구하고 인공적 몸의 제작은 아주 간단하게 그런 차이를 반박한다.

실제로 합금 기술은 몸의 형성을 주관하는 것과 동일한 법칙들을 따르지 않는다. 아무리 원소적이라고 할지라도 몸의 실존은 그 구성요소들 간에 규정된 화학양론적(stœchiométrique) 비율을 함축하며 변이를 수용하지 않는다. 혼합물에서 수소와 산소의 비율이 지켜지지 않는다면, 이 혼합물은 잉여로 머물 것이며 물의 종합에 참여하지 못할 것이다. 반대로 우리가 구리를 녹인 용액에 주석을 더 많이 포함시킨다고 해도, 혼합물은 지속적인 방식으로 작용할 것이며, 포화한계를 넘어서지 않는 조건에서 우리는 계속해서 청동을 얻을 수 있을 것이다. 합금에 들어가는 금속들의 비율은 무한정하게 변화될 수 있고, 결과물의 성질은 바뀌게 될 것이지만 그 본성은 바뀌지 않을 것이다. 따라서 합금은 엄밀하게 규정된 비율 법칙의 지배를 받는 종합에서 유래하지 않기 때문에 몸과 구분되며, 몸을 인지할 수 있는 화학양론적 기준들에 부합하지 않는다.

그렇지만 어떤 특정한 합금의 유형은 주어져 있는 비율에 따라서만 획득된다고, 그렇지 않으면 구성분들은 그 각자의 특수한 성질들을 잃어버린다고 반대하는 사람이 더러 있을 것이다. 그것이 특히 공융 합금(alliage eutectique)의 경우이며, 이것은 일정한 온도에서만 그 견고함이 만들어진다. 이런 제한적인 경우에서 몸과 합금의 차이는 지워지는 것처럼 보인다. 그렇지만 몸의 명백히 드러나는 속성들은 몸을 구성하는 것들과 아무런 관계가 없다는 점에 주목해야 한다. 그리하여 본성상 용액인 물은 기체인 수소와 산소에서 유래하며, 그 종합적 형태는 불연속이다. 반대로 합금은 구성요소들의 속성들 중 어떤 것들을 변형시키면서도 그 속성들을 보존한다. 그 결과 합금은 자신의 구성요소들과 근본적으로 다른 본성을 갖지 않으며, 여전히 금속의 특징이 남아 있기에, 유적으로 연속성을 중단시키지 않는다. 합금은 진정한 종합을 결코 함축하지 않는다.

4) 무형적인 것(informe)에서 형태(forme)로 : 세자르의 경우

몸, 더미, 집합체 또는 합금 간의 구별 기준들은 그럼에도 불구하고 절대적인 것으로 간주되어서는 안 되는데, 왜냐하면 몸적인 것과 비(非)몸적인 것을 가르는 선은 지울 수 없는 방식으로 완벽하게 그어질 수 없기 때문이다. 사실상 무형적인 것과 기형적인 것은 때때로 몸의 본질을 나타낼 수 있다. 특히 세자르[82]의 조각 예술, 압축과 확장이라는 이중의 과정에 근거를 둔 세자르의 조각 예술이 그 점을 드러낸다. 예술가의 주문에 따라 압착기 아래 뭉개진 자동차들은 무형의 고철 더미

---

82 [옮긴이] 세자르 발다치니(César Baldaccini, 1921~1998)는 마르세유 출신의 프랑스 조각가이다.

와 유사하다. 그것들은 앞선 위상을 박탈당한 것처럼 나타난다. 그렇지만 이러한 조작은 유용한 대상을 예술의 대상으로 변모시키며, 무형적인 것에서 형태를 끌어낸다. 따라서 예를 들어 1961년의 노란 뷰익(Buick)[83]의 압축은 무형적인 것을 예술작품으로 세우도록 예정된, 단순한 도발이 아니다. 그것은 자동차를 단순한 기하학적 형태로 환원시키는 것을 목표로 하며, 자동차의 일시적인 형상과 우발성들 너머에서 그것의 영원한 본질을, 크롬 도금이 군데군데 입혀진 붉고 노란 색의 정육면체를 끌어내는 것을 목표로 한다. 일반적으로 압축은 대상들을 정육면체와 다면체와 같은 단순한 기하학적 형태들로 환원시키려고 애쓴다. '노란 뷰익'은 그렇게 해서 불멸적이 되고 죽음을 약속받은 구겨진 철판은 그런 자신의 형태로 영속된다. 따라서 압축된 대상들은 그런 변형에 의해서 영원한 형태를 획득한다. 세자르는 게다가 그런 결과를 분명하게 추구하며, 1985년에 푸조(Peugeot) 스포츠 자동차회사는 세자르에게 사고를 당한 경주용 자동차들을 불멸적인 것으로 만들어 달라고 요청하기에 이른다. 마르세유 출신의 이 조각가는 그것을 기회로 새로운 기술을 사용한다. 그것은 자동차의 몸체들을 구기는 대신 자르고 평평하게 펴는 것이었다. 그리하여 자동차들은 정체성을 유지하면서도 거의 평면 상태로 환원된다. 세자르의 압축은 몸이 오로지 연장으로만 규정되지 않는다는 점을 드러낸다. 압축과 확장에 의해 물질에 가해진 변형들은, 몸이 무엇보다 먼저 연장의 한 부분이지만 받아들일 수 있는 형태와 변형들에 의해 특징지어질 수 있음을 보여 준다.

83 [옮긴이] 미국 제너럴 모터스 자동차회사가 출시한 모델명.

압축 동안, 팽창도 마찬가지로 몸의 본질을 표현할 수 있는 무형적인 것의 예술처럼 나타난다. 세자르는 용기 안에 액화된 플라스틱 물질과 합성수지와 폴리우레탄 무스를 섞고, 거기에 염색제와 촉매제를 추가한다. 그는 섞은 모든 것들을 전기 거품기로 저어 그것이 용기를 넘쳐 나올 정도로 부풀어 오르게 한다. 그리고 그는 자신이 얻고자 하는 형태를 만들려고 조정하면서 물질을 바닥에 쏟아붓는다. 형태는 무형적인 것의 그런 쏟아짐에서 출현한다. 왜냐하면 부풀어 오른 물질은 양이 팽창하고, 그런 다음 비등점에서 흘러내린 용암처럼 바닥 위로 퍼지면서 굳기 때문이다. 이것은 혼돈의 몸들을 즉각적인 '결단'(Fiat)[84] 속에서 출현시키는 창조적 몸짓의 역량이다.

그처럼 예를 들어 1968년 5월에 조각가(세자르)는 런던의 테이트 갤러리에서 세 개의 커다란 팽창, 노랑·파랑·빨강의 팽창을 공개적으로 실현시킨다. 그는 50여 리터 분량의 일종의 합성수지를 바닥에 뿌린다. 이것은 강렬한 방식으로 40에서 50미터 길이와 3미터의 폭을 지닌 형태를 만들어 낸다. 이것의 어떤 부분은 높이가 1미터까지 상승한다. 물질의 액화는 조각상의 예술 및 이것의 안정적인 형상을 변형시키고, 물렁한 형태들의 지배를 낳는다. 액체는 마치 자연의 힘처럼 되돌릴 수 없는 방식으로 흩어지고, 그런 다음 굳어지면서 공간을 제작하는 임의의 형태를 다시 얻는다. 이 형태는 대재앙이나 화산 폭발의 방식으로 부과된다. 세자르의 조각은 무형적인 것을 물질화시키고, 그

---

84 [옮긴이] Fiat는 신의 뜻대로 이루어지는 것에 대한 인간의 수용을 의미하는 라틴어 표현이며, 존재하는 모든 것은 인간의 의지가 아니라 인간은 알 수 없는 '신의 결단'이라는 의미를 함축한다.

것에게 몸을 준다. 고체화된 팽창은 일시적인 예술의 대상들이 된다. 전시가 끝나면 세자르는 그것들을 자르고 그 조각들을 관객들에게 나눠 준다. 그리하여 무형적인 것은 최후의 만찬을 본뜨면서 공유된 진정한 몸이 된다. 세자르는 푸알란[85]의 도움으로 1973년에 구체화된 특정한 팽창의 과정 동안 그런 관련성을 익살스러운 방식으로 주장한다. 그는 유명한 제빵사에게 도움을 청해서, 빵반죽에 자신의 초상을 새겨 만든 가면을 굽게 한다. 반죽은 부풀어 오르고 세자르의 얼굴은 빵이 된다. 이것은 잘려지고 파리의 관객들에게 배포된다.

어쨌든 만일 최초의 팽창 동안 세자르가 그 어떤 선(先)구상된 틀도 물질에게 부과하지 않고 팽창성의 한계 외에 다른 그 어떤 한계도 할당하지 않으면서 물질을 자유롭게 놓아두었다면, 그 이후 그는 규정된 형태들을 각인시키기 위해 점점 더 과정을 조정하게 된다. 그리하여 물질은 조각가가 상상한 형태의 흐름을 얻는다. 그것이 바로 조각가의 엄지손가락의 확장 시리즈의 경우인데, 이것은 폴리에스테르 합성수지, 흰 설탕, 바카라산(産) 크리스탈, 주철, 은과 같은 매우 상이한 물질들로 실현되었다. 또한 그것은 폴리에스테르 합성수지로 만든 젖가슴의 팽창의 경우로, 이것은 1966년에 만들어졌다. 그렇지만 세자르는 계속해서 물질에 귀를 기울이면서 물질의 물리적이고 화학적인 반응을 이용한다. 얻어 낸 형태는 결코 완전하게 선(先)구상된 것이 아니며, 출발점에서의 생각은 과정 중의 우발적 사건들에 따라 변형되면서 물질의 언어와 결합하게 된다.

---

85 [옮긴이] 푸알란(Lionel Poilâne, 1945~2002)은 프랑스의 제빵사이자 사업가이다.

팽창과 연관된 현출들은 그 놀라운 측면을 넘어서, 무형적인 것에서 형태로의 이행의 연속성을 드러내고, 집합체나 무형적인 물질로부터 몸을 엄밀하게 구분하는 것의 어려움을 강조한다. 실제로 물질이 그것의 형태의 원리를 자기 안에 포함하고 있으며, 그런 쏟아내기의 경험을 기회로 그런 형태를 드러내는 것처럼 일이 진행된다. 따라서 무형적인 것은 아직 도래하지 않은 형태일 수 있을 뿐이며, 몸은 무형적인 것(l'informe)에서 형상을 부여받은 것(l'informé)으로 나아가는 변형처럼 나타난다. 그리하여 몸은 물질의 되어감(생성devenir)처럼 나타난다. 이러한 조건에서 상이한 물질적 배치형상(configuration)들 간에 지나치게 단호한 구분들을 작동시킨다는 것은 헛된 일이다.

어떤 한계를, 즉 그 너머로 몸의 개념이 사라지는 그런 한계를 정확히 지정하는 것이 불편하다고 해도, 몸의 개념이 연장적인 순수한 물질로 환원될 수 없다는 사실에는 변함이 없다. 몸의 정의가 오로지 연장에 의해서만 이루어진다면 그것은 지나치게 표면적인 것으로 남게 될 것이며, 내부와 내적 구성을 희생시켜 외부에게 특권을 주게 될 것이다. 더미, 집합체, 합금과 같은 물질적 존재들의 분석은 몸의 관념이, 자신의 부분들로 환원불가능한 새로운 존재를 산출하는 방식으로 구성요소들을 묶는 조직화의 관념과 분리될 수 없다는 점을 드러낸다. 따라서 몸은 종합적 총체성처럼 제시되며, 이것의 정해진 구조는 부분들의 단순한 총합을 초과한다. 그 증거는 만일 전체의 형태가 보존된다면, 만일 등가적인 부분들이 선행하는 부분들을 대체하게 된다면, 부분들이 증가하거나 감소하는 등 변화한다고 할지라도, 전체는 하나이고 동일하게 남아 있게 될 것이라는 사실이다. 복합적인 몸들에서,

부분들은 너무나 통합되어 있어서 그것들은 전체가 없다면 실존할 수 없을 정도이다. 종합은 완전한 흡수처럼 나타나며, 그리하여 부분들은 따로 떼어져서 분리된 식으로 그들의 삶을 영위할 수 없다. 덜 진화된 몸들에서, 전체가 부분들의 내부에 있는 반면에, 고등 동물들의 몸에서, 부분들은 어쩔 수 없을 정도로 전체의 내부에 있다. 그리하여 식물들 또는 유충과 환형동물과 같은 동물들에게서, 일반적으로 하나의 부분만이 몸을 형성할 수 있고, 꺾꽂이에 의한 번식, 분리 또는 분열번식에 의해 부분은 전체가 될 수 있다. 반대로 진화된 동물들에게서, 그리고 사람에게서, 몸은 부분들의 결합을 넘어서 진정한 단일체로 향한다. 우화들에서가 아니라면, 팔다리는 이탈될 수 없고 부분들은 자신들의 자유를 주장할 수 없다. 몸은 부분 밖의 부분(partes extra partes)으로 실존할 수 없다. 그렇기 때문에 몸은 우선적으로 연장, 항상성, 저항으로 특징지어지기보다는 오히려, 몸에게 통일성과 정체성을 주는 내적인 전체형상(configuration)으로 특징지어진다.

2. 비물질적인 몸들(물체들)의 문제

몸의 관념을 향한 호소는 개별자들 간의 잡다한 형태의 연결들을 사유하기 위한 지탱물로서 종종 사용되었다. 그러나 몸의 관념이 강요된 지시물이 되기 위해 부과된 것은 특히, 사도 바울의 「고린도전서」[86]와 메네니우스 아그리파(Menenius Agrippa)의 우화가 증언하는 것처럼, 종교적 장과 정치적 장 안에서였다. 정치적 몸의 개념이 인간들의 도시 구성을 이해하기 위한 모델 역할을 하는 반면에, 신비주의적 몸과 영광스러운 몸의 표상은 기독교인들로 하여금 신의 도시에 그들이 속한다는 것을 체험할 수 있게 한다. 종교적이고 정치적인 공동체들은 우리가 물질적이거나 도덕적인 몸이라고 부를 수 있는 것의 본성을 특권적인 방식으로 제시함으로써, 전형적인 형상들을 구성한다. 그런 공동체들은 실제로 의학자 단체(corps), 교육자 단체(corps)와 같은 전문 직업적인 단순한 연합체들로 환원되지 않고, 또는 군대의 단체(corps), 장갑차 부대 단체(corps), 공군 부대 단체(corps)와 같은 군사적 단위들로도 환원되지 않는다. 그것들은 보다 상위의 실재성을 형성하기 위해 결합되는 개별자들의 진정한 변형을 전제한다. 그렇기 때문에 인간들 사이의 두 가지 결합 유형을 검토해야 할 것이다. 그 결합의 유형들이 은유로 환원되는지, 아니면 진정으로 몸인지를 알아보기 위해서 말이다.

신비주의적 몸, 영광스러운 몸

만일 우리가 기독교 신학을 믿는다면, 신비주의적 몸[87]은 교회를 상징하는 깃발 아래에 있는 신자들의 단순한 모임이 아니다. 신비주의적

---

86 12장, "몸은 하나인데 많은 지체가 있고 몸의 지체가 많으나 한 몸임과 같이 그리스도도 그러하니라. (⋯) 너희는 그리스도의 몸이요 지체의 각 부분이라."

87 앙리 드 뤼박(Henri de Lubac)은 자신의 저서, 『코르푸스 미스티쿰: 성찬식과 중세의 교회』(Corpus Mysticum: Essai sur L'Eucharistie et l'Église au moyen âge)에서 성경에서 묘사되지 않은 신비주의적 몸라는 표현이 성찬식의 순간에 축성된 그리스도의 몸을 가리키기 위해 12세기까지 사용되었다는 사실을 보여 준다. 그리고 그 표현이 기독교도(Eglise)에게 적용되었고 그리스도의 부름에 응답하는 신도들 전부를 가리키게 되었다.

몸이 함축하는 바는 이렇다. 신자는 세례식과 성찬식의 성체들을 매개로 그리스도와 결합하고 그리스도와 한 몸이 되기 위해서, 자신의 특수성과 고독으로부터 빠져나온다. 성체배령을 통해 기독교도는 빵의 형태로 그리스도를 동화시키고 그리스도에게 자신을 합병시킨다. 그는 신의 아들의 삶을 함께 나눈다. 그는 신의 아들과 함께 고통을 받고 죽고 부활하는데, 왜냐하면 그는 신의 아들과 하나의 살을 이루기 때문이다. 신비주의적 몸은 물질적 몸이 아니라 영적 실체이다. 그것은 구원을 받게 되는 축복받은 자들이 결합하게 될 그리스도의 영광스러운 몸이다.

신비주의적 몸이 신자들을 기독교도의 일원들로 변모시키는 것과 마찬가지로, 영광스러운 몸은 육신의 변모를 전제한다. 게다가 이것이 사도 바울이 「고린도전서」에서 그것을 영적 몸이라고 명명하는 이유다. 실제로 사도 바울에게서, 영적 몸은 부활 이후에 육체로부터 해방된 영광스러운 몸, 부패하지 않는 몸을 가리킨다. 영적 몸은 원죄와 고통과 죽음에 종속된 육(肉)의 몸에 대립된다. 성령이 거주하는 몸은 지상의 일원들의 원죄와 관련된 법으로부터 벗어나며, 죽은 자들 가운데 부활한 인간의 재탄생과 변모에서 기인한다. "육의 몸으로 심고 신령한 몸으로 다시 살아나나니."[88] 따라서 사도 바울에게서 영적 몸의 실존은 그리스도가 보여 준 부활의 신비에 근거하고 있다.

신비주의적 몸과 영광스러운 몸은 어쨌든 육화와 부활과 같은 수수께끼에 근거하고 있다. 신앙인에게서나 신앙인이 아닌 사람에게서

---

88 「고린도전서」 15장 42~43절.

나 마찬가지인 수수께끼. 신앙에 토대를 둔 그 수수께끼는 지성을 지나쳐 가며 합리적 접근의 대상이 될 수 없다. 파스칼은 그 점을 매우 강조한다. "신앙은 신의 선물이다. 우리가 그것을 추론의 선물이라고 말하는 것을 믿지 말아라."[89] 파스칼이 바울이 했듯이 다시 한 번 비교하면서 "예수 그리스도는 우리가 그 지체(肢體)들인 몸이기 때문에 우리는 그를 사랑하는 것"[90]임을 주장했을 때, 그는 자신의 이야기의 의미를 이해하기 위해 이성에 호소하지 않는다. 그는 두 차례에 걸쳐 "사람들이 사유하는 지체들로 채워진 몸을 상상할 것"[91]을 요구한다. 하지만 우리는 영적인 몸을 이해하기 위해서 단순한 상상력과 상상력에 따라오는 비유들을 넘어설 수 있을까?

1) 요하네스 스코투스 에리우게나의 영적인 몸

세속인이 보기에 영적인 몸이라는 생각은 분명 역설적인 것으로 나타난다. 왜냐하면 그 생각은 대립된, 나아가 모순적인 두 본성 사이에 가교를 세우기 때문이다. 어떻게 몸이 영적 존재가 될 수 있단 말인가? 실로 에리우게나[92]에게서 그 낯선 개념은 인간학의 핵심이 되며 인간

---

89 *Pensée*, 279, Brunschvicg, 42, Lafuma.

90 *Ibid.*, 483, B., 149, L.

91 *Ibid.*, 473, B., 167, L., et 474, B., 265, L.

92 Jean Scot Érigène. 9세기, 대략 800년과 810년 사이에 아일랜드에서 출생한 요하네스 스코투스 에리우게나는 대머리왕 샤를(카롤루스 2세 칼부스) 아래 파리의 궁정학교에서 가르쳤으며, 『디오니시우스 위서』(*Corpus Dionysien*)를 번역했다. 또한 그는 여러 철학서와 신학서를 집필했는데, 그중에는 특히 『예정론』(*De la prédestination*, 851)과 『자연 구분론』(*De la division de la nature*, 865)이 있다.

조건을 이해할 수 있는 원리를 구성한다. 사도 바울에게서 묘사되었던 영적인 몸의 개념을 다시 가져오면서, 에리우게나는 그 개념을 이성적으로 설명하고자 노력하게 되는데, 이는 인간 존재의 문제를 해명할 수 있고 인간의 고독감(déréliction)을 조명할 수 있게 하기 위해서였다. 에리우게나는 단번에 바울적 전통과 자신을 명확히 구분짓는데, 왜냐하면 그는 영적인 몸의 존재를 창조에서부터 인정하고, 부활을 원초적 인간의 최초의 몸의 복원처럼 생각하기 때문이다. 교리에 충실하다고 볼 수 없는 그런 명제는 그가 보기에 전혀 이단적이지 않았으며, 부활을 이해가능하게 만들었고 부활의 전제들을 명시할 따름이었다. 영적인 몸은 시작부터 현전하기 때문에 시간의 끝에서 다시 나타날 수 있다. 그렇지만 그런 개념의 도입은 종교적인 신비들의 해소를 본질적인 기능으로 삼지 않으며, 단지 신학적 모티프들을 따르지 않을 뿐이다. 그것은 또한 물질적 몸의 유한성과 정신-신체적 조합의 통일성을 이해하려는 철학적 근심에 응답하고 있다.

물질적인 것과 비물질적인 것 간의 중개자로서 영적인 몸의 필연성

비물질적이고 불가분적이며 부패할 수 없는 영혼과 물질적이고 가분적이며 부패할 수 있는 몸의 결합은 실제로 여러 층위에서 이해할 수 없는 것으로 남아 있지는 않다. 한편으로 생식과 부패에 붙잡혀 있는 물리적 몸의 실존은 신이 자신의 이미지에 따라서, 자신과 유사하게 인간을 만들었다는 신학의 원리에 반대되는 것처럼 보인다. 만일 인간이 진정 신적인 원형에 따라 창조되었다면, 인간은 사멸적 몸을 소유해서는 안 된다. 왜냐하면 "신은 불멸적이고 신이 그 자신에 의해 직접 창조한 모든 것은 불멸적"[93]이기 때문이다. 그리하여 인간 조건에 내재적인 유한성은 수수께끼를 만들어 낸다. 그 누구도 그런 유한성이 신의 이미지를 따른 것이라고 주장할 수 없다.

> N...— 성경의 증언에 따르면, 우리의 본성은 신의 이미지를 따라서, 신과 유사하게 창조된 것이 아닌가?
>
> A...— 너의 질문은 쓸데없다. 의심하는 자는 누구든 인간이 아니다.
>
> N...— 너의 생각에, 자신의 이미지에 따라 우리의 본성을 창조했던 신은 몸인가 아니면 정신인가?
>
> A...— 그 점과 관련해서 망설이는 것도 어리석은 짓이다. 왜냐하면 '신은 정신이고, 신을 숭배하는 자들은 정신으로, 그리고 진리 속에서 신을 숭배해야 하기 때문이다.'
>
> N...— 그러니까 신의 이미지가 우리의 본성 안에 각인되어 있는 것은 몸이 아니라 영혼을 따르면서라는 것인가?
>
> A...— 우리가 절대적으로 참으로서 간직해야 하는 것이 바로 그런 결론이지.[94]

따라서 사멸적인 물리적 몸이 신의 원형을 반영할 수 없다는 것은 분명하다. 오로지 영혼만이 자신의 세 요소들, 자신의 본질, 역량, 그리고 자신의 작용 덕분에 삼위일체 속에 있는 신과 유사해질 수 있으며,

---

93 *De Divisione Naturae* II, 584 A, p. 367.
94 *Ibid.*, II, 567 AB, p. 342.

영혼의 그 세 요소는 각각 성부와 성자와 성령의 이미지에 상응할 것이다.[95] 이러한 조건에서 어떻게 감각 세계 안에서 길을 잃은 경험적인 피조물들의 유한성을 설명할 수 있겠는가?

다른 한편, 만일 인간이 가시적인 몸과 비가시적인 영혼으로 구성되어 있다면, 어떻게 인간의 단일성을 사유할 수 있을까? 둘 중 하나다. 두 본성이 완전히 이질적이어서, 영혼이 근본적으로 낯선 몸에 대해 작용을 가할 수 없는 한에서, 인간이 영원한 분열을 살거나, 아니면 두 본성이 동질화될 수 있거나이다. 즉 후자의 경우에 영혼이 자기 차례에서 (물리적 몸의) 생성을 따를 수밖에 없거나 물리적 몸의 특성의 고유한 한계, 가분성, 부패가능성을 겪을 수밖에 없는 위험에 처하거나이다. 그 모든 경우의 모습에서, 인간은 물레를 잡고 있다. 인간은 자신을 무력하게 놓아두는 분열과 자신의 영혼이 변질될 위험이 있는 융합 사이에서 동요하도록 운명 지어진다. 이러한 난점들과 모순들을 해결하기 위해서 『자연 구분론』의 저자는 영적 몸(corpus spirituale) 이론을 도입하고 이중의 창조라는 명제에 의지한다.

부패할 수 있는 물질적 구성물에 대립하여 영혼이 창조주와 유사한 표식들을 가지고 있다고 할지라도, 이것이 인간의 본성이 신의 이미지에 맞도록 몸이 없는 것으로 이해된다는 것을 뜻하지는 않는다. 에리우게나는 실제로 모든 몸성(corporéité)이 본질상 창조에 어울리지 않는다는 점을 고려할 수밖에 없도록 구성되는 오류를 예고한다.

---

95 *Ibid.*, II, 567 D~568 B, p. 343.

하지만 다음을 전제하지 말라. 즉 내가 이 말을 통해, 신의 이미지대로 천국에서 창조된 우리 인간 본성의 삼위일체가 원죄가 있기 전에는 절대적으로 몸을 가지고 있지 않았다고 내가 가르치고자 한다고 말이다. 내가 그런 명제에 동의하거나 어떤 식으로건 그런 명제를 설파한다는 생각은 당치도 않다. 창조주는 천국에서 우리의 영혼과 몸을 함께, 동시에 창조했던 것이며, 여기서 몸은 부활 이후에도 존속할 수 있는 그런 천상의, 영적인 몸으로 이해해야 한다. 왜냐하면 여기 우리가 짓눌려 있는 부패할 수 있는 부푼 몸들은 그 기원을 자연에 두어야 하는 것이 아니라 원죄에 두어야 하는 것이 불가피하기 때문이다.[96]

영적인 몸과 사멸적인 지상의 몸

그러므로 인간이 원죄로 인한 타락 이전에 부여받은 불변적이고 불멸적인 영적 몸을 원죄의 행위 이후에 우스꽝스럽게 얻게 된 지상의 사멸적 몸과 구별해야 한다. 영적인 몸은 자연과 최초의 창조에서 유래하며, 사멸적 몸은 원죄와 두 번째 창조에서 유래한다. 이는 무엇을 의미할까? 창조 행위는 분명 불가분적이고 하나이다. 창조 행위는 최초 인간과 인간의 타락을 동시에, *tota simul*[97] 정립한다. 따라서 두 번째 창조는 최초의 창조를 잇지 않는데, 왜냐하면 천국의 삶과 타락 사이에서 흐르는 시간은 없기 때문이다.[98] 두 번째 창조는 원죄의 논리적 귀결이지 시간적 귀결이 아니다. 그것은 위반을 법적으로 인정하고, 신

---

96 *Ibid.*, 571 CD, pp. 348~349.
97 [옮긴이] '모든 것이 한 번에'라는 의미의 라틴어.
98 Cf. *Ibid.*, IV, 838 B.

의 이미지대로 정의된 인간 본성에게 일어난 변형들을 통합한다. 원초적 인간에게 그런 영적인 몸을 떠넘기면서, 에리우게나는 인간의 진정한 본질 전부가 인간의 영혼에 있다는 관념, 몸성은 쇠퇴와 유한성의 피할 수 없는 기호라는 관념을 거부한다. 인간 본성의 통합성을 알아보아야 한다는 염려 속에서, 그는 신의 이미지에 합치하는 영적인 몸의 실존을 생각한다. 부패하지 않고 불가분적이며 비물질적인 영적인 몸은 시간과 장소를 초과할 뿐만 아니라, 일체의 질적, 양적 규정을 벗어나고 하나의 형태 안에 갇히도록 자신을 놓아두지 않는다.[99] 그리하여 영적인 몸은 "공간과 시간 속에서 부패할 수 있고 사멸적이며 변화할 수 있는 몸, 그 부분들의 수로 나뉠 수 있는 몸, 성장과 쇠퇴의 과정에 종속되는 이질적인 몸, 다양한 성질들과 다양한 양들에 종속되고 모든 비합리적인 충동에 노출된 몸"[100]과 근본적으로 구분된다.

성적인 구분을 알지 못하는 영적인 몸은 단순성과 남녀양성의 충만성[101]을 지니며, 생식과 부패에 예속되지 않는다. 따라서 본성상 처음으로 창조된 인간의 몸은 탄생도 죽음도 알지 못한다. 그러므로 그것은 시체와 동의어가 아니다. 이는 그 단어의 다의성에 대립된다. 죽음은 인간의 불복종과 오만을 처벌하는 순수 사건이다. 원초적 인간에게

---

99 "왜냐하면 나는 영적 몸들이 공간과 시간에 의해 한정될 수 없다는 것만을 쉽게 믿을 수 있으며, 마찬가지로 영적 몸이 성질들이나 양들에 의해서, 또한 그 어떤 형태의 한계에 의해서도 다양화될 수 없다는 것만을 쉽게 믿을 수 있기 때문이다." Cf. *Ibid.*, II, 538 C, p. 302.

100 *Ibid.*, II, 571 B, p. 348.

101 이와 관련해서는 프랑시스 베르탱(Francis Bertin)의 「요하네스 스코투스 에리우게나의 영적인 몸과 남녀양성성」(Corps spirituel et androgynie chez Jean Scot Erigène)을 참고할 것, in *L'androgyne*, Cahiers de l'Hermétisme, Albin Michel, pp. 63~128.

낯선 것인 죽음은, 기원에 있는 인간 안에 기입되어 있지 않으며 몸의 본질에 내재적이지 않은 원인들을 포함한다. 따라서 죽음은 생물학적 필연성을 표현하는 단순한 사실이 아니다. 죽음은 최초의 인간 조건을 초과하는 존재의 근거를 지닌다. 에리우게나의 명제는 탄생하고 성장하고 죽는 살아 있는 존재라는 몸의 고전적 정의를 다시금 문제 삼기 때문에 철학적 관점에서 매우 고유할 뿐만 아니라, 신학적 관점에서도 매우 고유하다. 왜냐하면 그 명제는 아담의 몸이 아주 옛날부터 죽음의 씨앗들을 자기 안에 감추고 있다는 아우구스티누스적 전통과 절연하기 때문이다. 신 덕분에 원죄 이전에는 위험하지 않은 것이었던 그 죽음의 씨앗들은 『고백록』의 저자에게서는 어쨌든 몸 안에 미리 포함되어 있으며, 그리하여 죽음은 이를테면 몸과 본질적으로 같은 성질을 가졌다.

불가분적이고 비(非)연장적이고 불멸적인 영적 몸은 전적으로 신과 유사하며 그 자신이 조화롭게 결합되어 있는 영혼과 동질적이다. 우리가 영적인 몸의 본래적 실존을, 즉 성부의 표식을 지니고 있고 이것의 원리의 영원성 덕분에 타락 후에도 신비로운 방식으로 영속하는 영적인 몸의 본래적 실존을 인정한다면, 신의 이미지를 본뜬 창조는 완전히 이해될 수 있다. 실제로 부패할 수 없는 것은 소멸할 수도 없다. 불가분적이고 영적인 몸의 존재를 의심하면서 그것이 실제로 어디 있는지를 알 수 있냐고 질문할 수도 있을 사람들에게, 요하네스 스코투스 에리우게나는 이렇게 대답한다. 영적인 몸은 "인간 본성의 은밀한 깊은 곳에 실제로 은폐되어 있고", "우리의 사멸적 몸이 영적인 몸으로 변형될 때, 미래의 삶 속에서 다시 나타난다."[102]

같은 식으로, 영적인 몸과의 결합은 영혼이 모든 물질성과 모든 공간적 연장으로부터 생기를 보존함으로써 그 기능을 충실하게 수행할 수 있게 한다. 실제로 한편으로 몸에 대한 통제를 실행하는 것은 훨씬 더 쉬운 일인데, "왜냐하면 영혼은 자신과 유사하지 않은 본성보다는 자신과 유사한 본성과 더 쉽게 소통할 수 있기 때문이다. 그런데 물질적이고 부패할 수 있는 몸은 영혼과 유사하지 않으며, 반면에 섬세하고 부패할 수 없는 몸은 영혼과 유사하다."[103] 다른 한편 영혼은 단순하고 불가분적인 것으로 남아 있으며, 모든 변성(dénaturation)을 면제받는다. 이는 영적인 몸이 영혼과 부패할 수 있는 물질 사이에 도입하는 중개 덕분이다. 이런 관점에서 '영적인 몸'(corpus spirituale)은 프로클로스[104]에게서 영혼의 비물질적인 매개 수단과 원초적 몸과 유사하다.[105] 결과적으로 영적인 몸의 이론은 신의 이미지를 따르는 창조의 수수께끼를 해결하고, 인간의 본성의 이질성을 환원시킴으로써 인간의 통일성과 효력을 보장한다.

어쨌든 만일 에리우게나가 몸과 영혼의 전통적 분리를 거부한다면, 그는 분할선을 이동시키기만 할 뿐이다. 왜냐하면 그는 인간 본성의 이원성의 문제를 다시 출현시키면서 지상의 몸과 영적인 몸 간의

---

102 *Ibid.*, II, 584 C, p. 367.

103 *Ibid.*, III, 730 B, p. 252.

104 [옮긴이] 프로클로스(Proclus, 410~485)는 그리스의 철학자. 그리스도교의 감화력이 강한 시대에 끝까지 그리스철학의 전통을 옹호했다. '디아도코스'(전통계승자)라는 칭호를 얻었다. 신플라톤주의 철학을 닦아 이론은 물론 실천에서도 '일자'(一者: 絕對者)와의 신비적 합일(合一)을 추구하였다.

105 *Éléments de théologie*, § 196 : "참여할 수 있는 영혼 전부는 첫 번째, 영원한 몸을 누리는데, 이 몸은 탄생 시 자신의 실체에 종속되지 않으며 부패하지도 않는다." p. 178.

이분법을 재도입하기 때문이다. 인간은 자기도 모르게 두 몸을 가진 괴물이 되어야 하는 것일까? 물리적 몸과 이것의 영적인 몸과의 관계는 정확히 어떻게 될 것인가? 신과 유사하지 않은 지상의 몸은 신에 의해 창조되었을 수 없다. 부패할 수 있고 사멸적인 존재는 자신의 반대항과 교류가 거의 불가능하다는 점을 고려할 때, 지상의 몸은 또한 영적인 몸의 원죄 이후의 변형의 결과일 수도 없다.

지상의 몸의 수수께끼 같은 기원을 이해하기 위해서는 현행적 인간의 이미지와 인간의 신적인 원형 간에 존재하는 간극의 원인을 분명히 해야 한다. 일반적으로 에리우게나에게서 비(非)유사성의 원리는 본성의 측면에서가 아니라 원죄의 측면에서 찾아져야 한다. 창조주가 그 자신에 의해 실체적으로 존속하는 반면에, 무에서 끌어내어진 창조물은 앞서 있는 원인에 의해 존속한다.

그리고 만일 이것 바깥에서 무엇이든지 간에 어떤 비유사성이 이미지와 그 주요 원형 사이에서 드러나게 된다면, 이러한 비유사성은 본성에서 유래하는 것이 아니다. 그것은 반대로 원죄에서 유래한 사고와 일치한다. 그리고 이러한 비유사성은 또한 창조적 삼위일체 쪽에서의 어떤 질투로부터도 유래하지 않는다. 반대로 그것은 창조된 이미지에 의해 저질러진 잘못에게만 그 탓을 돌릴 수 있다.[106]

이러한 원리를 사멸적 몸에 적용시키면서 우리는 그 몸이 자연적

기원이 아니라 우발적 기원을 소유하고 있다고, 그리고 그 몸은 인간과 인간의 원죄적 행위의 산물이라고 연역할 수 있다. 달리 말해서 인간은 본성상 두 몸을 소유하고 있지 않다.[107] 인간이 부여받은 유일하게 진정한 몸은 영적인 몸이다. 다른 몸은 빌린 옷일 뿐이며, 인간의 본질을 표현하지 못한다. 더구나 에리우게나는 창세기가 말하는 그 몸을 동물 가죽의 옷과 비교하고, 아담과 이브가 잘못을 저지른 후 입은 무화과나무의 잎과 비교한다.[108] 제작의 단순한 산물인 사멸적 몸은 자연에게 옷을 입히게 되고 자연에 쓸데없이 추가된다. 기원에서부터 결합된 것이 아니라 영혼에 덧붙여진 사멸적 몸은 두 번째 창조에 속한다. 두 번째 손의 산물인 그것은 신의 솜씨를 담고 있지 않으며, 반대로 "지상의 물질에서 끌어낸 사멸적 거주지를 스스로 제작"[109]하도록 강요된 인간의 행위의 결과이다. 영적인 몸이 신의 작품이라면, 사멸적 몸은 인간의 작품이다. 신은 사멸적 몸의 저자일 수 없다. 신은 다만 그러한 몸을 허락했을 뿐이다.

그 자신의 행위에 의해 사멸적 몸을 창조했던 것이 신이라고 주장하는 것보다, 신은 그런 몸을 그저 허락하고 충고했던 반면에 인간이 그것을 제작했다고 주장하는 것이 너에게 더 그럴듯해 보이지 않는가?

---

107 요하네스 스코투스 에리우게나는 단호하다. "인간을 형성시키는 영혼에게 공(共)본성적이고 공(共)실체적으로 결합되는 단 하나의 몸만이 있다." *De Divisione Naturae* IV, 803 A, cité et tranduit par Francis Bertin, cf. "Corps spirituel et qndrogynie chez Jean Scot Érigène", in *L'androgyne*, p. 71.

108 *De Divisione Naturae* II, 583 CD, pp. 366~367.

109 *Ibid.*, II, 583 C, p. 366.

왜냐하면 신은 불멸하고 신이 그 자신에 의해 직접 창조한 것은 불멸적이니까 말이다. 사멸적인 모든 것, 다시 말해 감각 세계 안에서, 약하면서 동시에 일시적인 것으로 우리에게 나타나는 모든 것, 그것을 창조한 것은 비합리적인 능력으로 길을 잃었을 때의 우리 자신이거나, 그게 아니면 우리의 원죄 때문에 신이 우리의 사멸적 삶의 사용과 의도에 따라 그것을 창조하도록 허락한 것이다.…[110]

결정적으로 물질적 몸은 옷의 지탱물로 사용되는 첫 번째 기체가 아니다. 그것은 신의 섭리의 충고 덕분에, 인간을 괴롭히도록, 인간이 회개하도록 자극하고 인간이 자신의 첫 번째 존엄성을 회복할 수 있도록 용도에 맞게 제작된 인간의 고유한 의복이다. 따라서 우리의 현재 본성과 신적인 원형 간의 비(非)유사성은 신의 탓으로 돌릴 수 없으며 그것은 인간의 탓이다. 왜냐하면 사멸적 몸은 단지 "이미지의 이미지"[111]일 뿐이고, 자기 차례에서 삼위일체의 거울인 영혼을 반사하는 요원하고 타락한 모방일 뿐이기 때문이다.

그렇지만 물질적 몸은 본래적인 원초적 나체를 되찾기 위해 벗겨버려야 하는, 불필요하게 추가된 장식 옷으로 결코 환원될 수 없다. 에리우게나는 인간 본성의 구성요소들 가운데 어떤 것도 실격시키지 않으며 상반된 것들을 결합시키려고 노력한다. 우발적인 부속체인 물리적 몸은 영적인 몸과 반대되는 성질들을 소유하지만, 그럼에도 불구

---

110 *Ibid.*, II, 584 AB, p. 367.
111 *Ibid.*, II, 598 C, p. 390.

하고 영적인 몸과 깊이 연결되어 있는데, 왜냐하면 물리적 몸은 영적인 몸의 기호이며 영적인 몸의 인장을 포함하고 있기 때문이다.[112] 그런 의미에서 옷이 성직자를 만들지는 못한다고 해도 옷은 성직자를 이야기하고 표현한다. 그리하여 부패할 수 있는 본성은 부패할 수 없는 본성의 목소리가 된다. 게다가 물질적 몸이 결정적으로 부패의 운명에 처하는 것은 아니며, 물질적 몸이 영적인 몸에 대립되는 것도 아니다. 왜냐하면 물질적 몸은 부활되면서 변형되고 이제 부패할 수 없는 것이 될 것이기 때문이다.[113] 그처럼 에리우게나에게서는 잃는 것은 아무것도 없고, 모든 것이 변형된다. 부활이 일어날 때, "원초적 본성 전부가 추가적인 부속물과 함께 단일성 속에서 복원될 것이다."[114]

단순한 신조(Credo)를 넘어, 그러한 변형은 네 가지 단순한 원소들, 즉 물, 불, 공기, 흙의 성질들의 조합과 혼합에 근거해서 구성된 감각적 몸들의 본성에 의해 가능해진다.[115] 그런데 실체 그 자체로 포착된 원소들, 분해될 수 없는 4원소들은 부패할 수 없으며, 영적 몸들의 모든 속성들을 소유한다. 따라서 물질적 몸이 분해될 때, 그것은 4원소들로 분해되고 이 원소들의 성질의 영적인 본성을 얻으면서 변모된다. 실제로 에리우게나에 따르면, "우리는 물질적 몸의 유기체를 구성했던 몸의 구성요소들이 원소들로 분해되고, 이 원소들이 그 구성요소들의 보존을 보장할 때, 그런 몸의 구성요소들이 자신의 물질성을 잃

---

112 *Ibid.*, IV, 803 A.
113 *Ibid.*, II, 584 C, p. 368.
114 *Ibid.*, II, 584 D, p. 368.
115 *Ibid.*, III, 712 AB, p. 222.

어버리고 원소들 자체의 특징인 무게를 잴 수 없는 영적인 것으로 변형된다는 것을 인정해야 한다. 그렇다고 해서 몸들이 몸들로서 있기를 멈추는 것은 아니다. 그 몸들은 원소들 자체처럼 영적인 몸들이 된다."[116] 따라서 4원소들은 물질적 몸들을 보존하는 앞잡이들이 되며, 물질적 몸들을 동질적인 총체성으로 결합시키는 불변적인 토대의 역할을 하게 된다. 4원소들은 어쨌든 분리된 방식으로 존속하지 않는데, 왜냐하면 그것들은 단순한 원인의 단일성, 영원하고 불변적인 총사령관(généralissime) 본질로 환원되기 때문이다.

> 그러나 감각 세계를 구성하는 4원소는 그 자체가 전적으로 단순하고 전적으로 순수하게 남아 있으며 몸의 의미를 벗어나는바, 4원소는 이제 단순하고 불가분적인 유일무이한 원인으로 환원되며, 오로지 가장 완벽한 철학자들의 지성만이 그러한 원인을 인식할 수 있다. 다시 말해 감각 세계를 구성하는 4원소는 그 자체 영원히 존속하면서 감각적 결과들 안에서 진행되는 모든 실체들의 원인이 되는 총사령관 본질로 환원될 수 있다.[117]

총사령관 본질은 이 명칭이 지시하듯이 하나의 유를 표현하며, 종을 표현하는 특수성(spécialissime) 본질과는 구분된다.

---

116 *Ibid.*, III, 730 B, p. 252.
117 *Ibid.*, II, 606 C, p. 403.

영적인 몸 : 잉여 개념?

그처럼 영적인 몸은 실체적 형태들, 물질적 몸들의 본질을 표현하는 늘 존속하는 유일무이한 형태들과 유사해진다. 그 두 개념을 가까이 놓는 것은 자의적이지 않은데, 왜냐하면 요하네스 스코투스 에리우게나는 결정적으로 실체적 형태는 인간을 첫 번째로 창조할 때 설립된 영적인 몸 외에 다른 것이 아님을 인정하기 때문이다.[118] 이는 무엇을 의미하는가? 가변적이고 부패할 수 있는 모든 몸은 암묵적인 방식으로 안정적이고 부패할 수 없는 실체적 형태로 남아 있다. 이러한 형태는 생성의 물결 아래 감춰진 견고한 대륙(terre ferme)이라는 이름을 가질 자격이 있다.[119] 실체적 종이라고도 명명되는 이 형태는 본질에서 생겨나며 본질에 속한다.[120] 더구나 에리우게나는 때때로 본질과 실체적 형태를 완전하게 동일시한다.[121] 그에 따르면, 본질은 유와 종으로 나뉘고 "그것의 형태들과 종들 각각 안에 완전하게 잔존한다."[122]

변화들을 수용하는 질적 형태들과 구분되는 실체적 형태는 모

---

118 *Ibid.*, IV, 801 D.

119 "실제로 물들의 층이 대륙을 덮어서 이것이 몸적인 의미들에 대해 가시적이 되지 못하도록 막는 것과 마찬가지로, 부패할 수 있는 몸들의 내성적인 변성과 이 몸들의 헤아릴 수 없는 다수성은 사물들의 본성 자체와 그런 몸들의 암묵적으로 남아 있는 실체적 형태의 안정성을 탐지하려고 애쓰는 인간의 내적 시선을 벗어난다. 이는 그런 몸들이 몸들과 분명하게 구분되는 것으로서, 자기 자신으로서 존속하는 실체적 형태 자체를 관조하는 것을 방해하기 때문이다." *Ibid.*, III, 702 C, p. 206.

120 *Ibid.*, I, 494 AB, p. 145.

121 실제로 몸들에 대해 그는 다음과 같이 서술한다. "세 번째로 우리는 몸들에게서 그 본질이나 실체적 형태를 고려할 수 있는바, 이것은 불변적 토대에 비교될 수 있는 것으로서 형태가 없는 물질을 떠받치거나 포함한다." *Ibid.*, III, 701 A, p. 204.

122 *Ibid.*, I, 492 A, p. 142.

든 몸들에게 공통적이며, 이 실체적 형태가 분유된 모든 개별적 형태들 ——실체적 형태가 그 정도로 분열되지는 않는 그런 모든 개별적 형태들—— 안에 동일하고 불변적인 방식으로 완전하게 잔존한다.

그리하여 예를 들어 우리가 인간의 이름을 부여한 그 실체적 형태는 인간 본성의 개별적 형태들을 통한 무한정한 증식 안에서, 인간 본성의 최초의 참여자인 저 유일무이한 첫 번째 인간 안에서보다 더 커지게 되는 것은 아니다. 그리고 그러한 실체적 형태는 최초의 인간에서 출발해서 그 몸들이 다수가 된 그런 모든 인간들 안에서보다 그 최초의 인간 안에서 더 적은 것은 아니다. 반대로 실체적 형태는, 마치 이 형태가 동등한 양태 아래 인간들 각자에게서 통합적으로 잔존하는 것처럼, 모든 인간들에게서 유일무이하고 동일한 형태로서 잔존한다. 실체적 형태는 인간들 가운데 어느 하나 안에서도 결코 최소한의 변화도, 최소한의 비유사성도 겪지 않기 때문이다.[123]

그러므로 인간들은 유일무이하고 동일한 어떤 본질을 소유한다. 그러므로 비유사성들과 개별적 차이들은 모든 인간들에게서 하나이며 같은 것으로 남아 있는 인간 본질의 결과가 아니라, 장소, 시간, 생식, 영양, 거주지, 풍토와 같은, 인간 본질의 주변에 모였던 정황적 속성들의 결과이다. 이 변별적 요인들은 유일무이한 실체적 형태에 우발적인 방식으로 덧붙여졌던 외재적 속성들에서 유래한다.

---

123 *Ibid.*, III, 703 AB, p. 207.

요컨대 영적인 몸은 형태의 다른 이름이다. 동시에 그것은 인간 본질과 이것의 통일성을 해명하는 데 있어서 잉여적 개념이 된다. 왜냐하면 영적인 몸은 유기적 몸의 관념 안에 필연적으로 포함되기 때문이다. 그런 유기적 몸이 없다면 우리는 통일되지 않은 단순한 집합물을 다루는 것이 된다. 게다가 확실히 그런 이유 때문에 정신과 물질 간의 매개처럼 이해된 영적인 몸의 개념은, 이 개념을 뿌리내리게 하기 위한 에리우게나의 시도들에도 불구하고, 거의 달라진 것이 없으며, 대부분 실체적 형태의 개념으로 이어지게 된다. 동일한 영광스러운 몸 안으로 신자들을 모으는 부활에 대한 믿음을 가졌던 기독교도에 알맞게, 그는 종교적 확신의 틀 바깥에서 진정으로 철학적인 영향력을 갖지 못했으며, 비물질적인 몸의 실존을 사유하기 위한 거울이 될 수 없었다. 그러니까 이는 신의 왕국 안에서 자신의 자리를 발견한 비물질적 또는 도덕적 몸의 개념이 인간들의 왕국 안에서 존재의 장소를 갖지 못한다는 것을 의미할까? 인간 존재들을 결합시키는 정치적이고 사회적인 유대를 분석함으로써 그 점을 검토하는 게 적절할 것이다.

2) 정치적 몸의 관념

몸에 대한 참조는 실제로 사회 안에서의 삶의 조직화를 생각하는 것이 문제가 될 때 더 유의미하다. 만일 우리가 의도와 목표를 가리키기 위해서, 이 의도와 목표 속에서 설립되었던 법들의 **정신**에 대해 말한다면, 반면에 **국가**(État) 전체는 영혼과 동일시되는 게 아니라 정치적 몸과 동일시되는데, 이 몸은 지체들(membres), 다시 말해 시민들과 몸 전체의 운명들을 주재하는 머리를 갖추고 있다. 국가와 유기체 간의 이러한 유비는 새로운 것이 아니다. 그것은 이미 아리스토텔레스에게서 형상화되었으며,[124] 거기서 국가와 유기체 간의 유비는 인간이 정치적 동물임을 보여 주는 기능을 가지고 있었다. 이는 몸이 몸의 지체들에 선행하는 것처럼 도시는 본성상 가족에 선행하기 때문이다. 몸 전체가 없을 때 손은 존속할 수도, 자신의 기능을 실행할 수도 없는 것처럼 자신들이 속한 전체가 없을 때 도시의 구성원들(membres)은 그 자체로서 충분할 수 없다. 몸과 분리된 손과 유사하게, 도시에서 단절된 인간은 오로지 동음이의적으로만 인간일 뿐이다. 그렇기 때문에 아리스토텔레스는 "공동체의 구성원이 될 수 있는 능력이 없거나 그 자신으로 충분하기 때문에 그럴 필요를 전혀 느끼지 못하는 인간은 도시의 일부가 전혀 아니며, 짐승이거나 신"[125]이라고 간주한다.

어쨌든 정치적 몸이라는 관념은 근본적으로 문제적인데, 왜냐하면 그것은 잘못 정의된 위상을 소유하기 때문이다. 문제가 되는 것은 공통의 법의 보호 아래 함께 살고 있는 시민들의 필연적인 통일성을 표현하도록 예정된 단순한 은유일까? 문제가 되는 것은 정치적 사회의 구성 모델의 제공을 겨냥하는 규제적 이념일까? 아니면, 문제가 되는 것은 실제적 현실이며, 따라서 최고의 머리를 갖춘 유기체가 갖는 고유한 의미에서, 각자는 진정 지체인 것일까? 앞의 두 경우의 형상에서, 정치적 몸은 유비 또는 동음이의에 의해서만 실존한다. 세 번째 경

---

124 *Politique* I, 2, 1253 a, 20~29.
125 *Ibid*.

우의 형상에서, 정치적 몸은 인간의 몸과 같은 자격에서 실재적 존재를 얻는다. 만일 이 마지막 결과물이 문제적이라고 볼 수는 없다고 해도, 그 모든 경우의 형상에서 정치적 공동체와 몸을 이론적이거나 실재적으로 동화시키는 것의 적법성에 대한 질문은 여전히 남는다. 그때 존재하는 것은 의인화(擬人化)된 형태가 아닌가? 국가가 하나의 인간처럼 사유될 수 있을까? 국가를 인간과 동일시할 수 있을까?

홉스에게서의 리바이어던의 몸과 왕의 몸

홉스(Thomas Hobbes)에게서 대답은 의심할 여지가 없다.

> 우리가 공화국 또는 국가(라틴어로 CIVITAS)라고 부르는 이 거대한 리바이어던은 (…) 아무리 그 규모와 힘이 자연적 인간의 것보다 크다고 할지라도 인공적 인간에 불과하다. 그것은 방어와 보호를 위해 구상되었다. 리바이어던에게서 **지상권**은 인공적 **영혼**인데, 왜냐하면 그것이 몸 전체에게 생명과 운동을 부여하기 때문이다. 사법적이고 행정적인 임무가 맡겨진 **판사들**과 다른 **공무원들**은 인공적인 **분절들**이다. 지상권의 자리에 묶여 있으면서 각각의 관절과 각각의 지체가 자신의 임무를 완수하도록 움직이는 **보상** 또는 **처벌**은 **신경들**이다. 신경들이 자연적 몸 안에서 같은 역할을 수행하기 때문이다. 특정한 모든 지체들의 **번영**과 부는 힘이다. 국민의 복지(salus populi)가 리바이어던의 일거리다. 그것이 알아야 하는 모든 것들을 그것의 주의력에 제시하는 **조언자들**은 그것의 기억이다. 그것에게 **공정성과 법들**은 인공적인 **이성과 의지**다. **화합**은 그것의 **건강**이고, **시민적 분쟁**은 그것의 **병**이고,

내전은 그것의 **죽음**이다. 결국 이 정치적 몸을 기원에서 생산하고 모이게 하고 통일시켰던 계약들과 협정들은 신이 창조할 때 선언했던 '결단'(Fiat)과 '인간을 만드는 것'(Faisons l'homme)과 유사하다.[126]

인간적 기술의 산물인 리바이어던 국가는 자신에게 생명과 운동을 불어넣는 지고의 영혼과 결합된 제작된 몸 외에 다른 것이 아니다. 공화국은 정치적 기교에, 다시 말해 협정에 근거하고 있으며, 이 협정에 의해서 인간들은 다수결에 의해 하나의 공통 권력을 설립하고 만인에 대한 만인의 전쟁에 종지부를 찍도록 마련된 제도들을 설립한다. 그러므로 정치적 몸은 자신들의 생명을 보존하고자 열망하는 개별자들의 특정한 몸들에서 출발해서 구성된다. 자연 상태에서 인간들은 서로에게 해를 입히려는 의지에 의해 상호적으로 고무되며, 전쟁이라는 역병의 위협을 받는다. 동등한 자들 앞에서 두려움에 의해, 허영심에 의해, 또는 자원의 부족과 마주한 필요에 의해 호전적이 된[127] 인간들은 그로 인해 모두 죽지는 않지만 타격을 받는다. 따라서 정치적 몸은 죽음의 질병에 대한 항체(anticorps)이다. 정치적 몸은 인간들이 자신의 인격을 떠맡고 있는 한, 사람의 의지 또는 의회의 의지에 대한 복종 덕분에 대립된 의지들의 공모들을 종결시킴으로써 인공적으로 숨을 쉴 수 있게 한다. 인공적인 인간, 국가는 단지 그 크기와 능력에 의해서만 자연적 인간과 구분될 뿐이다. 따라서 정치적 몸과 인간의 몸 간에

---

126 *Léviathan*, introduction, pp. 5~6.
127 *Le citoyen*, section I, chap. I, III, IV, V, VI.

는 본성의 차이가 존재하는 것이 아니라, 거인과 난쟁이를 분리하는 것과 동일한 단순한 정도의 차이가 존재한다. 국가는 인간의 몸의 연장과 확장일 뿐이다. 국가는 번영에 의해 자신의 힘들을 확대하고, 의회들의 규모에 의해 자신의 기억을 증진시키고, 공정성에 의해 자신의 이성을, 법에 의해 자신의 의지를 공고히 한다.

국가가 인공적 인간처럼 제시되기 때문에, 우리는 인간의 몸과 국가 사이에 본성의 차이가 확실히 존재한다는 결론을 내리기 위한 논증을 할 수 없다. 실제로 홉스는 자연과 기교를 대립시키지 않는다. 자연적 몸은 실제로 인공적인데, 왜냐하면 그것은 신의 기술, 신의 창조적 능력의 결과이기 때문이다. 자연은 "기술이며, 이 기술에 의해 신은 세계를 만들고 지배한다."[128] 인간의 기술은 신의 기술의 모방이다. 그리하여 리바이어던이라는 세례명을 받은 이 거대한 인공적 인간의 계약 아래에서, 제작은 "신이 천지를 창조할 때 선언했던 결단 또는 인간을 만드는 것"[129]이, 우리의 층위에서 반복되는 것일 뿐이다. 작품이 **제작하는 인간**(homo faber) 또는 **제작하는 신**(Deus faber)의 산물이라는 사실, 남는 것은 **기교**이며, 자연적 산물과 제작된 산물 간의 단절을 만들어 낼 필요가 없다.

정치적 몸은 위조물 존재이기는커녕 인간의 몸과 가장 가까운 존재이다. 왜냐하면 정치적 몸은 인간의 몸의 이미지대로, 그 유사성에 따라서 구상되었기 때문이다. 홉스가 보기에 정치는 인간을 신과 유

---

128 *Léviathan*, introduction, p. 5.
129 *Ibid.*, p. 6.

사하게 만드는 최고의 기술이다. 그것은 "저 합리적 작품, 자연에서 가장 탁월한 것, 인간을 모방함으로써 더욱 멀리 나아간다"는 점에서, 다른 모든 것들을 넘어선다. 인간은 국가를 세움으로써 모방의 기술에서 스승의 자리에 이르는데, 창조적 걸작을 재생산하기 때문이다. 그러므로 정치는 인간에 의한 인간의 재창조이다. 재창조(recréation), 오락(récréation), 왜냐하면 인간은 신의 작품을 공들여 반복하는 것이 아니라, 상위의 영향력과 힘을 스스로 마련함으로써 안전하고자 하는 자신의 열망을 만족시키고 초인적(surhumain) 본성을 향유하기 때문이다. 이러한 관점에서 ─ 리바이어던의 저자는 공개적으로 이 관점을 채택하기를 경계한다 ─ 제자는 스승을 넘어서고 모방하고 모델로 삼는다. 정치를 통해 인간은 신을 수정하고 자신을 더욱 거대하고 강하고 강력하게 다시 만든다. 리바이어던은 단순히 자연적 인간을 복제하고 있는 것이 아니다. 리바이어던, 그것은 신이 된 인간이다. 더욱이 홉스는 자신의 저작의 2부 18장에서 그것을 분명하게 설파한다. 그는 이렇게 쓴다. "그러한 것이 이 거대한 리바이어던의 생성이다. 더 정확히, 보다 존경을 가지고 말해 보자면, 그러한 것이 이 사멸적인 신의 생성이며, 불멸적 신 아래의 이 사멸적 신에게 우리는 평화와 보호를 빚지고 있다."[130]

요컨대 거대한 신은 작은 인간을 만들고, 작은 인간은 거대한 신을 만든다. 국가는 당연히 사멸적이다. 왜냐하면 국가는 내부의 전쟁들과 외부의 전쟁들로 결국 멸망하기 때문이다.[131] 사멸적이라고 해도 국가

---

130 *Ibid.*, XVII, pp. 177~178.

가 신이 아닌 것이 아니다. 홉스는 리바이어던이 불멸적 신에 종속된 사멸적 신임을 분명히 밝히면서 신성모독의 죄를 피해 간다. 어쨌든 국가는 신이 된 인간의 몸의 영향력을 소유한다.

자연적 몸과 인공적 몸 간의 구분이 기원에 있는 창조주의 차이에만 의존하고 있다고 할지라도, 정치적 몸과 더욱 강력한 인간 몸의 동일시는 우리를 놀라게 하지 않는데, 왜냐하면 정치적 몸에는 모든 합리적 동물의 근본적 속성 가운데 하나, 즉 생명이 결여되어 있는 것처럼 보이기 때문이다. 합리적 리바이어던은 그래도 괜찮지만, 그것은 성장하고 증식할 수 있는 동물처럼 살아 있으며, 이 점은 오성을 넘어선다.

실제로 홉스에게서 리바이어던은 전적으로 인공적 동물이다. 이는 생명에 대한 순수하게 기계적인 개념화와 밀접하게 관련된다. 생명은 하비(William Harvey)가 보여 주었듯이 피의 순환으로 환원되고, 지체들의 움직임으로 환원된다. 동물들은 고유하게 두 유형의 운동을 지닌다. 한편으로 그것은 상상력의 도움 없이 발생부터 죽음에 이르기까지 작동하는 생명적 운동이며, 이 운동은 특히 "피의 흐름, 맥박, 호흡, 혼합, 영양, 배설"[132]을 포함한다. 다른 한편 그것은 동물적 운동 또

---

131 *Ibid.*, chap. XXIX '공화국의 해체', p. 355 : "결국, 외국이나 내국의 전쟁에서, 공화국의 힘이 더 이상 전장을 지켜내지 못하므로 적이 최종 승리를 거둘 때, 국민들은 자신들의 충성심으로부터 기대할 수 있는 보호를 더 이상 얻지 못한다. 그때 공화국은 해체되고 각자는 자신의 분별력이 제안하게 될 모든 경로들을 통해 스스로를 보호할 자유를 갖는다. 실제로 군주는 공적 영혼인데, 왜냐하면 공화국이 생명과 운동을 수용하는 것은 바로 그런 영혼으로부터기 때문이다. 이 영혼이 몸을 떠났을 때 구성원은 더 이상 그 영혼의 통치를 받지 못한다. 마치 한 사람의 유해가 이것을 내버렸던 영혼의 통치를 받지 못하듯이 말이다."

는 의지적 운동인데, 이것은 예를 들어 걸음과 말과 관련된다.[133] 생명은 우선 노력 또는 코나투스라고 명명되는 운동의 내적인 작은 시작에 의해 특징지어진다.

이러한 개념화 덕분에 홉스는 자동기계(automate)나 다른 모든 기계가 살아 있다는 것의 인정에서 부적절한 그 무엇도 발견하지 못한다.

실제로 생명이 단지 지체들의 운동일 뿐이고, 그 시작이 내부에 위치한 어떤 주된 부분에서 일어나는 것이라면, 모든 자동기계들(다시 말해 시계처럼 태엽과 톱니바퀴에 의해 스스로 움직이는 기계들)이 어떤 인공적 생명을 소유하고 있다고 우리가 말하지 못할 이유가 있을까? 실제로 심장이 태엽과 신경이 아니라면, 밧줄과 분절들이 아니라면, 톱니바퀴가 아니라면, 장인의 의도에 일치하도록 몸 전체에게 운동을 제공하는 그 전부가 아니라면 무엇이겠는가?[134]

국가는 살아 있는 존재이다. 돈은 국가의 피이고 식민지들은 국가의 아이들이다.[135] 정치적 몸의 동물과의 동일시는 생명에 대한 기계

---

132 *Léviathan*, chap. VI, p. 46.
133 *Ibid.*
134 *Ibid.*, p. 5.
135 *Ibid.*, chap. XXI, p. 269 : "공화국의 생식, 공화국의 아이들, 이것은 우리가 진출지(établissements) 또는 식민지(colonies)라고 부르는 것들이다. 문제가 되는 것은 장군 또는 통치자의 명령을 받고, 앞서 거주자들이 없거나 전쟁에 의해 아무도 살지 않는 낯선 땅에 거주하도록 보내진 일정 수의 인간들이다."

론적 시각과 밀접한 관계를 갖는다. 그러한 동일시는 인간들은 자신의 전쟁 술책들을 고장내기 위해 평화 기계를 형성하는 것이 적절하다는 인공주의적인 계약 이론에서만 결과하지 않는다. 실제로 국가가 인간들 간의 계약의 결과가 아니면서도, 하나의 몸처럼 제시되는 경우들이 존재한다. 예를 들어 스피노자는 『정치론』(Traité politique)에서 계속해서 국가를 몸과 동일시하지만, 『신학정치론』(Traité théologico-politique) 16장에서는 그때까지 해왔던 것과는 반대로, 시민 사회 구성을 설명하기 위해 계약 이론에 더 이상 의존하지 않는다. 국가는 협정의 산물이 아니다. 협정은 서로 합의에 이르는 자유롭고 합리적인 인간들이라는 허구를 늘 함축한다. 그러나 국가는 두려움과 같은 정념들의 유희의 결과이면서 동시에, 자신의 영혼을 보존하고 발전시키려는 합리적 욕망의 결과이다. 스피노자는 사회 계약 이론들과 절연했음에도 불구하고, 계속해서 국가를 몸처럼 사유한다. 따라서 공화국에 몸의 본성을 부여하는 것이 계약 이론과 연결되어 있다고 믿는 것은 잘못이다. 몸의 본성의 부여는 오히려 일반화된 기계론의 산물이다.

그렇지만 홉스적인 국가와 몸의 동일시는 생명에 대한 기계론적 개념화에 대한 거부와 더불어 치워져서는 안 될 것이다. 실제로 그러한 동일시는 절대 군주제 이론에서 그 최종적 토대를 찾아낸다. 국가는 진정으로 몸을 갖지 못할지라도 왕이라는 인격을 통해 몸을 찾게 될 것이다. 군주는 자신의 몸을 국가에게 빌려주며 국가와 하나가 된다. 외국과의 전쟁 또는 내전으로부터 모두를 보호하는 한 **공화국**의 설립은 모든 권력과 모든 힘을 단 한 사람이나 단 하나의 의회로 이전하는 과정을 통과하며, 이 사람이나 의회는 유일무이한 인격을 구성하는 방식으로 모든 의지들을 단 하나의 의지로 통합시킨다. 모든 개인의 자신을 통치할 권리의 양도는 "그들의 인격을 떠맡기기 위한 한 인간이나 한 의회를 지명하기에 이른다."[136] 그처럼 각자는 자신의 이름으로 행해진 행위들의 저자로 남는다. 하지만 만일 모든 도시국가(cité)에서 국민들(sujets)이 정치적 사태의 저자이고 군주가 그것의 배우라면, 군주제는 그 안에서 민중의 인격성(personnalité)의 위탁자가 동시에 민중의 고유한 자연적 인격(personne)의 위탁자인 그런 유일한 형태의 공화국이 된다.[137] "군주제 안에서 사적 이득은 공적 이득과 같다."[138] 군주는 공화국을 말 그대로 육화하고 다음과 같이 말할 수 있다. "국가의 몸, 그것은 나다." 국가의 생명은 군주의 생명과 혼동된다. 게다가 홉스에 따르면, 바로 그런 이유에서 왕은 계승자를 선택할 힘을 가져야 하는데, 그렇지 않다면 그가 죽었을 때 공화국은 그와 함께 죽게 될 것이고 모든 것은 전쟁 상태로 되돌아갈 것이기 때문이다.[139] 따라서 왕은 인공적인 영원성, 즉 계승의 권리에 의해 자신의 죽음을 시정한다. 그처럼 군주제는 도덕적이고 집단적인 몸이 물리적 몸과 동일시되는 유일한 경우다. 이것이 루소(Jean-Jacques Rousseau)가 『사회계약론』(contrat social)에서 군주제의 원리를 분석할 때 분명하게 밝혔던 점이다. "집단적 존재가 개인을 대표하는(représenter) 다른 정부들과는 완전히 반대로, 이 정부에서는 개인이 집단적 존재를 대표한다

---

136 *Léviathan*, chap. XVII, p. 177.
137 *Ibid.*, chap. XIX, p. 193.
138 *Ibid.*
139 *Ibid.*, chap. XIX.

(représenter). 그리하여 군주를 구성하는 도덕적 단일성은 동시에 물리적 단일성이 된다."[140] 오로지 군주제의 틀 안에서만 국가와 인간의 몸의 동일시가 전적으로 합법적이 된다. 따라서 우리는 홉스가 절대 군주제의 지지자인 한에서, 국가와 살아 있는 몸의 동일시를 가장 멀리까지 끌고 갔던 사람이었다는 점을 이해한다. 그렇다면 다른 유형의 체제들, 예컨대 의회 군주제, 귀족제 또는 민주제와 같은 것들에서 생물학적 모델 또는 몸의 모델은 국가를 사유하기 위해 더 이상 적절하지 않다는 것일까? 우리는 계속해서 정치적 공동체를 정치적 몸과 동일시하고, 그것을 살아 있는 존재와 비교할 수 있을까? 국가가 물리적 현실을 소유한다는 것은 사실이다. 왜냐하면 국가는 국경에 의해 한정된 영토 위로 펼쳐지고 국가의 힘은 인간들의 힘의 결합의 결과이기 때문이다. 쌓여 있는 밀알처럼 그저 함께 모인 인간 존재들은 정치적 몸을 형성하지 않는다.

루소에게서의 집합체와 정치적 몸

채택된 체제가 절대 군주제가 아닐 때, 국가를 살아 있는 유기체와 엄격하게 동일하게 놓는 것이 반박될 수 있다고 할지라도, 모든 정치 공동체는 그 이름에 합당한 도덕적 몸의 형태를 여전히 갖추고 있다. 실제로 국가는 부분들의 총합으로 환원되지 않으며, 반대로 국가는 특정한 이득들을 넘어서는 하나의 총체성을 구성하고, 이 총체성은 입법 체계와 통치 형태를 갖춘 진정한 협력집단을 함축한다. 그것은 전체

---

140 *Contrat social*, III, chap. VI, p. 111 참조.

와 부분들 간의 조직화와 연대를 전제하며, 이때 부분들은 동일한 목표 — 자기 자신의 보존과 자유 — 를 위해 협력한다. 전체는 더미도 아니고 집합체도 아니며, 유기체이다. 그리하여 부분들은 더 이상 서로에 대해 외적인 관계 속에 놓이는 게 아니라 행동을 함께하는 구성원들이 된다. 이것이 바로 루소가 『사회계약론』 1부 6장에서 분명하게 보여 주는 내용이다. 연합의 행위는 절대적 조항에 근거하고 있으며, 절대적 조항이란 공동체 전체에 대한 각자의 모든 권리들의 전적인 양도이다. 그리하여 연합의 행위는 새로운 현실을 낳는다. 즉 특정한 각자는 보다 상위의 총체성의 분할불가능한 부분이 되기 위해서 자기 자신에 대해 전체로서 존재하기를 그치게 된다. "당장, 각각의 계약 당사자의 특정한 인물 대신 그러한 연합의 행위는 도덕적이고 집단적인 몸을 생산한다. 이 몸은 의회의 목소리들만큼의 수의 구성원들로 구성되어 있다. 의회는 연합의 행위로부터 통일성을, 공통의 나(moi)를, 생명을, 의지를 수용한다."[141]

더욱이 루소는 정치적 몸과 인간들의 단순 집합체 사이에 구별을 세우고자 정성을 들인다. 그렇기 때문에 그는 정치권력을 노예의 모델이나 목자의 모델에 근거해서 세우는 것을 거부한다. 군주는 무리를 지배하는 목자와 혼동되어서도 안 되고 노예들 위에 군림하는 주인과 혼동되어서도 안 된다. 『사회계약론』의 저자가 보기에, 주인의 절대적 권한 아래에서의 분산된 다수들의 점진적인 집결은 사회나 정치적 몸을 결코 형성하지 못할 것이다. 그것은 반대로 노예들의 단순 집합체

---

141 *Contrat social*, I, chap. VI, p. 52.

로 남게 될 것이다.

다수를 복종시키는 것과 사회를 규제하는 것 간에는 항상 큰 차이가 있을 것이다. 그 수가 얼마이건 분산된 사람들이 단 한 사람에게 종속되는 것, 여기서 나는 주인과 노예들만을 볼 뿐이며, 민중과 민중의 지도자를 보지 못한다. 이는 사람들이 연합이 아니라 집합체를 원할 때이다. 거기서는 당연히 공중(public)도 없고 정치적 몸도 없다.[142]

종속된 다수는 실로 정의상 무기력한 구성원들을 모아 놓는 집합체의 특징들을 가진다. 전제 권력을 공고히 하는 두려움 안에 단단히 붙잡힌 다수는 반항하려는 꿈조차 꾸지 못한다. "힘은 최초의 노예들을 만들었고, 이들의 비겁함이 노예상태를 영속화했다."[143] 이런 노예적 무기력은 진정한 가입이 전혀 아니기에, 각자는 자신의 고독 속에, 자신의 특정성 안에 갇힌 채로 남아 있다. 반대로 정치적 몸의 구성은 특정성과 사적 이득들에 대한 극복인데, 이는 일반 의지의 최고의 지도 아래 인간을 시민으로 변화시키는 보다 상위의 결합과 연합을 목적으로 한 것이다. 국가는 연합의 계약의 중개를 통한 구성원들의 변모의 결과이다. 국가는 통일성을 법에서 끌어오는데, 이 법은 일반 의지의 표현이고 공통의 이득을 겨냥한다. 따라서 국가는 사회적 몸의 이름을 받을 자격이 당연히 있으며, 특정한 의지들의 집합체와 혼동될

---

142 *Ibid.*, V.
143 *Ibid.*, I, II.

수 없다. 얼굴이 없는 군중은 절대로 민중이 될 수 없으며, 자신의 사적
이득에 갇혀 있는 개인들은 절대로 정치적 몸을 형성할 수 없다. 그런
점에서 국가의 구성에 대한 루소의 사례는 몸의 개념의 특별함을 이해
하고 몸을 병치, 동맹 또는 합병에 의한 단순 구성과 구분할 수 있기 위
한 패러다임으로 사용될 수 있다.

　『사회계약론』의 저자의 관점에서, 국가는 실제로 서로가 서로
에게 종속된 몸들의 뒤얽힘이다. 주권자의 정치적 몸은 정부의 몸
을 포함하는데, 후자가 전자와 혼동되어서는 안 된다. 정부는 주권자
(souverain)의 집행자이다. 정부는 주권자의 법들을 집행하고 일반 의
지를 구체화한다. 따라서 몸 전부를 지시하는 최고의 입법적 힘인 제
후(prince)와 집행적 힘을 갖고 있는 왕(roi) 또는 사법관(magistrat)을
구분해야 한다. 정부는 "국민들(sujets)과 주권자(souverain) 사이에서
이들의 상호적 일치를 위해 설립된 매개적 몸이며, 법들의 집행 및 정
치적이면서 또한 시민적인 자유의 보존을 떠맡는다."[144] 정부의 몸은
주권자의 몸과 국민들의 몸 간의 매개로 사용된다. 그런데 각자가 주
권자의 구성원-시민인 동시에 법을 실천하는 국민이기 때문에, 정부
는 인간의 중심에서 시민으로서의 인간의 몸을 국민의 몸으로 변형시
키는 작동을 하는 중간 조직이 된다. 국가와 구분되며 특정한 어떤 자
아를 부여받는 정부는 그럼에도 불구하고 그 국가에 종속된다. 두 몸
은 본질적인 차이를 지닌다. 왜냐하면 국가는 자체적으로 존재하지만
정부는 오로지 주권자에 의해서만 존재하기 때문이다. 따라서 국가는

---

144 *Ibid.*, III, chap. I, p. 98.

기본적인 기관(organisme)이며, 복합적 몸이고 몸들의 복합체이다. 그런데 우리는 이 점을 더욱 끌고 나가 국가를 살아 있는 존재와 비교할 수 있을까?

정치적 몸과 살아 있는 몸

루소는 망설이지 않고 국가를 살아 있는 존재와 비교한다. 그렇다고 해서 국가를 인간의 몸과 혼동하는 것은 아니다. 생물학적 모델은 국가의 소멸만큼이나 출현을 이해할 수 있게 한다. 사회 계약은 정치적 몸에게 존재와 생명을 부여하는 출생증명서이며, 반면에 입법은 정치적 몸에게 운동과 의지를 수여한다.[145] 국가는 심장이 주권(souveraineté)이고 뇌는 정부인 살아 있는 유기체와 유사하다.

> 정치체로서의 생명의 근원은 주권에 있다. 입법권은 국가의 심장이고, 집행권은 모든 부분으로 하여금 운동을 하게 만드는 국가의 뇌이다. 뇌가 마비되어도 개인은 계속 살아 있다. 인간은 천치여도 목숨은 지속된다. 하지만 심장이 기능을 멈추자마자 동물은 죽어 버린다.[146]

정부가 없어도 정치적 몸은 살아 있지만 주권이 없으면 죽는다. 따라서 입법권은 정치적 동물의 생명 유지에 필수적인 기관을 이룬다. 국가들은 법들의 운명과 결합한다. 즉 국가들은 법들과 함께 탄생하고

---

145 *Ibid.*, II, chap. VI, p. 73. "사회 계약에 의해 우리는 정치적 몸에게 존재와 생명을 주었다. 이제 정치적 몸에게 문제가 되는 것은 입법에 의해 운동과 의지를 주는 것이다."
146 *Ibid.*, III, chap. XI, pp. 128~129.

소멸한다. 최상으로 구성된 국가들도 규칙을 피하지 못하고 끝내는 파멸한다. 그렇기 때문에 루소는 지속적인 설립 기관을 형성하려면, 그것을 영원한 것으로 만드는 것을 꿈꿔서는 안 된다고 믿는다.[147] 요컨대 지속하기 위해서는 영원성을 포기해야 한다. 이 말은 무엇을 의미할까?

정치적 몸은 살아 있는 몸과 그 사멸적 특징을 함께 나눈다. 인간의 몸처럼 정치적 몸은 "탄생에서부터 숙기 시작하며 자신의 파괴의 원인들을 자기 자신 안에 갖고 있다."[148] 살아 있는 유기체 안에서 부분들의 변질과 분리가 전체의 통일성과 보존에 피해를 끼치듯이, "우리는 몸을 공격하지 않으면서 지체들 가운데 하나에 해를 끼칠 수 없고, 하물며 지체들이 그것을 느끼지 않은 채로 몸에 해를 끼칠 수 없다."[149] 그렇다면 국가의 죽음을 어떻게 설명할 수 있을까?

모든 유기체 안에서, 각 부분은 이 부분 자체에 대해 하나의 전체이면서 동시에, 자기 자신과 총체성에 대한 이중의 관계 속에 놓여 있는 것으로 나타난다. 그 결과 어떤 긴장이 생겨나며, 그리하여 어떤 부분들은 어울리지 않는 방식으로 발달되고 전체의 조화를 깨뜨릴 수 있다. 정치적 몸도 사정은 마찬가지이다. 각자는 자신의 특정한 이득에 종속된 하나의 전체이면서 동시에 일반 의지에 맞춰 조정되는 한 부분이다. 따라서 그는, 인간처럼, 시민의 의지와 구별되는 의지를 가질 수 있고, 자신의 사적 이득을 공적 선으로 가장하면서 권력을 찬탈할 수

---

147 *Ibid.*, III, chap. XI.
148 *Ibid.*, III, chap. XI, p. 128.
149 *Ibid.*, I, chap. VII, p. 54.

있다. "특정 의지는 끊임없이 일반 의지에 대립해서 작용"[150]하며, 결국 국가의 구성을 변질시키기에 이른다. 마찬가지의 방식으로 매개적 몸인 정부는 "주권에 대립하는 계속된 노력을 하고"[151] 그것을 찬탈하는 경향이 있다. "이것이 내재적이며 불가피한 악이다. 나이듦과 죽음이 인간의 몸을 파괴하듯이, 그런 내재적이고 불가피한 악은 정치적 몸이 탄생하는 순간부터 쉬지 않고 정치적 몸을 파괴하는 경향이 있다."[152]

어쨌든 국가의 몸은 인간의 몸과 규모에서 차이를 보이는데, 왜냐하면 국가의 몸의 구성은 자연의 작품이 아니고, 인간들의 기술의 작품이며 인간들의 권력과 자유에서 유래하기 때문이다. "자신들의 생명을 연장하는 것은 인간에게 달려 있지 않다. 가능한 오래 국가의 생명을 연장하는 것은, 국가가 가질 수 있는 최상의 구성을 국가에게 주는 것으로서, 인간들에게 달려 있다."[153] 따라서 루소는 국가의 인공적 몸을 인간의 자연적 몸과 완전하게 동일시하지 않는다. 확실히 그 두 몸은 죽을 운명이다. 그러나 국가의 인공적 몸은 무한정한 유예의 혜택을 입으면서 고통을 미룰 수 있는 반면에, 인간의 자연적 몸은 운명의 날에 복종하며 항소를 할 수 없다. 영원성을 갖지 못한 정치적 몸은 인간들의 자유 덕분에 지속성을 누릴 수 있다.

결론적으로 국가는 거대한 정치적 동물이다. 국가는 도덕적 몸일 뿐만 아니라 살아 있는 몸과 유사한 진정한 유기체이다. 공공적인 공

---

150 *Ibid.*, III, chap. X, p. 125.
151 *Ibid.*
152 *Ibid.*
153 *Ibid.*, III, chap. XI, p. 128.

동체의 인간의 몸과의 이러한 동일시는 단순히 생명에 대한 기계론적 개념화의 잔여물이 아니다. 생명이 조화롭게 움직이는 톱니바퀴 장치 전체로서 더 이상 사유되지 않을 때, 국가의 구성이 그렇다고 해서 정치적 몸의 이론처럼 제시되기를 그치는 것은 아니다. 그래서 칸트는 예를 들어 『판단력 비판』의 64절에서, 기계를 생명체와 근본적으로 구분하지만, 몸으로서의 정치적 공동체의 전통적 표상을 거절하지는 않는다. 그는 국가를 "재판상의 법들 아래에서 다수의 사람들이 통일되는 것"[154]으로 정의하며 국가를 단지 사물(chose),[155] res publica[156]와 동일시할 뿐만 아니라 시민들이 지체들이 되는 유기체와도 동일시한다.[157] 그는 심지어 국가를 어떤 모델로 삼게 되는데, 이 모델은 자연적 목적의 규제적 개념을 더 잘 이해할 수 있고, 그 인과성이 우리에게 알려지지 않은 채로 남아 있는 생명체의 조직화를 더 잘 이해할 수 있게 허락한다.

우리는 직접적으로 지시되는 자연적 목적들과의 유비에 의해 어떤 연결을 해명할 수 있다. 이 연결은 어쨌든 현실에서보다 이념 안에서 경험된다. 그리하여 최근에 시도된, 거대한 민중에서 국가로의 변형을 계기로, 우리는 사법관들의 창설… 등과 심지어 국가의 몸 전체의 창

---

154 *Métaphysique des moeurs*, première partie, *Doctrine du droit*, II, 1re Section, §45, p. 195.

155 *Ibid.*, §43, p. 193.

156 [옮긴이] res publica는 문자 그대로 '공공의 것'을 의미하며 공화국을 가리킨다.

157 *Ibid.*, §43, 46.

설을 위해서, 매우 적절한 방식으로, 유기체라는 표현을 아주 빈번하게 사용했다. 실제로 그러한 전체 안에서 각각의 지체는 단지 수단이 되어야 하는 것만이 아니라 목적이 되어야 한다. 그런 각 지체가 전체의 가능성에 기여하는 반면에, 그것 자체는 자기 편에서, 그리고 자신의 자리와 기능과 관련해서, 전체의 이념에 의해 결정되어야 한다.[158]

시민들은 공공의 건축물의 단순한 부품도 아니고 그것의 톱니바퀴도 아니다. 시민들은 유기적 총체성의 지체들이며, 그들은 수단이면서 동시에 목적이다. 시민들은 국가에 의해서, 그리고 국가를 위해서 존재하며, 상관적으로 국가는 시민들에 의해서, 그리고 시민들을 위해서 존재한다. 따라서 정치적 은유는 생명체의 본성, 전체와 그 부분들 간의 관계를 이해하기 위한 보조로서 사용된다. 그러니까 칸트는 관점 뒤집기를 작동시키는 것이다.[159] 즉 생명체의 아날로공(analogon)[160]이 국가인 것이 아니라, 국가의 아날로공이 생명체인 것이다. 결과적으로 정치적 몸과 같은 비(非)물질적 몸의 존재를 확증하고, 이 개념을 단순한 동음이의어 너머에서 사용하는 것은 용어의 남용이 아니다. 국가

---

158 *Critique de la faculté de juger*, § 65, n. 1, p. 194.

159 이러한 뒤집기는 새로운 것이 아니다. 왜냐하면 아리스토텔레스에게서 이미 유비는 두 가지 의미에서 가치를 가졌기 때문이다. 『정치학』에서 아리스토텔레스는 도시(cité)를 몸과 동일시한 다음에(cf. I, 2, 1253 a, 20~29), 『동물운동론』에서 유기체의 삶을 잘 관리된 삶과 비교한다(cf. X, 703 a 28~703 b 2).

160 [옮긴이] 아날로공(analogon)은 특히 사르트르의 상상계에서 등장하는 개념으로서, 대상이 부재하는 가운데 그 대상을 대체하는 것을 가리킨다. 애인의 사진이나 초상화는 부재하는 애인의 아날로공이며, 병뚜껑은 길을 지나며 그것을 발로 차는 소년에게 축구공의 아날로공이다.

구성에 대한 검토는 몸의 형태의 본성을 더 잘 파악할 수 있게 해주고 몸의 본질이 물질에 있는 것이 아니라 부분들과 전체 간의 유기적 관계에 있다는 생각을 강화할 수 있게 한다. 몸의 물질은 영원히 변화할 수 있으며, 몸은 그것의 형태가 보존되는 한 동일하게 남아 있다.

그럼에도 불구하고 국가와 살아 있는 몸의 동일시는 이중으로 문제적이다. 한편으로 국가는 상위의 살아 있는 유기체들의 모델에 의해 사유될 수 없다. 상위의 살아 있는 유기체 안에서 부분들은 너무나도 통합되어 있어서 전체와 뒤섞여 모든 자율성을 잃어버리기 때문이다. 실제로 이런 경우에 국가의 총체성은 독재적이 될 위험이 크다. 모든 것을 고려해서, 거대한 리바이어던보다는 오히려 분할이 가능한 지렁이와 같은 작은 동물로부터 영감을 얻는 것이 더 낫다. 그러한 조건에서, 연방으로 조직된 몸의 패러다임은 정치의 본성을 해명하고 독재적 일탈을 피하기 위해서, 살아 있는 유기체의 패러다임보다 더 바람직해 보인다.

다른 한편 국가의 인공적 몸과 인간의 몸 간의 근본적 차이의 부재는 살아 있는 몸이 무엇인지를 묻는 미묘한 질문이 생겨나게 한다. 형태의 관념은 모든 몸과 그것의 특수성의 존재를 해명하기에 충분하지 않다. 형태의 관념은 라마르크가 원시적(brut) 몸이라고 명명한 것과 살아 있는 몸을 구분하는 기준이 되지 못한다. 물론 식물과 동물은 그것들을 확인하도록 허락하는 형태를 가진다. 하지만 그것들만이 그런 것은 아니다. 실제로 광물이나 결정체와 같은 물질적 형태들이 존재하며, 그것들은 생명체만큼이나 견고하게 구성되어 있다. 그처럼 우리는 결정학(cristallographie)에서, 몸들은 그 구성요소들의 대체에 의한 화학적 조성의 변형에도 불구하고 동형적으로 남아 있음을 관찰한 다. 게다가 그러한 점 때문에 조르주 캉길렘(Georges Canguilhem)과 프랑수아 다고네(François Dagognet)는 "결정체들의 고전적 사례는 형태를 생명체와 비(非)생명체를 구분하는 기준으로 삼는 것을 금지한다"[161]고 말한다. 따라서 생명체라는 이름으로 지시되는 복합적 몸들의 본성을 규정하고 그것들의 특수성을 도출하는 것이 중요하다.

---

161 G. Canguilhem et F. Dagognet, *Le vivant*, entretien télévisé, émissions de philosophie pour l'année scolaire 1967~1968, Imprimerie Nationale.

2장
살아 있는 몸

"말해 보세요, 당신은 살아 있다는 것이 무엇인지 한 번도 진지하게 생각해 본 적이 없습니까? 당신은 한 존재가 언젠가 살아 있지 않은 상태에서 살아 있는 상태로 이행할 수 있다는 것을 생각해 보셨습니까? 몸은 성장하거나 감소하고, 움직이거나 정지합니다. 하지만 만일 몸이 그 자신에 의해 살아 있지 못한다면, 당신은 무엇이건 어떤 변화가 몸에 생명을 줄 수 있다는 것을 믿겠습니까?"—디드로, 『소피 볼랑에게 보내는 편지』 (*Lettres à Sophie Vollant*, 15 octobre 1759)

"우리가 살아 있다는 사실만큼 우리가 잘 알고 있는 것이 얼마나 되겠는가?"[1]라고 아우구스티누스는 질문한다. 그렇지만 이러한 자명함은 살아 있는 몸의 본성을 분명하게 확인하는 것이 문제가 되는 순간부터 모호해진다. 나는 거리를 지나가는 사람들을 바라볼 때, 살아 있는

---

1 *De la Trinité* XV, XII, 21.

존재들을 본다고 생각한다. 하지만 데카르트가 관찰하게 했듯이, 나는 단순한 바라봄에서 그 점을 확신을 가지고 주장할 수 없다. "이 창문 너머로 나는 무엇을 보고 있는가? 그것이 단지 톱니바퀴 장치에 의해 움직이는 유령이나 가짜 인간들을 감싸고 있는 모자와 외투가 아니라면 말이다."[2] 내가 자동기계가 아닌 살아 있는 존재들을 상대하고 있다고 어떻게 알 수 있겠는가? 내가 정신의 조사에 의해 그것이 인간들이라고 판단한다고 데카르트는 대답한다. 그러나 그런 판단은 무엇에 근거하는가? 『방법 서설』의 저자는 그 자신이 "아무런 근거 없이 원숭이, 또는 어떤 동물의 기관들과 모습을 가진 기계들이 존재한다면, 그럼에도 불구하고 우리는 그것들이 그 동물들과 동일한 본성을 가지지 않을 것이라고 인정할 수 있는 아무런 수단도 가질 수 없을 것"[3]이라고 표명하지 않았던가? 사실 데카르트는 이 주장을 인간으로까지 확장시키지는 않는다. 그가 보기에 인간은 말의 자유로운 사용과 이성에 의해 행동할 수 있는 능력 덕분에 가장 정교한 자동기계와도 구분된다. 그러나 모든 말과 행동이 부재할 때에는, 그것이 사람이라면, 무엇이 살아 있는 몸과 생명이 없는 몸을 구별할 수 있을까?

확실히 질문은 선동적이며 로크(John Locke)는 만일 우리가 사람들에게 생명에 대해 말하면서 이해하는 바를 묻는다면 이것을 모욕처럼 생각하지 않을 사람은 거의 없을 것이라고 강력하게 강조했다.[4]

---

2 *Méditations métaphysiques* II, A.T., IX, p. 25.
3 *Discours de la méthode*, cinquième partie, A.T., VI, p. 56.
4 *Essai philosophique concernant l'entendement humain*, livre III, chap. X, VI, pp. 408~409.

그렇지만 생명의 선험적(a priori) 정의를 찾는 것은 지극히 문제적인데, 왜냐하면 그것은 생리학이 완성된 상태와 몸의 모든 잠재성들에 대한 인식이 완성된 상태에 의존할 것이기 때문이다. 라메트리(Julien Offray de La Mettrie)가 분명하게 말했던 것도 그런 것이다. "우리는 생리학의 끝에 이르러서야 생명에 대한 정의를 내릴 수 있을 것이다. 왜냐하면 인간의 몸에 대한 그런 과학이 설명하는 것은 모든 작용들의 집합이기 때문이다."[5] 따라서 정의는 선행하는 것으로서 이루어질 수 없으며, 조사의 결과로서 이루어질 수 있다. 생명에 대한 정의는 생리학의 도달점이지 출발점이 아니다. 클로드 베르나르(Claude Bernard)는 더 강하게 밀고 나가는데, 왜냐하면 그는 후험적(a posteriori)이라고 할지라도 생명에 대한 모든 절대적 정의를, 실험과학의 원리들에 근거해서 거부하기 때문이다. 실험과학은 철학에 내재적인 체계의 정신에서 빠져나와야 하며, 선험적인 언어와 명찰과 분리되어야 한다.

증명에 의해 모든 것을 정의하고 모든 것을 연역하는 것으로 이루어지는 방법은 정신과학에 적합할 수 있지만, 실험과학들의 정신 자체에는 반대된다. 그렇기 때문에 생리학에서 생명을 정의할 필요는 없다. 우리는 생명에 대해 말할 때, 그 주제를 어렵지 않게 이해한다. 그리고 이 점은 모호성이 배제된 방식으로 그 용어를 사용하는 것을 정당화하기에 충분하다. 생명이라는 단어를 사용하기 위해서 우리는 그

---

5 "Commentaire de La Mettrie"[라메트리의 설명], in *Boerhaave, Institutions de Médecine*, I, 136.

단어에 대해 서로 합의하는 것으로 충분하다. 하지만 과학의 정신 자체에 반대하면서, 그것의 절대적 정의를 추구하는 것이 착각이며 몽상이라는 것을 특히 우리는 알아야 한다. 우리는 다만 생명의 특징들을 종속의 자연적 질서 안에 놓으면서, 그 특징들을 결정하는 데 몰두해야 한다.[6]

클로드 베르나르는 그처럼 생명에 대한 선험적 정의를 내리려는 의지를 정신과학의 방법들이 실험과학으로 불법적으로 침입하는 것으로 간주한다. 철학은 여기서 영역 밖에 놓이게 될 것인가? 철학은 살아 있는 몸의 특수성을 분석하는 것을 포기해야 할 것인가?

현대 생물학은 실험 의식의 창시자에게 근거를 마련해 주는 것처럼 보인다. 왜냐하면 현대 생물학은 일반적으로 생명의 개념을 정의하려고 애쓰기보다는 살아 있는 존재들의 공통적 특징들을 끌어내려고 애쓰기 때문이다. 현대 생물학은 그저 물리-화학의 부록으로 있는 경향, 특정 대상을 갖지 않는 경향이 있다. 물론 살아 있는 몸과 생명이 없는 몸 사이의 차이를 크게 만들지 말아야 하는데, 왜냐하면 그 둘은 동일한 물질로 구성되어 있기 때문이다. 모든 몸은 세포들로 조직된 전체이다. 하지만 몸들의 물질의 동일한 본성이 살아 있는 것의 특수성을 망각하게 만들어서는 안 된다. 살아 있는 몸들이 생기가 없는 몸들의 법칙에 부합한다고 할지라도, 그런 상호성은 참이 아니다. 그런데 분자 생물학은 생명을 그 물리-화학적 구성요소들로 환원시키고,

6 *Leçons sur les phénomènes de la vie*, 24~25.

생명체를 생명이 없는 것과 구분하는 것으로 만족하면서, 후자에게서는 발견되지 않는 분자들이 전자에게서 현존한다는 점을 제시한다. 살아 있는 존재들은 핵산, 단백질과 같은 고분자들을 소유하며, 이런 고분자들에게만 속하는 효소의 촉매 작용을 특징으로 가진다.

이러한 조건에서 분자 생물학은 생명체의 물리-화학적 특징들의 목록으로 요약되고 생명체의 본질적인 차이와 특수성을 오인하게 만들 위험이 매우 크다. 이리한 점을 앙드레 피쇼(André Pichot)는 자신의 책,『생명 개념의 역사』에서 강조한다.

> 살아 있는 존재의 특수성을 이런저런 물리-화학적 특징들로 한정시키고자 하는 것은 결국 그런 특수성을 부정하는 것인데, 왜냐하면 그것은 결국 생명이 없는 두 대상들 간에 존재하는 차이와 질적으로 유사한 차이로 그런 특수성을 환원시키는 일이기 때문이다. 그리하여 오로지 물리-화학적 특징들에 의해서만 서로 차이를 보이는 대상들의 무리만이 있게 될 것이다. 우리는 어째서 그러한 무리가 셋 이나 넷이 아니라, 두 집단으로, 즉 생명체와 생명이 없는 것으로 나뉠 수 있는지를 잘 알지 못한다. 또한 마찬가지로 우리는 그러한 분리를 만든 기준들이 절대적으로 정확한지, 그 기준들의 선택의 근거가 여전히 알려져 있지 않은지를 잘 알지 못한다. 왜냐하면 그 근거는 분석에서 어떤 물리-화학적 특징들을 나타내는 대상들을 생명체라고 가리키는 상식에 근거하고 있지 않기 때문이다.[7]

---

7 *Histoire de la notion de vie*, p. 938.

생명체들에게 고유한 물리-화학적 특징들을 분명히 밝히는 일은 유용한 지표들을 제공하지만 생명체들을 생명이 없는 존재들과 구분하기에는 불충분하다. 그것은 다소 근시안적 시각을 나타내는데, 왜냐하면 속성들의 집합은 생명체의 본질과 이것을 규제하는 인과성을 결코 전달할 수 없을 것이기 때문이다.

엄밀한 개념을 공들여 만들고 최소한의 정의를 제시하는 것이 필요하다. 이것이 단지 탐구의 방향을 정하고 탐구를 해석하기 위한 것일지라도 말이다. 클로드 베르나르 본인이 자신의 원리를 위반하는데, 왜냐하면 그는 5가지 일반적 특징들로 환원된 생명의 정의를 제안하기 때문이다. 즉 유기체, 생식, 영양섭취, 성장 발달, 병과 죽음을 포함하는 노쇠.[8] 그렇기 때문에 생명에 대한 연구와 생명의 존재 조건들을 대상으로 가질 수 있는 철학은 몽상이나 착각처럼 간주될 수 있다.

트레비라누스[9]와 함께 생물학이라는 용어를 창시한 라마르크는 생명체들의 자율적 과학을 구성하기 위한 철학적 과정의 필요성을 강조한다.

우리는 모든 과학이 자신의 철학을 가져야 한다는 것, 그리고 그런 경로를 통해서만 과학은 실재적으로 발전한다는 것을 알고 있다. 자연주의자들은 헛되이 자신들의 시간을 낭비한다. 그들은 새로운 종들을 기술하고, 어마어마한 양의 기록된 종들의 목록을 늘리기 위해 새로운

---

8 *Leçons sur les phénomènes de la vie*, 32.
9 [옮긴이] 고트프리드 라인홀트 트레비라누스(Gottfried Reinhold Treviranus, 1776~1837)는 독일의 자연학자이다.

종들의 변화의 모든 작은 차이들과 작은 특정성들을 포착하느라고, 요컨대 유들을 특징짓기 위한 성찰들의 사용을 끊임없이 변화시키면서 그 유들을 잡다하게 설립하느라고 시간을 낭비한다. 만일 과학의 철학이 소홀히 다뤄진다면, 과학의 발전은 현실성이 없을 것이고 작품 전체는 불완전하게 남게 될 것이다.[10]

원리들의 몸 없이, 탐구는 맹목적으로 남게 되고 무의식적 형이상학의 위험에 굴복하게 된다.

생명의 개념이 그 다의성의 결과로, 지나치게 미(未)결정적이고 혼동에 노출되어 있는 게 사실이다. 생명은 생물학적 현상들과 무관한 하나의 실체도 아니고 어떤 신비한 힘도 아니다. 생명은 존재하지 않고 생명체들만이 존재한다. 따라서 일체의 사물화를 피하기 위해서, 생명보다는 살아 있는 몸의 본성에 대해 질문하는 것이 바람직하다. 게다가 조르주 캉길렘과 프랑수아 다고네는 "생명보다는 차라리 살아 있는 것에 대해 말하면서 모든 사람은 자신의 설명을 얻는다"[11]고 평가하고, 여러 근거들을 제시함으로써 자신들의 선택을 정당화한다. "무엇보다 생명은 사람들이 진부하다고 부를 수 있는 개념이다. 사람들은 '파리의 삶', '삶은 아름답다', 생명보다 더 값진 것은 없다, 등등을 말한다. 이 세 표현에서, 마지막 것을 제외하면, '삶'이라는 단어는 그저 일

---

10 *Philosophie zoologique* I, chap. II, p. 98, GF.

11 François Dagognet, *Le vivant*, entretien télévisé, 'Émission de philosophie pour l'année 1967-1968', Imprimerie Nationale, p. 36.

종의 은유가 되기 위해 자신의 의미 전부를 잃어버렸다."[12] 조르주 캉길렘과 프랑수아 다고네는 뿐만 아니라 과학이 그런 개념을 거부하고 폐지하려고 노력한다는 점을 강조한다. "과학은 언제나 생명을 고려하지 않으면서 생명을 설명하려고 애써 왔다."[13] 그런 다음 그들은 살아 있음(vivant)이라는 단어가 철학자에게 제공하는 이점을 강조한다. 즉 그 단어는 철학자가 살아 있는 존재들의 다수성을 고려하도록 이끌고, 본질을 둘러싼 변화들을 자연 안에서 관찰하도록 이끈다. 결국 생명보다는 살아 있는 존재들을 연구하는 것은 생물학자뿐만 아니라 심리학자들의 관심을, 동물학자뿐만 아니라 철학자들의 관심을 불러일으키는 행동의 심리학에 접근하는 기회가 된다. 따라서 살아 있는 몸들의 특수성을 해명하고 그 몸들을 생기가 없는 몸들과 구분하기 위해서, 추상적이고 일반적인 본질에 대해 묻지 말아야 하며, 반대로 자연안에서 작동하는 삶을, 다수의 삶의 형태들, 삶의 변화들과 구성적 성분들을 분석해야 한다.

1) 물활론적 패러다임 : 아리스토텔레스의 살아 있는 것에 대한 개념화

만일 플라톤이 『티마이오스』에서 완벽한 동물의 모델에 근거해서, 세계의 기원 및 세계가 포함하는 사멸적이거나 불멸적인 모든 존재들의 기원을 해명하기 위해 마련된 신화를 제시함으로써 경로를 개척했다

---

12 [옮긴이] 인용문에서 vie라는 단어는 '삶', '생명'으로 다양하게 번역되었다.
13 *Ibid.*

면, 살아 있는 것에 대한 철학적 반성을 정초한 공로는 주로 아리스토 텔레스에게 돌려진다. 실제로 아리스토텔레스는 생명 전반을 성찰하 는 것에 스스로를 국한시키지 않고, 살아 있는 것들에 대한 세밀한 연 구를 목적으로 삼는다. 『동물 부분론』의 저자는 틀림없이 캉길렘의 원 칙을, 즉 "살아 있는 것에 대한 사고는 살아 있는 것에서 살아 있음에 대한 관념을 붙잡아야 한다"[14]는 원칙을 자신의 것으로 삼았을 것인데, 왜냐하면 그는 주저하지 않고 가장 작은 동물들을 연구하며 최초로 그런 연구 대상들에게 존엄성을 부여하기 때문이다. "어린애 같은 혐 오"[15]에 굴하는 경향이 있는 모든 사람들, 동물들에 대한 경멸로 인해 살아 있는 자연에 대한 검토에 등을 돌리는 모든 사람들에게, 아리스 토텔레스는 헤라클레이토스가 자신의 부엌 문턱을 넘기를 주저하는 낯선 방문객들에게 했던 충고를 상기시킨다. "들어오시오, 부엌 안에 도 신들이 있소." 그처럼 그는 "반감 없이 각각의 동물 종에 대한 연구 로"[16] 들어오도록 각자에게 동일한 방식으로 권유한다. 다른 동물들에 대한 연구를 경멸하는 사람은 누구든지 그 자신을 경멸하는 것인데, 왜냐하면 가장 작은 살아 있는 존재의 은밀한 비밀들 안으로 침투하는 것 못지않게 인간의 몸을 그 육체, 혈액, 혈관, 뼈와 함께 이해하기 위 해서는 극복해야 할 혐오감이 존재하기 때문이다.

---

14 *La connaissance de la vie*, Vrin, p. 15.

15 Aristote, *Les parties des animaux*, livre I, chap. V, 645 a.

16 *Ibid.*

체액에 대한 히포크라테스의 이론에서 살아 있는 것의 특수성에 대한 인정까지

물론 아리스토텔레스가 물질에 있어서 개척자는 아니다. 왜냐하면 히포크라테스 학파도 생명 현상들을 똑같이 연구했고 인간 몸이 4가지 체액, 즉 혈액, 점액, 황색 담즙과 흑색 담즙으로 이루어져 있다고 주장하면서 인간 몸의 특수성을 끌어냈기 때문이다. 건강은 유크라시아 (eucrasie), 즉 완벽하게 균형을 이룬 체액들의 정확한 혼합의 결과이고, 질병은 디스크라시아(dyscrasie), 즉 성분들 가운데 하나의 결핍, 과잉, 또는 분리와 연결되어 있다.[17] 어쨌든 체액들에 대한 그 유명한 이론은 생명 철학뿐만 아니라 의학에도 토대를 제공한다. 『고대 의학에 대하여』라는 논문을 쓴 저자는 오로지 의학만이 인간의 몸에 대한 진정한 인식에 도달할 수 있다고 주장하면서, 체계의 정신과 철학적 원리들에의 의존을 강하게 거부한다.

어떤 사람들, 어떤 소피스트 철학자들과 의사들은 인간이 무엇인지를 알지 못한 채로 의학을 아는 것은 가능하지 않으며, 능숙하게 치료의 기술을 실천하기를 원하는 사람은 그런 인식을 소유하고 있어야 한다고 말한다. 하지만 그들의 담론은 엠페도클레스와 다른 사람들의 책,

---

17 "인간의 몸은 그 안에 혈액, 점액, 황색 담즙과 흑색 담즙을 가지고 있다. 바로 이것이 인간의 몸의 본성을 이루고 질병과 건강을 만들어 낸다. 그 성분들이 혼합, 힘, 양의 정확한 관계 속에 있고, 그 섞임이 완벽할 때 본질적으로 건강이 있다. 그 성분들 가운데 하나가 몸 안에서 결핍되거나 과잉되거나, 또는 분리될 때, 그것이 나머지 모두와 결합되지 않을 때, 병이 있다."(Cf. Hippocrate, *De la nature de l'homme*, chap. 4, *Hippocrate, Œuvres complètes*, Éditions Littré, t. VI, pp. 39~41) 몸에 대한 히포크라테스의 개념화와 관련해서는 다음을 보라. Jean Salem, *Hippocate, connaître, soigner, aimer. Le sennent et autres textes.*

즉 인간의 본성에 대해 글을 썼고, 인간이 무엇인지, 어떻게 인간이 먼저 형성되었는지, 인간의 원초적 구성이 어디서 나오는지를 원리 안에서 제시했던 사람들의 책의 철학적 방향을 가지고 있다. 나로 말하자면, 나는 소피스트 철학자들이나 의사들이 자연에 관해 말했거나 적었던 모든 것은 의학 기술에 속하기보다는 구상(dessin)의 기술에 속한다고 생각한다. 또한 나는 오로지 의학에 의해서만 우리가 인간 본성에 대한 몇몇 실증적 인식에 이르게 될 것이라고 생각한다. 하지만 이는 의학 자체를 그 일반성으로서 포괄한다는 조건에서다.[18]

게다가 히포크라테스적 의사들은 살아 있는 것에게 특수성을 부과하고[19] 그것을 생명이 없는 것과 구분하는 것처럼 보이지는 않는다. 왜냐하면 그들은 모든 생기가 없는 몸들에서 발견되는 네 가지 원초적 성질들, 즉 차가움, 더움, 건조함, 습함과 살아 있는 몸을 구성하는 네 가지 체액을 비교하기 때문이다.[20] 『섭생에 대하여』(Du régime)라는 논문에서, 물리학의 전통적 원소들은 인간의 몸에 적용되기 위해서, 그리고 인간의 몸의 구성을 설명하기 위해서 다시 활용된다. 따라

18 De l'ancienne médecine, chap. 20, Hippocrate, Œuvres complètes, t. I, pp. 621~623.
19 이 점이 특히 앙드레 피쇼가 강조하는 가설이다. Histoire de la notion de vie, pp. 15~17.
20 "한 해는 계절들 가운데 어떤 것에서도 네 가지 성분들, 더움, 차가움, 건조함, 습함 가운데 어느 하나도 빠뜨리지 않는다. 실제로 그 성분들 가운데 그 어떤 것도 이 세계 안에 실존하는 사물들 전체 없이 단 한순간도 존속하지 못할 것이다. 그리고 단 한 가지가 결핍되게 된다면, 모든 것은 사라질 것인데, 왜냐하면 동일한 필연성에 근거해서, 모든 것이 서로가 서로에 의해 유지되고 영양을 얻기 때문이다. 마찬가지로, 인간 안에서도 만일 타고난 체액들 가운데 하나가 결핍된다면, 생명은 지속될 수 없을 것이다." De la nature de l'homme, chap. 4, Hippocrate, Œuvres complètes, t. VI, pp. 49~51.

서 "모든 동물들과 인간 자신은 속성에 있어서는 분기하지만 사용에 있어서는 수렴되는 두 가지 실체들로, 즉 불과 (…) 물로 구성된다."[21]

반대로 아리스토텔레스는 살아 있는 몸들과 생명이 없는 몸들 사이에 매우 분명한 경계선을 세우고, 생명의 본질에 대해 확실하게 질문한다. 그는 우선 "자연적 몸들 가운데, 어떤 것들은 생명을 가지고 있고 다른 것들은 생명을 가지고 있지 않다"[22]는 것을 관찰하고, 살아 있는 것과 생명이 없는 것 간의 이분법적 분리를 위해서, 먼저 세 가지 계, 즉 광물계, 식물계, 동물계의 자의적 구분을 거부한다. 그런데 생명이란 무엇인가? 『영혼론』(De Anima)의 저자는 생명을 정의할 수 있게 허락하는 세 가지 특징들을 서술한다. "우리는 '생명'을 스스로 영양을 취하고 저절로 성장하고 노후해진다는 사실로 이해한다."[23] 결국 생명은 현세의 모든 자연적 몸들과 관련된 생식과 부패로 환원되지 않으며, 영양과 성장, 내적 노후에 의해 나타난다. 이 세 번째 속성은 특히 중요한데, 왜냐하면 그것은 나이듦, 병, 죽음을 살아 있는 것의 정의 자체에 통합시키고 그것들을 파괴하는 외적 원인의 산물로 고려하지 않기 때문이다. 따라서 우리는 살기 위해 죽는다. 죽음은 바깥에서 유래하는 공격도 아니고 사건도 아니다. 죽음은 살아 있는 것, 그리고 살아 있는 것의 본질에 내재적이다. 죽음은 생명의 반대가 아니라 생명의 표현이다. 산다는 것, 그것은 본래, 그리고 저절로 죽는 것이다.

---

21 *Du régime*, livre I, *Hippocrate, Œuvres complètes*, t. VI, p. 473.
22 *De l'âme*, II, 1, 412 a 10.
23 *Ibid*.

생명의 원리

그렇다면 어떤 몸들은 생명을 소유하고 다른 몸들은 그렇지 않다는 것을 어떻게 설명해야 할까? 생명의 원리는 자신의 물질과 분리될 수 없는 형상(forme)인 영혼 안에 있다. 아리스토텔레스에게 영혼은 "가능태로서의 생명을 갖는 자연적 몸의 형상"[24]이다. 형상은 여기서 외형(configuration)을 가리키지 않는다. 왜냐하면 그 경우 살아 있는 몸을 시체와 구분하는 것이 불가능할 것이기 때문이다. 형상은 운동 및 장소 이동, 성장, 변질 등 다양한 종류의 운동의 원리이다. 영혼은 단지 살아 있는 것의 작용인, 형상인일 뿐만 아니라 또한 목적인이다.

> 영혼이 목적인이라는 의미에서의 원인이라는 것도 분명하다. 지성이 각각의 사물(chose)을 목적으로 작용하는 것과 마찬가지로 자연은 어떤 목적을 위해 작용하며, 이 목적은 그것의 종착점이다. 그런데 동물들에게서 그러한 유의 목적은 영혼이며, 이는 자연과 일치한다. 왜냐하면 동물들의 몸이나 식물들의 몸이나 마찬가지로 모든 (살아 있는) 자연적 몸들은 영혼의 단순한 도구들이기 때문이다. 따라서 영혼은 실로 그것들의 목적이다.[25]

> 영혼은 이중의 의미에서 목적(fin)이다. 즉 영혼은 목표(but) 그 자체이고, 이 목표가 하나의 종점(fin)이 되는 존재이다.[26]

24 *Ibid.*, II, 1, 412 a 20.
25 *Ibid.*, II, 4, 415 b 15.
26 *Ibid.*, 415 b 20.

살아 있는 몸과 그렇지 않은 몸 사이의 분할은 생기가 있는 것과 생기가 없는 것 간의 구분 형태를 얻는다. 물론 이 단절은 근본적이지 않다. 왜냐하면 살아 있건 아니건 모든 자연적 몸들은 동일한 물질로 구성되어 있기 때문이다. 자연적 몸들은 그 외형에 의해, 그리고 자신의 운동의 원인이 될 수 있는 능력 여부에 의해 구분된다. "영혼이 사라졌을 때, 더 이상 동물은 존재하지 않으며 부분들 가운데 그 어떤 것도 동일하게 남아 있지 않다. 그것들은 마치 전설에서 돌로 변해 버린 것들처럼 단지 외형상으로만 동일할 뿐이다. 사정이 그와 같다면, 영혼을 말하고 영혼의 과학을 갖는 일은 자연주의자의 소관일 것이다. 이 영혼은 모든 영혼을 말하는 것이 아니라면, 적어도 동물을 존재하게 만드는 영혼을 말한다."[27] 따라서 생물학은 무엇보다 심리학이고 영혼에 대한 인식을 전제한다. 그렇지만 아리스토텔레스는 살아 있는 것에 대한 연구가 영혼 일반에 대한 과학과 동일시되지 않는다는 점을 분명히 하기 위해 신경을 쓴다. 왜냐하면 영혼은 모든 부분들에서 운동의 원인은 아니기 때문이다. 자연주의자들은 모든 영혼을 연구하는 것이 아니라 단지 자연적인 영혼을 연구한다. 자연주의자들은 이성적 심리학을 자신의 영역에서 배제하는데, 왜냐하면 지성적 영혼은 원리상 운동이 아니기 때문이다. 그러므로 살아 있는 것의 본성을 이해하기 위해서 영혼을 참조하는 것으로는 충분하지 않으며, 영혼의 부분들에 대한 고찰에 전념해야 한다. 그리하여 아리스토텔레스는 특정성으로 들어가 생명 존재들의 다양성을 설명하기 위해서, 생명을 사물화할

---

27 *Les parties des animaux*, livre I, chap. I, 641 a.

수 있는 추상적이고 포괄적인 반성의 암초를 피해서 나아간다.

식물의 몸, 동물의 몸, 인간의 몸 사이의 차이

생명 개념은 실제로 이것이 영양 기능을 지시하는지, 감각적이거나 지성적 기능을 지시하는지에 따라 다양한 의미를 포함할 수 있다. "'생명'이라는 단어는 여러 뜻을 갖는다. 그 뜻들 가운데 단 하나만이 주체 안에서 실현되어 나타나는 것으로도 충분히 우리는 그것이 살아 있다고 말할 수 있다. 예를 들어 그것이 지성, 감각, 장소에 따른 운동과 정지, 또는 영양섭취의 운동, 축소와 성장 가운데 무엇이건 말이다."[28] 그처럼 성장과 축소를 받아들일 수 있는 기본적인 식물들과 유기체들은 생명을 소유하는데, 이는 그들 안에 생식과 양분 섭취로 특징지어지는 영양섭취(nutrition) 능력의 존재에 근거한다. 이러한 영양섭취 또는 식물 성장의 능력은 영혼의 능력들 가운데 첫 번째이고 가장 공통적인 것인데, 왜냐하면 생명을 지닌 모든 존재들은 그 능력을 천부적으로 소유하고 있기 때문이다. 그것들이 살아 있다고 일컬어질 수 있는 것은 그러한 원리에 근거한다.

그렇다면 인간이나 동물의 몸과 같은 복합적 몸을 식물의 몸과 차별화하는 것은 무엇인가? 그 영혼이 식물 성장의 기능으로 제한되어 있는 식물들과는 반대로, 동물들은 그에 더해서 감각적 영혼을 갖추고 있다. 동물 유기체의 토대는 감각, 특히 촉각이다. 따라서 동물은 이동의 능력으로 식물과 구분되는 것이 아니라 감각성에 의해 구분된다.

---

28 *De l'âme*, II, 2, 413 a 20~25.

확실히 운동의 능력은 동물에게 고유한 것이지만, 모든 종들의 동물에게 그 능력이 있는 것은 아니다. "스스로 움직이지 않거나 스스로 이동하지 못하는 존재들, 이 존재들이 감각을 소유하는 이상, 우리는 그것을 동물이라고 명명하며, 그것을 단지 살아 있는 것이라고 명명하지 않는다."[29] 동물은 정확히 말해서 적어도 촉각적 감각을 소유한 존재이다. 아리스토텔레스는 이 감각에게 특권을 부여한다. 왜냐하면 그 감각은 존재의 보존에 필수불가결한 것이기 때문이다. 반면에 다른 감각들은 안락(bien-être)을 위해서 필수적이다. 촉각은 "박탈되었을 때 동물이 죽음에 이르는 유일한 감각이다. 실제로 동물이 아니면서 촉각을 소유하는 것은 가능하지 않으며, 동물이 촉각이 아닌 다른 감각을 소유하는 것은 필수적이지 않다."[30] 촉각은 원초적인 방식으로 모든 동물들에게 속하며, 분리된 능력처럼 파악될 수 있다. 그처럼 동물의 세계에서 촉각은 식물의 세계에서의 영양섭취 기능과 등가적이다.

감각적 영혼을 부여받은 동물은 동시에 욕망의 성향을 갖는다. 실제로 감각은 쾌의 지각과 고통의 지각을 함축한다. 따라서 동물은 하나를 추구하고 다른 하나를 피하게 될 것이며, 그 결과 쾌적한 것에 대한 욕구와 욕망을 나타낸다.[31] 욕망은 결정적인 역할을 수행하는바, 동물이 움직이도록 자극하고 운동에 근거를 주는 것이 바로 욕망이기 때문이다. 몸과 전혀 관련되지 않은 사유와는 다른 상상력은 "현실태적 감각에 의해 생겨난 운동"[32]이다. 그러니까 상상력은 감각 기관적 기능

29 *Ibid.*, 413 b 5.
30 *Ibid.*, III, 13, 435 b 5.
31 *Ibid.*, II, 3, 414 b 5.

에 의존한다. 운동의 기능과 마찬가지로, 지속적이면서 감각과 유사한 이미지들을 생산하는 능력은 그럼에도 불구하고 모든 동물들에게 똑같이 현존하지 않는다. 게다가 바로 그러한 점이 상상력을 감각과 구분하는 기준들 가운데 하나가 된다. "만일 상상력과 감각이 현실태적으로 동일하다면, 모든 동물은 상상력을 소유해야 할 것이다. 그러나 예를 들어 개미, 벌, 지렁이는 그렇지 않은 것 같다."[33] 촉각에 한정된 모든 하등 유기체들처럼, 이 세 동물은 감각석 상상력을 가지고 있지 않다. 어쨌든 세 동물이 모든 상상력을 가지고 있지 않은 것은 아닌데, 왜냐하면 그 능력은 그 동물들에게서 규정되지 않은 방식으로 속해 있기 때문이다.[34] 아리스토텔레스는 세 가지 유형의 상상력을 구분한다. 첫 번째 상상력은 미규정적이며, 촉각에 한정되어 있기 때문에 불완전하다고 일컬어지는 동물들을 특징짓는다. 두 번째 상상력은 다른 동물들에게 속하는 감각적 상상력이다. 세 번째 상상력은 이성적 동물들에게 고유한 것으로서 숙고된 상상력이거나 이성적인 상상력이다. 따라서 동물들의 영혼은 복합적 형태이다. 이는 동물들의 영혼이 영양섭취 기능 외에 감각적 기능을 포함하고, 나아가 욕망의 기능, 이동의 기능, 다양한 단계에서의 상상의 기능을 포함하기 때문이다. 반면에 동물들

---

32 *Ibid.*, III, 3, 419 a 5.

33 *Ibid.*, 428 a 10.

34 *Ibid.*, III, 11, 434 a 5. 불완전한 동물들의 경우에 대해, 다시 말해 단지 촉각만을 가지고 있는 동물들에 대해 물으면서, 아리스토텔레스는 "그 동물들이 상상력과 욕구를 소유하는 것이 가능한지 아닌지"를 질문하고, "그들의 운동이 규정되어 있지 않은 것처럼, 그런 능력들이 그 동물들에게 속해 있을지라도, 다만 규정되지 않은 방식으로만 속해 있다"고 대답한다.

의 영혼에는 숙고하는 능력이 배제되어 있는데, 이 능력은 인간의 몸을 동물의 몸과 차별화할 수 있게 하는 기준으로 사용될 것이다.

인간은 동물들과 구별된다. 왜냐하면 인간은 지성을 갖추고, 담화적(dianoétique) 능력을 사용할 수 있기 때문이다. 그럼에도 불구하고 지성적 영혼이 인간의 전유물은 아니다. 인간과 유사하거나 상위의 본성을 가진 존재가 있다면, 지성적 영혼은 원리상 그런 존재에게 속한다.[35] 인간의 영혼이 사유하고 구상하게 하는 지성은 가능태적 관념들의 장소이며 이 장소는 몸과 섞이지 않는다. 하지만 아리스토텔레스가 영혼의 능력들과 영혼의 부분들을 구분한다고 할지라도, 그는 그것들을 실재적으로 서로 완전히 분리되고 상호침투가 불가능한 것으로 만들지 않는다. 상위의 능력 각각은 하위 능력들을 포함하며, 하위 능력들을 일정한 의미로 변형시킨다. 따라서 인간에게서 욕망과 상상력은 반성되거나 감각적이거나에 따라 합리적이거나 비합리적인 것이 된다. 이 능력들은 본질상 다른 능력들과 다르지만, 그럼에도 불구하고 다른 능력들과 분리될 수 없다. 왜냐하면 그 능력들은 지성적 영혼에 속하는 만큼 또한 감각적 영혼에도 속하기 때문이다. 게다가 바로 그런 이유에서 아리스토텔레스는 "우리는 어떤 의미에서 영혼의 부분들에 대해 말해야 하는 것이며 그것들의 수란 무엇인지"[36]를 알려는 질문을 자문한다. 그는 또한 영혼의 합리적 부분과 비합리적 부분 사이에 전통적으로 세워진 이분법을 비판할 뿐만 아니라, 영혼은 합리적 부분

35 *Ibid.*, II, 3, 414 b 15.
36 *Ibid.*, 9, 432 a 25.

(nous), 충동적 부분(thumos), 욕구의 부분(épithumia)으로 되어 있다는 플라톤의 영혼 3분설도 비판한다. 아리스토텔레스는 이를테면 영혼의 부분들의 수는 무한정하며, 상이한 능력들 각각이 어느 부분과 일치하는지를 말하는 것은 매우 어렵다는 점을 강조한다. 그것이 예를 들어 욕망하는 능력인데, 이 능력은 "그 가능성에 의해서만이 아니라 형태에 의해서도 선행하는 모든 능력들과 매우 다른 것처럼 보일 테지만, 그것이 다른 부분들과 분리될 수 없다는 것은 불합리하지 않다. 왜냐하면 반성된 욕망이 생겨나는 것은 합리적 부분에서이며, 욕구와 충동이 생겨나는 것은 비합리적 부분에서이기 때문이다. 마찬가지로 만일 우리가 영혼을 세 부분으로 만든다면, 욕망은 세 부분 모두에서 나타날 것이다."[37]

영혼의 기능들이 아무리 다양하다고 해도, 영혼은 생명적 기능들의 원리이며, 따라서 영혼이 없다면 몸은 무기력과 죽음의 운명에 처하게 된다. 아리스토텔레스의 주장은 몸은 자기 안에, 스스로에 의해 살 수 있는 힘을 소유하고 있지 않으며 자율적이지 않고, 반대로 생명 부여의 주체에 종속되어 있다는 것을, 이러한 주체가 박탈된다는 것은 죽음과 마찬가지라는 것을 함축하고 있다. "살 수 있는 능력을 가능태적으로 가지고 있는 것은 영혼과 분리된 몸이 아니다. 즉 그것은 영혼을 계속 소유하고 있는 몸이다."[38]

---

37 *Ibid.*, 432 b 5.
38 *Ibid.*, II, 1, 412 b 25.

물활론 비판

살아 있는 몸의 모든 변용들(affections)을 설명하기 위해서 영혼에 의지하는 것은 상당히 문제적이다. 왜냐하면 그것은 어려운 문제점을 정말로 해결하지 않은 채 옮겨 놓기만 할 뿐이기 때문이다. 아리스토텔레스가 영혼을 자신의 물질과 분리될 수 없는 형태로서 이해했다면, 그의 계승자들은 영혼을 몸과 구별되는 비(非)물질적인 실체로서, 이를테면 전적으로 몸의 외부에 있으면서 몸에 생명을 불어넣도록 예정된 실체로서 간주하는 경향이 있었다. 그리하여 아리스토텔레스의 계승자들은 스승에게서는 나타나지 않았던 이원론을 도입한다. 그럼으로써 생명의 수수께끼는 영혼의 실존과 본성의 수수께끼로 대체된다. 이것이 볼테르(Voltaire)가 『철학 사전』에서 영혼에 해당하는 항목에서 강력하게 강조했던 내용이다. "그렇다면 당신은 당신의 영혼을 무엇이라고 부르겠는가? 당신은 영혼에 대해 어떤 생각을 가지고 있는가? 계시가 없다면, 당신 스스로는 느낄 수 있는 능력과 사유할 수 있는 능력 외에 다른 어떤 것도 당신 안에서 인정할 수 없을 것이다."[39] 영혼이라는 단어의 배후에는 미지의 것이 감춰져 있는데, 오로지 계시만이 그것을 발견할 수 있게 해준다. 이를 위해서는 믿음의 도약을 성취해야 한다. 다만 이것은 이성적으로 성취되어야 한다. 철학자는 감각성과 사유의 현존의 확증서에 근거해서 비물질적 존재의 실존을 확증할 수 없다. 철학자는 소질들(aptitudes)을 구상해서 사유하고 그것을 실체화함으로써 자신의 권리의 한도를 넘는다. 따라서 몸에 생기

---

39 *Dictionnaire philosophique*, article 'Âme', pp. 27~28.

를 불어넣는 원리의 정립은 한 방에 일어나는 것처럼 보인다. 영혼이라는 단어는 그 뒤로 학자들의 무지가 감춰져 있는 어떤 순수한 *flatus vocis*(바람 소리)처럼 울린다. 볼테르는 "우리는 생기를 불어넣은 무언가를 영혼이라고 명명한다"고 말한다. 그는 다시 짓궂게 다음과 같이 덧붙인다. "우리는 우리의 지성의 한계 때문에 더 많이 알지는 못한다."[40] 이런 정의가 동어반복의 형식을 이루고 있으니, 멋진 일 아닌가! 그처럼 『철학 사전』의 저자는 영혼의 형이상학자들의 괴상함을 비꼬기에 유리한 위치를 가지고 있었다.

> 불쌍한 철학자여, 너는 발육하는(végéter) 식물을 보고, **생장**(végétation)을 말하거나 심지어 **식물적 영혼**(âme végétative)를 이야기한다. 너는 몸들이 운동을 지니고 제공한다는 것에 주목하고 **힘**(force)을 이야기한다. 너는 너의 밑에서 자신의 직무를 배우는 사냥개를 본다. 그리고 너는 **본능**을, 예민한 영혼을 외친다. 너는 혼합 관념들을 가지고, 정신을 이야기한다. 하지만 어떤 의미로 네가 그 말들을 하는지 부디 말해 달라. 이 꽃은 발육한다. 그런데 **생장**이라고 명명되는 실재적 존재가 있는가? 이 몸은 다른 몸이 나게 한다. 하지만 그 몸은 자기 안에 **힘**이라고 명명되는 존재를 소유하고 있는가? 이 개는 너에게 자고새를 가져오지만, 거기에 **본능**이라고 명명되는 존재가 있는가? 너는 다음과 같이 말하는 추론가를(심지어 그가 알렉산드로스 대왕의 선생[아리스토텔레스]이라고 할지라도) 조롱하지 않겠는가? 동물들 전부는 살아

---

40 *Ibid.*, p. 26.

있다. 따라서 동물들 안에는 어떤 존재가, 실체적 형태가 있는데, 그것이 생명이다. 만일 튤립이 말할 수 있고, '나의 생장과 나, 우리는 분명하게 함께 결합된 두 존재다'라고 네게 말한다면, 너는 튤립을 비웃겠는가?[41]

볼테르는 여기서 분명하게 아리스토텔레스를 공격한다. 그는 아리스토텔레스가 사물화하는 수사학을 간접적인 수단으로 삼아, 관찰에서 허구로 슬그머니 넘어간 것을 비난한다. 언어는 사실들을 초-해석(sur-interprétant)함으로써 비물질적 존재를 영혼에게 빌려주었고, 그런 언어 때문에 영혼은 탄생했다. 무(無)에게 존재를 주는 단어들의 능력이라니!

어쨌든 아리스토텔레스에게 정당성을 돌려주어야 한다. 그는 영혼을 창안했던 게 아니다. 그는 생명을 사유하기 위해서 자신이 사용하고 재정의한 어떤 개념을 상속받는다. 경험에 대해 고심하는 아리스토텔레스는 베이컨(Francis Bacon)이 『신기관』(Novum Organum)에서 비난했던 경험주의자들, 즉 개미처럼 저장물을 비축하고, 가공이나 소화 없이 저장물을 소모하는 것에 만족하는 경험주의자들처럼 행동하지 않는다. 그는 날것의 주어진 것들을 조직할 필요성, 이성이 공들여 만든 원리들과 모델들의 도움으로 그렇게 주어진 것들을 사유할 필요성을 포착한다. 그런 관점에서 영혼은 살아 있는 것을 해명하고 그것을 특수한 연구 대상으로 삼을 수 있도록 그럴듯한 가정을 구성했

41 *Ibid.*, pp. 26~27.

다. 이러한 가정이 볼테르의 조롱을 불러일으켰다는 사실은 바로 그 가정에 의해 아리스토텔레스가 생물학이라는 이름으로 19세기에 생겨날 새로운 과학에 토대를 제공할 수 있었다는 사실을 없애지 못한다. 게다가 앙드레 피쇼는 자신의 책, 『생명 개념의 역사』에서 "아리스토텔레스는 확실하게 생물학의 정초자"[42]라고 평가한다. 가정의 가치는 단지 그것의 진리에 따라 측정되는 것이 아니라 또한 그것의 풍성한 결실에 따라서도 측정된다. 따라서 정신을 자극하고 정신이 진리의 여정 위에서 발전하도록 이끄는 것은 틀린 가설들이다.

확실한 인식의 부재 속에서, 인간은 전제들을 쌓아 올리고 모델들을 창안할 수밖에 없다. 따라서 문제는 다음의 것을 아는 것이다. 영혼이 없이 살아 있는 것을 해명하는 것이 가능할까? 그리고 살아 있는 것을 해명하기 위해서, 보다 해명적인 모델로 그런 원리를 대체하는 것이 가능할까? 아리스토텔레스의 가정은 몸만으로는 가능태적으로 살아 있을 수 없다는 전제에 근거하고 있다. 하지만 그는 몸에는 지나치게 적은 가능성을, 영혼에는 지나치게 많은 가능성을 내어 주는 것은 아닌가? 우리는 몸 자체에 의해서 몸의 기능들을 설명할 수 없을까? 데카르트가 시작한 경로가 바로 그러한 것이며, 그는 영혼에게서 오로지 사유의 자격만을 인정함으로써 영혼에게서 생기를 불어넣는 임무를 삭제한다.

---

42 André Pichot, *Histoire de la notion de vie*, p. 11.

2) 기계 몸 : 데카르트의 기계론적 이론

『정념론』의 저자는 매우 중요한 오류를 지적하는데, 이 오류란 몸의 기능들이 영혼에 의존한다고 믿는 것이다. 그것은 관찰과 직접적 경험에 대한 잘못된 해석의 결과이다.

모든 죽은 몸들이 열기를 잃어버리고, 그런 다음 운동을 잃어버리는 것을 보면서, 사람들은 운동과 열기를 멈추게 했던 것이 영혼의 부재라고 상상했다. 그리하여 사람들은 아무런 근거 없이 우리의 자연적 열기와 우리 몸의 모든 운동이 영혼에 의존한다고 믿었다. 반대로 사람들은 우리가 죽을 때 영혼이 부재하는 것은 단지 그런 열기가 멈추기 때문이고 몸을 움직이는 데 사용되는 기관들이 부패하기 때문이라는 것을 생각해야 했다.[43]

눈에 보이는 사실로부터 고대 철학자들은 상상적인 결론을 끌어냈고, 결과를 원인과 혼동했다. 몸의 본성에 대해 무지하고 스스로 열기와 운동을 생산하는 물질의 능력에 무지했던 그들은 영혼의 부재가 죽음의 결과일 때, 그것을 죽음의 원인이라고 믿었다. 그처럼 고대 철학자들은 몸에 귀속된 기능들을 영혼의 책임으로 돌리는 혼동을 일으켰으며, 생명을 사유하는 데 중요한 것이 기계론적 방식일 때, 그들은 물활론적 방식으로 생명을 사유했다.

---

43 *Passions de l'âme*, I, V.

데카르트는 오류를 바로잡고 공교롭게 역전되었던 인과 관계를 다시 일으켜 세운다. 영혼의 후퇴가 죽음의 원인이 아니라, 죽음이 바로 영혼의 후퇴의 원인이다. 같은 식으로 영혼의 현존이 생명을 설명하는 것이 아니라 생명이 영혼의 현존을 설명한다. "죽음은 영혼의 결여에 의해 일어나는 것이 절대로 아니다. 반대로 몸의 어떤 주된 부분들이 부패하기 때문에 죽음이 일어난다."[44] 우리는 영혼이 결여되어 죽는 것이 아니라, 생명에 치명적인 몸의 부분이 변질되고 부패하기 때문에 죽는 것이다. 부패는 단절의 용어로서 사용된다. 데카르트가 생명과 죽음 간의 차이를 확립시키는 데 도움을 받았던 유비가 그것을 증언한다.

살아 있는 인간의 몸과 죽은 인간의 몸의 차이는, 시계나 자동기계가 (다시 말해 스스로 움직이는 기계가) 조립되었을 때, 그리고 자기 안에 운동의 몸적 원리를 가지고 있고 작용을 위해 요청된 모든 것과 더불어 그러한 운동을 위해 창안되었을 때 이러한 시계나 다른 자동기계가, 망가지고 운동의 내적 원리가 작동하기를 멈췄을 때의 그 동일한 시계나 자동기계의 차이와 같다고 판단하기로 하자.[45]

요컨대 살아 있다는 것은 태엽처럼 다시 감기는 것이고, 죽는다는 것은 기계가 망가지는 것이다. 시계나 자동기계와의 비교는 몸이 자신

44 *Ibid.*, VI.
45 *Ibid.*, I, VI.

의 운동의 원리이고 삶과 죽음의 기원임을 분명하게 드러낸다. 열기와 운동은 몸적 메커니즘의 결과다. 시체의 냉기와 부동성은 내적인 부패의 외적 표현이다. 죽음은 영적인 사건이 아니라, 순수하게 물질적 현상이고 몸의 파괴다. 생기를 불어넣는 모델을 자동기계 모델로 대체함으로써 데카르트는 몸의 자율성을 사유할 수 있게 허락하고 식물적 영혼, 감각적 영혼, 지성적 영혼 간의 구분이라는 가정이 통용될 수 없게 만든다.

우리 몸의 기계 원리들

하지만 우리는 어떻게 기계 장치의 용어로 생명을 사유할 수 있을까? 바로 이것이 데카르트가 우리 몸의 기계를 분해하고 그 기능을 분석함으로써 하려 했던 것이다. 생명의 원리, 그것은 영혼이 아니라 심장의 열기이다. "우리가 살아 있는 동안, 우리의 심장에는 지속적인 열기가 있다. 이것은 혈관의 혈액이 유지하는 일종의 불이며, 이 불이 팔다리의 모든 운동의 몸적 원리이다."[46] 이러한 관점에서, 데카르트는 선행자들과 근본적으로 구분되지 않는데, 왜냐하면 전통적으로 열기와 운동은 살아 있는 것의 특징적 속성들로 간주되어 왔기 때문이다. 열기는 생명의 보조적 원인의 역할을 했다. 영혼이 물론 주된 원인이었지만, 성장이 일어나게 하기 위해서 열기나 불과 협력하여 작용해야 했다. 아리스토텔레스가 바로 그런 경우였으며, 그는 불이 영양과 성장의 작용인이라는 것을 부정하면서도, "어떤 의미에서는 불이 보조적

---

46 *Ibid.*, VIII.

원인임"[47]을 인정했다. 이 스타게이라 사람[48]을 드러내 놓고 참조하면서[49] 토마스 아퀴나스(Thomas Aquinas)는 마찬가지로 "식물적 영혼의 작용은 열기를 수단으로 완성된다"[50]고 주장했다.

데카르트는 열기가 생명에 반드시 필요한 역할을 한다는 생각을 계승하지만, 아리스토텔레스적 전통과 관련해서 서슴지 않고 자리를 옮긴다. 그는 첫 번째 원인이라는 역할로부터 영혼을 내려오게 하고 그 역할을 열기에게 준다. 열기는 단순한 도구에서 생명의 원리가 된다. 따라서 그는 형이상학적 가정을 물리적 설명으로 대체한다. 심장의 열기는 실제로 불의 한 종류처럼 정의된다. 그런데 불은 국소적 운동의 형태이며, 물질 입자들의 아주 재빠른 이동으로 환원된다.[51] 불은 하위 종들로 나뉠 수 있는데, 왜냐하면 "때때로 그것은 빛이 없는 열기만을 갖고, 때때로 열기 없는 빛만을 갖기 때문이다."[52] 혈액과 혈액을 재생산하는 양분에 의해 유지되는 심장의 불은 빛이 없는 불들 가운데 하나인데, 이는 "건초가 마르기 전 가둬 보관해 놓았을 때 그것을 뜨겁게 만드는 불 또는 새로 만든 포도주를 양조통 속에 저장할 때 그것을 끓게 만드는 불"[53]과 동일한 본성을 지닌다. 일종의 발효와 연관된 그 열기는 생명의 첫 번째 원인이며, 몸의 모든 운동을 설명하는 데 사용

---

47 *De l'âme* II, 4, 416 a 10.
48 [옮긴이] 아리스토텔레스의 출생지이며, 그를 가리킨다.
49 Cf. *Somme théologique* I, Q. 78, article 1, p. 687.
50 *Ibid.*, article 2, solutions §4, p. 689.
51 Cf. *Principes de la philosophie* IV, LXXX.
52 *Discours de la méthode*, ciquième partie, A.T., VI, p. 44.
53 *Ibid.*, A.T., VI, p. 46.

되게 된다. 따라서 심장의 운동은 심장의 공간을 채우는 혈액을 팽창시키는 불의 결과이며, 그리하여 혈액은 동정맥(veine artérieuse)[54]과 동맥 안으로 뿜어져 나온다. 혈액의 팽창이 멈추게 되면, 새로운 혈액이 심장 안으로 들어오고 같은 식으로 다시 혈액은 희박해진다. 그리하여 운동이 무한정하게 재생산된다. 데카르트에게 혈액 순환은 그러한 팽창과 압축의 결과이다. 혈액 순환은 심장의 근육 수축의 결과가 아니다.

그 결과 모든 운동은 혈액의 운동에 의해, 그리고 동물 정기라고 불리는 가장 섬세하고 가장 생생한 혈액의 부분에 의해 설명될 것이다. 동물 정기는 피의 가장 굵은 부분과 가장 미세한 부분을 분리시키는 일종의 여과를 거친 후에 뇌 안에서 만들어진다. 뿜어져 나온 혈액은, 균일한 직선 운동 이론에 의해서, 실제로 많은 양이 뇌로 올라가는데, 뇌의 매우 치밀한 조직은 혈액의 가장 작고 가장 활동적인 부분만을 통과시킨다. 혈액의 가장 굵은 부분과 분리된 그 동물 정기는 실제로 아주 미세한 바람과 유사한, 또는 더 정확히 말해서 아주 생생하고 아주 순수한 불꽃과 유사한, 매우 작고 재빠른 입자들(corps)이다.[55] 이 입자들은 미세함과 민첩함 때문에 어느 장소에서도 멈추지 않으며 운동을 우선적으로 전달하는 벨트가 된다. 그리하여 그것들은 뇌의 작은 구멍들을 신속하게 빠져나와 모든 운동을 발생시키는 신경들과 근육들 안으로 퍼진다.

---

54 동정맥은 데카르트가 시인하듯 잘못 명명된 것이며, 실제로 그것은 허파동맥을 말한다.
55 Cf. *Traité de l'homme*, A.T., XI, p. 129.

데카르트는 팔다리의 운동성의 원인을 보다 정확히 설명하기 위해서, 길항근육 이론에 의지한다. 한 근육이 줄어들면, 이것의 반대편 근육은 늘어난다. 그러니까 근육의 크기의 변화가 팔다리 운동의 기원에 있다. 이런 변화는 근육 안에 있는 동물 정기의 유동성과 양의 작용이다.

한 근육이 늘려지기보다는 짧아지게 만드는 유일한 이유는 다른 근육보다 그 근육을 향해 조금이라도 더 많이 동물 정기가 향하기 때문이다. 이는 뇌에서 직접 오는 정기들이 근육들을 움직이기에 충분해서가 아니라, 그 정기들이 두 근육들 안에 이미 있는 다른 정기들을 결정하면서 그것들이 한 근육에서 즉시 빠져나와 다른 근육으로 이동하도록 하기 때문이다. 그렇게 하여 정기들이 빠져나온 근육은 더 길어지고 늘어진다. 정기들이 들어간 근육은 이 정기들에 의해 재빨리 부풀려져서 길이가 짧아지고 이 근육이 결합된 팔이나 다리를 잡아당긴다.[56]

동물 정기의 양이 증가하면 근육이 팽창하고 이것은 그 안에 포함되어 있던 동물 정기의 방출의 원인이 된다. 그리하여 그 근육은 더욱 길어지고 늘어진다. 반면에 그것의 반대편 근육은 부풀고 짧아지며 밧줄 놀이에서처럼 팔이나 다리를 끌어당긴다.

따라서 생명은 두 원리들, 즉 심장의 열기와 동물 정기의 운동에 근거한다. 이 두 원리에 의해, 그리고 오로지 그 원리들에 근거해서 데

---

56 *Passion de l'âme*, I, XI.

카르트는 몸의 운동성을 해명한다. 몸의 운동의 무한정한 다양성은 영혼과 외부 대상들의 추진력에 의해 동물 정기가 따르게 될 흐름의 다양성과 연관된다. 영혼은 실제로 뇌의 중심에 위치한 송과선을 움직일 수 있고 정기에게 새로운 흐름을 각인시킬 수 있으며, 그 결과 몸은 영혼의 의지를 실행하게 된다. 감각 기관들을 자극하는 대상들은 신경 안에 퍼져 있는 동물 정기의 운동을 동시에 변형시키는바, "이 동물 정기는 우리가 사물에서 그만큼 많은 방식으로 다양성을 보게 만든다."[57] 그 두 원인들 말고도 동물 정기의 운동의 다양성은 동물 정기의 동일하지 않은 활동과 구성에 의해 설명되는데, 이러한 활동과 구성은 많은 양의 포도주 섭취와 같이 음식과 관련되거나, 심장, 간, 위, 비장처럼 동물 정기를 생산하는 데 기여하는 기관들과 관련된다.[58] 결국 생명은 순수하게 기계적인 과정의 결과이며, 그런 기계적 과정은 심장의 열기, 혈액 순환처럼 물질적 조건에 의존한다. 어쨌든 문제가 되는 것은 유체들의 역학, 나아가 열역학이라고 할 수 있는데, 왜냐하면 근본 원리가 열기이기 때문이다. 따라서 우리의 몸-기계는 추시계로, 인공 분수로, 또는 우리 몸-기계가 종종 비교되는 물레방아로 정확히 환원되지 않는데,[59] 왜냐하면 불이 심장의 동력이기 때문이다.

기계론의 가치와 영향력

데카르트의 설명은 생명의 원리를 몸 자체에서 추구한다는 장점을 나

---

57 *Ibid.*, I, XIII.
58 *Ibid.*, I, XV.
59 Cf. *Traité de l'homme*, A.T., XI, p. 120.

타내고, 물활론적 고찰들을 탈피한 생리학으로 향하는 경로를 열어 준다. 하지만 그의 설명은 전적으로 허구적이다. 뿐만 아니라 데카르트는 그 점을 완전하게 의식하고 있었는데, 왜냐하면 그는 인간의 몸에 대한 자신의 기술이 지닌 가설적 본성을 여러 차례 알려 주기 때문이다. 『방법 서설』의 다섯 번째 장에서, 그는 자신의 주장의 한계점들을 분명하게 표시한다.

나는 생명이 없는 몸들과 식물들에 대한 묘사에서 인간의 몸의 묘사로 넘어갔다. 하지만 나머지 것과 동일한 스타일이라고 말하기에는 내가 아직 충분한 지식을 가지고 있지 않은 것에 대해서, 다시 말해 원인에 의한 결과를 제시함으로써, 그리고 어떤 근원에서부터, 어떤 방식으로 자연이 그것들을 산출해야 하는지를 보여 줌으로써, 나는 신이 그것들의 기관의 내부적 형태뿐만 아니라 외부적 형상에 있어서도, 우리의 것들 가운데 하나와 완전히 유사한 인간의 몸을 형성했다고 **가정하는 데 만족했다.**[60] [신은 그렇게 하면서] 내가 묘사했던 물질이 아닌 다른 어떤 물질로도 인간의 몸을 구성하지 않았으며, 시초에 인간의 몸안에 어떤 이성적 영혼도, 식물적 영혼이나 감각적 영혼을 사용하기위한 다른 그 어떤 것도 집어넣지 않았다. 다만 신은 인간의 몸의 심장안에서 내가 이미 설명했던, 빛이 없는 불들 가운데 하나를 자극했다.[61]

---

60 원문에 없는 강조를 표시했다.
61 *Discours de la méthode*, ciquième partie, A.T., VI, pp. 45~46.

『인간론』(*Traité de l'homme*)에서 데카르트는 자신의 절차의 허구적 특징을 한층 더 감추지 않는다. "나는 몸이 신이 가능한 한 우리를 닮도록 특별히 만든 조각상이나 흙으로 빚은 기계 외에 다른 것이 아니라고 전제한다."[62] 따라서 데카르트의 기계 장치는 인간을 더 잘 이해할 수 있는 것이 되게끔 예정된 기교일 뿐이다. 자연적 인간을 모방하는 인공적 인간을 제작함으로써 데카르트는 몸의 본질을 더 잘 이해할 수 있게 만들기를 희망하지만, 그는 쉽게 속는 사람이 아니다. 자동 기계 내지 추시계와의 몸의 동일시는 진실처럼 제시되지 않지만 그럴듯한 것으로 제시되는 하나의 모델이며, 이 모델의 본질적 기능은 식물적이고 감각적인 영혼이라는 명제를 배제하는 것이다. 요컨대, 기계 장치는 물활론을 상대로 하는 전쟁의 기계이며, 확실히 별다른 이론적 주장을 갖지 않는다. 그런 관점에서 『인간론』의 결론을 상기해야 한다.

말하거니와, 나는 당신이 이 기계 안에서 그 기능들이, 더도 덜도 아니고 추시계나 다른 자동기계, 그리고 그것의 평형추와 톱니바퀴의 운동이 만들어 내는 기관들의 성향을 따르고 있다고 생각하기를 희망한다. 그리하여 이를 계기로 그런 기계 안에서 그 어떤 다른 식물적 영혼도, 감각적 영혼도 상상해서는 안 되며, 그것의 심장 안에서 계속해서 불타고 있는 불의 열기에 의해 동요되는 혈액과 정기 외에는 다른 어떤 운동과 생명의 원리도 생각해서는 안 된다. 그리고 그 불은 생명이 없는 몸들 안에 있는 모든 불들과 다른 본성을 가진 것이 전혀 아니다.[63]

---

62 *Traité de l'homme*, A.T. XI, p. 202.

데카르트가 살아 있는 몸의 존재를 설명하기 위해 식물적이고 감각적인 영혼에 의존하는 것을 배제하고자 했던 것은 확실히 옳다. 하지만 열기가 생명의 원리라는 그의 주장은 근거가 없다. 『인간의 몸에 대한 기술』의 2부에서, 데카르트는 관찰을 통해 자신의 가설을 정당화하고 다음과 같이 주장한다. "우리는 심장 안에 열기가 존재한다는 것을 의심할 수 없다. 왜냐하면 우리는 어떤 동물이건 살아 있는 것의 몸을 열어 보았을 때 손으로 심장의 열기를 느낄 수 있기 때문이다."[64] 여하튼 이러한 사실은 열기가 원리적이며 심장의 운동의 원인임을 증명하지 못한다. 실제로 데카르트는 자신이 고발한 명제들의 포로로 남아 있는데, 왜냐하면 그는 심장이 가장 더운 기관이라는 스콜라 철학자들의 생각을 자기 쪽에서 다시 붙잡고 있기 때문이다. 게다가 데카르트가 자기 자신의 발견을 진술할 때, 우연에 의해 진리를 단지 막연하게 보기만 했을 뿐이라고 아리스토텔레스를 비난하면서도 그에게 경의를 보내는 것을 확인할 때 우리는 놀라게 된다.

그렇기 때문에 나는, 우리가 언제나 알고 있었음에도 불구하고, 몸의 나머지 부분에서보다 심장 안에 더 강한 열기가 있다는 것, 그리고 혈액은 열기에 의해 희박해질 수 있다는 것에 놀라게 된다. 어쨌든 혈액이 희박해지는 것이 바로 심장의 운동의 원인이라는 것에 주목했던 그 누구도 이전에는 없었다. 실은 아리스토텔레스가 호흡에 대한 책의

63 *Ibid.*, p. 120.
64 *Description du corps humain* II, VIII, A.T., XI, p. 228.

20장에서 다음과 같이 말했을 때 그런 것을 생각했던 것처럼 보일지라도 말이다. '이 운동은 열기가 끓게 만드는 리큐어 술의 작용과 유사하다. 또한 심장 박동을 만들어 내는 것, 이는 우리가 먹었던 고기의 즙이 계속해서 심장 안으로 흘러들어 가면서 심장의 마지막 숨을 들어올리기 때문이다.' 어쨌든 그가 그곳에서 혈액에 대해서도, 심장의 제작에 대해서도 아무런 언급을 하지 않기 때문에, 우리는 그가 진리에 접근하는 무엇, 말해야 할 무엇과 마주쳤던 것이 단지 우연에 의한 것이라고 보며, 그가 그것에 대해 아무런 확실한 지식도 갖고 있지 않았다는 것을 본다.[65]

전통에 대한 이러한 충성은 데카르트가 혈액 운동의 진정한 근거를 밝힌 하비의 『동물의 심장과 혈액 운동에 관하여』(De motu cordis)를 읽었기 때문에 더욱 놀랍다. 데카르트는 이어서 혈액 순환의 원리를 지지하지만, 영국 의사의 설명을 답습하지는 않는다. 그러나 하비는 혈액 순환이 열기에서 결과하는 것이 아니라 심장의 운동에서 결과한다는 것을 보여 주었다. 심장은 수축이 심방들의 혈액을 심실들 안으로 이동시키고 이완이나 확장은 새로운 다량의 혈액이 심장 안으로 들어올 수 있게 하는 근육이다. 데카르트는 심장 근육의 기능을 알지 못한 채, 심장의 운동을 열기의 결과로서, 즉 그 운동이 첫 번째가 아니라 두 번째로 일어나는 그런 수동적 기관으로 간주한다. 그는 심장수축과 심장확장을 역전시킨다. 왜냐하면 그는 심장의 운동을 수축 대신

---

65 *Ibid.*, II, XVIII, A.T., XI, pp. 244~245.

팽창으로 설명하기 때문이고, 그리하여 하비가 발견했던 혈액 순환의 진정한 원리를 오인하기 때문이다.

우리는 어째서 데카르트가 혈액의 순환운동을 관찰했던 영국 의사에게 찬사를 보냈으면서도, 그 원리들을 배제하는지를 물을 수 있다. 『인간의 몸에 대한 기술』의 저자는 "심장의 운동과 관련해서 그렇게 성공적이지"[66] 못했다고 하비를 비판한다. 왜냐하면 하비는 경험을 잘못 해석했고, 혈액 팽창의 원리에 의존하는 대신에, 그런 운동을 야기하는 몸 기관의 능력을 상상할 수밖에 없게 되었기 때문이다. 데카르트의 관점에서 능력에 의존하는 것은 스콜라 철학자들의 신비스런 성질들로의 회귀와 같은 인상을 주었던 것이다. 열기의 영향을 받은 혈액의 팽창은 "심장을 운동시키기에 충분하며, (…) 그리하여 그것을 위해 미지의 어떤 능력도, 낯선 어떤 능력도 전제해서는 안 된다."[67] 결국, 데카르트는 정확한 원리들의 이름으로 오류를 저지른다. 그가 심장의 박동을 만들어 내는(pulsifique) 능력이라는 모호한 관념을 거부한 것은 옳았다. 하지만 그는 용어상의 엄격성으로 인해 비싼 대가를 치르는데, 왜냐하면 하비의 발견을 지나쳐 가기 때문이다.

생리학과 관련된 그런 부정확한 몇 가지 것들이 그럼에도 불구하고 기계론적 이론을 무효로 만들지는 않는다. 기계론적 이론은 탐구를 물활론적 전제들로부터 해방시키고 몸에 대한 과학적 조사로 향하는 길을 열기 때문이다. 여전히 남는 것은 몸이 정말로 자동기계와 동

---

66 *Description du corps humain* II, XVIII, A.T., XI, p. 241.
67 *Ibid.*, p. 244.

일시될 수 있는지를 아는 문제이다. 앞서 보았듯이 데카르트는 신중한 태도를 유지하며 자신의 모델의 가설적 특징을 인정한다. 어쨌든 그의 명제는 역설적이게도 생명을 죽이는 쪽으로 향하고 있다. 기계 장치로 생명을 환원시킴으로써 그의 명제는 생명에게서 모든 특수성을 부정한다. 그리하여 첫 눈에는 인간의 몸과 자동기계의 몸을 구분하는 것이 불가능하다. 동물-기계는 생명이 없는 몸들과 마찬가지로 관성의 원리를 따르며, 결과적으로 자신의 고유한 법칙을 소유하고 있지 않다. 한 마디로, 데카르트와 그의 계승자들은 생명을 제거하면서 생명을 설명하고 있다. 라이프니츠가 자연적 몸과 인공적 몸의 차이를 만들어 내는 것은 사실이다. 하지만 그는 기계 장치를 거부하기는커녕 고양시킨다. 그는 자동기계가 놓여 있는 영역에서, 살아 있는 것이 자동기계를 능가한다는 것을 보여 주는데, 왜냐하면 살아 있는 것은 그 부분들에 이르기까지 무한정하게 기계이기 때문이다.

살아 있는 것의 유기적인 몸 각각은 일종의 신적 기계, 또는 일종의 자연적 자동기계인데, 이것은 모든 인공적 자동기계를 무한히 뛰어넘는다. 왜냐하면 인간의 기술에 의해 만들어진 기계는 그 부분들 각각에 이르러서는 기계가 아니기 때문이다. 예들 들어 놋쇠 톱니바퀴의 톱니는 우리에 대해 인공적인 어떤 것이 더 이상 아닌 부분들이나 조각들이며, 톱니바퀴에게 정해진 용도와 관련해서 기계를 표시하는 그 어떤 것도 지니고 있지 않다. 하지만 자연의 기계들, 다시 말해 살아 있는 몸들은 무한하게 작은 부분들 안에서까지 기계다. 이것이 바로 자연과 기술의 차이, 다시 말해 신의 기술과 우리의 기술의 차이를 만든다.[68]

인간 기술의 산물인 자동기계는 일정 지점까지만 기계인 반면에 신의 기술은 생명의 기계 장치를 무한대로 확장시킨다. 이는 물질의 각 부분이 단지 무한정하게 분할되는 것만이 아니라, 실제로 끝없이 하위-분할된다(sous-divisé)는 사실에 기인하며, 그리하여 각 부분은 우주를 내포하고 표현한다. 자동기계 이상으로 자동기계인 살아 있는 것은 확실히 기계의 원형이다. 따라서 라이프니츠는 데카르트의 명제를 극단적으로 만들었고, 살아 있는 몸과 인공적인 몸의 동일시를 전혀 다시 문제시하지 않는다.

데카르트적인 거대한 수력학적 기계들 안에서 생명을 사라지게 만든 마술을 비판하면서, 슈탈(G. E. Stahl)은 기계론적 사고의 불충분성을 분명하게 강조한다.

무엇보다 내게 충격이었던 것은 인간의 몸에 대한 그런 물리적 이론 안에서, 심지어 처음부터, 생명은 묵과되었다는 것, 그리고 생명에 관한 논리적 정의를 그 어디에서도 볼 수 없었다는 사실이다. 실제로 나는 그것을 찾아보았지만 소용이 없었다. 왜냐하면 학설이라고 주장된 그것의 전파자들 가운데 그 누구도 우리가 생명이라고 부르는 것이 무엇인지, 무엇으로 이루어져 있는지, 어디서 유래하는지, 어떤 방식으로, 무엇을 수단으로 유지되고 존속하는지를 ── 요컨대 어째서, 어떤 관점에서 몸이 살아 있다고 이야기되는지를 ── 단 한 번도 이야기하지도, 설명하지도 않았기 때문이다.[69]

---

68 *La monadologie*, §64.

이 독일 의사가 보기에, 부패할 수 있는 몸이 지닌 파괴에 저항하는 놀라운 능력에 대해 우선적으로 질문하지 않는다면, 우리는 생명 현상을 이해할 수 없다. 분해되고 부패될 수 있는 물질로 이루어진 몸이 수년 동안 존속하고 지속되는 것은 어찌된 일일까? 이 수수께끼는 몸을 보호하고 몸의 파괴에 맞서 싸우는 보존하는 힘의 존재를 인정하지 않는다면 해명될 수 없을 것이다. 슈탈이 보기에, 몸의 부패에 저항하는 그런 원리는 다름 아닌 영혼인 것이다.

이제 우리는 도르레 앞에 있다. 데카르트는 영혼을 그 맹목적 과제로부터 해방시킴으로써 우리에게 정신을 주었고, 슈탈은 자신의 물활론에 의해, 기계론의 본질적 기여를 완전히 쓸어내 버림으로써 고대인들과 다시 관계를 맺는다. 우리는 생명이 없는 유물론과 비(非)물질적 생명력 사이에서 영원히 진동하는 처벌을 받게 될 것인가? 이러한 딜레마로부터 벗어나기 위해서, 물활론으로 도피하지 않으면서도 기계론에 대한 비판을 통합할 수 있는 이론을 만들어야 한다. 살아 있는 몸과 자동기계의 본질적 차이를 분명하게 밝히면서 칸트가 『판단력 비판』[70]에서 하려고 노력했던 것이 바로 그것이다.

69 *De la nécessité d'éloigner de la doctrine médicale tout ce qui lui est étranger* [의학 학설로부터 이것에 낯선 모든 것을 떼어 놓아야 할 필요성에 대하여], *Oeuvres* II, 224~225, *op. cit.*, André Pichot, *Histoire de la notion de vie*, p. 455.
70 Cf. *Critique de la faculté de juger*, 2ᵉ partie, première section, §65.

3) 기계와 유기적 존재 사이의 칸트의 구분

데카르트의 시계의 비유를 다시 끌어들이면서 칸트는 유기체의 기계로의 환원불가능성을 강조하고 살아 있는 것의 특수성을 도출해 낼 수 있는 구별들의 시리즈 전체를 열거한다. 기계와 유기체가 어떤 목적성을 함축하고, 전체를 구성하려는 목적에서 부분들의 배치를 함축한다는 것은 사실이다. 두 경우에 부분들은 서로 연결되어 존재한다. 여하튼 자연의 산물들은 기계 장치의 운동을 지배하는 것과는 다른 규칙들을 따른다.

　다른 모든 구별들이 따라 나오는 근본적 구별은 두 경우에서 작동하는 인과성의 차이와 관련이 있다. "시계에서, 한 부분은 다른 부분들의 움직임의 도구다. 하지만 한 톱니바퀴는 다른 톱니바퀴 생산의 작용인이 아니다. 물론 한 부분은 다른 부분을 위해 실존하지만, 그 부분이 다른 부분에 의해 실존하는 것은 아니다."[71] 달리 말해서, 유기적 존재에게서 부분들은 다른 부분들을 위해서, 그리고 다른 부분들에 의해서 실존하는 반면에, 세계나 다른 기계 장치에서, 부분들은 그저 다른 부분들을 위해서 실존하며, 다른 부분들에 의해서 실존하지는 않는다. 기계에서 한 부분은 다른 부분의 작용인이 아니지만, 그것은 목적인이라고 말해질 수 있다. 예를 들어 시계에서 태엽을 감는 꼭지는 실로 시계 바늘들을 움직이기 위해서 실존한다. 하지만 전자는 결코 후자에 의해 생산될 수 없다. 반면에, 유기체에서, 각 부분은 다른 부분들에 의

---

71 *Ibid.*, §65, p. 193.

해서, 다른 부분들을 위해서, 그리고 전체를 위해서 실존할 뿐만 아니라, 그것은 다른 부분들을 생산하는 기관으로서 파악될 수 있다. 그리하여 하나의 세포는 한편으로는 조직을 형성하기 위해 다른 세포들과 연결되며, 다른 한편으로는 분할에 의해 다른 세포를 생산할 수 있는 능력을 자기 안에 소유하고 있다.

이 첫 번째 구별은 기계가 작용인 전부를 갖지 않는다는 것, (기계와 유기체를 나누는) 분할선이 그런 인과성 유형의 존재 또는 부재의 층위에서 만들어진다는 것을 뜻하지 않는다. 실제로 톱니바퀴는 어떤 생산성을 발휘할 수 있는데, 왜냐하면 다른 톱니바퀴의 운동을 발생시키기 때문이다. 그렇지만 그것의 인과적 능력은 기계 장치에 한정되며, 다른 부품들의 생산과 연관되지는 않는다.

하지만 만일 시계에서 한 톱니바퀴가 다른 톱니바퀴의 작용인이 절대로 아니라면, 부분들과 전체의 실존을 주관하는 인과적 원리의 기원과 본성에 관한 질문이 제기된다. 바로 여기서 기계와 살아 있는 것의 두 번째 차이가 나타난다. 시계에서, 부분들 및 부분들의 형태를 생산하는 원인은 "(그 물질의) 본성 안에 포함되어 있는 것이 아니라, 본성 바깥의 어떤 존재 안에 있다. 이 존재는 **이념들**에 따라서, 한 가능한 전체를 그 인과성에 의해 실현시킬 수 있다."[72] 기술자나 시계 장인 없이도 아주 잘 실존할 수 있는 유기적 존재와 반대로, 기계는 낯선 작동자(agent)의 개입을 요청하는데, 이 작동자는 기계를 구상하고, 기대하는 결과를 얻고자 바깥에 부품들을 배치함으로써 기계를 제작한다.

---

72 *Ibid.*

생산적 원인은 전혀 내재적이지 않은데, 왜냐하면 물질은 전체를 형성하기 위해 자발적으로 배치될 수 있는 능력을 가지고 있지 않기 때문이다. 그렇지만 차이는 유기체 안에서 생산적 원인이 내재적이고, 반면에 기계 장치 안에서는 생산적 원인이 외재적이라는 사실로만 환원되지 않는다. 차이는 생산의 방식과도 연관된다. 첫 번째 경우에 자연은 비록 종들 안에서 늘 동일한 모델을 재생산하지만, 도면이나 밑그림 없이 진행된다. 두 번째 경우에, 관념은 종종 계획의 실행에 선행한다. 기계는 우선 가능성이며, 그것을 구상한 자의 정신 속에 잠재적으로 존재한다. 하지만 그가 기계를 제작하려는 의도를 포기한다고 전제할 때, 그 기계는 세상에 나오지 못할 것이다. 기계는 혼자 힘으로 구축될 수 없으며, 외부 원인의 도움 없이는 조직될 수 없다.

그 결과 세 번째 근본적 차이가 나오게 되는데, 이것은 선행하는 차이와 상호적일 뿐이다. 기계에서, 부분들은 전체와 마찬가지로 스스로 생산될 수도, 재생산될 수도 없다. "시계에서, 톱니바퀴는 다른 톱니바퀴를 생산할 수 없으며, 하물며 다른 시계들을 당연히 생산할 수 없다."[73] 시계들을 만드는 시계들은 존재하지 않는다. 게다가 바로 이것이 동물 기계 이론에 대한 퐁트넬(Bernard Le Bovier de Fontenelle)의 근본 반박 가운데 하나였다. "당신은 동물들이 시계와 마찬가지로 기계라고 이야기하고 있습니까? 그러나 수캐 기계 하나와 암캐 기계 하나를 나란히 놓아 보십시오. 그 결과 세 번째 작은 기계가 나오게 될 것입니다. 두 개의 시계가 한평생 나란히 있으면서 세 번째 시계를 결코

---

73 *Ibid.*

만들어 내는 일 없는 반면에 말입니다."[74] 기계는 성능이 아무리 좋다고 할지라도 살아 있는 존재의 그런 본질적 속성, 즉 부분들과 전체의 자기의 자율적 생산 능력이 제거되어 있다. 기계에게 자기 구축, 보존, 재생산은 낯선 것이며, 늘 인간의 기술에 의존하고 있다.

반면에 살아 있는 몸은 그 자신의 원인이면서 동시에 결과이다. 그런 이유에서, 그리고 오로지 그런 이유 때문에 그러한 존재는 유기적으로 조직되고 스스로를 유기적으로 조직하는 한, 칸트에 따르면, 자연적 목적으로 명명될 수 있다.[75] 살아 있는 것은 종으로서, 그리고 개체로서, 그 자신의 원인과 결과라는 이중적 의미에서의 속성을 소유한다. 따라서 『판단력 비판』 64절에서 칸트가 제시했던 예를 반복하자면, 나무는 알려진 자연 법칙에 따라 또 다른 나무를 탄생시킴으로써 우선 종(espèce)에 따라 나무 자체를 스스로 생산한다. "한편으로는 결과로서, 다른 한편으로는 원인으로서 계속해서 그것 자체에 의해 생산되고, 스스로 자신을 재생산하기를 멈추지 않으면서, 나무는 종으로서 계속해서 유지된다."[76] "두 번째로, 나무는 개체로서도 그것 자체를 스스로 생산한다."[77] 나무의 성장은 기계적 법칙들에 따른 단순한 증가로 환원되지 않으며, 생식과 등가적인 것으로 드러난다. 기계에는 언제나 에너지가 제공될 필요가 있는 반면에, 식물은 주변 환경으로부터 자신의 영양을 끌어내어 자신의 보존과 성장을 위해 그것을 흡수하는 것으

---

74 Cf. *Lettres galantes* X.

75 *Critique de la faculté de juger*, 2e partie, §64, p. 190 et §65, p. 193.

76 *Ibid.*, §64, p. 190.

77 *Ibid.*

로 한정되지 않는다. 식물은 "무엇보다도 먼저 자신이 통합하는 물질에 어떤 특수하고 특별한 성질을, 외적 자연의 메커니즘이 제공할 수 없는 그런 성질을 준다. 이어서 식물은 구성 성질상 식물의 고유한 산물이 되는 실체(substance) 덕분에 스스로 형성된다."[78] 최근에 발견된 식물의 광합성과 엽록소의 활동은 식물이 물질을 변형시킴으로써 자신을 스스로 형성한다는 것을 잘 보여 준다.

그러한 속성은 단지 전체에 대해서만 타당한 것이 아니라, 각 부분들에 대해서도 타당하다. 실제로 칸트는 나무의 각각의 이파리가 또한 이파리 자체를 스스로 만들어 내며, 나무 안에 있는 나무처럼 구성한다는 사실을 관찰한다. "다른 나뭇가지에 접목된 한 나뭇잎의 눈은 낯선 발판 위에 그 자신의 종의 식물을 낳는다. 다른 나무에 대한 접목에서도 마찬가지다."[79] 나무의 산물들인 이파리들은 이제 자기가 나무를 생산한다. 그리하여 부분은 전체의 결과이면서 동시에 원인이 된다. 나무 안의 나무, 전체 안의 전체, 이파리는 그럼에도 불구하고 분리된 개체처럼 간주될 수 없다. 그것은 살기 위해서 나무가 필요하고, 역으로 그것은 나무를 보존한다. 각각의 나뭇가지, 각각의 이파리가 그저 나무에 접목되거나 아접된 것처럼, "다시 말해 단순히 다른 나무에 결합되어 기생충처럼 양분을 얻으면서 그 자체로 존재하는 나무처럼"[80] 간주될 수 있다는 것을 주장한 다음에, 칸트는 사태를 보는 그러한 방식에 약간의 변화를 주면서, 부분을 전적으로 자율적인 유기체로 생각

---

78 *Ibid.*
79 *Ibid.*, p. 191.
80 *Ibid.*

하고 전체를 통일성도 없고 고유한 개체성도 없는 하나의 집합으로 환원시키는 오류를 경고한다. 칸트는 전체와 부분들의 유기적 연대의 필요성을 상기시키면서, 그 자신의 설명이 권하는 것처럼 보였던 분리주의적 시도를 해체시킨다. "이파리들은 실제로 나무의 생산물이다. 하지만 이파리들은 이제 자기가 나무를 보존한다. 실제로 이파리들이 반복해서 떨어진다면 나무가 죽게 될 것이고, 나무의 성장은 다시 나무에 달린 이파리들의 작용에 의존할 것이다."[81] 자신을 생산하고 자신을 보존하는 이 능력은 살아 있는 것이 외부의 공격에 대해 자신을 보호할 수 있고 자신을 고칠 수 있으며 새로운 상황에 적응할 수 있다는 것을 의미한다.

바로 여기서 기계와 유기적 존재의 네 번째 차이가 그려진다. 자신을 생산하는 능력을 전혀 갖추지 못한 시계는 고장이 났을 경우에 자신을 보존하고 회복할 능력을 갖지 못한다. "그렇기 때문에 기계는 자신에게 제거되었던 부분들을 스스로 보충하지 못하고, 최초의 형성 안에서의 결함들을 다른 부분들의 개입을 통해 교정하지도 못하며, 고장이 났을 때 스스로 자신을 고치지도 못한다. 그런데 우리는 그 모든 것들을 유기적으로 조직된 자연에서 기대할 수 있다."[82] 시계는 사실상 재생 능력이 없으며, 유기체의 특성인 세 가지 속성들, 즉 부분들의 대체, 비정상적인 것들의 교정, 상처 회복의 능력이 없다. 살아 있는 존재는 어느 정도에서 결핍된 부분들을 재생할 수 있다. 잘린 머리카락과

---

81 *Ibid*.
82 *Ibid*., §65, p. 193.

손톱은 다시 생겨나며, 도마뱀의 잘린 꼬리는 재생된다. 새로운 세포들이 죽은 세포들을 대체한다. 한 마디로 유기체는 자율적으로 자신을 보존하고, 이를테면 항구적으로 자신을 재창조할 수 있다. 반면에 시계에서, 부분의 대체는 늘 시계 장인의 개입을 전제한다.

유기체는 또한 최초의 형성의 결함들을 다른 부분들의 개입을 통해 수정할 수 있다. 칸트가 자력구제(Selbsthilfe)[83]라고 부른 그 현상은 그에 따르면 유기적으로 조직된 피조물들의 가장 경탄할 만한 속성들 가운데 하나이다. 왜냐하면 그것은 한 부분의 이웃들의 보존에 반드시 필요한 부분의 결핍을 다른 부분들로 보상하는 것으로 이루어지기 때문이다. 유기체의 그러한 자력구제는 특히 기관들과 기능들의 분단분포(vicariance)[84]를 통해 나타난다. 따라서 캉길렘이 상기시키는 아주 잘 알려진 사례를 다시 든다면,[85] 9세 미만의 아이에게서, 오른쪽 뇌의 마비로 인한 실어증은 매우 빠르게 사라진다. 왜냐하면 뇌의 다른 지역들이 언어 기능을 보장하기 위해서 손상을 입은 지대를 대체하기 때문이다. 일반적으로 기계의 기능이 엄격하고, 전체 배치 안에서 예견되는 편차들 말고 다른 편차를 거의 받아들이지 않는 반면에, 유기체는 기능적 융통성과, 기관들의 다가성(polyvalence)에 의한 적응 능력을 갖추고 있다. 게다가 바로 이 점은 조르주 캉길렘이 "유기체 안에서보다 기계 안에서 더 큰 목적성이 있는데, 이는 목적성은 엄격하고 일

---

83 *Ibid.*, §64, p. 191.
84 [옮긴이] 생물학에서 분단분포란 지질, 기후, 또는 서식지 변화로 인해 널리 분포하던 종의 개체군이 분리되는 것을 말한다. 분리된 개체군은 분기하여 서로 다른 아종, 종, 또는 상위 분류군이 된다.
85 Cf. *La connaissance de la vis*, 'Machine et organisme', p. 117.

의적이고 1가적(univalent)이기 때문"[86]이라고 말하게 한다. 유기적 존재는 역설적이게도 때때로 자신을 변형시키면서 자신을 형성한다. 그로부터 성장하는 동안 괴물성과 기형이 나타난다. 왜냐하면 "어떤 부분들은, 실존하는 것을 보존하기 위해서, 결함과 장애물들로 인해 완전히 새로운 방식으로 형성되어 비정상적인 피조물을 생산하기 때문이다."[87] 따라서 결함에 대해 비정상성이 응답한다. 비정상적인 것은 정황들에 적응하기 위해 자신과 편차를 만들어 냄으로써 유기체의 법칙을 새로 확립한다. 기계에 관해 말하자면, 그것은 괴물들을 낳지 않는다. 기계는 기술자가 할당한 과제들을 수행하며 결코 즉흥적으로 행동하지 않는다. 추시계는 사람들이 그것을 정확하게 맞춰 놓기를 언제나 기다리며, 자신이 전반적으로 늦어진다는 사실을 보완하기 위해 미리 자신을 정확하게 맞춰 놓을 수 없다. 결국 유기적 존재는 자신을 수선할 수 있는데, 이는 고장 난 어떤 기계도 할 수 없는 일이다. 가벼운 상처의 경우, 상처 난 부위의 아물기는 그러한 자기 수선의 능력을 증언한다. 유기체가 자율적으로 자신을 조절하는 반면에, 기계 장치는 그것이 인간이건 또 다른 기계이건(이 기계는 그 자체가 전문가나 기술자에 의존한다), 외부 작동자에 의해 조절되어야 한다. 기계파괴운동(러다이즘luddisme)은 기계들의 자발적 재생을 야기할 수 없다. 자발적 재생은 살아 있는 것의 고유한 성질이다. 단 상처가 유기체를 지나치게 심하게 손상하지 않았다면 말이다.

86 *Ibid*.

87 *Critique de la faculté de juger*, 2ᵉ partie, §64, p. 191.

그러므로 유기적 존재는 자신을 생산하고 재생산하고 보존하고 교정하고 수선하는 능력에 의해 기계와 구분된다. 그렇게 칸트는 살아 있는 것에 적용된 기계적 이론의 불충분성을 강조함으로써 자신의 분석을 마무리하고, 분명하게 밝힌 그 모든 차이들을 운동적 힘과 형성적 힘의 근본적 구분이라는 단일성으로 환원시킴으로써 그 차이들을 요약한다.

따라서 유기적 존재는 단순히 기계가 아니다. 왜냐하면 기계는 오로지 운동적 힘만을 소유하고 있기 때문이다. 반대로 유기적 존재는 자기 안에 형성적 힘을 소유하고 있으며, 이 힘을 소유하고 있지 못한 물질들에게 그 힘을 전달한다(형성적 힘은 물질들을 조직한다). 문제가 되는 것은 스스로 번식하고 운동의 능력(기계론)만으로 설명될 수 없는 형성적 힘이다.[88]

우선 칸트가 유기적 존재와 기계를 대립시키지 않는다는 점, 작동된 구분은 한편으로는 기계적인 운동적 힘을, 다른 한편으로는 살아 있는 것의 형성적 힘을 분리시키는 이분법이 아니라는 점을 강조해야 한다. (유기적 존재와 기계의) 분할선은 오직 운동적 힘이라는 한 유형의 힘만을 누리는 몸들과 두 힘을 모두 누리는 몸들 사이에 그어진다. 칸트는 살아 있는 것에 대한 기계론적 접근을 전혀 거부하지 않으며, 어느 정도는 기계론의 획득물을 보존한다. 실제로 그는 유기적 존재는

---

88 *Ibid.*, §65, p. 193.

기계가 전혀 아니라고는 말하지 않지만, 유기적 존재가 한낱 기계는 아니라고 말한다. 기계처럼 유기적 존재는 운동적 힘을 누리고 있는데, 왜냐하면 그것은 스스로 움직이는 능력을 소유하고 있으며, 그런 자격에서 기계 장치의 법칙들을 입증하고 있기 때문이다. 따라서 기계론은 살아 있는 것을 이해하기 위한 필수적인 조건으로 남는다. 그 결과 생물학은 물리학과 완전히 단절되지 않는다. 그렇지만 생물학은 물리학으로 환원될 수 없다. 요컨대, 비난해야 하는 것은 기계론이 아니라 환원주의다. 살아 있는 것은 기계에게 제한되어 있는 운동적 힘만을 소유하고 있는 것이 아니라, 그것을 자동기계와 결정적으로 구분하는 또 다른 성질, bildende Kraft, 즉 형성적 힘을 소유한다. 이것은 무엇을 의미할까?

운동적 힘은 오로지 운동의 생산 및 전달에 한정된다. 그것은 에너지의 원천을 함축한다. 칸트에게서 이 에너지는 기계적이지만, 또한 열역학적, 전기적, 원자력적이거나 태양열적이다. 반면에 형성적 힘은 기계론으로 환원될 수 없는 유기적 조직화의 역능이다. 왜냐하면 그 힘은 살아 있는 것으로 하여금, 외부 동력이나 기술자를 필요로 하지 않으면서, 적응을 위해서 자신을 생산하고 재생산하고 변형시킬 수 있게 허락하기 때문이다. 칸트는 자신의 속성을 가지고 있지 않는 물질들에게 그것을 전파할 수 있는 능력을 살아 있는 것에게 수여하는 바, 이는 살아 있는 것의 유기적 조직화의 능력 덕분이다. 그렇지만 칸트는 그러한 힘이 전달되는 방식을 명시하지 않는다. 그는 형성적 인과성의 본성은 기계론에 의해 설명될 수 없다는 점을 강조함으로써 형성적 힘이 전달되는 방식을 단지 부정적으로만 규정할 뿐이다. 칸트는 자연 안에서 작동하는 형성적 힘은 이해할 수 없는 성질이며, 그것을 이해하기 위해 만들어진 모든 유비는 적절하지 않다는 것을 인정한다. "아주 엄격하게 말해서, 자연의 유기적 조직화는 우리에게 알려진 그 어떤 인과성과도 전혀 유비적이지 않다."[89] 만일 살아 있는 존재들이 자신의 기원을 자연의 기계론에서 끌어내지 못한다면, 살아 있는 존재들은 목적으로서만, 다시 말해 원인과 결과 그 자체인 유기적 존재들로서만 가능하다. 따라서 살아 있는 존재들은 목적론석(téléologique) 원리에 근거해서만 이해될 수 있다. 『판단력 비판』의 저자는 어쨌든 유기적 존재들에게 적용된 자연적 목적 개념은 객관적 인식을 규정할 수 있는 오성의 구성적 개념이 아니라, 탐구를 인도하도록 예정된 단순한 규제적 개념이라는 것을 인정한다.[90] 실제로 우리는 단순한 기계론에 의해 살아 있는 몸을 생산하는 게 불가능하다는 것을 증명할 수 없다. 왜냐하면 우리는 자연의 본원적인 인과성을 알지 못하기 때문이다. 따라서 우리는 "자연의 생산적 능력이 단순한 자연적 메커니즘만을 전제하는 것처럼 보이는 것에 대해 충분하고, 또한 마찬가지로 목적들의 이념에 따라 형성되고 연결된 것으로 우리가 판단하는 것에 대해서

---

89 *Ibid.*, p. 194.
90 *Ibid.*, §65, p. 194. "따라서 그 자체 자연적 목적으로서 사물의 개념은 오성이나 이성의 구성적 개념이 아니다. 그렇지만 그것은 반성적 판단력의 규제적 개념일 수 있으며, 이런 규제적 개념은 그런 종류의 대상들에 대한 탐구를 이끌 수 있고 목적 일반을 따르는 우리의 인과성과 거리가 먼 유비에 의한 그런 대상들의 최고의 원리에 대해 반성할 수 있다. 이러한 반성은 자연에 대한 인식 및 자연의 본원적 토대에 대한 인식에 기여하기보다는, 그런 목적성의 원인을 우리 안의 이성적 실천 능력과 유비적으로 고찰함으로써 이성적 실천 능력에 대한 인식에 기여한다."

도 충분할지 아닐지"[91] 알지 못한다. 그리하여 칸트는 가능한 한 기계론의 원리를 따르기를 권한다. "왜냐하면 우리가 기계론을 탐구의 토대로 삼지 않는다고 할지라도, 고유한 자연에 대한 그 어떤 인식도 있을 수 없기 때문이다."[92] 어쨌든 "우리의 인식 능력과 관계해서, 자연의 단순한 기계론은 유기적 존재의 생성을 설명하기 위한 그 어떤 원리도 제공할 수 없다는 것은 의심할 여지 없이 확실하다."[93] 그렇기 때문에 반성적 판단력은 기계론과는 다른 인과성을, "그 원리가 규정적 판단력에 대해서 아무리 터무니없고 증명될 수 없는 것일지라도, 목적들에 따라 작용하는 최초의 원인"[94]을 정당하게 생각할 수 있다. "그러한 인과성 개념은 우리가 실재성을 부여하려고 전혀 시도하지 않고 그저 반성의 길잡이처럼 사용되는 단순한 이념이며, 그렇게 모든 기계론적 설명 원리들에 대해 언제나 열려 있고 감각적 세계 바깥으로 길을 잘못 들지 않는 이념"[95]이라는 것을 상기시킨다는 조건에서, 그러한 절차는 어떤 오류의 위험도 포함하지 않는다. 따라서 목적인의 도입은 규정적 판단력에 대해 객관적 원리만을 구성하는 자연의 기계론을 재차 문제시하지 않는다. 그때 질문은 우리가 단순한 규제적 개념을 넘어서 나아갈 수 있는지, 살아 있는 것에 고유한 어떤 인과성을 객관적으로, 그리고 실재적으로 규정할 수 있는지를 아는 것이다.

91 *Ibid.*, §71, p. 205.
92 *Ibid.*, §70, p. 204.
93 *Ibid.*, §71, p. 205.
94 *Ibid.*
95 *Ibid.*

4) 살아 있는 몸의 인과성

이것이 바로 우리가 생기론자들이라고 명명하는 사람들, 바르테즈, 보르되, 비샤[96] 등이, 영혼을 배제하면서, 그리고 슈탈의 생각들을 다시 가져오면서, 하려고 시도했던 것들이다.

생기론

생기론은 살아 있는 존재가 자기 안에 자신을 파괴하려는 경향이 있는 물리적 법칙과 반대되는 어떤 원리를 소유하고 있다는 생각에 본질적으로 기초하고 있다. 이 원리는 영적인 것이 전혀 아니다. 그것은 몸의 내적이고 외적인 공격에 저항하는 생명적 힘이다. 따라서 생명은 비샤의 유명한 공식에 따르면, "죽음에 저항하는 기능들 전체"[97]로 정의된다. 생명은 적대적인 것으로 이해된 외부 환경에 맞서는 반동(réaction)의 원리다. "그러한 것이 실제로 살아 있는 몸의 실존의 방식이다. 즉 살아 있는 몸을 둘러싼 모든 것이 그것을 파괴하려는 경향이 있다는 것이다. 비(非)유기적 몸들은 끊임없이 살아 있는 몸에게 영향을 미친다. 살아 있는 몸 자체도 다른 살아 있는 몸에게 지속적인

---

96 폴 바르테즈(Paul Barthez)는 몽펠리에에서 1734년에 태어나서 1806년에 죽었다. 그는 루이 16세와 나폴레옹 1세의 주치의였으며, 생기론의 최초 정초자이고 『인간 과학의 새로운 요소들』이라는 제목의 논설의 저자이다. 테오필 드 보르되(Théophile de Bordeu 1722~1802)는 프랑스 의사로 『백과사전』에 참여했으며, 광천수 연구로 알려져 있다. 그 자비에 비샤(Xavier Bichat 1771~1802)는 해부학 작업들로 유명하며, 호텔-뒤 병원의 의사였고, 『세포막에 대한 논설』(1800), 『삶과 죽음에 대한 생리학적 연구』(1800), 『일반 해부학』(1801)을 썼다.

97 *Recherches physiologique sur la vie et la mort*, p. 43.

작용을 가한다. 그것들은 자기 안에 영원한 반동의 원리를 가지고 있지 않다면 곧바로 궤멸하고 말 것이다. 그 원리는 생명의 원리다. 본성이 알려지지 않은 그것은 오로지 그 현상들에 의해서만 평가될 수 있다.…"[98] 따라서 살아 있는 몸은 이중의 법제를 따른다. 살아 있는 몸은 생기가 없는 몸처럼 물리적 법칙에 복종하지만, 동시에 첫 번째 법칙의 파괴적 결과들에 저항하는 생명적 법칙에 복종한다. 따라서 생명은 자연적 법칙들과 관계해서 단절, 불연속성을 도입한다. 물리적 법칙은 모든 시간과 모든 장소에서 고정되어 있으며 불변적이다. 그와 반대로, 본질적으로 감각성과 수축성 또는 운동성의 특징을 갖는 생명적 법칙은 강도, 에너지, 발달 속에서 매 순간 변화한다. 그리하여 생명적 현상들은 불규칙적 특징을 다시 얻게 되는바, 이러한 특징이 생명적 현상을 물리적 현상의 획일성과 구분하게 하고 생명적 현상을 예상하거나 예측하지 못하게 한다. 그 결과 생물학은 처리하는 대상의 불안정성 때문에 수리적 과정을 통과할 수 없으며 물리학이나 화학과 비슷하게 취급될 수 없다. 비샤에 의하면 유일하게 가능한 척도는 생명적 원리와 이에 대립되는 힘들의 관계를 나타내는 존재의 생명성의 정도와 관련된다. "그러므로 생명의 척도는 일반적으로 외부적 역량의 노력과 내부 저항의 노력 사이에 존재하는 차이이다. 그 중 외부적 역량의 과도함은 생명의 약함을 알려 주고, 내부 저항의 우세함은 생명의 힘의 지표가 된다."[99]

98 *Ibid.*
99 *Ibid.*, pp. 43~44.

비샤의 주장은 생명에 어떤 특수성을 부여하고 그것을 기계 장치로 환원하지 않는 장점을 보여 준다. 그럼에도 불구하고 물리적 법칙에 대항해서 싸우는 생명적 원리는 수수께끼로 남아 있는데, 왜냐하면 비샤가 시인했듯이, 그것의 본성은 알려지지 않으며 다만 현상들을 통해서만 나타나기 때문이다. 가장 일반적인 현상은 외부의 몸의 작용과 살아 있는 몸의 반동의 양자택일이다.[100] 동시에 생명적 원리는 생명적 현상들을 이해불가능한 것으로 만들고 초자연적 현상들과 동일시하는 마치 데우스 엑스 마키나(Deus ex Machina)[101]처럼 나타난다. 생물학의 토대가 설명의 노력 전부를 벗어난다면, 생명적 법칙들이 단지 이름만 법칙일 뿐이며, 변화하고 불규칙적이라면, 그것을 인식하는 게 어떻게 가능할까?

기계론/목적성의 이율배반

이제 우리는 생물학의 모든 역사를 떠나지 않았던 양자택일에 의해 찢겨진 전체와 마주하고 있다. 둘 중 하나이다. 살아 있는 몸은 생명이 없는 몸과 동일한 물리-화학 법칙에 의해 만들어지거나, 아니면 살아 있는 몸은 특별한 인과성의 산물이거나. 전자의 경우에 살아 있는 몸과 생명이 없는 몸 사이에는 정도의 차이만이 있을 뿐인데, 왜냐하면 살아 있는 것과 가공하지 않은 몸에서 작용하고 있는 것은 동일한 물질

---

100 Cf. *Ibid.*, p. 43.

101 [옮긴이] 고대 극작술에서 나타나는 것으로서, 초자연적인 힘을 이용하여 극의 긴박한 국면을 타개하고 그것을 결말로 이끌고 가는 수법이다. 라틴어로 '기계에 의한 신' 또는 '기계 장치의 신'의 의미를 지닌다.

이기 때문이다. 후자의 경우에 두 몸 사이에 본성상의 차이가 존재하는데, 왜냐하면 생명은 물질로 환원될 수 없으며, 어떤 힘을, 즉 비물질적인 본성을 지닌 약동(élan)을 함축하기 때문이다. 생명의 모든 개념화들은 클로드 베르나르(Caude Bernard)가 자신의 책, 『생명 현상들에 대한 교훈』에서 보여 주듯이, 그런 두 가지 경향 사이를 오간다.

그것의 형성에 있어서 매우 다양한 모든 해석들과 서로 다른 시대에 생명에 관해 제공되었던 모든 가설들은 두 유형 안에서 다시 만날 수 있다. 그것들은 두 형태로 제시되었고, 두 경향성으로 이끌려졌다. 즉 유심론적, 물활론적 또는 생기론적 형태나 경향성과 기계적 또는 유물론적 형태나 경향성. 요컨대 생명은 모든 시대에 서로 다른 두 관점에 따라서 고찰되었다. 특수한 형태의 표현이거나 자연의 일반적 힘의 결과이거나.[102]

이제 남은 문제는 그런 두 유형의 해석의 대립이 극복될 수 있는지를 아는 것이다. 칸트는 『판단력 비판』에서 격률들이 가질 수 있는 이율배반적 특징을 강조한다. 즉 만일 그 격률들이 탐구를 위한 규제적 원리로부터 대상들의 가능성의 구성적 원리로 변화한다면, 고유하게 물리적인 설명의 방법과 신학적 방법이 근거하고 있는 격률들은 이율배반적이 된다. 첫 번째 격률은 한 명제의 언표이며, "물질적인 것들의 모든 생산은 단순히 기계적인 법칙들에 의해 가능하다"[103]라는 것이

---

102 Cf. *Leçons sur les phénomènes de la vie*, p. 42.

다. 두 번째 격률은 반대명제의 언표이며, "물질적인 것들의 어떤 생산은 그저 기계적 법칙들에 의해서는 가능하지 않다"[104]라는 것이다. "그렇게 자격을 갖춘 명제들은, 규정적 판단력을 위한 객관적 원리들인 한에서, 서로 모순될 것이고, 결과적으로 두 명제 가운데 하나는 필연적으로 거짓이 될 것이다."[105] 이 확연한 이율배반의 해결은 자연의 기계론을 다시금 문제시하는 것도, 자연적 목적 개념을 거부하는 것도 통과하지 않는다. 이율배반의 해결은 오류의 해소를 통과한다. 이율배반은 규정적 판단력의 원리와 반성적 판단력의 원리 간의 혼동에서 나온다. 기계론적 원리와 목적론적 원리는 이 두 원리가 같은 질서에 속하고 모두 규정적 판단 능력과 관계한다고 잘못 생각하는 사람에게서만 대립할 뿐이다. 그런데 사실은 전혀 그렇지 않은바, 왜냐하면 두 번째 원리는 객관적이 아니라 주관적이며, 우리의 이성의 사용을 위한 규제적 가치만을 갖기 때문이다. 바로 이것이 칸트가 『판단력 비판』의 71절에서 강력하게 상기시켰던 내용이다.

고유하게 물리적인 설명 방법의 (기계론적) 격률들과 신학적 방법의 (기술적) 격률들 간의 외양상의 이율배반은 그러니까 다음에 근거한다. 우리는 반성적 판단력의 원리를 규정적 판단력의 원리와 혼동하고, 전자의 자율성(이것은 경험의 특정한 법칙들과 관련해서 이성의 사용에 있어서 오직 주관적으로만 타당하다)을 오성에 의해 주어진 (보편적

---

103 *Critique de la faculté de juger*, §70, p. 203.
104 *Ibid.*
105 *Ibid.*, p. 204.

이거나 특정한) 법칙들에 따라 인도되는 후자의 타율성과 혼동한다.[106]

따라서 살아 있는 것에 대한 기계론적 접근과 목적론적 접근 간의 대립은 극복될 수 없는 것이 아니다. 그래도 여전히 남는 것은 천연의 몸과 살아 있는 몸 간의 차이를 어떻게 사유해야 하는지를 아는 일이다.

그러한 차이는 물질의 본성에 기인하지도 않고, 물질을 지배하는 물리-화학 법칙들에서 기인하지도 않는다. 왜냐하면 그런 물질의 본성이나 그런 법칙들은 모든 몸들에게서 동일하기 때문이다. 말은 나무로 만들어졌건, 살과 뼈로 되어 있건, 늘 분자들로 조직된 전체이다. 따라서 살아 있는 것의 고유성은 물리-화학 법칙들에 대한 신비한 위반에 있지 않다. 게다가 바이러스 연구가 보여 주듯이, 살아 있는 것과 생기가 없는 것 사이에는 근본적인 단절이 존재하지 않는 것처럼 보인다. 바이러스는 생기가 없는 것과 생기가 있는 것 간의 매개 역할을 하는 정도에서 특권적인 인식론적 위상을 누린다. 실제로 바이러스들은 살아 있는 존재로도, 생기가 없는 존재로도 완전하게 고려될 수 없는 본성을 가지고 있다. 살아 있는 것의 한계지점에서[107] 바이러스는 자기 복제의 구조를 갖추고 있지만, 자기 스스로 번식을 할 수는 없으며 증식을 위해서는 기생할 수 있는 다른 유기체가 필요하다. 그러니까 스스로 번식하기 위해 배양액만을 요구하는 세균과 다르게, 바이러스는

---

106 Cf. *Ibid.*, pp. 205~206.
107 Cf. 이 점에 관해서는 "바이러스" 항목을 참고하라. in *La vie*, 티에리 호케가 선별하고 선택한 텍스트들임, pp. 236~237.

역설적으로 구성되어 있다. 즉 한편으로 바이러스는 서로 연대하고 통합되어 있는 기능들을 갖춘 유기체가 아니다. 그것은 어떤 합성작용도 하지 않으며, 신진대사가 없고, 세포처럼 자기증식을 하지 않는다. 다른 한편으로 바이러스는 생물학 체계 안에서 재생산이 가능한 유전 정보를 보유하고 있는 물질이며, 살아 있는 것으로서 인정되기 위해 요구되는 기준들을 입증한다. 바이러스는 매개적인 인식론적 역할에도 불구하고, 발달하기 위해서는 살아 있는 것을 전제한다는 점에서 살아 있는 것의 효시로서 간주될 수 없다. 따라서 바이러스는 생기가 없는 몸과 살아 있는 몸 사이의 잃어버린 고리를 구성한다. 어쨌든 바이러스는 그 두 몸 간의 연속성을 생각하라고 권유한다. 게다가 이 가설은 유기체 안에서 바이러스처럼 행동하는 일정 단백질들의 발견에 의해 신뢰를 확보한다. 다시 말해 유기적 분자들과 살아 있는 존재들 사이에 근본적인 단절은 없다고 할 수 있다. 따라서 살아 있는 것은 모든 몸들을 지배하는 물리-화학 법칙들의 틀 안에서 필연적으로 생각되어야 한다.

내부적 환경

어쨌든 살아 있는 것과 살아 있지 않은 것 사이에 연속성이 존재한다면, 이 연속성은 차이들을 은폐할 수 있을 것이다. 그런 관점에서 살아 있는 것의 특수성은 단순한 물리-화학 법칙들과 연관된 편차를 통해 나타난다. 생물학적 몸은 고유한 발전을 겪고 자신의 환경과 차별화된다. 생물학적 몸은 외부 환경과 당연히 관계를 갖지만, 그 외에도 클로드 베르나르가 내부 환경이라고 명명한 것을 소유하고 있다. 이것은 유기체의 생산물로서, 혈액처럼 체액과 분비물 전체로 구성되어 있다. 생기가 없는 몸이 외부적인 우주적 조건들의 영향을 따르는 반면에, 살아 있는 것은 둘러싼 환경에서 해방되어 자기 안에 생명 현상들에 필수적인 열기와 습기의 조건들을 유지할 수 있다.[108] 사실상 살아 있는 존재의 그런 종류의 독립성은 클로드 베르나르가 지적했듯이, 오로지 복잡한 유기체들에게서만 나타난다. "다만 더운 피를 지닌 동물들에게서만 유기체의 조건들과 둘러싼 환경의 조건들 사이의 무관성이 존재하는 것처럼 보인다. 실제로 그런 동물들에게서 생명 현상들의 표현은 우주적 조건들이 겪게 하는 양자택일과 변화들을 더 이상 따르지 않는다."[109] 유기체에게서의 체온의 조절, 수분 양이나 무기질 양의 조절은 고등 동물들의 그러한 상대적 자율성을 증명한다. 이 동물들은 기후 변동과 외부 환경의 변화에도 불구하고 생명의 한결같은 조건들을 유지한다. 따라서 "가공되지 않은 몸들의 실험에서 고려해야 하는 것은 단 하나의 환경, 즉 외부적인 우주적 환경뿐이다. 반면에 상층의 살아 있는 존재들에게는 적어도 두 가지 환경을 고려해야 한다. 그것은 외부 환경 또는 유기체-외부 환경과 내부 환경 또는 유기체-내부 환경이다."[110] 특수한 생리학적 실험에 토대를 제공하는 이 유명한 내부 환경 개념은 생기론의 형태를 굳이 다시 끌어들이지 않고도 살아 있는 몸의 고유성을 생각할 수 있게 해준다. 둘러싼 환경에 대한 살아 있는 존재들의 독립성은 물리-화학적 힘들에 맞서 싸우는 생명적 힘

---

108 Cf. *Introduction à la médecine expérimentale*, deuxième partie, chap. I, II.
109 *Ibid.*, chap. I, II, p. 102.
110 *Ibid.*, chap. I, III, p. 104.

의 존재로 설명되지 않는다. 클로드 베르나르에게서, "가공되지 않은 몸들의 나타남뿐만 아니라 살아 있는 몸들의 나타남은 이 몸들을 순수하게 물리-화학적 질서의 조건들에 묶어 놓는 필수적인 결정론의 지배를 받는다."[111] 생명 현상들은 자연의 일반 법칙들을 위반하지 않는다. 하지만 그 현상들은 유기체들의 복잡성의 정도에 따라 자연의 일반 법칙들로부터 벗어난다. "유기체가 완전해짐에 따라, 유기적 환경은 특수화되고 이를테면 점점 더 둘러싼 환경으로부터 분리된다."[112]

이 내부 환경 개념은 살아 있는 것에 대한 이해 및 가공되지 않은 몸들과 대비되는 살아 있는 몸의 발달의 자율성에 대한 이해로 길을 열어 준다. 내부 환경 개념은 조직하는 지성에의 참조를 지나치게 표명하는 칸트의 자연적 목적의 개념을 훌륭하게 대체한다. 왜냐하면 내부 환경 개념은 기계론의 법칙을 위반하지 않으면서도 단순한 규제적 원리를 살아 있는 것 한가운데에서 나타나는 현실로 변형시키기 때문이다. 내부 환경의 개념은 실제로 유기체-내적 목적론의 어떤 형태를 포함한다. 클로드 베르나르에게서 혈액은 기관들을 위해서, 그리고 기관들에 의해서 만들어진다. 이러한 관점에서, 그는 각 부분이 다른 부분들을 위해서, 그리고 다른 부분들에 의해서 만들어지는 유기적 존재와 관련된 칸트의 분석과 합류한다.[113] 물론, 『실험 의학 입문』을 쓴 저자는 대체로 기계론을 내버리기를 거부하고, 스피노자의 후원 아래 있

111 *Ibid.*, chap. I, III, p. 102.
112 *Ibid.*, p. 105.
113 이것이 앙드레 피쇼가 『생명 개념의 역사』(*Histoire de la notion de vie*, p. 717, n. 16)에서 주목하는 내용이다.

으면서, 목적론을 비판한다.[114] 어쨌든 그는 "일종의 특별한 목적성, 일종의 유기체-내적 목적론"[115]을 인정한다. 그리고 그는 그런 목적론이 살아 있는 개별자의 바깥에서가 아니라 내부에서만 타당하다는 점을 분명히 밝힌다. 칸트와 다르게, 내부 환경 개념은 반성적 판단력에 대해서만 적합성을 지니는 그런 단순한 규제적 원리가 아니다. 그것은 생리학의 규정적 원리를 구성한다.

계획(projet)

생기론과 물활론으로부터 멀어짐으로써, 앞으로는 살아 있는 몸들의 본성을 이해하기 위해 어떤 목적성의 형태를 재도입하는 것이 필수적인 것처럼 보인다. 이러한 목적성은 살아 있는 몸의 구성요소들의 층위에서만이 아니라, 유기적으로 조직된 존재, 전체로서 파악된 존재의 층위에서도 개입된다. 실제로 세포 생물학은 살아 있는 것이 재생산을 위해 프로그램 되어 있음을 보여 준다. 유기체를 구성하는 모든 것, 세포, 혈액, 뼈, 머리카락 등은 매우 짧은 기간 안에 사라지고 동일한 구조에 따라 재형성되도록 예정되어 있다. 세포는 자신의 작용을 실행하기 위해서 효소들을 생산하는데, 이 효소들은 그 구조가 엄격하게 정돈된 수천 개의 원자들을 포함하고 있다. 세포의 재생산은 동일한 질서에 따른 모든 세포 분자들의 재생산과 모든 세포 단백질의 재생산을 포함한다. 그리하여 유전은 분자 구조와 관련해서 불변적 정보의

---

114 Cf. *Leçons sur les phénomènes de la vie*, p. 338.
115 *Ibid*., p. 340.

전달로서 나타난다. 재생산은 효소들에 의해, 그리고 이 효소들에게 촉매작용을 제공하는 유전정보를 지닌 단백질에 의해 활성화된다. 단백질들은 서로를 탄생시키지 않지만, DNA에 근거해서 조직된다. 이 DNA의 역할은 결정적인데, 왜냐하면 복사본으로 자신을 복제하는 속성을 지니고 있는 세포의 유일한 구성성분이기 때문이다. DNA(acide désoxyribonucléique)는 단백질들의 합성을 조직하고 단백질들에게 질서를 부여하며 세포의 구성성분들의 구조가 보존될 수 있게 한다.

유기체는 세대에서 세대로 재생산되는 어떤 프로그램의 구현처럼 나타난다. 그때 유전은 분자 구조와 관련된 불변적 정보의 전달로 귀결된다. 물론 변이와 돌연변이가 나올 수 있지만 유전형질은 무엇보다 불변적 요소들의 조합이다. 살아 있는 존재에게서, 모든 것은 자기 및 종의 재생산에 기여한다. 그렇기 때문에 목적성의 관념을 제거하는 것은 불가능해 보인다. 게다가 19세기에 이미 에른스트 빌헬름 폰 브뤼케(Ernst Wilhelm von Brücke)는 그 점을 유머러스하게 지적했다. "목적론—목적인에 의한 추론—은 생물학자가 그 없이는 살 수 없지만 그와 함께 공적으로 보이는 것에는 부끄러움을 느끼는 부인과 같다."[116] 현대 생물학은 일체의 인간주의를 제거하면서 그 개념을 복권시키고, 유기체들의 계획이라는 관념을 주저 없이 가져온다. 이것이 프랑수아 자코브(François Jacob)가 특히 주장하는 내용이다. "살아 있는 존재는 진정 어떤 계획(dessein)의 실행을 나타내지만, 그 어떤 지성도 그것을 생각한 적이 없다. 살아 있는 존재는 어떤 목표를 향하지

---

116 *Op. cit.*, par Henri Atlan, *Entre le cristal et la fumée*, p. 14.

만, 그 어떤 의지도 그것을 선택한 적이 없다. 이 목표, 그것은 다음 세대를 위해 동일한 프로그램을 준비하는 것이다. 그것은 자신을 재생산하는 것이다."[117] 계획은 선행하는 의도의 표현이 아니다. 그것은 (유전)정보의 보존과 전달을 동시에 함축하는 프로그램의 실현이다. 가장 단순한 것에서부터 가장 복잡한 것에 이르기까지, 살아 있는 몸들은 단지 형태, 유기적 조직화에 의해서만 특징지어지는 것이 아니라, 구조, 자신을 재형성하는 능력에 의해서도 특징지어진다.

의식적 삶을 향하여

하지만, 프랑수아 자코브의 재치 있는 표현을 빌려 오자면, 세균, 아메바, 고사리 식물이 "두 개의 세균, 두 개의 아메바, 여러 개의 고사리 식물들"[118]이 아닌 다른 운명을 꿈꿀 수 없는 반면에, 인간은 생식을 거부할 수 있는데, 왜냐하면 인간의 성적인 삶은 주기적 충동에 의해 엄격하게 결정되어 있는 것이 아니기 때문이다. 인간의 몸이 매우 짧은 시간 동안 재생되도록 예정되어 있다고 할지라도, 그것은 종을 재생산하기 위해 엄격하게 프로그램 되어 있지 않다. 사랑의 계절은 항상 지속될 수 있거나, 영영 시작되지 않을 수 있다. 요컨대, 모성은 운명이 아니다. 인간의 몸의 삶은 생물학적 틀 너머로 확장되고 그 너머에서 의미를 얻는다. 인간의 몸의 삶은 특히 선택의 자유를 통해서 표명되는 의식을 함축하고 있기 때문에, 단순히 물리적인 것이 아니며 오히려

---

117 *La logique du vivant*, p. 10.
118 *Ibid.*, p. 12.

지성적이다. 물론 베르그손(Henri Bergson)이 지적하듯이, "동물의 삶의 위에서 아래로 내려오면서 우리는, 비록 아래로 내려오면 내려올수록 그 형태가 점점 더 모호해진다고 할지라도, 선택의 능력이 수행되고 있는 것을, 다시 말해 다소 예상치 못한 운동으로 결정된 자극에 응답하는 능력이 수행되는 것을 본다."[119] 그래서 의식이 모든 살아 있는 몸들에 속해 있는지, 아니면 어떤 범주의 몸들에게만 속해 있는지를 아는 문제가 제기된다.

첫 눈에 보아도 식물계가 의식을 갖추고 있다는 것은 거의 개연성이 없어 보인다. 식물계에게는 선택이 예정되어 있지 않기 때문이다. 이런 점을 베르그손은 부각시킨다. "만일, 실제로, 의식이 선택을 의미한다면, 만일 의식의 역할이 스스로 결정을 내리는 것이라면, 자발적으로 움직이지 않고 취해야 할 결정을 갖지 않은 유기체들에게서 우리가 의식을 발견한다는 것은 의심스럽다."[120] 식물들은 땅에 고정되어 있으며, 프랑시스 퐁주(Francis Ponge)가 시적으로 표현하는 것처럼, 이를테면, 땅이 식물들에 대한 책임을 맡고 있다.

동물군은 움직이며, 반면에 식물군은 눈앞에 펼쳐진다. 생기가 있는 모든 존재들은 직접적으로 땅에 의해 떠맡아진다.

그것들은 세계에서 확실한 자신의 자리를 가지며, 오래된 것에서 자신의 장식물을 가진다.

---

119 *L'energie spirituelle*[『정신적 에너지』], 'la conscience et la vie'[의식과 삶], *Oeuvres*, pp. 821~822.

120 *Ibid.*, p. 822.

이 점에서 유랑하는 형제들과 다른 그것들은 세계에 덧붙여진 것, 땅에 성가신 것이 아니다. 다른 것처럼 대지가 그들의 잔해를 정성껏 흡수한다면, 그것들은 자신의 죽음을 위한 장소를 찾느라고 방황하지 않는다.

그것들에게는 먹는 것이나 잘 곳에 대한 염려가 없고, 서로 잡아먹는 것에 대한 염려도 없다. 극도의 공포도 없고 광란의 질주도 없고 잔혹함도, 불평도, 외침도, 말도 없다. 그것들은 흥분과 열기와 살해의 두 번째 몸들이 아니다.[121]

이것은 의식이란 동물의 운동성과 함께 시작되며 유랑하는 존재들에게 고유하다는 말일까? 베르그손은 그러한 결론에 동의하지 않을 것이다. 왜냐하면 그의 눈에는 그 어떤 살아 있는 존재도 자발적 운동을 전혀 할 수 없는 것으로는 보이지 않기 때문이다. "그 유기체가 일반적으로 땅에 고정되어 있는 식물계 안에서조차 자신을 움직이는 능력은 부재하기보다는 차라리 잠들어 있다. 자신을 움직이는 능력은 유용해질 수 있을 때 깨어난다."[122] 아메바처럼 스스로 이동하는 원형질의 몸을 가진 점균류(mycétozoaire)나 유랑하는 균류(champignons nomades)는 식물도 운동을 할 수 있다는 사실을 예로서 보여 준다. 반대로 바다의 암석에 달라붙어 있는 산호충들은 동물에 속한다. 그렇다면 우리는 전자의 것들에게 의식을 부여하고, 후자의 것들에게는 의식

---

121 *Le parti pris des choses, faune et flore*, p. 80.
122 *L'energie spirituelle*, 'la conscience et la vie', *Oeuvres*, p. 822.

을 거부해야 하는가? 양분을 찾기 위한 운동을 전혀 하지 않는 기생동물들의 존재가 증명하듯, 운동성과 부동성은 동물군과 식물군 간의 충분한 경계선을 만들지 못한다.

이러한 조건에서, 베르그손의 생각을 따라서, 의식은 생명과 동일한 외연을 갖는다고(coextensive), 의식은 "자발적 운동이 없는 곳에서는 잠들어 있고, 생명이 자유로운 활동으로 향할 때 고양된다"[123]고 생각하는 것은 충분히 있을 수 있는 일이다. 확실히 의식과 의식[124]이 있다. 의식을 가진다는 것과, 의식을 가진다는 것을 의식하는 것은 별개의 것이다. 동물은 자신의 먹잇감을 찾아내기 위해 어디로 가야 하는지를 안다. 하지만 기억과 예상을 동시에 함축하는 이러한 의식은 확실히 반성보다는 반사에 가깝다. 즉각적이고 직접적인 그러한 의식은 매우 흐릿하며 정립적이지 않다. 그럼에도 불구하고 동물들의 몸은 단순한 연장적 사물(res extensa)이 아니며, 기계론의 신봉자들을 실망시키지 않는다. 동물들의 몸은, 적어도 고등동물들과 관련해서는, 지향성을 나타내며, 따라서 그런 동물들 자신이 지각 주체가 될 수 있는 세계를 그 동물들의 책임으로 돌리는 것은 정당하다.[125]

어쨌든 간에, 모든 인간중심주의를 넘어서, 인간에게는 최상의 몸의 성질이 육화되어 있다. 그리하여 프랑수아 다고네(François Dagognet)는 말한다. "살아 있는 몸, 주로 인간의 몸은 최고점에 있는

---

123 *Ibid.*, p. 822.

124 [옮긴이] 저자는 여기서 베르그손 식의, 생명체가 소유하고 있는 '의식'과 인간에게만 고유한 '의식을 소유하고 있는 것에 대한 의식'이라는 반성적 의식을 구분하고 있다.

125 Cf. sur ce point, l'ouvrage d'Élisabeth de Fontenay, *Le silence des bêtes*.

몸의 관념을 전달하고 있다. 그리하여 우리는 '몸'에 대해 말할 때 인간의 몸을 떠올릴 정도이며, 이는 인간의 몸이 물질성만으로는 보유할 수 없는 속성과 특징을 포함하는 한에서 그렇다."[126] 인간은 사물들에 대한 의식을 가지며, 인간은 사물들을 의식하고 있다. 인간의 몸은, 메를로-퐁티의 표현에 따르면, 자신을 살로, "육화된 의식"으로, "세계에 대한 존재의 매개수단"으로 만든다. 이것이 바로 그 자체로서의 자신을 아는 삶이며, 이제부터 검토해야 하는 것이 바로 그러한 살아 있는, 체험된 몸이다.

---

126 Cf. "Des corps au corps lui-même", in *Le corps*, sous la direction de Jean-Christophe Goddard et Monique Labrune, p. 283.

3장
인간의 몸 : 몸과 정신

"영혼은 몸이고, 몸은 또한 영혼이다. 하지만 몸의 한정될 수 있는 측면에
서가 아니라, 영혼의 무한정한 측면에서…."

—아르토, 『로데즈의 노트들』(*Cahiers de Rodez*)

몸짓과 말을 겸비한 인간의 몸은 일련의 물리적 특징들에 의해 동물
의 몸과 구분되며, 그 목록을 채우는 일은 아마도 끝나지 않을 것이
다: 진정한 두 발을 가진 동물, 손의 자유화, 두개골의 용량 등등. 인간
의 몸이 비교되는 동물 종에 따라 그 차이들이 부각되거나 지워진다
고 해도, 인간은 여전히 독특한 존재이며, 그런 자격에서, 특별한 접근
을 요구한다는 사실에는 변함이 없다. 생기가 없거나 살아 있는 다른
모든 몸들은 공간 안에 부분 밖의 부분(partes extra partes)[1]으로 놓인

---

1 [옮긴이] partes extra partes는 라틴어로서 이러한 공간 안에서 한 장소를 점하고 있는 한
  사물은 동시에 다른 곳에 있을 수 없다. 이는 공간을 채우는 부분들이 겹침이 없이 병치되
  어 있기 때문이다. 이것은 데카르트의 연장적 공간 내지 기하학적 공간의 특징이다.

대상들로, 그리고 외부에, 즉 인지적 반성에 적합한 거리에 있는 대상들로서 주어진다. 인간의 몸은 살과 뼈로 구성되어 있는 한에서 확실히 즉자적 존재로서 분석될 수 있지만, 이러한 파악 방식은 인간의 몸의 특별함을 인식하지 못하고, 다른 몸들과 비교불가능한 인간의 몸의 특징을 인식하지 못한다. 인간의 몸을 정말로 이해하고 인간의 껍데기가 아닌 다른 무언가를 포착하기 위해서는, 사실상 인칭을 바꿔야 한다. 다시 말해 3인칭에서 1인칭으로 바꿔야 한다. 르노 바르바라스(Renaud Barbaras)가 강조하는 것이 바로 그것이다. "몸은 애매한 존재다. 그것은 사물이지만 나의 것인 사물이다. 더 정확히 그것은 나인 사물이다."[2] 대상들의 현전은 언제나 가능한 부재를 수반하지만, 나의 몸의 현전은 그렇지 않다. 다른 몸들과 반대로, 나는 나의 몸에게 접근할 수도 없고 멀어질 수도 없으며, 나의 몸을 우회할 수도, 나의 몸을 한 바퀴 돌아볼 수도 없다. 영원성이 각인된 나의 몸은 지속적으로 지각된다. 메를로-퐁티는 "그러니까 그것은 나를 떠나지 않는 대상이다. 하지만 그랬을 때 그것은 여전히 대상일까?"[3]라고 묻는다. 그것은 나의 옆에(à côté de moi) 있다기보다는 내 쪽에(à mes côtés) 있다. 그것은 내 앞에 있지 않으며 나와 함께 있다. 나는 나의 몸을 전시할 수도 없고 내 앞에 놓을 수도 없다. 나는 나의 몸과 함께 구성될 수 있을 뿐이다. 따라서 나의 몸은 즉자적 존재의 방식으로나 대상처럼 정확하게

---

2 "De la phénoménologie du corps à l'ontologie de la chair"[「몸의 현상학에서 살의 존재론까지」], in *Le corps*, sous la direction de Jean-Christophe Goddard et Monique Labrune, p. 242.

3 *Phénoménologie de la perception*, p. 107.

파악될 수 없다.

　나의 몸이 공간 안에 나란히 배열되어 있는 기관들의 집합으로 환원될 수 없다면, 나의 몸은 또한 마찬가지로 순수한 의식도 아니고, 절대적 내면성이나 순수한 대자적 존재도 아니다. 나의 몸은 살이고 육화된 의식이며, 나의 행동을 통해 가시적이 된다. "나의 주체성은 자기 뒤로 자신의 몸을 끌고 온다."[4] 그리고 나의 주체성은 자신이 바깥에 보이도록 내어 준다. 따라서 "나에 대한 나의 몸의 존재의 깊이는 가장 내밀한 나의 '안'의 영원한 '밖'이다."[5]

　몸은 즉자와 대자, 둘 사이에서 애매성을 키운다. 모호함의 왕인 몸은 주체와 대상을 혼동시키면서, 동시에 그 모든 역할을 수행한다. 메를로-퐁티는 "내가 나의 왼손으로 나의 오른손을 만질 때, 대상인 나의 오른손은 자기 또한 느낀다는 독특한 속성을 가진다"[6]라고 상기한다. 느끼는 것과 느껴지는 것, 지각하는 것과 지각된 것, 만지는 것과 만져지는 것인 인간의 몸은 복합적 존재이며, 그것의 특별한 본성은 쉽게 발견되지 않는다. 실제로 내가 잠깐이라도 나의 몸을 관찰한다면, 나는 불투명한 인식과 곧바로 맞닥뜨리게 된다. 즉 검토하는 주체와 검토된 대상은 유일하고 동일한 존재 안에서 구분되면서 동시에 섞인다. 누가 무엇을 검토하는가? 이것이 질문이다. 내가 나의 몸에 대해 말할 때, 정확히 내가 말하는 것은 무엇인가? 나는 어떤 실재성의 존재를 확인하며, 그것을 어떤 주체와 연관시킨다. 이 주체는 따라서 그러

4 Ibid., p. 405.
5 Sartre, L'être et le néant, p. 402.
6 Phénoménologie de la perception, p. 109.

한 할당보다 앞서 존재하거나, 아니면 적어도 그것과 동시에 존재하는 것처럼 보인다. "나의 몸"이라는 표현은 몸을 확인하거나(identifier) 몸과 동일시되는(s'identifier) 자아에 대한 지시를 함축한다. 그렇지만 몸이 존재(l'être) 또는 가짐(l'avoir)의 형태로서 주장된다면, 그래도 몸은 적어도 그러한 존재의 방식이 문제가 되는 주체와 결합되어 있다. 사실상 '나는 몸을 가지고 있다'고 말하는 것은 내가 가짐의 모델에 따라, 다시 말해 재산이나 소유의 모델에 따라 몸을 이해하고 있다는 것을 함축한다. 그러한 몸은 내게 속하면서 동시에 나와 구분되고, 전적으로 가까이에, 밀접하게 있으면서도, 어떤 방식으로는 나에 대해 외부에 머물러 있다. 가짐은 소유하는 자와 소유된 것을 구분하는 일정한 거리를 암시한다. 나의 몸은 나에 대해 있지만, 나는 아니다. 속함의 관계는 등가 관계가 아니다. 주체는 몸을 확인하지만 몸과 동일시되지는 않는다. 주체는 몸에 의해 포함되지 않은 채 몸을 포함(이해)한다.[7] 요컨대 주체는 열거할 수 있는 다른 많은 것들 가운데 하나의 속성으로서 몸을 소유한다. 그는 정신, 의식, 무의식을 가지고 있는 것처럼 몸을 가지고 있다. 이러한 가설적 상황에서, 나는 내가 소유한 모든 것을 종합할 수 있다고 할지라도, 나는 내가 가진 그 모든 것이지는 않다. 따라서 주체는 언제나 몸을 능가한다.

반면에, 만일 내가 "나는 몸이다"라고 말한다면, 나는 몸과 자아 사이에 등가성을 세운다. 그리하여 그 둘은 겹쳐지고 일치한다. 어쨌

---

7 [옮긴이] 여기서 포함하다, 이해하다의 프랑스어는 comprendre이다. 이 단어는 두 가지 뜻 모두를 가지고 있다.

든 이러한 확증은 동일성을 진술하는 것이 아니라 동일시를 진술하며, 그런 자격에서, 몸과 자아의 일치관계를 확립하는 반성하는 주체의 존재를 전제한다. 반성의 실행은 주체와 대상의 분열을 요구하며, 내가 나의 몸을 초월하거나, 내가 나의 몸을 대상으로 바꿔 놓기 위해 그것을 나의 바깥으로 투사하는 식의 거리두기의 형태를 함축한다. 이러한 가설적 상황에서, 역설적이게도, 나는 나인 그것이 아닌데, 왜냐하면 내가 몸을 벗어나거나, 아니면 몸이 나를 벗어나기 때문이다. 그리고 그런 거리는 모든 일치관계를 헛되게 만들면서 나를 몸과 구분한다.

몸으로 존재하느냐, 몸을 가지느냐, 이것이 문제다. 왜냐하면 그것은 늘 너무 많은 것을 말하는 것이거나 거의 아무것도 말하지 않는 것이기 때문이다. 전자의 경우에, 몸을 사유하는 주체가 필연적으로 몸을 초월하는 것이 사실인 한에서, 우리는 몸에게 전(全)존재를 부여하면서 너무 많은 것을 준다. 후자의 경우에, 우리는 몸에게 지나치게 적은 것을 주는데, 왜냐하면 몸은 주체 외부에 있는 도구로 환원될 수 없기 때문이다. 따라서 "우리는 몸으로 존재하는가, 아니면 우리는 몸을 가지는가?"라는 질문은 쓸모가 없다. 존재하거나 가질 수 있는 그런 '우리'의 본성을 우리가 앞서 해명하지 않는다면 말이다. 이 자아(moi)는 늘 몸을 넘어서 있는 것처럼 보이며,[8] 지탱물, 기체, 주체를 대신하는 것처럼 보인다.

---

8 마르크 리쉬르(Marc Richir)가 몸의 두께에 대해 "육화된 살아가기의 장소"라고 적을 때 지적하는 것이 바로 그것이다. 그러한 몸의 두께는 "몸 안에 이를테면 몸을 넘어서는 어떤 것, 몸을 벗어나려는 어떤 것, 그리고 그것과 관련해서 몸이 언제나 이런 방식으로건 저런 방식으로건 다소 한정되어 나타나게 될 어떤 것이 존재할 때에만, 경험 안에서 사유될 수 있다." *Le corps. Essai sur l'interiorité*, Paris: Éditions Hatier, 1993, p. 7.

그런데 몸을 가지고 있거나 몸인 그러한 자아는 무엇인가? 앙토냉 아르토가 로데즈에 있는 정신병원에 오래 머무는 동안 줄기차게 질문했던 것이 바로 그런 까다로운 질문이다.

나는 '나'(moi)인 것이 무엇인지 묻는다. 이 나는 나의 몸 한가운데 있는 내가 아니다. 왜냐하면 나는 내가 다른 것이 아닌 이 몸 안에 있다는 것을 알고 있기 때문이고, 몸이 아닌 다른 나는 없으며 나는 나의 몸 안에 있는 것이 아니라, 반대로 사람들이 존재라고 부르는 것, 내가 몸을 가지고 있기 때문에 존재로서 존재하는 그것을 느끼는 그런 내가 무엇으로 이루어질 수 있는지를 알고 있기 때문이다.[9]

'나'라는 단어로 지시되는 것은 실제로 또는 명목상으로 몸과 구분되는가? 우리는 칸트를 따르면서 "외부 감각들의 대상인 것이 몸이라는 이름을 얻는다"[10]고, "사유하는 것인 한에서 나는 내적 감각의 대상이고, 나는 나 자신을 영혼이라고 부른다"[11]고 주장해야 할까? 몸을 넘어서는 어떤 것, 일반적으로 정신이라고 명명되는 어떤 것이 정말로 존재하는가? 아니면 우리는 몸을 사유하기 위해 주체가 필요하기 때문에, 주체가 존재한다고 믿음으로써 문법의 함정에 걸려든 것일까? 그러한 것을 알기 위해서, 인간의 몸이 정신과 갖는 관계들의 본성을 규정하는 것이 중요하다.

9 *Cahiers de Rodez*, septembre-novembre 1945, p. 109.
10 *Critique de la raison pure*, II, chap. I, p. 279.
11 *Ibid*.

그런 목적에서, 사유와 연관된 사실들 전체를 다시 묶는 정신 (esprit)이라는 단어가 종교적이거나 생기론적인 함축으로 각인된 영혼(âme)이라는 단어를 조금씩 걷어 냈다는 점을 우선적으로 지적해야 한다. 헤겔(G. W. F. Hegel)은 "사람들이 오늘날 철학에서 거의 영혼을 말하지 않으며, 반대로 더욱 자발적으로 정신을 말한다"[12]는 사실을 확인한다. 이러한 경향은 아마도 영혼이라는 단어의 모호한 특징으로, 즉 정신적 삶의 원리만이 아니라 물리적 삶의 원리도 포괄하고 있는 그 단어는 모호한 특징으로 설명된다. 뿐만 아니라 데카르트는 『반박에 대한 5번째 답변들』에서 바로 그러한 혼동에 대해 반대했었다.

이름들의 최초의 작자들은 우리 안에서 원리들을 구분하지 않았습니다. 하나의 원리는 그것에 의해 우리가 영양을 섭취하고 성장하고, 사유를 통해 동물들과 공통적인 다른 모든 기능들을 행할 수 있게 하는 것이며, 다른 하나의 원리는 그것에 의해 우리가 사유할 수 있게 하는 것입니다. 작자들은 그 둘을 모두 영혼이라는 유일한 이름으로 불렀습니다. 얼마가 지나고 나서 사유가 영양섭취와 다르다는 것을 알게 된 그들은, 우리 안에서 사유의 능력을 가진 것을 정신이라는 이름으로 불렀고, 그것이 영혼의 가장 중요한 부분이라고 믿었습니다.[13]

생명이 영혼의 존재에 의해 더 이상 설명되지 않는 순간부터, 영혼

---

12 *Encyclopédie des sciences philosophiques*, §34, additif.
13 Cf. Descartes, *Oeuvres et Lettres*, Gallimard, La Pléiade, p. 482.

의 개념은 폐지되는데, 왜냐하면 이제 그 개념은 정신의 개념과 걸쳐 있고 중복되기 때문이다. 영혼은 정신보다 더한 그 무엇도 아니다. 그 두 단어는 동의어이고 모두 사유 능력을 가리킨다. 데카르트는 『5번째 답변들』에서 바로 그 점을 강조한다.

나로 말하자면, 우리가 양분을 얻게 하는 원리는 우리가 사유할 수 있게 하는 원리와 완전히 구분된다는 점에 주의하게 되면서, 결합된 그 두 원리를 위해 영혼이라는 단어가 채택되는 것은 모호하다고 말했다. 또한 나는 인간의 첫 번째 활동 또는 인간의 가장 중요한 형태를 위해서 그 단어를 정확하게 채택하려면, 그 단어는 오로지 우리를 사유하게 만드는 원리에 의해서만 이해되어야 한다고 말했다. 그래서 나는 그러한 모호성과 애매성을 제거하기 위해서 그것을 정신이라는 이름으로 더욱 자주 불렀다. 왜냐하면 나는 정신을 영혼의 일부로 간주하지 않으며, 반대로 사유하는 영혼 전부로 간주하기 때문이다.[14]

따라서 그 두 개념 간에는 명목상의 차이만이 존재한다. 데카르트는 혼동에 덜 노출된 정신이라는 단어를 선호하고 있음을 인정한다. 그렇지만 데카르트는 그의 마지막 저작의 제목인 『정념론』이 증언하듯이, 계속해서 영혼이라는 개념을 사용한다. 일반적으로 그는 몸과 무관하게 그 자체로서 포착된 사유 실체를 겨냥할 때 대체로 정신이라는 단어를 사용하고, 사유와 몸의 관계들, 특히 정념들과 의지적 운동

14 *Ibid.*

의 틀 안에서 사유와 몸의 관계들을 분석할 때 대체로 영혼이라는 단어를 사용한다. 사정이 어떻든지 간에 인간은 일반적으로 몸과 정신으로 구성된 존재로서 제시된다. 그런데 그러한 연결이 의미하는 것은 정확히 무엇이고, 그러한 연결의 본성은 무엇인가?

철학자들이 오늘날까지도 계속해서 마음과 몸의 문제(Mind and Body problem)라고 부르는 것에 관해 성찰할 정도로, 그 결합이 수수께끼처럼 나타난다는 것을 인정할 수밖에 없다. 이것은 기이한 역설인데, 왜냐하면, 파스칼이 강조하듯이, 인간 각자는 자신이 말하는 것에 대해 알지 못하면서도, 인간은 몸이면서 동시에 정신이라고 주장하기 때문이다.

우리가 모두 정신과 몸으로 구성되어 있는 것을 보면서, 이 혼합물이 아주 잘 이해될 수 있을 것이라고 누가 믿을 수 있겠는가? 어쨌든 그것은 우리가 가장 이해하지 못하는 것이다. 인간은 그 자체 자연의 가장 불가사의한 대상이다. 왜냐하면 인간은 몸이 무엇인지 이해할 수 없고, 정신이 무엇인지를 더더욱 이해할 수 없으며, 어떻게 몸이 정신과 하나가 될 수 있는지에 대해서는 전혀 이해할 수 없기 때문이다.[15]

평행적인 두 삶을 살면서 죽음에 이를 때까지 결합되어 있는 쌍의 이미지가 종종 우세하게 나타난다. 그 중 하나의 삶은 공적이고 외적이며, 물리적 세계에 속해 있다. 반면에 다른 삶은 사적이고 내적이며,

---

15 *Pensée*, 72, Brunschvicg, 199, Lafuma.

정신적 세계에 속해 있다. 죽음은 파괴되었건 분리되었건 배우자들 간의 이혼을 성립시키며, 그리하여 영혼은 몸의 죽음 이후에도 자신의 삶을 계속해서 산다. 그처럼 결합은 두 개의 상이하고 자율적인 실체들의 결합 형태로서 종종 사유되었거나, 아니면 정신과 사유가 몸의 인과성의 결과들 외에 다른 무엇도 아닌 그런 결합 모델에 근거해서 사유되었다. 전자의 가설적 상황에서, 결합은 이원성을 폐지하지 않으며, 배우자들 간의 상호작용의 가능성의 문제를 제기한다. 후자의 가설적 상황에서, 결합은 이원성을 폐지하고 사유의 물질로의 환원의 문제, 몸으로부터의 사유의 출현의 문제와 부딪힌다. 따라서 문제는 정신이 실재적으로 몸과 구분되는지, 아니면 정신이 단지 몸의 부대현상에 불과한지를 아는 데 놓이게 된다.

몸의 본성을 알지 못하고, 몸의 능력의 범위를 알지 못할 때, 그 질문들은 이성의 경로들에 의해서는 그 진위를 선험적으로 결정할 수 없는 것처럼 나타난다. 로크가 『인간 오성과 관련된 철학적 시론』에서 주목했던 것이 바로 그것이다. 그는 거기서 유물론적 일원론자들과 이원론자들, 즉 영혼의 비(非)물질성의 신봉자들 중 어느 편도 지지하지 않는다.

우리는 물질의 관념과 사유의 관념을 지닌다. 하지만 우리는 아마도 순수하게 물질적인 존재가 사유할 수 있는지 아닌지를 결코 알 수 없을 것이다. 신이 마침 발견한 배치된 어떤 물질 더미에게 통각하고 사유할 수 있는 역량을 전혀 주지 않았는지를, 또는 신이 그렇게 배치된 물질에게 사유하는 비물질적 실체를 결합하고 통합시켰는지를, 우리

는, 계시가 없이는, 우리의 관념들에 대한 관조를 통해 알아내는 것이 불가능하기 때문이다.[16]

영혼의 비물질성은 신앙의 대상이지, 증명을 통한 확실성의 대상이 아니다. 따라서 그것은 영혼의 물질성이라는 가정을 배제할 수 있게 허락하는 이성적 원리로서 요청될 수 없다. 그리하여 만일 우리가 이성에게만 문의한다면, 우리는 두 가지 가정이 모두 가능하다는 것을 인정해야 한다. 로크에 따르면, 신은 사유할 수 있는 물질을 창조할 수 있었고, 또한 마찬가지로 물질을 비물질적 실체와 결합시킬 수 있었다. 그 점에는 불합리한 것이라고는 없는데, 왜냐하면 신의 역량은 무한하기 때문이다. 일반적으로 첫 번째 가설이 더욱 자주 인정되었다고 할지라도, 두 번째 가설도 똑같이 긍정될 수 있었다. "나는 여기에 어떤 모순이 있는지를 보지 못한다. 신, 이 영원하고 전지전능하며 사유하는 존재는 원한다면, 감각이 없는 창조된 어떤 물질 더미에게 일정 정도의 지각과 사유를 주고, 그 신은 마침 그것들을 발견한 것처럼 함께 결합시킨다."[17] 그리하여 로크를 영혼의 물질성의 신봉자들 안에 배치시킬 때, 거기에는 라메트리[18]가 건넜던 한 걸음만이 있을 뿐이다. 그리고 이는 『인간 오성과 관련된 철학적 시론』의 저자(로크)가 영혼의 물질성이라는 명제의 인정에 대한 어려움을 강조했다는 사실을 망각하는 것이다. 로크는 이해할 수 없는 모호성을 모두 포함하고 있는 그

16 *Essai philosophique concernant l'entendement humain*, livre IV, chap. III, § 6.
17 *Ibid.*
18 Cf. *L'homme machine*, p. 93.

두 가설들 사이에서 결단을 내리는 것이 불가능하다고 판단한다. 그리하여 그 중 하나의 선택을 결정하고자 하는 사람은 누구나 곧 대립된 감정을 갖게 될 것이다. 우리는 출구가 없는 두 경로 사이에서 영원히 동요하는 운명에 처해질 것인가? 우리를 사유하게 만드는 것이 무엇인지를 결정하기 위한, 장-피에르 샹죄(Jean-Pierre Changeux)와 폴 리쾨르(Paul Ricoeur) 간의 논쟁은 그 질문이 언제나 열려 있다는 사실을 이해하게 한다.

1) 이원론적 관점 : 데카르트의 영혼과 몸의 결합의 문제

인간에게서 몸과 정신이 결합되어 있으면서도 실제로는 구분된다는 명제는 데카르트를 확실한 대변인으로 삼는다. 이 명제는 종종 이것을 비판하는 사람들을 포함해서 (모든 사람들에게) 계속 어떤 참조점이 되고 있으며, 이원론적 사유의 모델처럼 여겨질 정도이다. 그렇기 때문에 전설에 속하는 것과 글에 의해 확인되는 것을 구분하는 것에 정성을 쏟으면서, 그 명제를 검토하는 게 적절할 것이다.

영혼과 몸의 구분의 증거

『성찰』의 저자(데카르트)는 이성의 질서를 따르면서 제6성찰에서 물질적인 것들의 실존을 확립할 뿐만 아니라, 또한 인간의 영혼과 몸 사이의 실재적 구분도 확립한다.[19] 데카르트는 자신의 명제를 두 단계로

---

19 *Méditations métaphysiques*, VI, A.T., IX, p. 62.

증명한다. 우선 그는 실재적 구분을 정초할 수 있게 하는 원리를 진술하고, 그런 다음 그것을 영혼과 몸에 적용한다. 그 원리는 명석 판명한 관념들의 타당성의 규칙에 따른 결과이며, 그 관념들을 보장하는 것은 신의 진실성이다. 다른 사물에 대해 독립적인 한 사물을 명석 판명하게 이해할 수 있는 가능성은 그 사물이 실재적으로 다른 것들과 상이하며 분리되어 있는 것으로 정립하기 위한 필요충분조건이다. 왜냐하면 신은 우리를 속이지 않기 때문이다. 그런 다음 데카르트는 영혼과 몸이 그러한 규칙을 입증하며, 따라서 영혼과 몸은 실재적으로 구분된 것으로 고려되어야 한다는 것을 보여 준다. 방법적 회의의 실험은 사유하는 본성의 자명성으로 귀착되는바, 이것의 존재는 다른 것에 대해서, 특히 감각들에 의존하는 가설이 제거되지 않는 한 불확실성의 타격을 받는 몸적 본성에 대해서, 독립적으로, 의심할 여지가 없는 방식으로 파악된다. 반대로 연장적 사물로서 몸은 사유하지 않으며, 존재하기 위해서 영혼의 도움이 필요하지 않다. 몸은 자기 안에 고유한 운동의 원리를 소유하고 있기 때문이다. 따라서 영혼과 몸은 아무리 결합한다 한들, 실제로는 구분되어 있다. 사실상 영혼과 몸의 결합은 본성의 일치가 아니라 구성의 일치를 함축한다. 그 결합은 차이를 없애지 않는데, 왜냐하면 몸은 사유를 시작하지 않고 영혼은 물질적이고 연장적으로 되지 않기 때문이다. 그것 각자는 자신의 본질을 보존한다.

이러한 차이의 토대는 결합자들 각자의 실체적 본질과 연관이 있다. 영혼과 몸이 실재적으로 구분되는 것은 그 둘이 실체들이기 때문이다. 신의 관점과 피조물들의 관점에서 실체라는 용어는 분명 한 가지 뜻이 아니다. 첫 번째 의미에서, 실체는 "존재하기 위해 그 자신만을 필요로 하는 그런 방식으로 존재하는 것"[20]을 겨냥하고, 정확히 말해서 그것은 신에게만 적용된다. 두 번째 의미에서, 실체는 "창조된 그 어떤 것의 도움 없이도 존재할 수 있는"[21] 것을 가리키며, 신의 보편적 협조만을 요구한다. 결과적으로 실체는 다른 피조물의 도움 없이 명석 판명하게 이해될 수 있으며, 그 결과 다른 것들과 실재적으로 구분된다.

결합의 문제

영혼과 몸은 구분된 두 실체이며, 그럼에도 불구하고 결합되어 있다. 물질적 본성과 비(非)물질적 본성의 결합은 우리가 놀라도록 놓아두지 않는다. 데카르트가 시인하듯이, 그러한 결합은 이해할 수 없는 것이기 때문이다. 하지만 그 어떤 실체도 본성을 바꾸지 않는다면, 그것들의 상호작용의 가능성에 대한 문제가 제기된다. 어떻게 물질적 실체가 비물질적 실체에게 효과를 낳고, 또 그 반대의 일도 벌어지는 것일까? 이 주제에 관해 엘리자베스 공주는 1643년 5월 16일자 편지에서 질문을 던진다. 이 편지에서 공주는 "어떻게 (사유하는 실체에 불과한) 인간의 영혼이 의지적 행동을 만들어 내도록 몸의 정기들을 결정할 수 있는지"를 말해 달라고 데카르트에게 요청한다. 보헤미아의 공주는 운동의 결정 전부가 연장 안에서의 만지기나 변형을 함축하고 있으며, 그런 운동의 결정은 비물질적이고 비연장적인 실체의 작용에 의해서

---

20 *Principes de la philosophie*, I, 51.
21 *Ibid.*, p. 52.

는 거의 설명되지 않는다는 점을 부각시킨다.

데카르트는 엘리자베스의 질문의 타당성을 인정한다. "나는 진실로, 공주 전하가 제안한 질문이, 내가 출판했던 글들 이후에, 사람들이 내게 가장 정당하게 던질 수 있었던 질문인 것처럼 보인다고 말할 수 있습니다."[22] 하지만 우리는 이러한 고백에 속지 말아야 한다. 그것은 데카르트 철학에 내재하는 어려움이나 모순에 대한 인정이라기보다는, 다뤄지지 않았던 질문에 대한 보충적 설명의 필요성을 표현하는 것이다. 실제로 데카르트는 영혼과 몸의 결합의 문제는 거짓 문제라고 말한다. 왜냐하면 연장 실체와 사유 실체 간의 상호작용은 그 둘을 구분의 관점에서 잘못 이해하는 사람에게만 수수께끼이기 때문이다. 하지만 그렇게 나아가서는 안 된다. 데카르트는 자신의 절차에 대한 나쁜 해석과 연관되어 나올 수 있는 오해를 서둘러 없애려고 한다. 『성찰』에서 그의 목적은 영혼과 몸의 결합을 사유하는 것이 아니라 그것들을 구분하는 토대를 세우는 데 있었다. 인간의 영혼의 본성을 알기 위해서는 두 가지 것을 고려해야 한다. "그 중 하나는 그것이 사유한다는 것이고, 다른 하나는 몸과 결합되어 있는 한에서 몸과 함께 작용할 수 있고 [수동적으로] 만들어질 수 있다(pâtir)는 것이다."[23] 그리하여 데카르트는 자신의 글에서 "이 후자의 것에 대해서는 거의 말할 것이 없는데, 왜냐하면 (그의) 주된 계획은 영혼과 몸의 구분을 증명하는 데 있었기 때문"[24]이라고 분명하게 밝힌다. 그러니까 영혼과 몸의 결합에

22 *Lettre du 21 mai 1643*, A.T., III, p. 664.
23 *Ibid*.
24 *Ibid*., pp. 664~665.

대한 데카르트의 개념화를 찾아야 하는 곳은 『성찰』이 아닌 것이다. 그렇게 진행하는 사람은 누구든지 구분에서 출발해서 결합을 생각하며, 연장 실체와 사유 실체 간의 상호작용의 문제와 틀림없이 마주친다. 문제는 원리의 오류 때문에, 시작부터 질문이 잘못 던져졌다는 사실에서 나온다. 실제로 기본 개념에서 틀리지 않는 것이 중요한데, 왜냐하면 그로부터 파생되는 모든 인식은 틀린 모델에 근거해서 만들어지기 때문이다. 결합을 이해하기 위해서, 영혼만의 본성이나 몸만의 본성에 대한 인식에 근거를 두어서는 안 되고, 영혼과 몸을 함께 인식하는 것에 근거를 두어야 한다. 달리 말해서, 결합의 개념만을 붙잡기 위해서, 사유와 연장에 대한 기본 개념을 배제해야 한다. 데카르트는 공개적으로 그 점을 주장한다.

> 『성찰』에서 (…) 나는 몸에만 속하는 개념들과 영혼에만 속하는 개념들을 구분하면서 후자를 이해시키려고 애썼다. 그 다음에 내가 설명해야 하는 첫 번째 것은, 몸에만 또는 영혼에만 속하는 개념들 없이, 영혼과 몸의 결합에 속하는 개념들을 이해하는 방식이다.[25]

따라서 결합을 생각한다는 것은 사유 실체와 연장 실체 간의 관계들에 대해 질문하는 것이 아니라, 혼동과 오류를 감수하는 조건에서, 그런 적합하지 않은 범주들을 피하는 것이다. 데카르트는 "모든 인간 과학은 오로지 그 개념들을 잘 구분하는 것으로, 그리고 그 개념들 각

---

25 *Ibid.*, p. 666.

각을 그것이 속하는 것들에게 부여하는 것으로 이루어진다"는 점을 상기시키기 위해 노력한다. "왜냐하면 우리가 어떤 어려움을, 이것에 속하지 않는 개념을 수단으로 설명하고자 할 때, 우리는 어김없이 잘못된 판단을 할 수 있기 때문이다. 이는 우리가 그 개념들 가운데 하나를 다른 개념으로 설명하고자 할 때에도 마찬가지다. 이는 그 개념들 각자는 기본적인 한에서 오로지 그것 자체에 의해서만 이해될 수 있기 때문이다."[26] 그러므로 결합은 사유의 개념과 연장의 개념에서 출발해서 이해될 수 없다. 결합은 그 자체로서만, 그리고 감각들에 의해 인식된다. 결합이라는 이 주제와 관련된 혼동은 문제의 위치가 잘못 설정된 결과이다. 즉 그 주제의 영역에 속하지 않는 개념들에서 출발해서 그런 것이다.

실제로 편지는 엘리자베스 공주에게 결합을 경험의 한 사실처럼 고려하도록 권유하고 있으며, 그런 관점에서 형이상학적으로 풀리지 않는 것처럼 보이는 의지적 행위의 문제는 사실상으로 해결된다. 왜냐하면 우리들 각자는 원하는 순간부터 자신의 몸을 움직일 수 있는 경험을 하기 때문이다. 1643년, 데카르트가 일상적 대화에 만족하는 것처럼 보이며, 그가 여전히 영혼과 몸의 결합의 철학을 완성시키는 데 공을 들이지 않았을지도 모른다. 하지만 그럼에도 불구하고 그는 결합의 원리들을 제시했다. 과학이 되고자 하는, 결합에 대한 모든 사유는 네 번째 기본 개념과, 이 기본 개념에 의존하는 개념들에 근거해서 세워져야 한다. 즉 그것은 몸을 움직일 수 있는 영혼이 가진 힘과, 영혼의

---

26 *Ibid.*, pp. 665~666.

감정들과 정념들을 야기함으로써 영혼에 작용하는 몸이다. 그리하여 우리는 몸과 결합된 영혼의 작용과 정념을 분석함으로써 영혼과 몸의 결합의 본성을 이해하게 될 것이다. 바로 그런 이유에서 1649년에 출판된 『정념론』은 실제로 데카르트의 사상에서 영혼과 몸의 결합을 생각하는 것을 가능하게 하고 정당하게 만들어 주는 유일한 논설을 구성한다. 『성찰』에 의존하는 것은 구분의 사유를 이원성의 사유로 변형시키고 데카르트적 이원론의 전설을 강화하는 것으로 제시된다.

그와 관련해서, 데카르트가 『정념론』에서 더 이상 몸과 영혼을 실체들로서 제시하지 않고 실체라는 개념 자체를 사용하지 않는다는 점에 주목해야 한다. 실체 개념의 부재를 앞선 명제들에 대한 철회처럼 해석하는 데까지 나아가지 않으면서, 확실히 거기서 데카르트 사상의 발전의 지표를, 즉 몸과 영혼의 보다 완화된 이원성과 더욱 가까워진 결합을 향한 발전의 지표를 보아야 한다. 어쨌든 데카르트는 나중에라도 일원론자가 되지는 않는다. 왜냐하면 영혼과 몸의 기능은 여전히 명석하고 판명하게 분리되어 있기 때문이다. 하나는 사유를 하고, 다시 말해 지각하고 의지하고, 다른 하나는 열기의 원리이며 스스로 움직인다. 이러한 조건에서, 그 기능들이 어떻게 일치하는지를 이해하고, 결합의 정확한 본성을 결정하는 것이 중요하다.

데카르트는 『정념론』의 1부 30항에서, 결합이라는 신비로운 사실을 납득시킬 수 있는 원리들을 진술한다. 그는 "영혼이 몸의 모든 부분에 함께 결합되어 있다"고 주장한다. 따라서 결합은 총체적인 결합(conjonction)처럼 제시된다. 영혼은 몸과 함께 우발적이거나 도구적인 관계를 유지하는 것이 아니다. 영혼은 몸과 함께 진정한 총체성을 이룬다. 이것은 이미 『성찰』의 6번째 성찰에서 강조되었던 내용이다. "자연은 고통, 허기, 갈증과 같은 감각을 통해 선장이 배 안에 있는 것처럼 내가 내 몸 속에 있을 뿐만 아니라, 몸과 아주 밀접하게 결합되어 있고, 거의 혼합되어 있어서 나의 몸과 일체를 이루고 있음도 가르쳐 주고 있다."[27] 따라서 결합은 본질적으로 내생적 관계의 표현이며, 데카르트는 그것을 두 배우자 간의 결합과 같은 것으로 놓는다. 그런데 그로부터 무엇을 이해해야 할까? 결합은 접촉면을 전제하거나, 적어도 접촉점을 전제한다. 그런데 영혼은 연장이 아니기 때문에 표면을 가질 수 없다. 그렇다면 비(非)몸적인 것이 어떻게 몸적인 것과 관계를 시작할 수 있을까?

데카르트의 관점에서 영혼은 본성을 바꿀 수 없으며, 자리를 차지할 수 없고 몸의 일부 안에 장소를 정할 수 없다. 그런 이유에서 그는 "영혼은 정말로 몸 전체와 결합되어 있고 우리는 영혼이 몸의 다른 데가 아닌 어떤 부분에 있다고 정확하게 말할 수 없다"[28]고 분명히 말한다. 물론 데카르트는 그런 다음, 영혼이 다른 데보다 자신의 기능들을 더 특별하게 실행하는 송과선 안에 영혼의 중심 거처(siège principal)를 정할 테지만,[29] 그의 눈에는 이러한 것이 배타적인 장소의 지정을 의미하지는 않는다. 중심 거처는 별장(résidence secondaire)과 공존할 수 없는 게 아니다. 여하튼 공간의 은유는 적합하지 않다. 영혼은 송과선 안에 위치해 있지도, 모든 부분들 안에 퍼져 있지도 않다. 그렇지 않

---

27 Cf. *Méditations métaphysiques*, A.T., IX, p. 64.
28 *Passions de l'âme* I, XXX.
29 *Ibid.*, XXXI et XXXII.

다면 영혼은 다수이고 조합되어 있을 것이다. 따라서 문제는 어떻게 비(非)물질적이고 분할될 수 없는 하나의 존재가 몸 전체에 결합될 수 있는지를 아는 것이다.

결합은 실제로 두 가지 이유에서 가능하다. 이것을 『정념론』의 30항에서 분명하게 밝히고 있다.

> 영혼은 정말로 몸 전체에 결합되어 있다. (…) 왜냐하면 영혼은 하나이고 어떻게 보면 분할불가능하기 때문이고, 서로 연결된 기관들의 배치 때문인데, 이 기관들은 모두 너무나 긴밀하게 연결되어 있어서, 그 중 어떤 것이 제거되었을 때, 이는 몸 전체를 불완전하게 만든다. 그리고 영혼은 본성상 연장과 아무런 관계를 갖지 않고, 또한 몸을 구성하고 있는 물질의 차원들이나 다른 어떤 속성과도 아무런 관계를 갖지 않기 때문이다. 영혼이 지닌 본성은 다만 몸의 기관들의 조합 전체와 관계를 가진다.

결합의 가능성을 설명하는 첫 번째 이유는 몸의 본성에 기인하고, 두 번째 이유는 영혼의 본성에 기인한다. 한편으로 인간의 몸은 분할될 수 있는 연장의 부분으로 환원될 수 없고, 몸의 부분들의 복수성으로도 환원될 수 없다. 인간의 몸은 진정한 유기적 통일성을 지니는데, 이것은 인간의 몸을 하나이면서 분할불가능한 영혼의 본성과 유사하게 만든다. 연장적 물질인 몸은 분할될 수 있지만, 기관들의 조합인 몸은 어떤 면에서 하나이면서 분할불가능한 총체성을 이룬다. 그리하여 그것의 일부분의 제거는 전체의 파괴를 가져올 수 있다.[30] 영혼과 몸의 이질성은 그렇게 근본적이지 않다. 그리하여 결합은 인간의 몸의 통일성과 분할불가능성 덕분에 가능해진다.

다른 한편, 몸의 모든 부분들에 대한 영혼의 결합은 연장과의 관계를 함축하지 않으며, 다만 기관들의 조합과의 관계를 함축한다. 따라서 영혼은 몸의 물질과 결합하는 것이 아니라, 총체성과 통일성에 의해 파악된 몸의 유기적 기능들과 결합한다. 결합은 영혼이 자신의 본성을 잃어버린 채 연장이 될 수 있을 그런 혼합물 안에서 일어나지 않는다. 영혼은 분할될 수 있고 다수적인 것인 몸과 결합하는 것이 아니라, 하나이고 이를테면 분할불가능한 것인 몸과 결합한다. 통일성은 물질적 통일성이 아니라, 기능적 통일성이다. 그리하여 결합자들 각각은 자신의 동일성을 보존한다. 이제 남는 문제는 어떻게 영혼과 몸이 소통하는지, 더 정확히 말해서 데카르트가 34항에서 사용한 표현처럼, 어떻게 "하나가 다른 하나에게 작용하는지"를 아는 것이다.

영혼과 몸의 상호작용

상호작용의 영역은 영혼이 원인이 되는 모든 의지적 운동들과 몸이 원인이 되는 모든 정념들, 즉 지각, 감각(sentiment), 감정(émotion)을 포괄한다. 교대로 작동자(agent)와 피작동자(patient)가 되는 영혼과 몸은 어떤 고유한 힘을 갖추고 있다. 영혼은 움직일 수 있는(mouvoir) 힘을 가지고 있고, 몸은 동요시키는(émouvoir) 힘을 가지고 있다. "영혼

---

30 Cf. sur ce point, la *Lettre à Mesland*, du 9 février 1645, citée plus haut, A.T., IV, p. 166.

이 가진, 몸을 움직일 수 있는 힘과 감각들과 정념들을 야기함으로써 영혼에 작용하는, 몸이 가진 힘"[31]에 대한 인식은 네 번째 기본 개념, 즉 결합의 개념에 의존하며, 이 개념에서 출발해서 형성된다.[32]

상호작용은 세 배우들을 기능하게 만든다 : 영혼, 몸, 그리고 뇌의 한가운데에 위치해 있는 송과선. 첫 번째로 상호작용이 가능한 것은 몸 전체에 영혼이 방사되기 때문이다. "영혼은 뇌의 한가운데에 있는 송과선 안에 자신의 중심 거처를 가지고 있다. 그곳에서부터 영혼은 정기들, 신경들, 혈액들을 매개로 몸의 나머지 전 부분으로 방사된다. 혈액은 정기들의 인상(impressions)에 참여함으로써 동맥을 통해 그런 정기들을 지체들로 전달할 수 있다."[33] 영혼의 이러한 방사는 영혼이 몸 전체에 흩어지고 확산된다는 것을 의미하지 않는다. 왜냐하면 영혼은 데카르트가 동물 정기라고 명명한 아주 활발하고 민첩한 혈액의 입자들의 중개를 통해 방사되기 때문이다. 그리하여 영혼의 의지는 송과선을 간접적 수단으로 삼아 몸에 전달된다. 송과선은 동물 정기들에게 운동을 각인시키게 될 것이고, 동물 정기들은 운동을 지체들에게로 전파시켜서 의지의 실행을 가능하게 할 것이다. 그러므로 방사는 물리적 질서에 속하는 것이 아니며, 몸 전체에 대한 영혼의 비(非)연장적 현전을 나타낸다. 그리하여 영혼의 의지는 동물 정기들, 신경들, 혈액으로 이어진다.

두 번째로 상호작용은 이번에는 몸이 대상들의 작용과 연결된 감

---

31 Cf. la *Lettre CCCII à Élisabeth*, du 21 mai 1643, A.T., III, p. 665.
32 *Ibid.*
33 *Passions de l'âme* I, XXXIV.

각들을 영혼에게 전달할 수 있는 것과 같은, 우리의 몸-기계의 능력 (disposition)을 전제한다. 영혼에 가해지는 몸의 작용은 "작은 신경 망들이 몸의 전 부분들에 지나치게 많이 분포되어 있어서, 감각적 대 상들에 의해 촉발된 여러 가지 운동들을 계기로, 그 신경망들이 뇌의 작은 구멍들을 여러 가지로 열어 놓기" 때문에 가능해진다. "그리하 여 뇌의 빈 공간들에 포함된 동물 정기들은 여러 가지 방식으로 근육 들 안으로 들어가는데, 이 근육들을 수단으로 동물 정기들은 지체들 을 이들이 움직여질 수 있는 가능한 모든 다양한 방식으로 움직일 수 있게 된다."[34] 그러니까 영혼에 대한 몸의 작용은 신경들의 감각-운동 (sensori-motrice) 기능에 의해 설명된다. 외부 대상들은 지체들의 말 단부들과 뇌에 연결되어 있는 망들 덕분에 신경들의 운동을 촉발한다. 이 운동은 뇌로 전달되고 거기에 포함되어 있는 동물 정기들을 방출시 킴으로써 뇌의 작은 구멍들을 열어 놓는다. 그리고 그 동물 정기들은 근육들로 분포되고 그리하여 운동을 가능하게 한다.

영혼과 몸의 상호작용은 세 번째 작동자의 개입을 요청하는데, 왜 냐하면 상호작용은 솔방울(pomme de pin)과의 유사성 때문에 송과 (pineal)라고 불리는 이 유명한 선을 중개로 일어나기 때문이다.

영혼의 중심 거처인 그 작은 선(송과선)은 정기들을 포함하는 빈 공간 들 사이에 너무나도 긴밀히 연결되어 있어서, 대상들 안에 있는 감각 적 다양성만큼이나 여러 가지 방식으로 그 정기들에 의해 움직여질

---

34 *Ibid.*

수 있다. 하지만 송과선은 또한 영혼에 의해서도 다양하게 움직여질 수 있다. 영혼은 매우 많은 잡다한 인상들을 자기 안에 수용할 수 있는 본성을 가진다. 다시 말해 영혼은 잡다한 운동들에 의해 송과선 안에 도달하는 수많은 잡다한 지각들을 가진다. 반대로 또한 몸-기계는 매우 다양하게 조합되어 있어서, 오로지 이 점으로 인해, 송과선이 영혼이나 가능한 어떤 다른 원인에 의해 움직여지는 것처럼, 송과선은 자기를 둘러싼 정기들을 뇌의 작은 구멍들을 향해 밀어내고 신경들에 의해 그것들을 근육으로 인도한다. 이 근육들을 수단으로 송과선은 정기들이 지체들을 움직일 수 있게 만든다.[35]

상호작용의 설명 도식에 송과선을 추가하는 것은 매우 중요한데, 왜냐하면 그러한 추가는 외부 대상들, 몸, 영혼의 가능한 작용들의 다양성을 해명할 수 있게 해주기 때문이다. 뇌의 빈 공간 안에 매달려 있는 본성과 위치 때문에, 송과선은 매우 유동적이고 무르고 유연성이 있다. 『인간론』에서 데카르트는 송과선이 매우 무른 물질로 되어 있고 뇌의 물질에 단단하게 결합되어 있지 않다고, 반대로 그것은 단지 작은 동맥들에 의해 매달려 있으며, "혈류의 힘에 의해 균형상태로 유지되고"[36] 있다고 명확히 말한다. 그리하여 송과선이 동물 정기의 새로운 흐름을 각인시키기 위해 때로는 이쪽으로 때로는 다른 쪽으로 경도되거나 기울어지는 것을 방해하는 것은 거의 없다. 따라서 송과선의 운

---

35 *Ibid.*
36 Cf. *Traité de l'homme*, A.T., XI, p. 179.

동, 그리고 몸과 영혼의 대상들의 상호작용들이 상응하는 3중의 도식을 만들어 내는 것이 가능하다.

첫 번째로 송과선의 운동들의 다양성은 대상들의 다양성에 정확히 비례하며, 그리하여 그것은 분명한 감각적 지각의 가능성의 조건으로 드러난다. 송과선의 운동성과 대상들의 감각적 다양성 간의 그런 상관관계가 없다면, 감각은 혼란스러울 것이고 대상들은 결코 확인되지 못할 것이다. 두 번째로 송과선의 운동들의 다양성은 영혼의 인상들(impressions)의 다양성과 비례한다. 송과선의 충동 각각에 영혼의 지각이 상응한다. 그리하여 영혼은 자기에게 도달하는 모든 것을 인식할 수 있고 자신의 느낌을 외부 대상들이나 자신의 몸과 관계시킬 수 있다. 세 번째로 송과선의 운동들의 다양성은 의지적이건 비의지적이건 몸의 운동의 다양성과 비례한다. 첫 번째 가설 상황에서, 영혼에 의해 각인된 송과선의 각각의 운동은 의지들을 실행시키는 몸의 각각의 운동과 상응한다. 두 번째 가설 상황에서, 영혼이 아닌 다른 원인 — 이것은 외부 대상일 수도 있고 몸 자체일 수도 있다 — 에 의해 각인된 송과선의 각각의 운동은 몸의 비(非)의지적인 운동 각각과 상응한다. 송과선의 운동, 대상들의 감각적 다양성, 사유들, 그리고 몸의 의지적이고 비의지적인 운동들 사이의 그런 상응관계는 자연이 설립한 것이며, 신의 섭리의 존재를 전제한다. 게다가 흥미롭게도 데카르트가 여기서 평행론적 도식을 전개하는 것이 확인되는데, 데카르트의 계승자들은 그의 영혼과 몸의 상호작용을 비판하면서도 바로 그 평행론의 입장에 서게 될 것이다.

송과선은 작용들의 다양성을 설명할 수 있게 해줄 뿐만 아니라, 어떻게 사물들의 실재적 지각이 가능한지를 이해하는 데 도움을 주는 결합의 원리로서 기능한다. 이를 위해 데카르트는 동물에 대한 시각을 사례로 든다. "만일 우리가 어떤 동물이 우리에게 다가오는 것을 본다면, 동물의 몸의 반사된 빛은 그것을 두 개의 이미지로 그리는데, 그 이미지 각각이 우리의 눈 안에 있다."[37] 따라서 두 이미지는 시신경의 매개로 뇌 안에서 형성된다. 이 이미지들이 송과선에서 하나의 이미지를 구성하기 위해 통일되지 않는다면, 영혼은 모든 것을 이중으로 지각할 위험이 있다. 따라서 송과선은 상당히 중요한 역할을 한다. 그것은 감각 인상들을 통일시킴으로써 명료한 세계 지각을 보장하고, 느낌의 전 영역이 오류로 결정적인 타격을 입지 않도록 막는다. 그리하여 송과선은 특권적인 인식론적 위상을 누린다. 그것은 작용들의 통일성과 다양성에 동시에 근거를 제공하는 원리를 구성한다. 송과선은 두 실체들 사이에 있는 회전판처럼 나타난다. 감각 인상들이 느낌과 지각으로 전환되는 것이 바로 그 송과선 덕분이다. 이러한 전환은 어쨌든 어떤 마술과 유사하며, 그리하여 그 수수께끼 같은 송과선은 영혼과 몸의 결합에 대한 데카르트 사유의 모든 난점들이 집중되는 핵심이 된다.

영혼과 몸의 결합이라는 데카르트의 구상에 대한 비판

스피노자는 그런 난점들을 지적할 수 있다고 자부했다. 그는 "신비스러운 성질들로 모호한 것들을 설명하기를 원했다면서 스콜라 철학자들을 수시로 비판했던" 명석 판명한 관념들의 일급 선수가 "모든 신

---

37 *Passions de l'âme* I, XXXV.

비스러운 성질들보다 더 신비스러운 가설을 채택하는 것"[38]을 보고 놀라워한다. 『에티카』의 저자(스피노자)는 저명한 자신의 선배 학자에게 세 가지 조항의 비판을 가한다. 우선, 데카르트는 자신의 이원론 때문에 결합과 정신의 본성(자연)에 대한 명석 판명한 관념을 갖지 못한다. 왜냐하면 그는 그런 관념의 가까운 원인, 즉 직접적인 생산적 원인을 알지 못하고 그것의 근거가 되는 자연적인 매개 원인들을 제시할 수 없었기 때문에, 그것을 설명하기 위해 곧바로 신에게 호소해야 했기 때문이다. "그는 정신을 몸과 너무나 구분된 것으로 이해했기 때문에, 그러한 결합이나 정신 그 자체에 어떤 단일한 원인을 부여할 수 없었다. 그래서 그는 전 우주의 원인, 다시 말해 신에게 의지해야 했다."[39] 데카르트에게 결합은 인식할 수 있는 것이기 때문에, 이해불가능한 것으로 남아 있을 수 없었다. 거기에서 신의 손을, 즉 편리한 방책을 보아야 한다. 그러나 그것은 무지의 고백처럼 울리는 한에서 충분한 것일 수 없다.

두 번째로, 스피노자는 데카르트가 동일한 존재의 유에 속하지 않고 공통분모가 없는 항들을 관계시켰고, 영혼이 몸에 대해 지배력을 사용한다는 것을 인정했다고 비난한다. 정신의 힘은 몸과 동일한 본성을 갖지 않기 때문에 몸의 힘에 따라 측정될 수 없다. 정신이 판단을 멈추고 몸의 운동과 균형을 이루기 위해 송과선에 전달할 수 있는 운동의 양이 얼마인지를 아는 것은 불가능한데, 왜냐하면 의지는 기계적

---

38 *Éthique* V, préface.
39 *Ibid*.

본질을 갖지 않기 때문이다. 동시에 송과선이라는 전투장의 한가운데에서 벌어지는 대립되는 충동들 간의 싸움은 완전히 허구적이다. "의지가 운동과 관계하지 않을 때, 정신의 역량 및 힘과 몸의 역량 및 힘의 비교 또한 있을 수 없다는 것은 확실하다. 그리고 그 결과 몸의 힘들은 정신에 의해 절대적으로 결정될 수 없다."[40] 지성적이고 몸적인 역량들의 공통분모가 없다는 것을 보여 주기 위해서, 스피노자는 상호작용의 가능성과, 몸에 대한 영혼의 지배의 가능성을 무너뜨린다. 결합은 상호작용이나 직접적인 소통의 용어를 통해 사유될 수 없다. 결합은 더 이상 힘의 관계들의 표현이 아니다. 요컨대 그것은 더 이상 전투가 아니다.

마지막으로 스피노자는 『인간론』의 저자의 주장들을 공고히 하지 않는 해부학적 관찰들에 기대면서, 생리학의 영역에서 데카르트를 공격한다. "게다가 우리는 송과선을 뇌의 한가운데에 위치해 있는 것으로 더 이상 발견하지 않기에, 그것은 매우 쉽게, 그리고 수만 가지의 방식으로 한쪽으로 밀려날 수 있으며, 신경은 전부가 뇌의 빈 공간으로까지 확장되지 않는다."[41] 물론 데카르트는 구설수를 낳으려고 송과선을 발명하지는 않았다. 송과선은 실제로 존재하며, 간뇌의 바닥에 위치한 지금의 송과선(épiphyse)과 일치한다. 하지만 그것은 데카르트가 제시한 형상을 하고 있지 않다. 그것은 풍향계처럼 모든 충동들을 받아들일 준비를 하면서 뇌의 한가운데에 매달려 있지 않다. 뇌 또한

40 *Ibid.*
41 *Ibid.*

모든 것이 경유해서 지나가는 중추신경이 아니다.

　스피노자의 유명한 비판을 넘어서, 그 본성이 무엇이건 심리적 힘과 물리적 힘 사이의 상호작용은 불가능한 것처럼 보이는데, 왜냐하면 그런 상호작용은 우주 안에서의 동일한 양의 에너지 보존이라는 법칙에 어긋나기 때문이다. 모든 운동과 변화는 에너지의 소비를 전제한다. 그러한 조건에서 정신적 운동은 그 자체로서 가능하지 않다. 그것은 실제로 단지 물리적 원인에 의해서만 생겨나며, 그렇지 않다면 심리적 에너지를 인정해야 할 텐데, 이는 우주 안의 에너지의 양을 증가시킬 것이다. 마지막의 이 강한 공격은 아마도 기계적인 상호작용의 가능성을 결정적으로 파괴할 것이나, 라이프니츠의 표현대로 "영혼과 몸의 결합이라는 중대한 문제"는 여전히 남게 된다.

2) 라이프니츠의 예정 조화에 의한 해결

영혼과 몸의 결합의 본성에 대한 검토는 두개골 안에서 폭풍우를 일으키는 문제들에 속한다. 라이프니츠는 어려움 속으로 빠져들지 않도록 해결책을 찾기 전에 이미 그 주제 앞에서 느꼈던 당황스러움을 고백한다. "나는 영혼과 몸의 결합에 대해 성찰하기 시작할 때 먼 바다에 내던져진 것 같았다. 왜냐하면 나는 몸이 어떻게 어떤 것을 영혼 안으로 통과시키는지 또 그 반대는 어떻게 가능한지, 또 하나의 실체가 어떻게 창조된 또 다른 실체와 소통할 수 있는지 설명할 수 있는 아무런 수단도 찾아내지 못했기 때문이다."[42] 그는 어쨌든 승부를 포기하지 않았다. 그리고 그의 관점에서 데카르트는, 그런 결합의 문제를 해명하는

데 있어서 무능한 형이상학과 수학을 내버리고 삶의 일상적 대화들을 다시 참조하면서 승부를 포기했다. 그리하여 라이프니츠는 철학적 원리들을 스스로 세움으로써 횃불을 다시 들고 영혼과 몸의 결합의 근거를 대려고 노력한다.

문제를 해명하기 위해, 그는 지금은 유명해진 어떤 비교에 의지한다. 이것은 영혼과 몸을 각각 상징하고 서로 완벽하게 일치하는 그런 두 개의 추시계 또는 두 개의 시계의 비교다.[43] 물론 이 비교는 적합하지 않은 특징을 지니고 있다. 영혼은 기계와 유사할 수 없기 때문이다. 하지만 그것은 결합을 "모든 종류의 정신들이 이해할 수 있게" 만드는 어떤 교육학적 덕목을 소유하고 있으며, 영혼이 물질적 실체와 결코 혼동되지 않는다고 했을 때, 성찰을 떠받치는 지지대로 사용될 수 있다.

영향과 보조의 경로에 대한 비판

실체들의 합치와 소통을 설명하기 위해서 세 가지 가설이 가능하다. 영향의 경로, 보조의 경로, 마지막으로 예정된 조화의 경로. 라이프니츠는 우선 첫 번째 명제를 검토하는데, 이것은 그가 『진동시계론』(*Horologium oscillatorium*, 1673)의 저자인 크리스티안 호이겐스(Christian Huygens)에게 그 탓을 돌린 명제이다. "영향의 방식인 첫 번째 방식은 뜻밖에도 고인이 된 호이겐스에 의해 실험되었다."[44] 하지만

---

42 *Système nouveau de la nature et de la communication des substances*, GF, p. 72.
43 "Lettre de 1696 au journal des savants", in *Système nouveau de la nature et de la communication des substances*, p. 82.
44 *Ibid.*

데카르트와 편지를 주고받았던 학자를 넘어서, 그 경로는 서로에게 상호작용하고 서로 영향을 주고받는 물질적 실체와 비물질적 실체의 직접적 소통이라는 생각을 받아들이는 저속한 철학에게서 빌려 온 것이었다. 라이프니츠가 서술한 관찰들은 추들의 짝짓기 실험, 그리고 영혼의 경우와 몸에 적용된 조화로운 체계를 단계화하는 것과 연관된다.

(호이겐스는) "동일한 나무 판대기에 매달린 두 개의 커다란 추를 가지고 있었다. 추들의 계속된 진자운동은 나무 입자들에게 유사한 진동들을 전달했다. 하지만 그 잡다한 진동들이 질서 속에서 잘 유지될 수 없으며 서로 방해하지 않는다고 하더라도 적어도 추들이 일치하지 않기 때문에, 일종의 경이로운 현상이 일어난다. 즉 의도적으로 추들의 진자운동을 교란시켰을 때, 추들은, 거의 한 소리를 내는 두 개의 현들처럼, 곧 다시 함께 진자운동을 하게 된다.[45]

추들의 짝짓기 실험은 실제로 만일 같은 진폭으로 움직이지 않는 두 추가 동일한 지지대에 매달려 있다면 같은 주기로 진동하기 시작한다는 사실을 보여 준다. 추들의 운동을 의도적으로 교란시켰을 경우에, 전혀 일치하지 않을 수도 있을 두 추는 동시성을 되찾기 위해 서로 영향을 주고, 외부 원인의 개입 없이, 하나가 다른 하나에 맞춰진다. 라이프니츠는 호이겐스의 실험에 반박하지 않는다. 그것은 기계론의 질서 안에서 가치를 가진다. 하지만 라이프니츠는 그 모델이 영혼과 몸

45 *Ibid.*

의 결합에게 가져오는 영향을 거부한다. 어떻게 물질적 요소들이 몸에서 정신으로 옮겨 갈 수 있을 것이며, 어떻게 비물질적인 속성들이 몸에게 전달될 수 있다는 말인가? 우리가 동일한 본성의 두 실체들을 다룰 때, 일치는 이미 경이로운 현상처럼 보인다. 그렇다면 영혼과 몸의 경우, 공감(sympathie)은 기적에 속할 것이다. "우리는 하나의 실체에서 다른 실체로 이동할 수 있는 물질적 입자들도, 비물질적인 종류의 것이나 성질도 생각할 수 없을 것이기 때문에, 그런 감정을 포기할 수밖에 없다."[46] 영향의 경로는 그 불가사의한 특징 때문에 배제되어야 한다.

두 번째 경로는 보조의 지지자들을 빌려 온다. 그것은 추시계가 정확하도록 매 순간 감시하는 작동자의 개입을 함축한다.

두 개의 시계가 늘 일치하게 만드는 두 번째 방식은, 비록 잘못된 것이지만, 어떤 능숙한 노동자에 의해 항상 주의하게 만드는 것이 될 것이다. 이 능숙한 노동자는 매 순간 두 시계를 일치시킬 것이다. 이것을 나는 보조의 경로라고 명명한다.[47]

두 번째 경로를 탐험했던 사람은 말브랑슈와 기회 원인들의 체계의 신봉자들이다. 영혼과 몸을 일치시키기 위해 매 순간 개입하는 위대한 시계장인, 그것은 신이며, 이는 기회 원인을 매개로 일어난다. 따

46 *Ibid*.
47 *Ibid*.

라서 『진리 탐구』(*Recherche de la vérité*)의 저자(말브랑슈)가 보기에, 우리는 몸의 성질들을 느끼는데, 이는 몸이 영혼에게 작용하고 영향을 미침으로써 그 성질들을 전달하기 때문이 아니라, 물질의 운동을 기회로 해서 신이 영혼 안에 사유를 탄생시키기 때문이다. 따라서 몸은 영혼에 대해 효력을 갖지 않는다. 오로지 신만이 작용하고 실재적 원인의 역량을 가지고 있다. 반대로, 영혼이 몸을 움직이고 싶을 때, 의지의 능력 덕분에 몸을 움직이는 게 아니다. 바로 신이 영혼의 의지를 기회로 삼아 몸을 움직이는 것이다. 기회 원인들의 체계는 영향이라는 저속한 주장으로부터 멀어지는 장점을 보여 주고, 첫 번째 경로에 비해 어떤 발전을 이룬다.

> 결코 (⋯) 일어날 수 없는 것을 말함으로써, 사람들이 어려움 속으로 제대로 파고들었다는 것을 인정해야 한다. 형이상학적 엄격함을 따라 말하자면, 창조된 실체가 다른 실체에게 조금도 영향을 줄 수 없다는 것은 사실이다. 또한 모든 사물들이 자신의 실재성과 더불어 신 덕분에 계속해서 생산된다는 것도 사실이다.[48]

어쨌든 "『진리 탐구』의 저자의 훌륭한 성찰"[49]에도 불구하고, 기회 원인들의 체계는 철학적으로 충분하지 않다. 왜냐하면 그것은 기계 장치의 신(Deus ex machina)의 개입을 함축하고 일종의 항구적인 기

---

48 *Système nouveau de la nature et de la communication des substances*, p. 72.
49 *Ibid*.

적을 구성하기 때문이다. 라이프니츠는 보조의 경로가 설명을 성립시키지 못하며 난점을 제거하지 못한다고 평가한다. 왜냐하면 그 경로는 신의 보편적 원인 또는 자연의 질서를 관장하는 2차적 원인들로부터 사태를 연역해 냄으로써 사태의 동기를 제공하지 못하기 때문이다. "나는 그것이 자연적이고 일상적인 것들 안에 기계 장치의 신을 내려오게 만든 것이라고 주장한다. 이성에 따르면, 신은 그런 자연적이고 일상적인 것들 안에서 자연의 다른 모든 것과 협력하는 방식으로만 개입해야 한다."[50] 따라서 보조라는 주장은 신의 완전함을 위태롭게 만드는, 초자연적이고 놀라운 주장이다. 왜냐하면 그러한 주장은 신이 가장 단순한 경로들을 선택하지 않았고, 가능한 세계들 가운데 최상의 것을 창조하지도 않았음을 의미하기 때문이다. 영혼과 몸의 결합은 결국 지성으로 이해할 수 없는 것으로 남게 되는데, 왜냐하면 말브랑슈는 일상적인 인과성의 법칙을 무시하면서, 이해불가능한 것을 이해할 수 있는 것으로 만들기 위해서 신의 손을 빌리기 때문이다. "문제를 해결하기 위해, 보편적 원인을 사용하는 것이나, 우리가 기계 장치의 신이라고 부르는 것을 내려오게 하는 것은 부족하다. 왜냐하면 2차적 원인들의 질서에서 끌어낼 수 있는 다른 설명이 존재하지 않은 채로 그렇게 일이 진행될 때, 그것은 엄밀히 말해 기적에 의존하는 것이기 때문이다."[51] 호이겐스에게서 결합은 경이로운 현상과 밀접하게 연관되고, 말브랑슈에게서 그것은 기적적인 것과 밀접하게 연관된다.

---

50 "Lettre de 1696 au journal des savants", in *Système nouveau de la nature et de la communication des substances*, p. 85.

51 *Système nouveau de la nature et de la communication des substances*, p. 72.

예정 조화

그리하여 라이프니츠가 예정 조화라고 부른 세 번째 경로만이 남게 되며, 이것이 유일하게 참된 해결책을 구성한다. "결국 세 번째 방식은 먼저 두 추들을 최고의 기술과 정확성을 가지고 만드는 데 있을 것이며, 그리하여 우리는 추들이 계속해서 일치할 수 있다고 안심할 수 있다. 이것은 예정된 동의의 경로이다."[52] 이 가설에서, 신은 매 순간 세계 안으로 들어오지 않으며, 또한 일종의 항구적인 기적에 의해 영혼과 몸을 일치시키지 않는다. 신은 너무나 완전하게 각각의 실체를 창조하기 때문에, 한 실체는 다른 실체에게 영향을 주지 않아도, 둘 사이에 상호작용이 없어도 일치하게 된다. 그렇게 라이프니츠는 선행하는 두 주장과 관련된 암초들을 피해 간다. 이 세 번째 경로는 앞서 각각의 실체를 조정하는 섭리적 신의 존재를 전제하며, 그리하여 각 실체는 자기 자신의 법칙을 따르면서도 다른 것들과 조화를 이룬다. 예정 조화는 "앞서 배려하는 신의 기교"의 산물인데, "이 기교는 태초부터 너무나 완전하고 대단히 정확하게 조정된 방식으로 실체들 각각을 형성했기 때문에, 이 실체들은 그저 자신의 존재와 함께 받아들였던 법칙들만을 따르면서도 다른 실체와 일치할 수 있다. 마치 상호적 영향이 존재하는 것처럼 보이거나, 마치 신이 그것의 일반적 일치 너머에서 손을 대는 것처럼 말이다."[53]

영혼은 완전히 자발적으로 자기 자신의 바탕에서 모든 것을 끌어

---

52 "Lettre de 1696 au journal des savants", in *Système nouveau de la nature et de la communication des substances*, pp. 84~85.
53 *Ibid.*, p. 85.

내지만, 그럼에도 불구하고 외부 사물들과 전적인 일치를 이룰 수 있도록 창조되었다. 따라서 영혼의 지각들, 영혼의 감정들은 몸에 의해 만들어지는 것이 아니라, 영혼 고유의 구성과 표상적 본성의 결과이다.[54] 영혼과 몸의 결합은, 즉 물리적 상태들과 정신적 상태들 간의 일치는 실체들의 상호작용을 함축하는 것이 아니라, 예정 조화의 산물로 드러난다. "우리가 그것들(영혼과 몸)의 소통이라고 부르는 것을 만들어 내고, 유일하게 영혼과 몸의 결합을 이루어 내는 것은 바로 우주의 각각의 실체 안에서 미리 조정된 상호 관계다."[55] 따라서 영혼과 몸의 소통은 몸의 충동 또는 의지의 이행이나 전달처럼 이해되어서는 안 된다. 그것은 신이라는 위대한 조정자에 의해 영원히 예상될 수 있는, 실체들의 단순한 평행적 일치다. 이는 영혼과 몸이 전적으로 외재성 안에 머물러 있음을 의미하는 것은 아니다. 실제로 『단자론』의 62절이 상기시키듯이, "창조된 각각의 모나드가 우주 전체를 표상한다고 할지라도, 그것은 특별하게 자기에게 할당된 몸, 모나드가 그것의 목적 (Entéléchie)이 되는 그런 몸을 표상한다. 이 몸이 도처에 있는 물질 전부의 연결에 의해 우주 전체를 표현하는 것처럼, 영혼은 특별한 방식으로 자기에게 속한 그 몸을 표상함으로써 우주 전체를 표상한다."

예정 조화의 해결책은, 라이프니츠가 시인하듯이 "매우 큰 이점과 매우 주목할 만한 아름다움"[56]을 제시하는데, 왜냐하면 그것은 최상의 방식으로 어려움들의 이유를 설명하기 때문이다. 한편으로 예정 조화

<hr />

54 Cf. *Système nouveau de la nature et de la communication des substances*, p. 73.
55 *Ibid.*, pp. 73~74.
56 *Ibid.*, p. 73.

의 해결책은 모든 것을 자기 자신의 바탕에서 끌어내면서, 각자의 방식으로 우주를 표현하는 실체들의 단자적 본성을 보존하고, 몸과 영혼의 상호적 영향을 인정하는 데서 일어나는 서투른 잘못을 피해 간다. 다른 한편으로, 예정 조화의 해결책은 낙관주의의 학설에 부합하고, 신은 최소한의 수단으로 최대한의 효과를 창조해야 한다는 최상의 선택의 원리에 부합한다. 모든 것을 미리 조정함으로써 신은 자신이 개입하는 횟수를 늘릴 필요가 없고, 매 순간 자신의 효율성을 소비하고 발산할 필요가 없다. 예정 조화의 경로는 창조자의 통찰력과 선견지명을 드러냄으로써 신의 완벽성을 찬미한다. 그 경로는 질서가 너무나 잘 잡힌 우주 앞에서의 경탄을 일깨우고 종교적 감정을 강화시킨다.

예정 조화 이론의 한계들

라이프니츠의 주장은 어쨌든 섭리적 신에게 의지하고 있다. 영혼과 몸의 결합과 소통은 신의 협조가 없다면 이해될 수 없다. 그리하여 인간학은 신학에 종속되고 이러한 우회로 없이 진행될 수는 없다. 왜냐하면 영혼과 몸의 관계들은 신의 매개가 없다면 사유될 수 없기 때문이다. 실체들의 일치는 기회 원인들의 체계의 결과이건, 아니면 예정 조화의 결과이건 언제나 신의 도움을 요청한다. 그런데 선견지명이 있는 신의 의지에 대한 그런 요청은, 스피노자가 『에티카』의 1부 부록에서 지적했듯이, 종종 무지의 도피처가 된다.

　게다가 라이프니츠는 영혼을 "분리된 세계 안에서 살고 있는"[57] 모

---

57 *Ibid.*

나드와 동일시하면서, 그리고 오로지 신과 영혼만이 존재하는 것처럼, 영혼을 특별하게 몸과 연결시키고, 영혼은 "직접적으로 현전하면서 몸 안에 자신의 자리를 가진다"[58]고 주장한다. 데카르트에게서 이미 나타났던 것으로서 영혼의 자리에 대한 참조는 문제적인데, 왜냐하면 그것은 비물질적인 실체가 장소를 가지고 있다는 의미를 함축하기 때문이다. 라이프니츠는 영혼이 연장이라는 것을 인정하지 않고 그것을 형이상학적인 지점과 비교한다. 하지만 어쨌든 그는 영혼에게 몸 안의 어떤 자리를 여전히 부여하고 있다. 불가분적이고 공간을 점유하지 않는 것이 어떻게 자리를 가질 수 있다는 말인가? 볼테르는 그 주제에 관한 환상적 의견들의 상대성을 강조하면서, 자리의 문제를 비꼬았으며,[59] 칸트는 『형이상학 강의』에서 볼테르의 뒤를 따른다. 칸트는 영혼의 모든 공간화와 모든 국소화의 부적합한 특징에 대해 반박한다.

> 정신의 현전은 장소의 용어로(*localiter*) 설명될 수 없다. 왜냐하면 만일 우리가 영혼을 장소의 용어로 설명한다면, 나는 인간이 죽을 때 영혼은 계속해서 오래도록 몸 안에 남아 있는지, 즉시 몸을 떠나 버리는

---

58 *Ibid.*, p. 74.

59 Cf. *Dictionnaire de philosophie*, article 'âme', pp. 28~29, GF.[『백과사전』, '영혼' 항목] "그것들(영혼들)은 종자적인 극미동물들 안에 자리를 잡는다. 이 사람이 외친다. 아니다, 영혼들은 나팔관 안에 거주할 것이다. 의외의 방문객이 말한다. 당신은 모두 틀렸다. 영혼은 태아가 형성되기 전까지 6주를 기다린다. 그런 다음 영혼은 송과선을 장악한다. 하지만 잘못된 생식세포를 발견한다면, 최상의 기회를 기다리면서 다시 돌아간다. 마지막 의견은 그것의 거처가 뇌량(corps calleux)에 있다는 것이다. 그것은 라 페이로니(François Gigot de la Peyronie)가 영혼에게 할당한 자리다. 영혼의 자리를 그처럼 배치하기 위해서는 프랑스 왕의 최초의 외과의사 정도는 되어야 했다. 그렇지만 그의 뇌량은 그 외과의사가 일궜던 성공과 동일한 성공을 거두지 못했다."

지를 질문할 수 있기 때문이다. 영혼은 방 안이나 집 안에서 발견되는가? 영혼은 얼마 동안 그것이 천국이건 지옥이건 여행을 할 수 있는가? 그렇지 않다면 영혼은 어느 곳에 있는가? 하지만 이 모든 질문들은 우리가 영혼의 현전을 장소의 언어로 정립하거나 설명하지 못할 때 실패하게 된다. 장소는 몸과 관련된 것들 간의 관계를 구성하지 못하는 것이 아니라 정신적인 것들 간의 관계를 구성하지 못한다. 그래서 물리적 세계 속 어딘가에 장소를 차지하지 못하는 영혼을 보아서는 안 된다.[60]

자리의 질문은 그 부적합한 특징 외에도, 영혼의 물화의 지표가 된다. 라이프니츠는 영혼을 사물처럼 사유하고, 결국 형이상학적 실재를 물리적 실재처럼 취급한다. 이러한 관점에서 그는 전통 형이상학에 대한 헤겔의 비판의 대상이 된다. 즉 전통 형이상학은 몸의 실체와 지성적 실체라는 두 실체의 환원불가능한 차이를 주장하면서, 슬그머니 영혼을 다시 물화시킴으로써 그 차이를 없앤다.

이것, 그러한 형이상학은 영혼의 자리에 대한 질문을 통해 그것을 했고——그 결과 형이상학은 영혼을 공간 안에 놓았다——, 마찬가지로 영혼의 탄생과 소멸에 대한 질문을 통해 그것을 했으며——그 결과 영혼은 시간 안에 놓이게 되었다——, 세 번째로 영혼의 속성들에 실리는 질문을 통해 그것을 했다——왜냐하면 그때 영혼은 그런 결정들의

---

60 *Leçons de métyphysique, Sur l'état de l'âme après la mort*, p. 369.

접합점처럼 정지해 있고 고정된 존재처럼 고려되기 때문이다.[61]

라이프니츠는 모나드의 탄생과 소멸을 전혀 생각하지 않았기에 두 번째 질문을 피해 갔던 반면에, 첫 번째와 세 번째 질문 아래에 놓이게 된다. 게다가 헤겔은 이 기회를 놓치지 않고 그 점을 분명하게 드러낸다.

라이프니츠 역시 영혼을 나머지 모든 것들과 마찬가지로 모나드로 만들면서, 그것을 사물처럼 고려했다. 모나드는 사물과 마찬가지로 정지해 있는 존재이며, 영혼과 물질적 존재 간의 차이는, 라이프니츠에 따르면, 영혼이 나머지 물질보다 명료하고 발달된 모나드라는 점에 있다. 그러한 표상을 통해 물질적 존재는 실로 가치가 높아지지만 영혼은 그런 존재와 차별화되는 것만이 아니라 물질적 존재로 강등된다.[62]

역설적으로 구분된 두 실체로서 몸과 영혼을 정립하는 이원론적 사고는 정신을 물화시킴으로써, 부지불식간에 영혼을 물리적 실재와 동화시킨다. 그렇게 함으로써 이원론적 사고는 정신 아래로 있게 된다. 왜냐하면 이원론적 사고는 정신을 물질적 존재로, 즉 정신의 본질적 속성들이 부정되는 물질적 존재로 환원시키기 때문이다. 결국 영혼은 부정성으로서의 몸에 불과하다. 몸이 물질적이고 연장적이고 구성

---

61 *Encyclopédie des sciences philosophiques*, t. III, *Philosophie de l'esprit*, § 389, additif.
62 *Ibid*.

되어 있고 분할될 수 있고 사멸적인 반면에, 영혼은 비(非)물질적이고 비(非)연장적이고 단순하고 분할될 수 없고 불멸적이다. 영혼이 몸의 반대라면, 영혼과 몸의 결합이라는 문제가 제기되고 극복할 수 없는 어려움들이 출현한다는 것이 놀랄 일은 아니다. 실체론적 전제를 탐문하지 않는다면, 몸과 영혼의 관계들은 결합이라는 거짓 질문과 충돌하게 될 것이고 그것은 기계 장치의 신이 없다면 이해불가능한 것으로 남게 될 것이다.

3) 영혼과 몸의 결합 : 거짓 질문?

결합의 문제가 해결될 수 없는 것으로 나타났던 것은 잘못 정립되었기 때문이다. 정신과 몸의 관계는, 하나는 물질적이고 다른 하나는 비물질적인 그런 독립적인 두 존재 간의 대립이라는 관점에서 사유되어서는 안 된다. 사실상 정신과 몸이 실체들 또는 사물들이라는 전제는 극복할 수 없는 난제들로 인도되며, 정신과 몸의 결합의 진정한 본성을 이해하는 데 있어서 장애물을 구성한다. 결합의 거짓 문제의 기원에는 바로 그런 물화와 실체화가 있다. 정신과 몸이 자체적으로 존속하는 존재들처럼 이해되는 한에서, 그것들의 결합은 이해불가능하게 남아 있으며, 그것들의 상호 관계는 신비스러운 영향의 형태, 기회 원인론의 형태, 예정 조화의 형태를 얻는다. 사실상으로는 결합되어 있고 원리상으로는 분리되어 있는 정신과 몸은 고정된 방식으로 차이들 속에서 마주보며 정립되고, 따라서 정신과 몸의 공동체는 알 수 없는 것이 된다. 영혼과 몸의 관계를 사유하기 위해서는 논리를 바꿔야 하고 적절하지 않은 범주들을 포기해야 한다.

라일이 말하는 범주 오류와 기계 속 유령의 도그마

라일(Gilbert Ryle)은 데카르트적 이원론에 책임을 물을 수 있는 범주의 오류에서 결과하는 영혼의 물화를 비판할 때, 그렇게 하라고(논리를 바꾸고 적절하지 않은 범주들을 포기하라고) 우리에게 권유한다. 오류는 사물들에게 적합한 범주들을 정신에 적용하면서 정신을 사유하는 데 있다. 데카르트와 그의 계승자들에게, "그러므로 물리적인 것과 정신적인 것 간의 차이는 '사물', '실체', '속성', '상태', '과정', '변화', '원인', '결과'의 범주들의 공통 도식 내부에 있었다. 정신은 몸과 상이한 '사물'로 고려되었고, 정신적 과정들은 몸의 운동들과 다른 종류임에도 불구하고 원인과 결과였으며, 이하 다른 것들도 마찬가지였다."[63] 범주의 오류는 동일한 개념들을 다른 논리적 유형들에게, 마치 이것들이 같은 계획 속에 있는 것처럼 적용시키는 데 있다. 데카르트는 물리적 실재에 고유한 사물 및 실체의 존재론적 범주들을 영혼으로 확장한다. 그 범주들은 모두 운동과 정지와 연결된 몸의 범주들로서, 상태, 과정, 변화의 개념들과 같은 것들이다. 하지만 영혼은 몸과 동일한 범주에 속하지 않는다. 따라서 영혼과 몸을 결합하거나 분리하려고 노력하는 것은 무의미하다. 그것은 스타일상으로 상이한 두 유형에 속하는 두 항들을 조정하려고 노력하는 것만큼이나 불합리하다. "그녀는 울면서, 가마를 타고 집에 도착했다."(Elle est arrivée à la maison en

---

63 *La notion d'esprit*, p. 19.

pleurs et en chaise à porteurs)[64] 결합(conjonction)과 분리(disjonction)는 오로지 동일한 유형에 속하는 두 항들에 대해서만 가능하다. 따라서 영혼/몸의 이분법과 이것의 어색한 통일의 행렬은 자취를 감춘다. 그런 이분법과 그런 통일의 행렬은 널리 사용되지 않기 때문이다. 범주의 오류가 사라지는 순간 문제는 저절로 사라진다.

라일에 따르면, 범주의 오류의 기원에는, 모든 몸들에게 적용될 수 있는 역학 이론을 제공했던 갈릴레이의 과학적 발견들이 있다. 데카르트는 두 모순적인 경향들 사이에서 갈라져 있었다. 한편으로 그는 갈릴레이의 과학적 원리들에 동조했고, 다른 한편으로 그는 정신을 순조롭게 작동하는 기계 장치와 동일시하는 결단을 내릴 수 없었다.

과학 천재인 그는 기계공학(mécanique)의 주장들에 대한 책임을 떠맡을 수밖에 없었고, 신앙인인 그는 홉스처럼 기계 장치(mécanisme)의 맥빠지는 조항, 즉 인간의 본성과 시계의 기계 장치 사이에는 단지 복잡성의 차이만이 있다는 조항을 수용할 수밖에 없었다. 데카르트의 관점에서 정신적인 것은 기계공학의 변이에 불과한 것일 수 없었다.[65]

곤경에서 빠져나올 수단을 찾고자 열망했던 데카르트는 정신적 기능을 기계공학적이지 않은 과정들과 관계시켰다. 동시에 그는 자기도 모르게, 원한 것이 아니었음에도 불구하고, 정신에 대한 자신의 학

---

64 이것은 라일이 제공하는 예들 가운데 하나이다. cf. *Ibid.*, p. 22.
65 *Ibid.*, p. 19.

설을 기계공학에 속하지 않는 논리로 주조했다. 그는 기계공학에 반대 입장을 취하는 것으로 만족했다.

> 의식하지 않았지만 여전히 기계공학의 문법에 동조했던 그는 정신을, 선행하는 것의 정반대에 불과한 어휘들로 기술함으로써 실패를 피해 가려고 노력했다. 그는 몸에 대한 특별하고 단순한 부정처럼 정신의 기능을 기술하지 않으면 안 되는 자신을 보았다. 정신은 스스로 움직이지 않으며 물질의 변형이 아니고 공공연한 관찰로 접근할 수 있는 것이 아니다.[66]

데카르트는 기계-영혼의 이론을 피하기 위해서, 기계공학의 역전된 반영일 뿐인 역-기계공학(para-mécanique)을 구축한다. 따라서 그는 여전히 동일한 문법 안에 갇힌 포로로 남아 있다. 곤경에서 벗어나기 위한 술책은 감옥처럼 다시 닫힌다.

이러한 범주의 오류가 바로 라일이 기계 속 유령의 도그마라고 명명한 것의 기원에 있다. "그렇게 이해된 정신은 단지 기계에 달려 있는 유령이 아니라, 정신 자체가 유령 기계이다."[67] 정신이 기계인 이유는 뒤집힌 기계공학에서 여전히 유래하는 기술적 도식 안에 영혼이 갇혀 있기 때문이다. 정신이 유령인 이유는 영혼이 존재론적 두께를 가지고 있지 않기 때문이다. 영혼은 자기가 떠나지 않고 매달려 있게 된 몸의

---

66 *Ibid.*, p. 20.
67 *Ibid.*, p. 20.

그림자, 부정성에 불과하다. 이러한 교설은 날려 버려야 하는 신화의 형태를 취하고 있다. 그 자체로서 인식되지 못하는 신화는, 이것이 "어느 한 범주에 속하는 사실들을 다른 범주에 고유한 관용어로 나타낸다"[68]는 점을 고려할 때, 사실상 오류의 원천이 된다. 기계 속 유령의 신화는 정신은 현존하지 않으며, 그런 범주를 없애 버려야 한다는 것을 의미하지 않는다. 정신은 현존하며, 이것은 사람들이 몸이 현존한다고 말할 때와 동일한 의미를 지니지 않는다.[69] 탈신화화는 어떤 사실들을, 이 사실들이 속해 있는 범주에 안성맞춤인 언어로 복원하는 것이다. 탈신화화는 사실들의 부정을 거치는 것이 아니라, 사실들의 재편성을 거친다. 몸과 정신은 덮개 단어이다. 이 단어들 아래 일련의 용어들이 정돈되어 배치되며, 이 용어들은 그 범주들 바깥에서는 등가적이 아니다. 그렇기 때문에 라일은 의도, 의지, 감정의 개념들, 즉 우리가 정신의 개념 아래 수집할 수 있는 것이면서 이것과 동일한 논리적 유형에 속하는 개념들을 검토함으로써 언어와 명명법에 대한 반성 작업으로 방향을 돌린다.

하지만 모든 이원론과 모든 대립이 폐지된다고 해도, 그것들이 동일한 유에 속한다는 것을 함축한다는 점을 고려할 때, 정신과 몸의 관

---

68 *Ibid.*, p. 8.
69 Cf. *Ibid.*, p. 23. "사람들은 몸들이 현존한다고 완전하게, 논리적으로 말할 수 있으며, 또한 마찬가지로 정신들이 현존한다고 논리적으로 말할 수 있다. 하지만 이 표현들은 상이한 두 종류의 '현존'이 있다는 것을 가리키지 않는다. 왜냐하면 '현존'은 '색칠된'이나 '유성(有性)의'처럼 유적 용어가 아니기 때문이다. '현존'은, '오르다'라는 동사가 '밀물이 몰려온다'(la marée monte), '희망이 솟는다'(l'espoir monte), '주가가 오른다'(les cours de la bourse montent)가 상이한 의미들을 갖는 것처럼 현존한다는 동사가 상이한 의미들을 가진다는 것을 보여 준다.…"

계들을 어떻게 사유해야 하는지의 문제는 여전히 남아 있다. 우리는 아르토를 따라서, "영혼은 하나의 단어이며, 현존하지 않는 정신"[70]이라고, 그리고 오로지 "몸만이 현존하고 유지되는 하나의 사물"[71]이라고 결론을 내려야 할까? 정신은 은유적 방식으로, 물질의 속성을 표현하는 단순한 용어로 요약될 수 없을 것이다. 따라서 영혼의 실존에 대한 믿음은 정신의 관점에 불과하게 될 것이고, 반면에 몸은 유일하게 진정한 실재를 구성하게 될 것이다. 이것이 『로데즈의 노트』의 저자가 주장하는 것이다. "현행의 몸은 착각이 아니지만, 영혼은 그렇다."[72] 그렇다면 이 말은 사유하는 것은 몸이고 우리가 정신이라고 부르는 것은 부대현상에 불과하다는 것일까? 그러한 입장은 유지될 수 없으며, 볼테르는 『철학 사전』에서 고대의 유물론자들을 조롱한다. "데모크리토스를 따라서 에피쿠로스가 말했지. '우리 안에서 사유하는 것은 원자들이야.' 하지만 친구여, 원자가 어떻게 사유한다는 말이지? 너는 그에 관해 아무것도 알지 못한다는 것을 시인하시지."[73]

4) 라메트리의 유물론적 일원론

그렇지만 인간 전부에 기계론적 이론을 확장시키고 뇌를 정신의 모태로 만들기 위해서, 라메트리는 볼테르의 보호 아래 자신을 놓는다. 『인

---

70 *Cahiers de Rodez*, septembre-novembre 1945, p. 29.
71 *Ibid.*
72 *Ibid.*, p. 25.
73 *Dictionnaire philosophique*, article 'Âme', p. 27.

간기계론』의 저자는 "우주 전체에는 다양하게 변형된 단 하나의 실체만이 있다"[74]고 확증하면서 통합적 일원론을 주장한다. "따라서 영혼은 사람들이 아무런 관념을 갖지 않는 헛된 용어, 올바른 정신이라면 우리 안에서 사유하는 부분을 명명하기 위해서만 사용해야 하는 헛된 용어다."[75] 라메트리는 공공연하게 단호한 유물론적인 신앙 고백을 한다. "나는 사유가 조직된 물질과 양립하는 것이 거의 불가능하다고 믿는다. 따라서 사유는 전기, 운동 능력, 불가입성, 연장 등과 같이 물질의 속성인 것처럼 보인다."[76] 그렇지만 그는 자기 자신에게 기계 씨(M. Machine)라고 세례명을 주었던 것처럼 순수한 교의에 만족하지 않는다. 그는 자신이 두 단계로 확립한 명제를 확고하게 하기 위해 경험과 관찰에 의존한다.

우선 그는 영혼의 다양한 상태들은 몸의 다양한 상태들과 언제나 연결되어 있다는 것을 보여 준다. 우리는 우리의 몸의 기계가 조립되는 방식에 따라 생각한다. 라메트리는 질병, 정념, 잠, 약물 복용, 음식 섭취, 임신, 성욕, 교육, 풍토, 모방 등과 같은 여러 가지 상황들에 대한 관찰들에게서 빌려 온, 상관관계에 대한 증거가 되는 일정 수의 사실들을 열거한다. 그 모든 변이들은 하나의 상수를 끌어내는 것을 목표로 하는바, 그것은 몸과 정신의 피할 수 없는 상관성(solidarité)이다. 그래서 질병이 진행되는 동안 때때로 "바보가 된 가장 멋진 천재는 더

---

74 *L'Homme-Machine*, p. 151.

75 *Ibid.*, p. 131.

76 *Ibid.*, p. 145.

이상 자신을 알아보지 못하고",[77] 때때로 "멍청이의 회복은 재기발랄한 인간을 낳는다."[78] 잠자는 동안 "영혼과 몸은 함께 잠이 든다."[79] 탈진한 병사의 영혼은 대포소리에도 불구하고 평화 속에서 슬며시 잠이 들고, 반면에 질투하는 불안한 자는 휴식을 찾지 못한다. "아편은 의지마저도 변화시킨다. 그것은 깨어 있고 즐기고 싶어 하는 영혼이 자기도 모르게 침대에 들 수밖에 없게 만든다."[80] 영혼이 얼마나 몸의 상태에 의해 결정되며 물질에 종속되어 있는지를 보여 주는 수많은 사례들이 있다.

영혼의 상태들과 몸의 상태들의 상관관계를 보여 준 다음, 라메트리는 두 번째로 비교 해부학에서 출발해서 그런 상관관계를 증명하려고 애쓴다. 그는 사실들을 확증하는 것에 만족하지 않고, 사실들의 토대들을 제시하고, 몸에 대해 영혼이 의존하는 원인을 제시함으로써 그런 사실들의 동기를 찾으려고 노력한다. 그 결과 그는 인간들과 동물들의 자연적 구조를 비교하고, 사유의 소질은 뇌의 부피와 점도에 따르는 것임을 보여 준다. "인간은 모든 동물들 중에서 가장 큰 뇌를 가진 동물이다."[81] 하지만 부피는 충분한 기준이 아니다. "질이 양에 상응해야 한다."[82] "아무것도 아닌 것, 아주 작은 섬유, 가장 섬세한 해부도 발견할 수 없는 어떤 것이 에라스무스와 퐁트넬이라는 두 멍청이를

77 *Ibid.*, p. 98.
78 *Ibid.*, p. 98.
79 *Ibid.*, p. 99.
80 *Ibid.*, p. 100.
81 *Ibid.*, p. 104.
82 *Ibid.*, p. 105.

만들었다."[83] 이러한 성질은 한편으로는 본질적으로 뇌의 구성을 따르며, 다른 한편으로는 지도를 따른다. 영혼은 몸과 함께 단단해지고 몸이 힘을 얻게 됨에 따라 발달한다. 잘 구성되고 잘 지도받은 뇌는 정신을 생성한다. 뇌는 실제로 교육에 의해 전달된 모든 언어와 형상의 흔적들을 자기 안에 포함하며, 자기 안에 각인된 이미지들에서 출발해서 대상들을 표상하는 상상력을 탄생시킨다.

상상력은 상위 능력의 질서 안에 세워진다. "뇌의 환상적인 부분",[84] 이것이 사실상 영혼이며, 라메트리의 사상 안에서 정신과 뇌의 동일시의 주요 부분을 구성한다.

> 나는 상상한다는 단어를 언제나 사용하는데, 왜냐하면 나는 모든 것이 상상된다고 믿고, 영혼의 모든 부분들이, 이 부분들 모두를 형성하는 유일한 상상력으로 정확히 환원될 수 있다고 믿기 때문이다. 마찬가지로 나는 판단, 추론, 기억은 영혼의 부분들에 불과하며 절대적인 것들이 결코 아니고, 그것들은 반대로 마치 환등기에서처럼 눈 안에 그려진 대상들이 보내어지는 일종의 골수 덮개의 진정한 변형들이라고 믿는다.[85]

광원으로부터 윤곽선들을 하얀 천으로 투사하는 환등기 모델은 상상력에 의한 표상 과정을 해명하는 데 사용된다. 뇌는 눈 안쪽으로

83 *Ibid.*, pp. 105~106.
84 *Ibid.*, p. 113.
85 *Ibid.*, pp. 112~113.

부터 대상들의 이미지를 받아들이는 두개골의 안쪽에 펼쳐진 하얀 면과 유사하다. 상상력은 마치 환등기를 통과한 것처럼 세계를 표상하는, 골수를 덮은 그런 직조면이다. 기억, 판단, 추론은 상상적 표상들의 변형들일 뿐이다. 기억, 판단, 추론은 재(再)기억과 관념들의 조합의 산물이며 다소 복잡한 산물인 그것들은 모태가 되는 상상력과 분리될 수 없다. 정신은 필요에 비례해서 발전하는 생명적 기능일 뿐이다. 정신은 모든 사유들의 모태인 상상력으로 요약된다.

우리가 정립했으며 참이라고 믿는 원리들을 따를 때, 가장 풍부한 상상력을 가진 사람은 가장 풍부한 정신이나 재능을 가진 자로 고려되어야 하는데, 왜냐하면 그 단어들이 모두 동의어이기 때문이다. 또한 우리가 그 어떤 관념도 보태지 않고 그 어떤 실재적 구분도 하지 않았던 상이한 낱말들이나 소리들만을 말하면서 그것들이 상이한 사물들이라고 말한다고 생각한다면, 그것은 부끄러운 남용이다.[86]

그러니까 상상력과 정신의 차이는 순전히 명목적이다.

뇌의 구성의 결과인 상상력은 핵심적인 역할을 담당하는데, 왜냐하면 상상력은 다른 모든 능력들을 낳으며 그것들을 자신의 권한 아래 두기 때문이다.[87] 능력들의 이원성을 폐지하고 이 능력들을 자신의 깃

---

86 *Ibid.*, p. 116.
87 [옮긴이] 라메트리의 시대의 '상상력'을 현대적 의미에서 이해해서는 안 된다. 이때 상상력이란 표상의 능력, 외부의 인상을 뇌에 각인시키는 표상(représentation)의 능력을 말한다.

발 아래로 통합시키면서, 상상력은 그런 능력들의 기원을 몸에 입각해서 설명할 수 있게 허락하고, 정신은 기계[88]의 한 관할 지역에 불과하다는 것을 보여 줄 수 있게 허락한다. 상상력은 이음새의 원리이다. 이것은 정신을 뇌에 다시 연결시키는 데 사용될 뿐만 아니라, 정신을 뇌로 되돌리는 데 사용된다. 어쨌든 영혼의 모든 능력들은 뇌의 구성에 지나치게 의존하고 있으며, 따라서 영혼의 능력들은 뇌의 구성 외에 다른 것이 아니다. 실제로 만일 영혼의 모든 부분들이 상상력으로 환원되고, 만일 상상력이 뇌의 일부분이라면, 우리가 영혼이라고 부르는 것은 뇌의 한 조각에 불과하다는 것이 자명해진다. 게다가 라메트리는 부과된 결론을 공개적으로 끌어내는 것을 서슴지 않는다. "영혼은 운동의 원리일 뿐이거나 뇌의 감각적인 물질적 부분일 뿐이다."[89] 따라서 영혼이라는 용어는 혼동을 초래한다. 왜냐하면 사유는 기관들과 함께 발전하며 뇌의 조직화(organisation)의 결과인 데 반해서, 영혼이라는 용어는 몸과 분리된 비(非)물질적이고 영적인 부분이 실존한다는 것을 암시하기 때문이다. 라메트리로서는 조직화가 그 모두에게 충분하며, 인간기계 이론의 지도적인 부분이 된다. 운동의 최소한의 원리가 일단 정립되고 나면, 몸은 스스로 움직이고 느끼고 사유하기 위해 필요한 모든 것을 가지게 된다.

『인간기계론』에서 전개된 주장은 실체들의 이원론에 종지부를 찍고 실체들의 이해불가능한 결합에 종지부를 찍는다는 장점을 보여 준

---

88 [옮긴이] 여기서 기계는 몸-기계, 즉 기계처럼 이해된 몸을 뜻한다.
89 *Ibid.*, p. 138.

다. 그것은 인간에게 통일성을 수여하고 인간을 제국 안의 제국으로 만드는 일을 멈춘다. "인간은 더욱 중요한 진흙을 빚어 만들어진 것이 아니다. 자연은 유일하고 동일한 반죽만을 사용했고, 단지 그것의 효모를 다양하게 했다."[90] 기계론이 데카르트로 하여금 인간 안의 본성의 이원론을 유지하도록 인도했던 반면에, 라메트리는 그런 기계론을 일원론을 위해 사용되게 하는 어려운 일을 성공시켰다. 동물 기계론을 인간으로까지 확장시키면서, 라메트리는 데카르트 영역 안에서 데카르트를 무너뜨렸고 그의 무기가 거꾸로 그 자신을 향하도록 만들었다.

라메트리의 유물론적 일원론과 뇌의 정신으로의 환원에 대한 비판

어쨌든 승리는 오래 지속되지 않았다. 왜냐하면 상상력은 실로 라메트리 체계의 송과선과 비교될 수 있는 것 또는 예민한 지점일 수 있기 때문이다. 실제로 상상력 이론은 정신을 뇌로 환원하는 데 있어서의 강점과 아킬레스건을 동시에 구성한다. 영혼의 모든 상위 능력들이 유일하게 상상력으로 환원될 수 있다고 전제할 때에, 뇌에 근거하는 그러한 표상 능력의 기원은 여전히 수수께끼로 남아 있고 이론에서 누락된 고리가 된다. 라메트리 자신도 여러 번 그 점을 인정했는데, 왜냐하면 그는 상상력을 "뇌의 조직화의 놀랍고도 이해할 수 없는 결과"[91]나, "그것이 작용하는 방식만큼이나 그것의 본성이 우리에게 알려지지 않은"[92] 그런 환상적인 부분으로 소개하기 때문이다. 뇌와 정신 사

---

90 *Ibid.*, p. 122.
91 *Ibid.*, p. 113.
92 *Ibid.*, p. 113.

이의 이음새로 사용되는 상상력은 눈먼 지점으로 남아 있다. 환등기 모델은 경이로운 것으로서, 나아가 기적적인 것으로서 상상력의 기원을 해명하기에 충분하지 않다. 실제로 우리는 이미지들, 뇌의 물질적 흔적들이 이것들을 표상하는 관념들로 어떻게 이행하는지를 잘 알지 못한다. 라메트리는 원리이자 모든 것을 통제하는 단어로서 조직화(organisation)를 요청하지만, 이 만능키는 기계 장치의 신과 매우 닮아 있다. 상상력의 구조를 해명하기 위해서 그는 그것을 은유들로 환원시킨다.

> 오만한 선생들의 뇌의 풍선을 채우기 위해 바람이 가져오는 그 모든 지식은 그러니까 단어들과 형상들의 거대한 더미일 뿐이며, 이것이 머리 안에서 모든 흔적들을 형성한다. 그리고 이 흔적들에 의해 우리는 대상들을 구분하고 대상들과 관계한다. 식물들을 알고 있는 한 정원사가 식물들의 모습에 따라 그것의 모든 문장들을 기억해 내는 것처럼 우리의 모든 관념들이 상기된다. 그 식물들에 의해 지시되는 단어들과 형상들이 뇌 안에서 함께 단단히 연결되어 있기 때문에, 우리가 한 사물을 이것에 묶여 있는 이름이나 기호 없이 상상하는 일은 드물다.[93]

우선 정원사의 비유가 관념들의 깨어남이 아니라 다시 깨어남(상기)을 겨냥한다는 사실에 주목해야 한다. 그러니까 둘 중 하나이다. 라메트리는 관념들의 선(先)존재를 암묵적으로 인정하고 확립해야 하는

---

93 *Ibid.*, p. 112.

대상을 위해 자신이 가진 것을 자신에게 제공한다. 이 경우, 물질에서 출발한 관념들의 형성이라는 질문이 되살아난다. 또는 그는 뇌의 흔적들을 관념들과 슬그머니 동일시한다. 이 경우 그는 이미지(image)와 상상력(imagnination)을 혼동한다. 이미지는 우선적으로 물질적 흔적, 감각적 실재이며, 상상력은 이미지의 관념이며 몸적인 것을 전혀 가지고 있지 않다. 물질적 흔적인 이미지와, 흔적들에서 출발해서 사물들을 표상하는 상상력 간의 혼동은 확실히 유리하다. 왜냐하면 그러한 혼동은 물질적 흔적들에서 출발한 관념들의 기원이라는 미묘한 문제를 감출 수 있게 하기 때문이다. 상이한 본성의 두 실재를 '상상력'이라는 동일한 어휘 안에 포함시키면서, 라메트리는 어려움을 없애 버리고 어휘를 통한 외양상의 통일성 아래로 이원성을 감춘다. 실제로 그는—관념들에게 지탱물로 사용되는—단어들과 형상들에 의해 남겨진 뇌의 흔적들에서 출발해서, 관념들이 어떻게 형성되는지를 설명하지 않는다. 하나의 흔적의 현전에서 그것의 표상으로의 이행은—만일 이행이 있다면—명시되지 않는다. 따라서 뇌와 정신 간의 연속성의 끈은 세워지지 않았고, 그것의 주된 고리여야 하는 상상력은 실제로는 누락된 고리가 된다. 그렇다면 인간기계론은 물속에서 칼질을 하는 것[94]이고, 그 이론은 정신과 몸의 관계라는 어려운 질문에 진전된 대답을 거의 내놓지 못했다고 결론을 내려야 할까?

자신의 주장을 설명하기 위해 라메트리가 선택한 어떤 예들의 반박할 만한 특징이나 때로 도식적인 특징에도 불구하고, 영혼의 상태들

---

94 [옮긴이] 칼로 물 베기, 공연한 헛수고라는 뜻.

과 몸의 상태들 간의 상관성이 분명 현존한다는 것을 인정해야 할 것이다. 신경 과학의 발견들은 뇌의 활동과 정신적 활동들 간의 그러한 상관관계를 증언한다. 장 피에르 샹죄의 공식에 따르면, "사유는 뇌 없이는 사유될 수 없다."[95] 그러한 목적에서, 『뉴런 인간』의 저자는 미적 지각으로서의 심적 활동과 뇌의 피질의 신경들의 활동 상태 간의 상관 관계를 확립시킬 수 있는 뇌의 단층 촬영의 기여를 강조한다. 양전자 카메라 덕분에, 우리는 하얀색 벽을 지각하고, 그런 다음 몬드리안(Piet Mondrian)의 추상적인 그림이나 로렌 지방의 풍경을 지각하는 주체의 뇌의 신경세포들의 활동을 관찰할 수 있다. 첫 번째 경우에, 이미지는 시각 경로들이 투사되는 뇌의 피질 영역에 주로 한정된다. 두 번째 경우에, 이미지는 앞선 것들과 연결된 두 번째 지대를 동원한다. "따라서 우리는 보고 있는 중인 주체의 뇌의 물질적 활동 상태가 기계의 화면 위로 표상된 것을 얻는다. 그리고 우리는 하얀색 벽의 시각이나 풍경의 시각에 의해 동원된 지대들을 확인한다."[96] 관찰은 또한 체험되는 고통이나 상상의 고통을 겪는 주체, 우울증적 상태나 환각 상태를 겪는 주체에게서도 이루어졌다. 양전자 카메라는 그런 상태들의 특징적인 뇌의 이미지들을 제공하고 그런 상태들을 다른 사유 활동들과 구분할 수 있게 해준다.

지성적 사실들이 뇌의 변화들과 일치하는 게 사실이라고 해도, 신경 단위와 심리적인 것 간의 관계의 본성은 여전히 문제적인 것으로

---

95 Cf. *Ce qui nous fait penser, La nature et la règle*, p. 66.
96 *Ibid.*, p. 69.

남아 있으며, 그 둘을 동일시하지 못하게 한다. 몬드리안의 그림의 관조와 미적 향유, 그리고 1차적인 시각 피질상으로의 그림의 형상들의 투사 간에는 어떤 관계가 존재하는가? 뇌의 이미지와 정신적 상태 간의 연결은 가장 풍부하면서 동시에 가장 빈약한 인식이다. 왜냐하면 그것은 사유의 내용의 특수성을 식별할 수 있게 해주지 않기 때문이다. 물질적 이미지는 미적 감정의 본성을 설명할 수도 없고, 그것을 완전히 해명할 수도 없다.

라메트리와 급진적 유물론의 지지자들의 중요한 잘못은 사유와 뇌의 상관관계에서 그 둘의 동일시로 슬그머니 이행하는 데 있다. 베르그손이 『정신적 에너지』에서 항의하는 상대가 바로 그런 형태의 투박한 환원주의다. 뇌와 정신의 관계의 존재를 인정하면서도, 베르그손은 의식을 뇌의 단순한 발산으로 환원시키는 것을 인정하지 않았다.

사실 경험은 우리에게 무엇을 이야기하는가? 경험이 우리에게 보여주는 것은 영혼의 삶, 또는 여러분이 선호한다면, 의식의 삶이 몸의 삶과 연결되어 있어서, 그것들 사이에 어떤 상관관계가 존재한다는 것이며, 그게 다이다. 하지만 이 점에 반박하는 사람은 없었다. 그리고 그것은 뇌가 정신적인 것의 등가물이라는 것, 우리는 대응하는 의식 안에서 일어나는 모든 것을 뇌 안에서 읽을 수 있다는 것을 인정하는 일과는 거리가 멀다. 옷은 이것이 걸린 못과 상관적이다. 만일 우리가 못을 뽑아 버린다면 옷은 아래로 떨어진다. 만일 못이 흔들거리면 옷도 흔들거린다. 만일 못의 머리가 지나치게 뾰족하다면 옷에 구멍이 뚫리거나 찢어질 것이다. 그렇다고 해서 못의 세부적인 부분들 각각이 옷의 세부적인 부분에 일치하는 것은 아니고, 못이 옷의 등가물도 아니다. 못과 옷이 동일한 사물은 더욱 아니다. 그처럼 의식은 뇌에 반박불가능하게 연결되어 있지만, 그 결과로서 뇌가 의식의 세부적인 모든 것을 그려 내는 것은 아니며 의식도 뇌의 기능이 아니다.[97]

베르그손에 의하면, 영혼과 몸 사이의 자명한 상관성은 동일시의 측면에서도, 등가성의 측면에서도 해석되어서는 안 된다. 영혼은 의식이 그 위에서 발광하는 빛처럼 덧붙여지는 그런 뇌의 현상들 전체로 환원되지 않는다. 더욱이 영혼은 그 상태들 각각이 몸 안에서 어떤 번역물을 발견하는 식으로 몸과 함께 정확한 일치 관계를 맺지 않는다. 베르그손은 뇌의 삶과 정신적 삶 간의 엄격하고 완벽한 평행론이라는 착각을 고발한다. 그러한 착각은 뇌의 분자들과 원자들의 운동과 사유의 흐름 사이에서 대조표를 만들 수 있는 사람은 뇌의 변화들을 관찰하면서 영혼에서 일어나는 모든 것을 알 수 있으리라고 믿는 것으로 이루어진다. 실제로 그런 사람은 분자들, 원자들, 전자들의 뇌 안에서의 춤이라고 베르그손이 명명한 것의 매 형상을 사유의 언어로 번역할 수 있게 하는 사전을 소유할 것이며, 그럼으로써 영혼은 몸을 중심 테마로 하는 번역문이 될 것이다.

그러한 구상은 항목과 항목의 일치, 그리고 철저하게 번역이 가능한 언어의 가능성을 전제로 한다. 그런데 옷과 못의 비유가 암시하듯이, 그런 경우는 없다. 옷이 못에 걸려 있다는 것은 옷이 못에 의해 생

---

97 *L'énergie spirituelle*, II. L'âme et le corps, p. 82.

산된다는 것, 그리고 하나의 세부적인 것 각각이 다른 세부적인 것 각각에 일치한다는 것을 분명 함축하지 않는다. 따라서 뇌는 의식을 반영하지 않으며, 뇌는 의식의 원본도 아니고 복제물도 아니다. 베르그손은 논의를 계속 진행시키면서, 평행주의자들의 절차의 불충분성을 보여 준다.

왕성하게 활동하는 뇌의 내부를 들여다볼 수 있고, 원자들의 왕복운동을 추적할 수 있으며, 원자들이 행하는 모든 것을 해석할 수 있는 사람, 이 사람은 틀림없이 정신 안에서 일어나는 어떤 것을 알 수 있을 것이지만, 그것에 관해서는 알 수 있는 것이 거의 없을 것이다. 그는 몸의 몸짓들, 태도들, 운동들에서 표현될 수 있는 것만을 그저 알 수 있을 것이다. 이는 완성되고 있는 행동이나 단순히 일어나고 있는 행동으로부터 영혼의 상태가 수용하는 것들이다. 나머지 것들은 그의 손을 벗어날 것이다. 그는 무대 위에서 배우들이 행하는 모든 것을 분명하게 보고 있는 관객의 상황에서, 의식 내부에서 펼쳐지는 사유들과 감정들과 마주할 테지만, 그들이 이야기하는 것은 단 한 마디도 이해하지 못한다.[98]

베르그손은 뇌의 활동에 대한 관찰이 의식의 사실들과 관련된 정보들을 제공할 수 있다는 것을 부정하지 않고, 따라서 뇌의 단층 촬영이라는 현행하는 방법들을 비난하지 않을 것이다. 하지만 그는 그런

<hr />

98 *Ibid.*, p. 846.

지식을 확장하는 데에는 회의적인데, 왜냐하면 의식의 삶은 상응하는 뇌의 삶을 무한정하게 넘어서기 때문이다. 양전자 카메라는 뇌 안의 활발한 움직임을 볼 수 있게 해줄 터이나 몸 안에서의 사유들을 읽을 수 있게 해줄 수는 없다.

뇌의 관찰은 영혼으로부터 몸과 연관된 운동으로 옮겨질 수 있는 것만을 드러내며 사유의 의미와 풍부함을 복원할 수는 없다. 베르그손은 뇌의 상태들의 어쩔 수 없이 단조롭고 한정된 특징과 영혼의 상태들의 무한정하게 다양한 색조 사이의 괴리를 강조한다. 만일 심리학과 뇌 기계 과학이 완벽하게 맞는다면, 특별한 영혼의 상태를 기회로, 뇌 안에서 일어나는 것을 기술하는 일은 틀림없이 가능할 것이다. 하지만 그 반대는 불가능할 것인데, 이는 결정된 뇌의 상태를 위해 수많은 영혼의 다양한 상태들 가운데에서 선택한다는 것이 불가능하기 때문이다. 뇌는 확실히 모든 그림들이 들어가는 틀을 제공하지만, 그것들은 적어도 유사한 형식과 차원들을 갖는 그림들이다.[99]

그러므로 뇌의 삶과 정신적 삶의 관계는 엄격한 평행론으로 환원될 수 없다. 물질적 외재화는 정신적 내면성을 모방하기만 할 뿐이며, 하지만 아무리 강력하다고 할지라도, 몸짓은 연극의 대사를 전달하지 못한다. 그렇기 때문에, 베르그손은 "뇌는 무언극의 기관이며, 오로지 무언극의 기관일 뿐"[100]이라고 주장한다. 뇌는 교향악단의 지휘자의 지휘봉에 불과하며, 그것은 무언의 단순한 몸짓을 넘어서는 사유의 교향

99 Cf. sur ce point, *L'énergie spirituelle*, II. L'âme et le corps, p. 847.
100 *Ibid.*, p. 850.

곡의 운동의 박자를 매긴다.

　이 말은 정신-신체적(psychosomatique) 관계들의 이원론적 구상으로 돌아가야 하며, 베르그손의 말대로 뇌는 "물질 안으로의 정신의 삽입의 지점을 구성"[101]한다는 것을 인정해야 한다는 것일까? 삽입의 지점이라는 개념은 영혼의 자리만큼이나 의심스럽고 문제적인 것처럼 보인다. 물론 저자의 글 안에서 그 표현은 정신의 국소화(localisation)나 뇌와 정신 간의 교차점을 전혀 내포하고 있지 않다. 그 표현이 의미하는 것은 뇌가 매 순간 정신이 정황들에 적응하도록 보장하고 정신이 현실과 접촉을 유지하도록 보장하는, 삶에 대한 주의의 기관이라는 것이다. 어쨌든 베르그손은 일종의 이원론과 다시 관계를 맺는데, 이것은 몸과 정신의 관계에도 불구하고 그 둘이 거의 전적으로 자율적인 것이라고 생각하도록 베르그손을 인도한다. 그는 사유가 "적어도 대부분은 뇌에 독립적"[102]이라는 사실을 주장하고, 사유와 뇌의 분리된 실존이라는 명제가 온전하게 합리적이라고 생각한다. "우리는 몸과 정신이 분리될 수 없을 정도로 서로 연결되어 있다고 전제할 아무런 이유를 갖지 못한다."[103] 그처럼 베르그손은 영혼이 잔존할 가능성이 매우 크다고 판단하며, 입증의 책임은 그 명제의 반대자들에게로 돌려진다고 생각한다.

　하지만 만일 우리가 보여 주려고 노력했듯이 정신적 삶이 뇌의 삶의

101 *Ibid.*, p. 850.
102 *Ibid.*, p. 847.
103 *Ibid.*, p. 858.

한계를 넘는다면, 만일 뇌가 의식 안에서 일어나는 것의 작은 일부를 운동으로 옮겨 놓는 것으로 한정된다면, 그때 (정신의) 잔존은 매우 가능성이 있게 되며, 입증의 책임은 그것을 긍정하는 사람보다는 오히려 그것을 부정하는 사람에게로 돌려질 것이다. 왜냐하면 죽음 이후 의식의 소멸을 믿을 수 있는 유일무이한 이유가 우리가 몸이 해체되는 것을 본다는 것인데, 이런 이유는, 만일 몸에 대한 의식의 독립도 우리가 마찬가지로 확인하는 사실이라면, 더 이상 타당하지 않기 때문이다.[104]

물론 베르그손은 자신의 설명의 가설적 특징을 받아들이고, 이 특징이 최고의 개연성에 의해서만 정당화되는 철학적 채택이나 선택에서 유래한다는 것을 인정한다. 그렇지만 분명한 것은 베르그손이 몸과 정신의 가능한 분리라는 명제를 더 선호하는 경향이 있다는 사실이다. 그로부터 우리는 정신과 뇌의 엄밀한 등가성의 부재는 필연적으로 이원론적 도식으로 다시 인도된다는 결론을 내려야 할까? 몸과 정신의 타자성을 유지하면서도 그 둘의 동일성을 생각하는 것은 불가능한 일일까?

5) 몸과 정신의 관계들에 대한 스피노자의 모델

어려움을 해결하기 위해서는 문제에서 주어진 것들을 변형하고 결합(union)의 사유를 단일성(unité)의 사유로 대체해야 한다. 실제로 단

---

104 *Ibid.*, p. 860.

하나의 존재, 즉 인간만이 현존하며, 그의 동일성은 이중의 양태, 즉 몸적 양태와 지성적 양태로 굴절될 수 있다. 확실히 스피노자보다 몸과 정신의 근본적인 단일성과 특수성을 조화롭게 더욱 잘 포착했던 사람은 없다. 그리하여 오늘날까지도 그는 뇌와 정신의 관계들에 대한 문제를 다루기 위해 참조해야 하는 모델로 사용된다.[105] 『에티카』의 저자는 인간이 정신과 몸으로 이루어져 있다는 것을 인정하지만, 그렇다고 해서 인간에게 이중의 본성을 할당하지 않는다. 인간은 그럭저럭 짜 맞춰진, 어울리지 않는 두 실체로 구성된 혼종의 존재가 아니다. 그렇지 않다면 인간은 우연에 의한 존재 또는 비교할 수 없는 괴물의 형상을 하게 될 것이다. 몸과 정신은 사실상 동일하고 유일한 존재이며 두 가지 방식으로 표현된 존재이다. "정신과 몸, 이것은 때로는 사유의 속성으로, 때로는 연장의 속성으로 우리가 이해하는 동일하고 유일한 존재다."[106] 인간은 이질적 실체들의 합성과는 거리가 멀며 유일무이하고 단일화된 개별자인데, 이 개별자는 인간이 고찰되는 측면에 따라 몸들의 결합으로[107] 또는 관념들의 결합으로 이루어진다. 따라서 몸은 연장의 속성에서 이해된 개별자 외에 다른 것이 아니고, 정신은 사유의 속성에서 이해된 개별자 외에 다른 것이 아니다. 스피노자는 몸과 정신의 차이를 없애지 않으면서도 그 둘의 단일성을 확증한다. 그것은 하

---

105 장-피에르 샹죄와 폴 리쾨르는 그들의 공동 저작인 『우리가 생각하게 하는 것, 자연과 규칙』(Ce qui nous fait penser. La nature et la règle)에서, 자신들을 스피노자의 후견 아래에 두며, 그들의 교류를 해명하기 위해서 수없이 스피노자를 언급한다.

106 Éthique II, XXI, scolie.

107 개별자의 정의에 대해서는, 『에티카』 2부의 정리 13을 잇는, 몸들의 본성과 관련된 전제들 안에서, 보조 정리 4의 증명을 보라.

나이고 유일하며 동일한 개별자이다. 하지만 그것은 두 방식으로 설명된다. 따라서 단일성은 획일성이 아니다. 그것은 표현의 복수성을 함축한다. 이 말은 무엇을 의미하는가?

정신, 몸의 관념

동일성과 타자성을 화해시키는 그러한 일원론의 본성과 토대들을 이해하기 위해서, 영혼과 몸의 결합의 전통적인 문제틀에 더해진 중요한 변형을 인정해야 한다. 실제로 스피노자의 이론은 정신의 본성의 개념화에 대한 근본적 변화에 근거하고 있으며, 이러한 변화는 정신과 몸의 관계들을 전적으로 재구성하는 결과를 가져왔다. 이원론과 연결된 아포리아의 해결은 그러한 대가를 치른다. 정신(mens)은 실체도 아니고 능력도 아니고 사유들의 기체(substrat)도 아니다. 그것은 몸의 관념 외에 다른 것이 아니다.

스피노자는 그러한 명제를 두 단계로 확립한다. 우선 그는 "인간 정신의 현행적 존재를 처음 구성하는 것은 현행적으로 실존하는 어떤 단독적 사물의 관념 외에 다른 것이 아님"[108]을 보여 준다. 실제로 2부의 자명한 공리 2에 따르면, 인간은 사유한다. 따라서 인간의 본질은 사유하는 양태들로 구성된다.[109] 그러나 이러한 사유는 인간이 구상하고 상상하고 느끼고 욕망하고 사랑하고 증오함에 따라, 상이한 양상들을 얻는다. 그런데 그 모든 양상들 가운데, "본성상으로 최초의 것은

---

108 *Ibid.*, XI.
109 *Ibid.*, XI, 증명.

관념이다."[110] 사유의 모든 양상들은, 인지적이건 정서적이건 간에, 어떤 관념을 앞서 포함한다. 한 사물을 이해한다는 것은 그것의 적합한 관념을 가진다는 것이고, 한 사물을 상상한다는 것은 그것의 부적합한 관념을 가진다는 것이다. 욕망하거나 사랑하거나 증오하는 행위는 갈망하는 것, 애정을 느끼는 것, 수치스러운 것에 대해, 모호한 것일지라도 적어도 어떤 관념을 가진다는 것을 전제한다.[111] 관념은 인간의 사유의 가능성의 조건이며 정신(mens)의 본질을 구성한다. 그러나 만일 정신이 관념이라면, 그것은 현행적으로 실존하는 유한한 단독적 사물의 관념이다. 정신은 "실존하지 않는 사물의 관념"일 수 없는데, "왜냐하면 그때 관념 자체가 실존한다고 말할 수 없기 때문이다.[112] 정신은 또한 '무한한 사물의 관념'일 수 없는데, 왜냐하면 무한한 것은 언제나 필연적으로 실존해야 하기 때문이다."[113] 인간의 본질이 필연적 실존을 내포하고 있지 않다는 점을 고려할 때, 인간의 정신을 구성하는 관념은 유한한 사물의 관념일 수밖에 없다.

그리하여 스피노자는 두 번째로 정신이 그것의 관념이 되는 단독적 사물의 본성을 규정한다. "인간의 정신을 구성하는 관념의 대상은 몸이다. 다시 말해서 그것은 현행적으로 실존하는 정확한 연장의 양태이며, 그 외에 다른 것이 아니다."[114] 실제로 2부 공리 4에 따르면, 우리

---

110 *Ibid.*
111 Cf. *Ibid.*, axiome III.
112 *Ibid.*, XI, 증명.
113 *Ibid.*
114 *Ibid.*, XIII.

는 어떤 몸은 수많은 방식으로 변용된다고(affecté) 느낀다. 그러한 느낌이 명료하건 모호하건 상관없다. 우리는 외부의 몸들이 우리를 변용시키는 것을 지각한다. 우리는 고통이나 쾌락을 체험하고, 그것들을 우리가 우리의 몸이라고 부르는 정확하고 규정된 몸과 관계시킨다. 우리는 타자들의 몸을 건드리는 변용들을 느끼지 않으며, 오로지 이 몸에 가해지는 변용들만을 느낀다. 따라서 정신은 실로 현행적으로 실존하는 몸의 관념이며, 유일무이하게 실존하는 몸의 관념인 것이다. 왜냐하면 경험은 우리가 몸들, 연장의 양태들, 사유의 양태들 이외에 다른 어떤 것도 느끼지 못하고 지각하지 못한다는 것을 보여 주기 때문이다.[115]

그러므로 정신은 몸을 사유하는 방식, 몸의 관념이 만들어지는 방식일 뿐이다. 정신은 관념들보다 앞서 실존하는 능력도 아니고, 관념들을 포함하는 용기도 아니다. 정신은 단순히 관념들의 개념화 활동이고 관념들을 형성함으로써 형성된다. 이러한 관점에서 정신은 관념들보다 선행하는 것이 아니라 관념들에서 유래하는데, 이는 정신이 관념들의 결과이기 때문이다. 정신은 엄청난 수의 관념들로 구성된 하나의 관념이다. 따라서 정신의 본성은 정신의 관념들의 본성의 함수(fonction)이다. 정신은 부적합한 관념들로 구성되는 한에서 상상력이고, 적합한 관념들로 구성되는 한에서 지성이다. 그런 정신은 몸의 관념에 주어진 명칭 외에 다른 것이 아니다.

따라서 결합의 문제틀 안에서 주어졌던 것들은 완전히 뒤집어진다. 인간 정신을 구성하는 관념의 대상이 몸임을 확실하게 밝힌 다음,

---

115 Cf. *Ibid.*, axiome V.

스피노자는 정리 13의 주해에서 그 귀결들을 끌어낸다. "그로부터 우리는 인간의 정신이 몸과 결합되어 있음을 이해할 뿐만 아니라, 정신과 몸의 결합이 뜻하는 것을 이해한다." 결합은 두 실체들의 집합이 아니다. 그것은 관념과 이 관념의 대상 간의 관계의 모델에 따라 사유되어야 한다. 이 말은 무슨 의미일까?

그러한 관계의 본성을 예시하기 위해 스피노자는 원의 예를 가져온다. "자연 안에 실존하는 원과 실존하는 원의 관념 — 이것은 신 안에서도 실존한다 — 은 유일하고 동일한 것이며, 이것은 다양한 속성들로 펼쳐진다(s'expliquer)."[116] 원의 관념은 원이 형태적으로 포함하는 모든 것을 객관적으로, 그리고 동일한 질서 안에서 포함한다. 실제로 관념들의 질서와 연결은 사물들의 질서와 연결과 동일하다.[117] 원은 연장의 한 양태로서, 한쪽 끝은 고정되어 있고 다른 쪽 끝은 움직이는 선분이 회전하면서 구성되고, 동일한 길이의 반지름들을 갖는 성질을 소유하고 있다. 원의 관념은 일정한 사유의 양태로서, 이것은 선분의 관념에서 출발해서 만들어지고, 동일한 길이의 반지름들이라는 관념을 포함한다. 그러나 이러한 평행론은 이원론을 끌어들이지 않는다. 원과 원의 관념은 상이한 두 존재를 구성하지 않기 때문이다. 그것은 때로는 연장의 양태로서, 즉 원으로서 이해되고, 때로는 사유의 양태로서, 즉 원의 관념으로서 이해되는 동일한 개별자이다. 이는 몸과 몸의 관념에 대해서도 마찬가지이다. 그리하여 이제 몸과 몸의 관념을,

116 *Ibid.*, VII, scolie.
117 *Ibid.*, VII.

분리된 삶을 각자 꾸릴 수 있는 두 배우자들처럼 생각할 필요가 없다. 몸의 객관적 본질인 정신은 대상에 결합된 관념처럼 몸에 결합되어 있다. 정신은 몸이 실제로 포함하는 모든 것을, 동일한 질서와 동일한 연관 속에서, 관념으로서 포함한다.

원과 원의 관념이, 각각 연장의 속성과 사유의 속성으로서 유일하고 동일한 것을 표현하고 있다고 할지라도, 하나가 다른 하나로 환원될 수 있는 것은 아니다. 동일성은 타자성을 배제하지 않는다. 원은 연장의 한 양태이며, 오로지 연장의 양태들에 의해서만 규정된다. 원의 관념은 사유의 한 양태이며, 오로지 사유의 양태들에 의해서만 규정된다. 원의 관념은 자신의 대상과 구분되어, 고유한 형식적 본질을 소유하며, 그런 자격에서 그것이 다시 어떤 관념의 대상이 된다.『인간오성론』의 27절은 그 점을 이미 분명하게 밝히고 있다. "원과 원의 관념은 별개이다. 원의 관념은 원처럼 중심과 원주를 갖는 대상이 아니다. 마찬가지로, 몸의 관념은 몸 자체가 아니다." 원과 원의 관념처럼 몸과 정신은 유일하고 동일한 것의 두 표현이다. 하지만 이 두 표현은 엄밀히 말해서 서로 환원될 수 없다. 관념은 대상과 동일한 속성들을 가지고 있지 않으면서 그 속성들을 표현한다. 관념은 참되거나 거짓일 수 있고, 왜곡되거나 모호할 수 있지만 분명 둥글거나 네모난 것이 아니고, 원형이거나 삼각형도 아니다.

스피노자 모델의 함축들

그렇다면 우리는 그런 모델에서 어떤 함축들을 끌어낼 수 있을까? 우선, 정신과 몸의 필연적인 상관관계가 존재한다는 것은 분명하다. 관넘의 대상 안에서 도래하는 것, 관념은 이것을 표현한다. 정신은 자신의 몸 안에서 일어나는 모든 것의 명석하거나 모호한 관념이다. 모든 정신 과정들은 물리적 상관물을 가진다. 오늘날 뇌의 단층 촬영이 보여 주듯이, 변용된 뇌의 지대는 주체의 관념들에 따라 변화한다. 거꾸로 뇌의 어떤 변용이 일어날 때, 몸의 관념은 변형된다. 오늘날 질병부인증(anosognosie)이라고 불리는 지각 장애가 그런 것들을 보여 주고 있으며, 바빈스키(Joseph Babinski)는 1914년에 이미 그것을 밝혀 놓았다. 문제가 되는 것은 뇌졸중으로 좌반신이 마비된 환자의 경우다. 의사는 왼쪽 다리의 상태를 환자에게 묻고 왼팔을 들어 보라고 요구한다. 환자는 자신의 다리는 상태가 매우 좋다고 대답하고 오른팔을 들어 올린다. 그는 손상을 입은 뇌의 반구를 지각하지 못한다. 그는 전체적인 자신의 몸의 관념을 갖지 못하며 의사가 틀렸다고 비난하면서 장애의 존재를 부인한다. "환자는 자신의 몸의 반쪽을 자신의 몸 전체나 몸 이미지에 대한 의식적 지각에 통합시킬 수 있는 의식적 능력을 상실했다. 심지어 그는 마비되어 나타나는 몸의 부분들을 다른 사람에게 할당하기까지 한다."[118] 따라서 정신적 소여들과 뇌의 해부학적 구조 사이에 실제적인 일치가 있다. 어쨌든 만일 뇌가 주체의 관념들을 지시한다면, 또는 거꾸로 주체의 관념들이 뇌의 상태를 표현한다면, 이것은 몸과 정신 사이에 상호적 인과성이 존재한다는 것을 의미하지는 않는다. 상관관계는 상호작용과 혼동되어서는 안 된다.

실제로 스피노자의 모델은 몸과 정신 사이에서 인과적 결정론을

---

118 Changeux, *Ce qui nous fait penser, La nature et le règle*, p. 63.

추구하려는 모든 시도를 무너뜨리는 두 번째 결과를 가진다. 만일 관념들의 질서와 연결이 사물들의 질서와 연결과 동일하다면, 이는 전자가 후자의 원인이라는 것, 또는 그 반대의 경우를 결코 함축하지 않는다. 평행론은 관념과 대상 간의 모든 상호작용을 배제하는바, 왜냐하면 관념과 대상은 상이한 속성들과 관계하기 때문이다. 원의 실존의 원인은 원의 관념이 아니라, 한쪽 끝은 고정되어 있고 다른 쪽 끝은 움직이는 선분의 연장 안에서의 회전이다. 마찬가지로, 만일 몸과 정신이 실제로 유일하고 동일한 것이라면, 상호작용의 측면에서 몸과 정신의 관계를 사유할 필요가 없다. 상호적 인과성을 추구해 봐야 소용이 없는데, 왜냐하면 그러한 추구는 정신과 몸이 구별되며 하나가 능동적으로 작용하고 다른 하나는 수동적으로 겪는다는 것을 전제하는데, 사실상 정신과 몸은 함께 능동적으로 작용하고 수동적으로 겪기 때문이다. 몸이 사유하는 정신을 결정할 수 있는 것도 아니고, 정신이 운동하는 몸을 결정할 수 있는 것도 아니다. 몸을 움직이는 것은 의지가 아니다. 몸을 움직이는 것은 자신의 노력을 통해 구속되지 않은 운동을 만들어 내는 몸이며, 정신은 그런 몸의 관념이다. 운동 신경들이 절단되었을 때 의지가 효력이 없게 되리라는 것이 그 증거다. 어떤 관념도 몸 안에 변용을 만들어 낼 수는 없다. 그래서 애도와 연결된 슬픔은 몸적 질병의 원인은 아닌 것이다. 그것은 몸 안에서 일어나는 것이 정신 안에서 표현되는 것이다. 마찬가지의 방식으로 몸의 무기질의 결핍은 우울증(mélancolie)의 원인이 아니다. 그것은 정신이 우울증처럼 겪고 있는 것의 몸적 표현이다. 그러나 그 표현들이 상관적이라고 해도 하나가 다른 하나로 환원될 수 있는 것은 아니다. 그리하여 그것들 가운데 어느 것도 실재성의 이해를 위한 배타적 원리가 될 수 없다.

따라서 스피노자의 모델은 본질적인 세 번째 귀결을 이끌어 낸다. 그것은 담화의 복수성에 정당성을 부여하고, 인간의 단일성을 유지하면서도, 인간의 본성에 대한 이중의 접근을 합법화할 수 있게 한다. 일반적인 방식으로, 스피노자주의는 실재에 대한 접근의 무한성, 다시 말해 속성들의 무한성에 비례하는 무한성으로 향하는 길을 내어 준다. 각각의 접근은 일관성을 가지며 다른 접근들로 환원이 불가능하고 다른 접근들에 의해 침투될 수 없다. 왜냐하면 사물들의 단 하나의 질서와 연쇄만이 실존한다고 할지라도, 속성들 사이에는 이행도 없고 상호작용도 없기 때문이다. 하지만 만일 자연의 본질이 무한정한 파악 아래 놓여 있다면, 반면에 단지 연장의 양태와 사유의 양태로만 구성되어 있는 인간은 오로지 그 두 속성들에 의해서만 설명된다. 따라서 인간은 물리적이거나 심리적인, 두 유형의 담화에게 자리를 내어 줄 수 있고, 두 담화는 하나가 다른 하나를 잠식하지 않고서도 각자의 일관성 및 타당성의 영역을 소유한다. 뇌 안에서 만들어지는 화학 작용들을 추출해 내면서 물리학자의 입장에서 몸을 기술하는 것, 또는 정신 안에서 일어나는 것을 심리학자의 입장에서 기술하는 것은 동일한 실재의 두 표현을 구성한다. 표현의 이원성은 실체적 이원성이 아니다. 왜냐하면 서로 상관적인 두 관점들에 의해 분석되는 것은 늘 동일한 사물이기 때문이다. 따라서 뇌와 관련된 신경생물학의 담화와 심리학의 담화는 서로에 대해 배타적이지 않다. 전자는 연장의 속성으로서 실재를 고찰하고, 신경 과정들 및 시냅스의 접속의 관점 안에 자신을 놓으면서 실재를 설명한다. 후자는 사유의 속성으로서 실재를 고찰하고, 정신 현상들의 관점 안에 자신을 놓으면서 실재를 설명한다. 각자는 일관성을 갖지만 그 어떤 것도 다른 것으로 환원될 수 없는데, 왜냐하면 그 둘 사이에서 이행이란 없기 때문이다.

그런 스피노자의 영향 아래 있는 명제에 관해, 폴 리쾨르와 장-피에르 샹죄는 대화를 진행하면서 서로 합의점에 이른다.[119] 폴 리쾨르는 두 유형의 담화를 구분하는데, 하나는 몸과 뇌에 관해 신경생물학자가 주장하는 담화이고, 다른 하나는 정신적인 것에 관해 반성 철학과 현상학이 주장하는 담화이다. 그는 이렇게 평가한다. "각자의 편에서 주장하는 담화가 이질적인 두 관점에서, 다시 말해 하나가 다른 하나로 환원될 수 없고, 하나를 다른 하나로부터 파생시킬 수 없는 두 관점에서 유래한다. 한 담화에서 문제가 되는 것은 뉴런들, 뉴런 접속들, 뉴런 체계들이고, 다른 담화에서 사람들은 인식, 행위, 감정에 대해, 다시 말해 지향과 동기화와 가치의 특징을 갖는 행위나 상태에 대해 말한다."[120] 『타자로서의 자기 자신』의 저자(리쾨르)는 그럼에도 불구하고 담화의 이원론이 실체들의 이원론으로 슬그머니 변화하는 것을 경계하고, 존재론적인 것에 대한 의미론적 끼어들기를 일체 금지한다.

장-피에르 샹죄도 마찬가지로 유물론적인 일원론을 강력히 주장하면서도 두 유형의 담화의 존재를 긍정한다. 그 두 담화는 상이한 조사 방법들과 관련되며, 오랫동안 분리되어 있었다. "하나는 해부학적 구조, 뇌의 형태학, 뇌의 미세한 구성, 신경세포들과 시냅스 접속들을

---

119 Cf. Jean-Pierre Changeux & Paul Ricoeur, *Ce qui nous fait penser, La nature et la règle.*
120 *Ibid.*, p. 25.

담당하고, 다른 하나는 태도들, 행동들, 정서들, 감정들, 사유, 환경에 대한 작용들과 연관된다."[121] 샹죄는 하나의 담론에서 다른 하나의 담론으로의 환원을 권장하지 않는다. 그는 뇌의 해부학적 구조에 대한 기술이 현상학자의 기술과는 다른 대상과 연관된다는 것을 인정하고, 체험된 경험을 분석하는 어휘들과 혼동될 수 없는 어휘를 사용한다. 그는 언어와 사유를 뇌와 동일시하지 않는다. "그 어떤 신경생물학자도 '언어는 대뇌 피질의 후두부다'라고 절대로 말하지 않을 것이다. 그것은 말도 안 된다. 사람들은 언어가 뇌의 특정한 영역들을 '이용한다'거나, 더 정확히 그 영역들을 '동원한다'고 말할 것이다."[122] 그처럼 인간의 정신-신체적 실재는 다수의 접근에 열려 있으며, 그 접근은 물리적이거나 심리적인 두 유형의 담화로 환원될 수 있다. 그리고 이 담화 각각은 고유하고 자율적인 타당성의 영역을 갖추고 있다.

이제 문제는 그러한 이원성을 극복하고 그런 두 유형의 담화를 통일시키는 것이 가능한지를 검토하는 것이다. 리쾨르는 혼합된 담화의 가능성의 조건들을 결정하려고 노력하고, 데카르트가 인간이라는 단어를 사용함으로써 그것의 초안을 만들었다는 점을 상기시킨다. 즉 데카르트는 사유의 측면과 연장의 측면에서 결합의 문제를 다룬 다음에 그 두 관점들을 함께 붙잡기를 원했다.[123] 그리하여 리쾨르는 데카르트가 초안을 만든, 그런 존재론적 동일성에 대한 제3의 담화가 스피노자에 의해 성찰적인 최고점에 이르게 되었다는 점을 강조한다.[124] 샹죄

121 *Ibid.*, p. 27.
122 *Ibid.*, p. 28.
123 Cf. *Ibid.*, p. 47.

역시 그런 두 관점들을 통일시킬 수 있게 해주는 제3의 담화를 희망하면서, 그에 따르면, 그런 길을 예감했을 수도 있는 스피노자의 후견 아래 자신을 위치시킨다.[125]

선행자들의 통일된 특징과 단절하는 그런 제3의 담화는 두 관점들을 섞거나 폐지하면서 하나의 불가능한 종합을 만드는 것으로 이루어지지 않는다. 제3의 담화는 두 관점들을 함께 생각하고 나란히 발전시킴으로써, 그 둘을 획일화하지 않으면서 통일시킨다. 사실상 하나의 담화인 제3의 담화를 예감하는 것으로 스피노자는 만족하지 않는다. 그는 『에티카』 3부에서 정서 이론(théorie des Affects)을 공들여 만들 때 특히 그러한 담화를 택한다.

실제로 정서 이론은 정신적 실재만이 아니라 몸적 실재를 작동시킨다. 스피노자에게 정서는 정념으로 환원되지 않고 영혼의 작용으로도 환원되지 않는다. 정서는 물리적 실재와 심리학적 실재를 동시에 소유한다. 정서는 이미지를, 즉 오늘날 우리가 대뇌 흔적이라고 불렀던 것을 작동시키고, 상상력이나 지성에서 유래하는 관념을 작동시킨다. 따라서 정서는 몸 안에서의 이미지들의 연합에 근거하는 몸적 접근과, 정신 안에서 관념들의 연관에 근거하는 정신적 접근 모두를 함축한다. 『에티카』 3부의 정의 3이 보여 주듯이, 정서는 몸의 변용(affection)과 이러한 변용의 관념을 동시에 포괄한다. "나는 정서를, 증가하거나 감소하는, 돕거나 대립하는 몸의 변용들, 그런 몸의 행동

---

124 *Ibid.*, p. 39.
125 *Ibid.*, p. 28. "스피노자가 예감했던 제3의 담화를 도입해야 한다."

적 역량, 그리고 동시에 그러한 변용들의 관념들로 이해한다." 따라서 원초적 정서들인 욕망, 기쁨, 슬픔은 단순한 심리학적 실재들이 아니다. 그것들은 몸적 상관물을 가지며, 몸의 어떤 상태를 지시한다. 욕망이 의식적 식욕처럼 정의되며, 정신과 몸에 동시에 관계하는 것으로서 코나투스를 작동시킨다는 것이 그 증거다.[126] 이러한 조건에서 욕망을 이해한다는 것은, 그러한 상태를 관장하는 몸적 과정들을 포착하고, 동시에 그것의 심리적 경향성, 즉 그러한 상태가 기쁨 속에서의 역량의 증가나 슬픔 속에서의 완전함의 감소처럼 체험되고 지각되는 방식을 포착하는 것이다. 물론 스피노자는 물리적인 뇌의 과정을 길게 다루지는 않았다. 이는 그의 시대가 그 주제에 관해 초보 단계에 있었기 때문이다. 하지만 스피노자는 그것의 토대들을 세웠다. 남는 것은 다음의 사실이다. 만일 그런 두 유형의 담화가 상관적일 수 있고, 존재론적 동일성의 이름으로 통일될 수 있다면, 그 두 담화는 서로 충돌하지 않을 것이고, 그리하여 인간의 몸을 다른 몸들과 구분하기 위해서 정신의 현전을 내세우는 게 더 이상 가능하지 않을 것이다. 이제 스피노자의 모델은 네 번째 근본적인 귀결을 이끌게 된다. 즉 인간의 몸의 특수성을 정신에서가 아니라, 몸 자체에서 출발해서 사유해야 한다.

인간의 몸의 특수성

스피노자가 선행자들과 근본적인 단절을 감행하면서 채택한 경로가 바로 그것이다. 실제로 아주 오랫동안 인간의 몸과 동물의 몸의 구분

---

126 *Éthique* III, IX scolie.

은 비(非)몸적인 원리, 즉 그 가운데 하나의 몸에는 있고 다른 하나의 몸에는 없는 정신의 현전에 근거하고 있었다. 그러니까 자체적으로 고려된 인간의 몸, 정신에 대해 독립적인 인간의 몸은 내생적인 차이의 기호를 포함하지 못하고, 인간의 몸으로서 인지되기 위해서는 영혼이라는 보충물이 필요한 것처럼 일이 진행되었다. 그렇지만 몸에게 형상을 부여하는 영혼의 단순한 현전은 충분한 구분의 표지가 되지 못했는데, 왜냐하면 철학자들은 인간도 식물적이고 감각적인 영혼을 동물들과 공유하고 있다는 것을 인정하기에 이르렀기 때문이다. 그러므로 차이는 모든 살아 있는 존재의 운명인 **정신**(psyché)의 소유에 있는 것이 아니라, 언어를 본질적 표명으로 갖는 합리적 영혼의 향유에 있었다. 합리적 영혼과의 결합이 인간의 몸에게 특수성을 부여할 것이며, 인간의 몸에게 형상을 줄 것이다. 그리하여 인간의 몸과 동물의 몸의 혼동은 더 이상 가능하지 않다. 요컨대 정신이 동물성의 몸을 구원했던 것이며, 영혼의 후퇴는 인간성의 상실을 가져왔다. 그 결과 죽은 인간의 몸은 동물 시체와 더 이상 구별될 수 없었다.

그와 반대로, 스피노자의 관점에서 몸은 고유한 구조를 지니고 있으며, 이 구조는 영혼에 대한 참조와 무관하게 몸을 인간의 몸으로서 알아보게 한다. 영혼의 차이에 의거하면서, 몸들의 차이를 설명하고자 하는 것은, 두 가지 구별된 속성, 즉 사유의 속성과 연장의 속성을 혼동하는 오류를 저지르는 것이다. 실제로 몸은 연장의 유한한 양태이고, 그런 자격에서 몸의 본질과 속성은 연장적 속성 아래 고찰된 **자연** 법칙들에 의해 설명된다. 데카르트를 따라서, 스피노자는 물질을 연장으로 환원시키며 몸들의 본질을 오로지 연장에 대한 참조를 통해 정의한다.

그는 어쨌든 영혼에 의지하지 않고 살아 있는 몸들을 설명하면서 데카르트가 증명했던 유물론을 급진적으로 만드는데, 왜냐하면 그는 그런 유물론을 인간의 몸으로까지 확장시키며 오로지 연장에만 근거해서 인간의 몸을 다른 것들과 차별화하려고 노력하기 때문이다. 그처럼 스피노자는 합리적 영혼을 인간의 몸과 동물의 몸의 차이의 원리로 삼는 모든 사유의 전통에 대해 결정적으로 등을 돌린다. 영혼의 현전이 아닌 심장의 열기로 삶을 설명하면서, 『방법 서설』의 저자는 그런 단절의 단초를 세우고 있었다. 왜냐하면 그는 살아 있는 몸이 생명이 없는 몸들과 차별되는 고유한 원리를 자체적으로 소유하고 있음을 인지하고 있었기 때문이다. 어쨌든 그는 그러한 단절을 완전하게 이행하지 않았는데, 인간의 몸과 동물의 몸 사이의 차이를 확립하기 위해 사유하는 영혼에 호소할 필요가 있었기 때문이다.

스피노자가 보기에, 인간의 몸의 특수성은 연장의 양태라는 본질에 의존하는 특징들 외에 다른 특징으로 돌려질 수 없다. 정신은 인간의 몸의 특수성을 해명하기 위해 요청될 수 없다. 정신은 분명히 몸의 관념이지만, 사유의 한 양태인 한에서, 정신은 연장에서 유래하는 결정들을 설명할 수도 없고 만들어 낼 수도 없다. 정신은 연장에서 유래하는 결정들을 지각하고 적절하게 표현할 수 있다. 왜냐하면 관념들의 질서와 연결은 원인들의 질서와 연결과 동일하기 때문이다. 그러나 정신이 그것들의 원인은 아니다. 실제로 각각의 속성은 속성 자체에 의해 이해되고 속성에 의존하는 모든 양태들은 그 속성에 의해서만 설명된다. 왜냐하면 양태들은 자신들을 생산하는 원인만을 포함하기 때문이다. 게다가 스피노자는 『에티카』 2부의 7번째 정리의 주석에서 그러한 규칙을 분명하게 정식화한다.

사물들이 사유의 양태들로서 간주되는 동안 우리는 **자연** 전체의 질서를, 다시 말해 원인들의 연결을 **사유**라는 유일한 속성에 의해 설명해야 한다. 그리고 사물들이 연장의 양태들로서 간주되는 한에서, **자연** 전체의 질서는 마찬가지로 **연장**이라는 유일한 속성에 의해 설명되어야 한다. 나는 다른 속성들에 대해서도 똑같이 이해한다.

그 결과 인간의 몸은 연장의 관계를 통해서만 다른 몸들과 차별화될 수 있다. 달리 말해서, 몸에 대한 유물론적 접근은 가능할 뿐만 아니라, 또한 필연적이다. 만일 우리가 오류를 피하고 싶다면, 그러한 접근은 의무다. 인간의 몸은 정신에 대한 참조와 무관하게 그것을 인간의 몸처럼 인지하게 만드는 어떤 고유한 구조를 지니고 있어야 한다.

최종 심급에서, 몸에 의해 몸을 사유하는 가능성만이 아니라, 그러한 사유의 의무를 정초하는 것은 속성들에 대한 스피노자의 이론이다. 속성들은 독립적 실체들처럼 존재하지 않음에도 불구하고, 다른 것들에게 의존하지 않으면서 실재적으로 구분된 것들로서 이해되기 때문에, 몸의 본성을 배타적으로 유물론적인 관점에 의해 설명하는 것이 가능하며, 또한 필연적이다. 양태는 결과인 한에서 자신의 원인의 관념을, 즉 자신을 생산한 속성을 포함한다. 그런데 속성은 오로지 자신에 의해서만 이해된다. 따라서 양태가 포함하는 관념은 그러한 속성의 본성만을 포함하며, 다른 어떤 것도 포함하지 않는다. 그런 의미에서, "실체의 각 속성은 자신에 의해 이해되어야 한다"고 주장하는 『에티카』1부의 열 번째 정리는 스피노자 이론의 핵심이 되는데, 왜냐하면 연장이라는 유일한 참조를 통해 몸들의 이해를 가능하게 하는 것이 바로 그 정리이기 때문이다. 속성의 그런 본질적 특질은 그것의 본성의 결과이다. 속성이란 정의상[127] 오성이 자신의 본질의 구성자인 실체로부터 지각하는 것이며, 속성은 자신에 의해 자신을 이해하는 것이기 때문이다. 만일 속성이 속성 자체에 의해 이해되는 것이 아니라면, 속성은 실체의 본질을 구성할 수 없다. 실체란 자기 자신 안에 있다는 사실, 그리고 자기 자신에 의해 이해된다는 사실로 특징지어지기 때문이다.

만일 각 속성이 실체의 본질을 표현한다면, 자연 전체를 진정으로 인식하고 설명하기 위해서는 속성들 가운데 하나를 지각하는 것으로 충분하다. 그러한 조건에서, 오로지 연장이라는 속성에 대한 고찰에 근거를 두는 유물론적 접근을 인식의 원리로서 세우고, 모든 것들을 연장의 변형처럼 생각하는 것이 가능하다. 게다가 이것은 우리가 자연 전체의 질서를 이해하기 위해 다른 속성들을 개입시키지 않은 채 그런 틀 안에 머무른다는 조건에서, 스피노자가 『에티카』 2부의 일곱 번째 정리의 주석에서 우리에게 권유하는 내용이다. 이러한 관점에서, 인간의 몸에 대한 유물론적 설명은, 자연 전체에 대해 타당한 인식의 일반 원리를 특정한 양태에 적용하는 것일 뿐이다.

스피노자는 비(非)몸적 원리에 의지하면서 인간의 몸을 다른 몸들과 차별화하는 이원론적이고 유심론적 사유의 전통 모두와 절연하기만 하는 것은 아니다. 그는 관점을 뒤집는다. 정신이 몸들 간의 구분을

---

127 Cf. *Éthique* I, définition IV.

만들어 낼 수 있는 것이 아니라, 몸이 정신들을 구별짓는다. 정신이 다른 것과 어떤 점에서 구분되는지를 결정하기 위해서 정신의 대상, 즉 몸의 본성을 고찰해야 한다.『에티카』2부의 13번째 정리의 주석이 그 점을 분명하게 밝힌다.

또한 인간 정신이 어떤 점에서 다른 것들과 구별되는지를 결정하기 위해서, 인간 정신이 어떤 점에서 다른 모든 것들을 능가하는지를 결정하기 위해서, 그것의 대상, 즉 인간의 몸의 본성을 인식하는 것이 필수적이라고 우리는 말했다.

따라서 스피노자는 사유와 관계하지 않으면서 인간 몸의 특수성에 대한 순수하게 물리적인 분석을 전개하게 된다. 이것이 2부의 13번째 정리와 14번째 정리 사이에 위치한 물리학의 요약의 대상을 이룬다. 스피노자가 간략하게 제시하는 몸과 관련된 전제들은 우리가 그의 몸 입문서라고 명명할 수 있는 것을 구성한다.

스피노자는 인간의 몸의 속성들을 끌어내기 위해서 세 단계로 진행한다. 그는 가장 단순한 몸들에 대한 분석으로 시작하고, 이어서 복합적 몸들로 상승한 다음, 끝으로 인간의 몸의 본성을 규정한다. 스피노자는 몸 일반과 인간의 몸 사이에 근본적인 단절을 행하지 않는다. 그것들은 모두 연장의 특정한 변형들이며, 그런 자격에서 자연의 공동체를 소유한다. 실제로 몸을 통해, 스피노자는 연장된 사물처럼 고려된 신의 본질을 표현하는 모든 유한한 양태들을 독립적으로 이해한다.[128] 그런 자격에서 인간의 몸은 다른 몸들에 비해 아무런 특권을 소유하지 않는다. 인간의 몸은 **연장된 것**(res extensa)으로 지각되는 한에서, 절대적으로 무한한 실체의 결정된 표현 외에 다른 무엇도 아니다. 인간의 몸의 차이는 자연의 공동체라는 토대에 근거해서만 사유될 수 있다. 그리하여 스피노자는 모든 몸들에게 공통적인 성질들을 검토하는 것으로 시작하고 그 성질들을 지배하는 법칙들을 정의한다. 인간의 몸의 독특한 본질을 제시하기 전에, 그는 제2종의 인식에 속하는 합리적 물리학을 공들여 만드는데, 왜냐하면 그것은 모든 몸들에게 공통적인 개념들에 근거하고 있기 때문이다.

이를 위해, 스피노자는 모든 몸들의 합성 속으로 들어가게 될 **가장 단순한 몸들**(corpora simplicissima)에서 출발한다. 인간의 몸은 곧바로 몸적 본성들의 조합에 의한 복잡화(compléxification)의 산물처럼 나타난다. 그렇지만 인간의 몸은 분할될 수 없고 분해될 수 없는 요소들로 구성된 존재가 아니다. 실제로 스피노자는 절대적으로 단순한 몸들이 아니라 매우 단순한 몸들[129]에서 출발해서 물리적 실재를 설명할 것을 제안한다. 따라서 그런 몸들 자체가 복합적일 수 있으며, 분할할 수 없고 원소적인 부분들을 구성하는 것이 전혀 아니라는 점을 암시한다. 에피쿠로스와 반대로, 스피노자는 공백 속에서 움직이면서 몸들을 형성하기 위해 조합되고 구성되는 불가분적인 원소들에 근거해서 사물들의 존재와 다양성을 설명하지 않는다. 연구된 최초의 몸들은 최초의 몸들이 아니다. 그것들은 절대적으로 단순한 것이 아니라, 상대

---

128 Cf. *Éthique* II, définition I.

129 Cf. 『에티카』 2부 정리 13에 있는 보조정리 3의 공리 2 다음에 위치한 지적 : "그러니까 가장 단순한 몸들과 연관된 것에 대해서…."(Atque haec de corporibus simplicissimis)

적으로 아주 적은 수의 관계들로서 있다. 그리고 그것들은 그런 관계들을 통해 어울리고 서로 구분된다. 가장 단순한 몸들은 궁극적 실재로서 정의되는 것이 아니라, 연장의 양태들로서 정의되며, 이 양태들은 운동과 휴식, 빠름과 느림의 관계 속에서만 그것들 사이에서 서로 구분된다.[130]

그것들이 가장 단순한 몸으로 불린 이유는 소질들을 거의 소유하고 있지 않고 최소한의 공통적 속성들과 최소한의 구분된 특징들에 의해 정의되기 때문이다. 그것들은 모두 일치하는데, 첫째, 그것들이 연장의 양태들이고 그 속성의 개념을 포함한다는 점에서 그렇고, 둘째, 그것들이 때로는 운동 중에 있고 때로는 휴식 중에 있다는 점에서 그렇고, 셋째, 그것들이 때로는 느리게 때로는 신속하게 움직인다는 점에서 그렇다.[131] 가장 단순한 몸들은 오로지 역학적이고 운동적인 관점에서만, 운동과 휴식의 비율, 빠름과 느림의 비율에 따라서만 구분된다.[132] 이러한 관점에서 조합된(composé) 몸들은 근본적인 본성의 차이에 의해서 가장 단순한 몸들과 구분되지 않는다. 왜냐하면 그것들은 보편적인 공통적 개념들의 대상이 되는 속성들을 공유하고 있기 때문이다. 가장 단순한 것에서 가장 복합적인 것까지 모든 몸들은 연장의 개념을 포함하고, 모든 몸들은 운동 또는 휴식 중에 있다. 가장 단순한 몸들을 가장 복합적인 몸들과 분리시키는 한계는 이질적인 두 본성의

---

130 *Id.*: "그러니까 가장 단순한 몸들과 연관된 것, 그것들 사이에서 오로지 운동과 휴식, 빠름과 느림에 의해서만 서로 구분되는 것들에 대해서."

131 *Éthique* II, XIII, Prémisses, lemme II.

132 *Ibid.*, lemme I.

단절을 이루는 넘을 수 없는 심연이 아니다. 그 한계는 두 유형의 몸 간의 상대적인 단순한 분할선이며, 그 두 유형의 몸은 오로지 운동과 휴식, 빠름과 느림과 관계하면서만 서로 구분될 수 있으며, 이것 이외에도 다른 관계들에 의해 구분될 수 있다. 따라서 몸의 상대적인 단순성과 복합성을 이루는 것은 서로 구분되는 크거나 작은 능력의 다양성이다. 결과적으로 모든 몸은 다른 몸들과 맺는 관계들 전체에 의해서 정의된다. 몸은 분리된 실체처럼 절대적인 것으로서 사유되지 않으며, 반대로 외부 세계와 더하거나 덜한 복합적 관계들의 체계처럼 사유된다.

스피노자는 가장 단순한 몸들을 지배하는 법칙들을 서술한 다음, 두 번째로 조합된 몸들로 이동한다. 이 조합된 몸들 가운데 스피노자는 인간의 몸을 놓고, 개별자의 형성을 검토한다. 개별자는 단 하나의 몸을 형성하기 위해서 함께 모인 몸들의 결합으로 구성된 물리적 존재다.[133] 개별자는 그 부분들이 서로 연결된 조합된 몸 전체를 가리킨다. 따라서 가장 단순한 몸들은 개별자의 조합에 참여한다고 할지라도 개별자들이 아니다. 반면에 인간의 몸은 개별자 중 하나인데, 이는 그 복합적 본성 때문이다. 스피노자의 관점에서 개별성은 물질에게 형태와 통일성을 주는 영혼의 현전에 근거하지 않는다. 개별성은 구성 법칙에 따른 몸들의 결합을 함축한다. 구성된 몸들은 통일성 때문에 다른 몸들과 구분되는 개별자들이다.

이러한 조건에서, 그런 결합을 정초하는 것이 무엇인지, 그리고 개

---

133 *Éthique* II, XIII, Prémisses, définition.

별자를 단순한 집합물과 구분하는 것이 무엇인지를 아는 것이 문제가된다. 이를 위해서는 개별자들의 구성 방식을 검토하는 것이 중요한데, 스피노자는 몸과 연관된 전제들에 대한 유일무이한 정의에서 바로그 점을 서술한다.

동일한 크기나 다른 크기의 몇몇 몸들이 다른 몸들로부터 어떤 압력을 받고, 이 압력이 그 몸들 서로에게 적용되어 접합될 때, 또는 그 몸들이 동일한 정도의 속도나 다른 정도의 속도로 움직일 경우 자신의운동을 어떤 일정한 방식으로 전달할 때, 우리는 그 몸들이 서로 합일되어 있다고 말하며, 또한 모든 것이 함께 동일한 몸을 구성한다고, 다시 말해 그런 몸의 결합을 수단으로 다른 것들과 구분되는 하나의 개**별자**를 구성한다고 말할 것이다.[134]

따라서 개별자는 휴식 중인 몸들에 의해 구성되었는지, 운동 중인몸들에 의해 구성되었는지에 따라 두 가지 형성 법칙을 따른다.

첫 번째 경우에, 개별자는 여하한 크기의 몸들이 다른 몸들의 압력을 받아 서로를 지탱하고 서로 접합된 채 남아 있을 때 구성된다. 개별자는 자유롭게 조합되고 모이는 몸들의 단순한 집합이 아니다. 그것은 외적인 제약과, 이전에는 분산되어 있던 몸들을 단단히 결합시키는강제력의 산물이다. 따라서 그것의 통일성은 구성요소들의 내생적 본성과만 관계하는 것이 아니라, 외부적 결정, 즉 작용을 가하는 다른 몸

---

134 *Ibid.*

의 존재와도 관계한다. 개별자는 다른 몸들이 각인시킨 형태로서 정의되며, 이 다른 몸들은 외부 압력으로 그것의 응집성을 유지시킨다. 괴테는 스피노자를 숭배한다는 사실을 숨기지 않았는데, 그는 스피노자의 가르침을 받들면서 몸들의 구성에서 작동하는 강제력을 강조한다. "자연은 결합되는 것에 적대적인 수많은 힘들을 억압한다. 그러한 투쟁으로부터 자연은 몸들을 생성한다."[135]

두 번째 경우에, 개별자를 구성하는 것은 더 이상 부분들의 접합이 아니라, 동일한 비율의 운동의 전달이다. 만일 외부의 몸들의 압력이 정확한 관계에 따라 몸들이 서로서로 그들의 운동을 소통한다면, 그 몸들은 속도가 어떻든지 간에 개별자를 구성한다. 두 가지 경우에서, 개별자는 환경을 함축하며, 이러한 환경이 없다면 개별자는 규정될 수 없다. 주변의 것들의 압력이 멈추거나 변화한다면, 개별자는 사라지거나 본성을 변화시킬 위험이 있다. 이 말은 개별자가 오직 외부적 결정의 결과이며, 자신의 고유한 역량을 소유하고 있지 않다는 것을 의미할까? 그러한 결론은 틀린 것일 텐데, 왜냐하면 모든 것처럼 개별자는 자신의 본질에 근거해서 자신의 존재를 보존하려고 애쓰기 때문이다.[136] 스피노자는 물리학 개요에서 코나투스(conatus) 이론을 언급하지 않는데, 왜냐하면 그것은 『에티카』 3부에 이르러서야 확립되기 때문이다. 어쨌거나 이러한 사실은 코나투스 이론이 보편적이기 때문에 조합된 개별자들에게는 적용되지 않는다는 것을 의미하지 않는다.

---

135 "Sur la mort de Mieding"[미딩의 죽음에 부쳐], *Poèmes de l'époque Weimarienne*, in *Poésie* II, p. 179.

136 Cf. *Éthique* III, VI.

"각 사물은 그 자체로 있는 한에서, 자신의 존재를 보존하려고 애쓴다."[137] 각 사물은 결정된 정확한 역량을 소유하고 있으며, 그것의 존재를 제거할 수 있는 모든 것에 대립하며 할 수 있는 한 자신의 본질에 속하는 모든 것을 행하려고 애쓴다. 따라서 개별자는 외부적 몸들의 압력의 산물, 무기력한 산물이 아니다. 그것은 자신의 존재를 보존하려는 경향, 자신의 존재를 파괴하는 것에 저항하려는 경향을 갖는다. 개별자는 무한정한 지속 기간 동안 보존되는 하나의 형태에 의해 정의된다.

개별자들은 가장 단순한 몸들과 구분되는데, 왜냐하면 그것들은 더욱 큰 복잡성 때문에 추가적 속성들을 지니고 있기 때문이다. 개별자들은 연장의 개념을 포함한다는 점, 운동 중에 있거나 휴식 중에 있다는 점, 더 빠르거나 더 느리다는 점에 오로지 적합한 것이 아니다. 게다가 개별자들은 부분들 서로가 서로에게 접합된다는 성질을 가지고 있고 동일한 비율의 운동을 전달하는 힘을 가지고 있다. 가장 단순한 몸들이 아닌 조합된 모든 몸들에게 고유한 이런 공통적 개념들 때문에, 조합된 몸들을 알아보고 그것들을 구분하는 게 가능해진다. 그처럼, 서로 접합되어 있거나 서로 움직이는 부분들의 더하거나 덜한 소질에 따라서, 개별자들은 단단한 몸, 무른 몸, 또는 흐르는 몸으로 구분된다.[138] 단단한 몸들은 그 부분들이 큰 표면에 따라서 서로 접합되어 있는 몸들이다. 무른 몸들은 그 부분들이 작은 표면에 따라서 서로 접

---

137 *Ibid.*
138 Cf. *Éthique* II, XIII, Prémisses, axiome III.

합되어 있는 몸들이고, 흐르는 몸들은 그 부분들이 하나가 다른 하나 안에서 움직이는 몸들이다. 단단함, 물렁함, 유동성은 부분들의 접합의 크거나 작은 표면에 상대적인 개념들이다. 부분들의 이러한 배치와 관련해서, 개별자들은 더 쉽게 또는 덜 쉽게 상황과 형상의 변화에 참여한다.

> 개별자 또는 조합된 몸의 부분들이 서로 접합하는 표면들이 더 크거나 더 작을수록, 그 부분들의 자리를 바꾸도록 강요하는 게 더 어렵거나 더 쉽고, 그 결과 개별자 자체가 또 다른 형상을 얻는 것이 더 어렵거나 더 쉽다.[139]

따라서 문제는 개별자가 파괴되지 않으면서도 견딜 수 있어야 하는 변화들이 어떤 것인지를 아는 것이다.

그렇기 때문에 개별자의 본질에 대한 진정한 이해는 그것이 다양한 변화에도 불구하고 동일한 것으로 남아 있을 수 있게 해주는 조건들을 포착하는 것이다. 달리 말해서, 문제는 조합된 몸이 파괴되지 않으면서 받아들일 수 있는 변화의 한계들을 판별하는 것이다. 그리하여 스피노자는 개별자의 붕괴를 야기할 수 있는 네 가지 종류의 변화를 생각하고, 개별자의 보존을 보장하는 법칙들을 진술한다. 그 네 가지 변형의 선택은 사소한 것이 아닌데, 왜냐하면 그것은 살아 있고 조합된 몸들이 어떻게 동일성을 보존할 수 있는지를 이해할 수 있게 해

---

139 *Ibid*.

주기 때문이다. 첫 번째 변화는 수적인 질서에 속한다. 그것은 몸의 부분들의 수의 변화와 연관된다. 문제가 되는 것은 개별자를 조합하는 어떤 몸들이 개별자로부터 분리될 때, 어떤 조건에서 개별자가 자신을 보존할 수 있는지를 아는 것이다. 보조정리 4가 그러한 점을 분명히 밝히고 있다. "만일 하나의 몸에 대해서, 즉 여러 몸들로 구성된 **개별자**에 대해서, 우리가 어떤 몸들은 분리되고 동시에 수적으로 동등하고 동일한 본성을 가진 다른 몸들이 이전의 몸들의 자리를 차지한다고 전제할 때, 개별자는 형태에 있어서 아무런 변화 없이 이전과 같은 본성을 유지하게 될 것이다." 결국 동일한 본성과 동등한 수의 몸들이 이전의 몸들의 자리를 얻게 된다면, 분리는 붕괴나 파괴로 이어지지 않을 것이다. 만일 결여된 부분들이 동일하게 갱신되는 일이 일어난다면, 변화는 개별자의 죽음을 함축하지 않게 된다.

보조정리 5에서 분석된 두 번째 변화는 부분들의 크기와 연관된다. 만일 부분들이 동일한 운동과 휴식의 관계를 부분들 사이에서 유지한다면, 그리고 이러한 경우에만, 크기의 변화는 개별자의 파괴로 이어지지 않는다. 보조정리 5는 그처럼 개별자는 성장할 수 있고, 유아기에서 성인의 시기로 이행할 수 있지만, 그런 근본적 변화에도 불구하고 동일하게 남아 있을 수 있다고 설명한다. 개별성을 구성하는 것은 운동과 휴식의 동일한 구조다.

세 번째 변화는 보조정리 6의 대상이 된다. 그것은 부분들 하나의 다른 하나를 향한 운동의 방향과 연관된다. 부분들이 운동하는 중에 그들 사이에서 동일한 관계를 보존한다면, 어떤 부분들의 운동 방향의 변화는 개별자의 붕괴에 이르지 않는다. 이 보조정리는 어떤 부분들,

예를 들어 혈액이 자신의 본성을 변화시키지 않으면서 어떻게 개별자 안에서 움직일 수 있는지를 이해할 수 있게 해준다.

끝으로 보조정리 7에서 고찰된 네 번째 변화는 개별자를 구성하는 몸들과만 관계하지 않고, 개별자 그 자체와 관계한다.

게다가 그처럼 구성된 개별자는 전체가 움직이건 휴식하고 있건, 또는 이런저런 부분을 향해 움직이건 간에 상관없이, 각 부분이 자신의 운동을 유지하고 이전과 마찬가지로 그 운동을 다른 부분으로 전달하기만 한다면, 자신의 본성을 유지한다.

따라서 보조정리 7은 부분들의 운동의 연속성이 깨지지 않는 한에서 수많은 변화에 노출된 개별자들의 운동성과 유동성을 해명한다.

개별자는 어떤 변화들에도 불구하고 유지되는 형태에 의해 특징지어지는 복합적 실재이다. 이는 무엇을 의미하는가? 개별자의 형태는 실체적인 것이 전혀 아니다. 그것은 "몸들의 결합으로 이루어진다."[140] 형태는 몸의 부분들을 서로 연결하고 모든 변화를 배제하면서 부분들을 유지하는 부동적이고 정태적인 구조가 아니다. 실제로 형태를 구성하는 것은 이런저런 몸의 현전이나 부재가 아니라, 동일하게 남아 있는 전체형상(configuration)의 존재다. 구성된 몸의 부분들이 동일한 것으로 남아 있는지, 또는 다른 부분들에 의해 대체되는지는 상관없다. 그러므로 형태는 모든 변형 또는 재형성을 배제하지 않

---

140 *Éthique* II, XIII, Prémisses, lemme IV, démonstration.

으며, 수적이고 역학적인 통일성의 유지처럼, 모든 변화들을 통과하는 조합된 것의 동질성처럼 규정된다.

개별자들의 본성에 대한 그러한 분석에서 출발해서, 스피노자는 보조정리 7의 주석에서 구성의 법칙과 복잡성의 정도에 따라 구분되는 몸들의 종류에 대한 이론을 공들여 만든다. 개별자의 첫 번째 유는 가장 단순한 몸들로 구성되고, 두 번째 유는 첫 번째 유의 개별자들과 다른 본성의 개별자들로 구성된다. 그리고 세 번째 유는 두 번째 유의 개별자들로 구성된다. "만일 우리가 그처럼 무한대로 계속해 나간다면, 우리는 자연 전체는 하나의 개별자라는 것을 쉽게 이해할 것이다. 그리고 이것의 부분들, 즉 모든 몸들은 총체적 개별자의 변화 없이 무한한 방식으로 변화된다."

그때 인간의 몸에는 무슨 일이 일어나는가? 이것을 스피노자는 6개의 공리의 도움으로 간략하게 분석한다. 인간의 몸은 본성의 차이가 아니라, 복잡성의 정도에서의 차이에 의해 다른 몸들과 구분된다. 그것은 가장 단순한 몸들로 구성된 첫 번째 유의 개별자도 아니고, 첫 번째 유의 개별자들로 구성된 두 번째 유의 개별자도 아니다. 인간의 몸은 상위의 유에 속하며, 이는 공리 1에 따르면 "그것이 (다양한 본성의) 엄청난 수의 개별자들로, 그리고 이 개별자들 각각도 역시 구성되어 있는 그런 개별자들로 구성되어" 있기 때문이다. 스피노자는 인간의 몸의 양적인 동시에 질적인 복합성을 주장한다. 인간의 몸은 극도로 다양하고 복합적인 대단히 많은 수의 몸들을 결합하고 있기 때문이다.

이제 동시에 인간의 몸의 구성요소들의 총체를 집계하고 그것들을 정확하게 구분하고 그것들의 기능을 이해하는 일이 매우 어려워진다. 틀림없이 그런 이유 때문에 스피노자는 인간의 몸의 구조를 검토하면서 더 멀리 나아가지 않으며, 공리 2에서, 인간의 몸을 구성하는 개별자들 가운데 어떤 것들은 유동적이고 어떤 것들은 단단하고, 또 다른 것들은 무르다는 것을 확증하는 데 그친다. 이러한 요구는 전혀 과도하지 않은데, 왜냐하면 혈액과 살과 뼈의 존재가 유동적이고 무르고 단단한 몸들을 포함한다는 것을 누구나 인정할 수 있기 때문이다. 실제로 사소한 것처럼 보이는 그 공리는 인간의 몸의 운동과 변화의 능력의 토대가 된다. 왜냐하면 공리 3에 따르면, 부분들이 적용되는 크거나 작은 표면에 따라서, 자리와 형상을 바꿀 수 있는 수월성의 정도가 규정되기 때문이다.

따라서 극도의 복잡성 때문에, 인간의 몸은 자신의 형태를 보존하면서도 외부의 몸들에 의해 엄청나게 많은 방식으로 변형될 수 있다. 공리 3이 분명하게 밝히는 것이 그것이다. "인간의 몸을 구성하는 개별자들은, 그리고 그 결과 인간의 몸 자체는 엄청나게 많은 방식으로 외부의 몸들에 의해 변용된다." 인간의 몸은 질적으로, 그리고 양적으로 잡다하고 다양한 방식으로 외부의 몸들을 변용하고 그 몸들에 의해 변용될 수 있는 커다란 능력에 의해 특징지어진다. 인간의 몸은 사물들을 변형하기에 적합하고 사물들에 의해 변형되기에 적합하다. 그리하여 그것은 자신의 본성과 외부 자연을 수없이 바꿀 준비가 되어 있다. 이것이 마지막 세 공리들에서 확증되는 것인바, 이 공리들은 인간의 몸이 자신을 보존하기 위해 필요로 하는 다른 몸들에 대해 갖는 의존성,[141] 외부의 몸들의 인상들을 붙잡을 수 있고,[142] 또한 그것들을 움직이거나 다양한 방식으로 배치할 수 있는 인간의 몸의 소질을 정의

한다.[143]

　이러한 공리들은 어쨌든 인간의 몸과 동물의 몸의 차이를 정확히 확립하지 않으며, 고등동물들의 유기적 조직에 있어서도 마찬가지로 타당할 수 있다. 사실상 스피노자는 그런 질문을 거의 개의치 않았는데, 왜냐하면 그는 인간을 제국 안의 제국으로 만들려고 애쓰지 않으며, 창조의 중심에 인간의 특수한 자리를 마련하려고 애쓰지 않기 때문이다. 그는 변용들(affections)의 풍부함과 다양성에 근거하고 있는 몸들 간의 구분의 원리를 진술하는 데 그친다. "몸은 더 많은 방식으로 겪으면서 동시에 작용할 수 있는 능력에 의해 다른 몸들에 대해 승리를 거둔다."[144] 따라서 인간의 몸은 변용들의 복잡성, 세계를 변형시키고 세계에 의해 변형될 수 있는 능력에 의해 다른 몸들과 구분된다. 인간의 몸의 특수성은 역량의 기능이다. 그렇기 때문에 스피노자는 자신의 본질을 진정으로 식별하기 위해서 인간의 몸이 무엇을 할 수 있는지를 결정하라고 우리에게 권유한다.

　그럼에도 불구하고 그러한 과제는 어려운 일이다. 만일 인간의 몸이 능동적 행위와 수동적 겪음에 대한 큰 능력으로 특징지어진다면, 그러한 복합적인 개별자의 본성은 무한한 소여들과 관계들을 작동시

---

141 *Éthique* II, XIII, Prémisses, postulat IV. "인간의 몸은 자신을 보존하기 위해 엄청난 수의 다른 몸들이 필요하며, 이 몸들은 이를테면 인간의 몸을 계속해서 재생시킨다."

142 *Ibid.*, postulat V. "인간의 몸의 유동적인 부분이, 다른 무른 부분에 종종 타격을 가하러 오는 외부의 몸들에 의해 결정될 때, 그 유동적인 부분은 무른 부분의 표면을 바꾸고 거기에 외부의 몸의 흔적과 같은 것을 남긴다."

143 *Ibid.* "인간의 몸은 엄청나게 많은 방식으로 외부의 몸들을 움직일 수 있고 엄청나게 많은 방식으로 그것들을 배치한다."

144 *Éthique* II, XIII, scolie.

킬 것이기 때문에, 유한한 존재가 그러한 본성을 이해하는 것은 어려운 일이 될 것이다. 그 자체로 파악된 몸은 부분들로 구성된 전체이고 이 부분들은 이제 그 자신들이 분할될 수 있는 총체를 구성한다. 하지만 또한 자연의 관점에서, 인간의 몸은 다른 부분들 없이는 이해될 수 없는 한 부분인데, 왜냐하면 그것은 다른 부분들에 의해 변용되고 거꾸로 다른 부분들을 변용시키기 때문이다. 따라서 몸과 몸의 변용들의 본성에 대한 진정한 이해는 자연 전체의 법칙들에 대한 인식과 자연을 지배하는 공통의 질서에 대한 인식을 함축한다. 자연은 우리의 지성이 한눈에, uno intuitu, 즉 포착하기 힘든, 그래서 아주 종종 연속적인 방식으로 지각하는 유한한 원인들의 무한정한 계열을 작동시킨다. 그러므로 그런 이해에 보조 수단으로 사용되는 경험의 가르침에 호소하는 것이 반드시 필요하다. 그러나 만일 경험이 "사람들이 몸을 단지 몸적인 것으로만 고려하는 한, 지금까지 몸은 오로지 자연의 법칙들에 의해 만들어질 수 있는 것을 아무에게도 가르친 적이 없다"[145]고 할지라도, 이러한 사실이 의미하는 것이 앞서 말한 시도의 실패는 아니다.

확증된 그런 사실이 탐구의 종말을 알리지는 않는다. 몸의 역량을 결정하는 데 있어서 실패는 일시적이다. 스피노자는 몸에 의해 몸을 사유하는 것을 포기하지 않는다. 오히려 그는 한편으로는 몸에 대한 관찰에 호소한다. 그는 때때로 "인간의 명민함을 크게 벗어나는" 동물들의 행동에 대해 깊이 생각하고, 또는 "깨어 있을 때에는 감히 하지

145 *Ibid*.
146 *Ibid*.

못했을 수많은 것들을 꿈속에서 행하는 몽유병자들"[146]에 대해 깊이 생각할 것을 권유한다. 다른 한편으로 그는 몸의 기능들의 구조에 대한 연구에 호소한다. 비록 분석들을 발전시키지는 않았지만 스피노자는 오로지 몸적인 것으로서 고려된 자연의 법칙들에 대한 검토에 근거하는 몸의 역량에 대한 연구의 가능성을 열어 놓았다. 이제 인간은 그 자신에 대한 탐험가가 될 수 있고, 자신의 몸을 실행하면서 그 몸의 역량을 이해할 수 있게 되었다. 이러한 연구가 물론 정신의 역량에 상관적인 유일한 연구는 아니다. 왜냐하면 서로 다른 두 속성들에 따라서 고찰되는 유일하고 동일한 것이 문제이기 때문이다. 어쨌든 무엇보다도 먼저 몸의 특수성을 강조하고 그것의 고유한 능력을 결정하는 것이 중요하다.

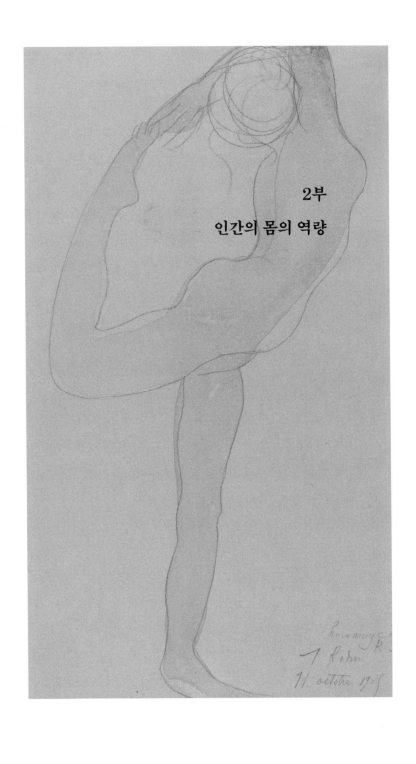

2부

인간의 몸의 역량

4장
인간의 몸의 실천적 역량

"낮과 몸, 두 거대한 역량들…"—발레리[1]

"이 몸은 존재의 역량이다."—아르토[2]

1. 몸의 기술적 역량

인간의 몸의 역량은 최초의 무능력을 기반으로 발달한다. 아이의 몸은 태생적으로 약하고 외부 환경에 의존하기 때문에 사물들에 대한 능력이 거의 없다. 그렇기 때문에 "이러한 삶 속에서, 아기의 몸의 본성이 아기에게 고통을 주고 아기를 고통에 내어 주기에, 우선적으로 우리는 그런 아기의 몸이 많은 사물들에 대해 능력을 갖는 몸, 그리고 자기 자

---

1 *Mauvaises pensées et autres* [『나쁜 생각들과 그 외의 것들』], D, *Heures* [『시간들』], in *Oeuvres* II, p. 810.
2 *Cahiers de Rodez*, septempbre-novembre 1945, p. 133.

신, 신, 사물들에 대한 위대한 의식을 갖는 정신과 관계하는 몸으로 변화될 수 있게 노력한다."[3] 몸을 변화시키는 것, 그것이 첫 번째 교육적 요청이다. 이 말은 우리의 모든 불행이 "사람이 되기 전에 아이였다는 것"[4]을 의미하는 것일까? 실제로 최초의 약함(faiblesse)은 힘이다. 왜냐하면 그러한 약함이 몸의 학습과 몸의 체계적 사용을 가능하게 만들기 때문이다. 그리하여 루소는 다음과 같이 지적한다. "인간이 크고 강하게 태어났을지라도, 그의 크기와 힘은 그가 그것들을 사용하는 법을 배우기 전까지 쓸모가 없다. 그의 크기와 힘은 다른 사람들이 그를 도와줄 생각을 하지 않기 때문에 그에게 해로울 것이다. 혼자 남겨진 그는 자신의 욕구들을 알기도 전에 비참함 속에서 죽게 될 것이다."[5] 요컨대 태생적 무능력은 추후 큰 역량의 가능성의 조건이다. 따라서 인간의 몸은 언제나 형성 중인 형태로 나타나며, 그리하여 훈련의 한계가 정해져 있는 동물들의 몸과 구분된다. 이 말은 무슨 의미일까?

1) 일하고 있는 몸 : 몸 테크닉

"몇 개월이 지나고 나서 동물이 일생 동안 존재할 무엇이 되는 것과는 거리가 멀게"[6] 인간은 스스로를 완성시키는 능력을 갖춘 미완성적 존

---

3 Spinoza, *Éthique*, V, XXXIX, scolie.
4 Descartes, *Principes de la philosophie*, I, 1.
5 *Émile*, I, p. 36. GP.
6 Rousseau, *Discours sur l'origine et les fonctions de l'inégalité parmi les hommes*, première partie, p. 171.

재이다. 인간은 자기만의 본능을 가지고 있지 않기 때문에, 모든 본능들을 가질 수 있고, 그것들의 특수성에 갇히지 않은 채 동물들의 일을 모방할 수 있다.[7] 갖가지 양상의 창조물인 인간의 몸은 카멜레온처럼 자신의 환경의 색들과 결합하고 정황들에 맞게 자신을 변형시키고 적응시킬 수 있는 놀라운 능력에 의해 정의된다. 인간의 몸의 본성은 고정적이고 부동적인 본성을 갖지 않는다는 것이다. 인간의 몸은 자신이 외부 세계와 맺고 있는 관계들을 통해 구성되고 시공간적으로 다양하게 변화한다. 인간의 몸은 언제나 일하고 있으며 자연적이고 사회적인 환경의 표지를 담고 있다. 인간의 몸은 제작된 산물이면서 생물학적 존재이고, 그러므로 그것의 본성은 인공물이라고 할 수 있다. 이러한 조건에서, 인간의 몸이 상이한 역사적 표현들의 영향을 받을 수 있는 한에서 그것의 본질을 가려내는 것은 매우 어려워 보인다. 그렇다면 생물학적 층들을 문화적 층들과 분리해야 하고, 그 본래적 본성 속에서 선천적인 것을 식별하기 위해 선천적인 것과 후천적인 것을 구분해야 할까?

실제로 그러한 질문은 당최 타당하지 않다. 왜냐하면 프랑수아 자코브(François Jacob)가 보여 주듯이, 후천적 행동은 유전 인자 속에 포함된 소질의 활성화일 뿐이기 때문이다.

아이의 성장 발달 동안, 생물학적인 것과 문화적인 것의 지속적 상호작용에 의해서, 정신의 수행력을 떠받치는 신경 구조들이 성숙해지고

---

7 *Ibid.*, p. 163.

조직될 수 있다. 이러한 조건에서 최종적 조직화의 한 부분을 유전성에 할당하고 나머지를 환경에 할당하는 것은 무의미하다. 하물며 줄리엣을 향한 로미오의 취향이 유전적 기원을 갖는지 또는 문화적 기원을 갖는지를 묻는 것은 말할 필요도 없다. 모든 살아 있는 유기체처럼 인간 존재는 유전적으로 프로그램 되어 있고, 배우기 위해서 프로그램 되어 있다. 탄생의 순간에 자연에 의해 가능성들의 범위 전체가 제공되어 있다. 현실화된 것은 환경과의 상호작용에 의해 삶이 진행되는 동안 조금씩 구축된다.[8]

따라서 인간의 몸은 유전적 소질과 이것의 역사적 발달 사이의 항구적인 교차(chassé-croisé)의 산물이다. 인간의 몸은 자신의 잠재력(potentialité) 가운데 일부만을 활성화시키며, 그 가능성들의 범위를 소진시키지 않으면서도, 필요, 욕망, 주변 환경이 동기가 되는 행동들 전체로 매우 빠르게 고정된다. 이러한 용법은 자세, 태도, 몸짓, 행동들을 통해 드러나는데, 그러한 것들은 학습과 교육의 산물이다. 그러한 용법은 어떤 것이든 단순한 역사적 소여를 넘어선다. 용법은 그 관습적 본성 때문에, 심리학적 결정의 표현이 될 수는 없지만, 사회적 필연성에 종속되어 있고 인간적 관습과 풍습에 따라 다양하게 변화될 수 있다. 메를로-퐁티는 몸의 해부학적 조직화가 풍부한 가능성들을 열어 놓고 있으며, 따라서 몸의 사용법은 한 번에 영원히, 즉시 이용될 수 있도록 주어지는 것이 아니라, 언어처럼 발명되며, 그 자체로서 해독

8 *Le jeu des possibles* [『가능성들의 놀이』], p. 126.

되어야 한다는 사실을 강조한다.

인간이 자신의 몸을 가지고 행하게 될 용법은 단순하게 생물학적인 존재로서의 몸에 비해 초월적이다. 분노해서 소리를 치거나 사랑해서 껴안는 것은 탁자를 탁자라고 부르는 것보다 더 자연적인 것도 덜 관습적인 것도 아니다. 감정들과 열정적인 행동은 단어들처럼 발명된다. 부성(父性)과 같이 인간 몸에 기입되어 있는 것처럼 나타나는 것들조차 사실 제도들이다. 인간에게서 우리가 자연적이라고 부르는 행동의 첫 번째 층과 제작된 문화적 또는 정신적 세계를 겹쳐 놓는 것은 불가능하다. 사람들이 말하려고 하는 것처럼, 인간에게서는 모든 것이 제작되었고 모든 것이 자연적이다. 이는 단순하게 생물학적인 존재에 무언가를 빚지지 않은 단어도 행동도 없다는 의미에서 그러하며, 또한 동시에 인간을 정의하는 데 사용될 수 있는 일종의 탈출에 의해, 양가성의 재능에 의해, 생명적 행동들을 그 본래의 의미에서 우회시키지 않는 단어도 행동도 없다는 의미에서 그렇다.[9]

몸의 다양한 용법은 기호들의 체계와 유사하며, 그런 점에서 언어처럼 전적으로 자연적이고 관습적이다. 자연적인 이유는 그것이 심리학적 장치에 의해 가능해지기 때문이고, 관습적인 이유는 그것이 그런 장치를 초월하는 의미작용들을 창조하기 때문이다. 모든 언어처럼, 기표와 기의의 연결은 자의적이고 제도에서 유래한다. 그렇기 때문에

9 Maurice Merleau-Ponty, *Phénoménologie de la perception*, pp. 220~221.

"분노해서 소리를 치거나 사랑해서 껴안는 것"은 탁자를 탁자라고 부르는 것보다 더 자연적이지도 않고 덜 관습적이지도 않다. 실제로 분노의 행동의 모방과 사랑의 행동의 모방은 모든 인간들에게서 같지 않다. 인간들이 모두 동일한 기관과 동일한 신경계를 가지고 있다고 할지라도 말이다. 메를로-퐁티는 일본인은 서양과 다르게 분노했을 때 미소를 지으며, 전통적 관습에 따르자면 일반적으로 사랑하면서 키스를 하지 않는다는 사실을 상기시킨다. 이러한 분석은 모든 인간 행동들에 대해서, 심지어 생물학적으로 강하게 결정되어 있는 것처럼 보이는 인간 행동들에 대해서도 타당하다. 따라서 몸에 고정된 본능처럼 종종 나타나는 부성애도 실은 하나의 제도이다. 트로브리안드 군도의 원주민의 모계-삼촌 체계가 보여 주는 것처럼 때때로 부성애가 완전히 무시될 수 있다는 것이 그 증거이다. 여기서 메를로-퐁티가 모성애보다는 부성애의 사례를 들고 모성적 본능의 금기를 직접적으로 깨려고 하지 않는다는 점을 확인하는 것은 흥미롭다. 그렇지만 그의 관찰이 그런 특별한 경우에까지도 똑같이 확장되리라는 것은 분명하다.

인간의 몸은 불변적 몸짓들에 상응하는 **자극들**(stimuli)의 전체로 환원되지 않는다. 인간의 몸은 우리를 기호의 세계로 들어가게 하는데, 기호들의 다의성은 모호성을 만들어 낼 여지가 많다. 따라서 몸의 용법은, 마치 예술작품의 방식처럼, 인간들이 소여를 전유하는 방식, 자신을 주조하고 다듬기 위해, 자신을 제작하고 생산하기 위해 소여를 초월하는 방식이라는 점에서 중요한 의미를 지닌다. 몸은 만들어진 것이면서 동시에 만들어야 하는 것이다. 몸이 인간에게 주어지고, 동시에 인간은 몸을 자신에게 준다. 인간은 다양한 사회 속에서 발명된 방식들과 모델들을 따라 작품을 수없이 다시 제작하기 시작한다.

인간이 사회 집단이나 이 집단의 전통과 관련해서 자신의 몸을 사용하는 다수의 방법들은 마르셀 모스(Marcel Mauss)가 '몸 테크닉'(les techniques du corps)이라고 명명한 것에 속한다. 이러한 명명은 우선 놀라운 것처럼 보일 수 있다. 왜냐하면 장-피에르 세리(Jean-Pierre Séris)의 지적처럼,[10] 몸 테크닉이라는 명명은 전통적으로 외부 자연을 변형시키는 것이 목적인 과정이나 도구 전체로 이해된 기술(technique)의 개념을 다시 끌어오며 그 개념을 확장하거나 개선하도록 만들기 때문이다. 모스가 겨냥한 테크닉은 실제로 내적 자연과 관계하며 몸을 유용한 목적 ── 최상의 자기 보존, 수행력의 증가, 외부 환경에 대한 최상의 적응 ── 에 맞게 제작된 대상으로 변형시키는 일과 연관된다. 달리 말해서 장-피에르 세리에 따르면, 여기서 문제가 되는 것은 "인간으로 만들어진 테크닉"(la technique faite homme)이거나, 더 정확히는 테크닉으로 만들어진 인간이다. 『증여론』(Essai sur le don)의 저자는 자연적으로 보이는 태도나 운동이 실제로 효과적인 전통적 행동 방식에 의해 학습된 것이거나 전승된 것임을 보여 준다. 잠들기 위해 눕는다는 사실은 필연적인 것이 전혀 아니다. 하지만 사회나 정황에 따라 다양하게 변할 수 있는 잠의 테크닉에 속한다. 예를 들어 마사이족은 서서 잠잘 수 있다. 마르셀 모스는 전쟁이 마사이족에게 사방에서 잠자는 법을, 산은 그들에게 서서 잠자는 법을, 말은 그들에게 앉아서 잠자는 법을 가르쳤다는 점을 상기시킨다.[11] 휴식, 호흡,

10 Cf. *La technique*, p. 127.

걸음, 경주, 영양섭취, 재생산, 출산 등, 몸의 수많은 다양한 용법이 문화 속으로의 몸의 기입을 표시하고 효율성과 성공의 요청에 응답한다. 군대의 병사들의 리드미컬한 보행의 방식, 형벌의 경제적인 징계의 테크닉, 미국 여배우들의 몸을 흔드는 걸음걸이, 유혹의 테크닉 등. 사랑과 전쟁처럼 상이한 목표들뿐만 아니라, 맞서 싸우는 것이 문제건 아첨하는 것이 문제건, 동일한 목표는 동일한 몸 테크닉을 불러오지 않는다. 영국의 보병은 우리의 보병과는 다른 빈도와 보폭으로 걸으며, 마르셀 모스가 엔(Aisne) 전투 이후에 보고했던 에피소드가 증언하고 있듯이, 프랑스의 나팔소리와 북소리에 맞춰 행진하지 않는다.[12] 자신들의 매력을 확실하게 하기 위해서, 마오리족 여자들은 마타 하리를 모방하지 않지만, "흐트러졌지만 허리를 마디마디 움직이는 흔들기"[13] 자세(gait)를 채택하면서 걷는다. 이것은 이방인들의 눈에는 추하게 나타나는 반면에 원주민들에 의해 애호된다.

　사회학자와 인류학자가 여행 중에 확인한 그런 다양한 몸 테크닉들은 습관이 2차적 본성이 아니라 첫 번째 본성임을 보여 준다. 그것은 획득된 소질, 현실이 된 잠재력이다. 몸은 **습관들**(habitus)의 다발이며, 이것이 몸의 힘과 동시에 몸의 허약함을 만든다. 그것이 힘을 만드는 이유는 체험된 행동들 덕분에 몸은 효율성을 얻기 때문이다. 그것이 허약함을 만드는 이유는 장기적으로 보았을 때 몸이 활성화되지 못한 자신의 능력들을 잃어버리기 때문이다. 습관들은 일단 버릇이 들

11 Cf. "Les techniques du corps", in *Sociologie et anthropologie*, pp. 378~379.
12 *Ibid.*, p. 367.
13 *Ibid.*, p. 370.

었을 때, 그리고 획득된 형태가 돌이킬 수 없는 변형의 국면을 얻게 될 때, 바꾸기가 매우 힘들 수 있다. 역도 선수의 근육질의 허벅지는 무용수의 다리 벌리기와 뛰어오르기에 적합하지 않다. 노련한 목공의 못이 박힌 손은 마사지사나 물리치료사라는 직업을 선택할 수 없게 만든다. 요컨대 성취된 가능성은 역설적으로 불가능성으로 이중화된다. 몸의 잠재적인 다(多)가치성은 일(一)가치성으로 감소되고, 그리하여 습관은 종종 최초이자 최종적인 본성이 된다. 우리는 가능한 여러 몸들과 함께 탄생하는 반면에, 실재적인 단 하나의 몸과 함께 죽는다.

몸 테크닉들은 몸의 효율성을 증진시키려는 목적을 지닌 훈련 (dressage)과 비슷하다. 마르셀 모스가 부각시키는 것이 그것이다. "기계 조립과 같은 훈련은 수익의 추구이고 획득이다. 지금 그것은 인간적 수익이다. 따라서 테크닉은 인간적 훈련의 인간적 규범들이다."[14] 몸의 이러한 규범화(normalisation)는 어쨌든 문제제기를 하도록 놓이지 않는데, 왜냐하면 그것은 개인에 대한 집단이나 사회의 지배를 드러내기 때문이다. 그리고 우리는 **인신 보호법**(habeas corpus)이 반드시 필요하다는 것을 쉽게 이해한다. 물론 몸의 규범화는 인간의 몸과 사회적 몸의 보존과 발달을 조화로운 방식으로 연결시키는 것을 목표로 하는 **아비투스**(habitus) 전체를 개인 각자에게 전달해야 할 필연성에 의해 정당화될 수 있다. 사회는 행동들을 명령하고 일탈을 벌한다. 몸에 대해서 문제가 되는 것은 단지 사는 것만이 아니라 함께 사는 것이고, 자신을 방치하는 것만이 아니라 처신하는 것, 또는 자제하는 것이

---

14 *Ibid.*, p. 374.

다. 이러한 연마는 몸의 짓궂은 사용을 피하고 사회적 연대성을 유지하기 위한 필수적인 예의를 몸에 주입시키는 것을 목표로 한다. 따라서 인간의 몸은, 공동체가 자신의 상표권을 새긴, 공동체 안에 삽입된 몸의 인간이다. 그는 전체의 일부이고 전체는 그의 일부이다. 그처럼 나의 몸은 강한 의미에서 나의 것이 아니며, 내게 속하지 않는다. 나의 몸은 차라리 우리들의 것, 집단의 몸이고 사회적으로 선택된 조각들의 수집체다. 아폴리네르(Guillaume Apollinaire)의 시는 그것을 훌륭하게 표현하고 있다.[15]

> 행렬이 지나갔고 나는 거기서 내 몸을 찾았다.
> 나타났고 나 자신이 아니었던 모든 것이
> 하나씩 하나씩 나 자신의 조각들을 가져왔다.
> 사람들은 탑을 세우듯이 나를 조금씩 세웠다.
> 민족들이 쌓였고 나 자신이 나타났다.
> 모든 몸들과 인간적인 것들이 형성했던 것.

하지만 내 몸이 사회적 건축 양식 전체를 사용하는 구조라면, 무엇을 기반으로 사람들이 나를 세우는지를 아는 문제가 여전히 남는다. 랭보는 "나는 타자다"(Je est un autre)라고 말하지만, 내 안의 이 타자는 또한 자유로운 타자성 또는 소외된 자의 얼굴을 취할 수 있다. 모든 테크닉처럼 몸 테크닉들은 목적성의 문제를 제기하는데, 왜냐하면 동

---

15 "Le cortège", in *Alcools*, p. 50.

일한 절차가 만들어지는 사용법에 따라 사용될 수도 있고 억제될 수도 있기 때문이다. 그처럼 몸의 사용법은 몸을 사용할 수 있거나 몸을 단련시킬 수 있고, 몸을 구축하거나 몸을 무력화할 수 있다. 결국 인간은 완벽해질 수 있지만, 또한 루소가 말하듯이, 오로지 인간만이 얼간이가 될 수 있다. 인간의 산업은 허약한 몸만이 아니라 강건한 몸을 주조할 수 있다. 『사회계약론』의 저자(루소)는 그 점을 알고 있었다. 그는 몸을 허약하게 만드는 그의 시대의 과학과 예술의 악행들을 단죄한다. 그처럼 그는 야생적 인간의 민첩하고 다가(多價)적인(polyvalent) 몸을 기계적 목발들로 둘러싸인 문명적 인간의 연약하고 허약한 몸과 대립시킨다. 후자의 몸은 그러한 목발들이 없다면 전적으로 무능력하다. "야생적 인간에게 몸이 인간이 인식하고 있는 유일한 도구인한에서, 야생적 인간은 다양한 용법에 따라 몸을 사용한다. 우리의 몸은 훈련의 부족으로 그것이 불가능하다. 필요성이 습득하도록 강요하는 그런 힘과 민첩함을 우리에게서 제거한 것은 바로 우리의 산업이다."[16] 루소는 사회적 복종과 이를 뒤따르는 몸에 의한 구속들을 비난한다. 그러한 구속들이 몸의 사용법을 복종으로 변형시켰다. "문명의 인간은 노예상태에서 탄생하고 살고 죽는다. 인간이 탄생했을 때 사람들은 그에게 배내옷을 바느질해 입히고 인간이 죽었을 때 그를 관 안에 못 박는다. 인간적 형상을 유지하는 한 인간은 우리의 제도들에 속박되어 있다."[17] 몸 테크닉들은 사회적 몸의 지배를 나타내고, 자연적

---

16 *Discours sur l'origine et les fondements de l'inégalité parmi les hommes* [『인간불평등의 기원과 토대에 관한 담론』], première partie, p. 164.
17 *Émile*, livre I, p. 43, GF.

으로 나타나는 것이면서 또한 소외시키는 것일 수도 있는 규범들에 대한 복종을 나타낸다. 복장을 넘어서, 몸은 사회적 유대 속에서 유지되며 부족, 민족, 종교 신도회에의 소속의 흔적들을 전달한다. 피부절개(scarification), 문신, 할례, 음경 또는 음핵 절제, 음부 봉쇄 등, 집단성이 몸의 피부에 달라붙고 몸의 살 안으로 침투해서 몸에 족쇄를 채우고 변형시킨다. 사회는 몸들의 연결인가, 아니면 몸들의 상해인가?

루소는 사회적 노예상태에 반대하면서 『에밀』에서 몸을 유아기로부터 해방시키라고 권한다. 머리를 고정시키기 위한 머리받침대도, 말에 족쇄를 채우기 위한 사슬도 있어서는 안 된다. 자유로운 운동을 무서워하고 "불구가 되지 않도록 꼼짝 못 하게"[18] 몸을 막는 것은 불합리하다. 아이의 작은 키와 허약함이 아이들의 움직임을 위험하게 만들수는 없다. 튼튼한 몸의 구성의 필요불가결한(sine qua non) 조건, 그러한 최초의 자유가 자기 통제의 필수적인 전조(前兆)다. "몸은 약할수록 더욱 명령하고, 강할수록 더욱 복종한다."[19] 몸 교육의 테크닉들은 몸을 강화시키는 것을 목표로 하고 몸이 의지에 굴복하는 법을 가르친다.

그런 의미에서 몸 교육의 테크닉들은 자기를 지배하는 법을 가르치는 냉정한 학교이다. 게다가 마르셀 모스의 관점에서 바로 거기에 몸 테크닉들의 진정한, 주된 목적이 있다.[20] 그런 냉정한 교육은 본질적으로 동요나 반성되지 않은 반응들과 맞서 싸우고 상황에 가장 적절

18 *Ibid.*, p. 44.
19 *Ibid.*, p. 58.
20 "Les techniques du corps", chap. IV, in *Sociologie et anthropologie*, p. 385.

한 대답을 찾기 위해서, "지연의 메커니즘과 무질서한 운동들의 금지의 메커니즘"[21]을 마련하는 것으로 이루어진다. 복종이 아닌 통제의 표현들, 이 표현들은 몸의 역량을 드러내고, 몸의 저항력의 증가 속에서 그런 표현들의 궁극적 정당화를 발견한다. 통제의 표현들은 족쇄 속의 (dans les fers) 몸을 강철의(de fer) 몸으로 대체한다. 그것의 첫 번째 소명은 몸이 참을 수 없는 고통을 받게 하는 것이 아니라, 반대로 몸의 정열들과 맞서 싸우고, 연습과 규율을 통해 두려움과 고통과 투쟁하는 법을 몸에게 가르쳐 주는 것이다. 마르셀 모스는 바로 그런 의미로 가장 위대한 인간성으로의 입문을 구성하는 스토아주의의 중대한 시련들을 해석한다. 목표는 인간을 복종시키는 것이 아니라, "냉정함, 저항, 신중함, 정신의 현전과 존엄을 가르치는 것"[22]이다.

몸 예술

오늘날 몸 예술(Body Art)은 그러한 논리 속에 기입되고 있다. 왜냐하면 많은 수의 몸 예술적 퍼포먼스는 자기에 대한 지배력의 획득과 고통받고 죽는 것에 대한 두려움의 제거를 목표로 하기 때문이다. 예술과 테크닉이 교차하는 지점에서, 몸 예술은 육체적이고 정신적인 한계를 확장함으로써 인간의 역능을 발전시키려고 노력한다. 적어도 이것이 베오그라드 출신의 예술가, 마리나 아브라모비치(Marina Abramovici)가 인정했던 목표다. 그녀는 연인인 울라이(Ulay)처럼 비

21 *Ibid*.
22 *Ibid*.

디오로 촬영하고 중계 방송되는 오랜 시간 동안 퍼포먼스를 완성한다. 위험, 고통, 또는 피로는 마리나 아브라모비치가 전적인 주의를 기울이는 것들인데, 왜냐하면 그것들은 한 개인의 인격이 비상사태에 놓이는 상태, 한 인격이 자신의 유한성에 대한 첨예한 의식을 갖게 되고, 전적으로 몸에 대해 현전하는 상태들이기 때문이다. 그때 문제가 되는 것은 실천과 실행에 의해 그러한 한계들을 능가하는 것이다.

그리하여 「밤바다 건너기」(*Night sea crossing*)라는 제목이 붙은 퍼포먼스에서, 마리나 아브라모비치는 극도의 집중을 대가로 치르면서, 움직이지 않은 채 7시간 동안을 앉아 있도록 자신을 구속한다. 「용의 머리」(*Dragon heads*)라는 제목의 비디오에서, 그녀의 얼굴은 머리 주위에서 우글거리는 뱀들로 머리 장식을 한 것처럼 나타난다. 그녀는 자신의 뺨과 목을 타고 기어가는 뱀들과 마주하면서 태연한 상태를 유지한다. 「잠든 의식」(*Dozing consciousness*)에서 아브라모비치는 수정 결정체들 아래 간신히 호흡만 할 수 있도록 파묻혀 있으면서 자신의 냉정함을 시험한다. 죽음과 친해지기 위해서, 그녀는 인간의 뼈를 끌어안고 그것을 자신의 피부로 문지르거나 해골을 하얗게 만들기 위해 솔로 잘 닦고 비누칠을 한다. 끝으로 1997년에 있었던 「소멸」(*Dissolution*)이라고 명명된 15분짜리 퍼포먼스에서, 그녀는 무릎을 꿇고 등을 드러내고 있다. 그리고 그녀는 더 이상 고통을 느끼지 않을 때까지 자신의 등을 채찍질한다.

마리나 아브라모비치는 금기들을 깨고, 적절한 테크닉들에 의해 견딜 수 없는 것들이 견딜 수 있는 것이 될 수 있음을 이해시킨다. 몸 테크닉들의 연장선상에서, 몸 예술은 자신을 위협하고 파괴하는 것과 마주한 인간의 능력을 확증하기 위한 궁극적 시도를 구성한다. 죽음은 아무것도 아니며 고통은 경멸과 함께 다뤄질 수 있음을 보여 줌으로써 마리나 아브라모비치는 어떻게 보자면 고대의 지혜의 교훈들과 다시 연결된다. 주랑의 철학자들[23]과 정원의 철학자들[24]을 모델로 해서, 그녀는 모든 상황에서 혼란의 부재를 목표로 하며, 에피쿠로스의 격언, 즉 "현자는 때때로 견뎌야 하는 과도한 육체적 고통에 경멸하는 미소로 응대한다"[25]를 자기 것으로 삼을 수 있을 것이다. 마리나 아브라모비치는 고통에 대해 태연한 얼굴을 보여 준다. 그녀는 에피쿠로스를 따르면서, 가장 고통스러운 것은 영혼의 고통이고, 최악의 위험은 육체적인 것이 아니라 정신적인 것이라고 평가한다. 물론 에피쿠로스학파 철학자들이나 스토아학파 철학자들과 다르게, 그녀는 고통스러운 상황들을 인위적으로 만들어 내면서 고통을 맞이하러 나간다. 그래서 그녀는 때때로 건전하지 못한 마조히스트적 자기만족이라는 비난을 받아 왔다. 어쨌든 몸의 실존이 제기하는 진정한 문제, 병과 죽음, 나아가 고통의 포로라는 문제를 정면에서 다루고 있다. 그러한 질문의 심각한 특징을 의식한 발레리는 "인간의 피부는 세계를 두 종류로, 즉 색(couleur)의 측면의 세계와 고통(douleur)의 측면의 세계로 (…) 나눈다"고 정확히 이야기한다.[26] 의학의 도움을 모두 써 버린 후에, 몸은 자

---

23 [옮긴이] 스토아학파 철학자들을 가리킨다.
24 [옮긴이] 에피쿠로스와 그의 정원에 모여든 철학자들을 가리킨다.
25 Cf. Plutarque, *Contra Epic, Beat.*, 3 (Us., 600), *op. cit.*, Jean Brun, *Épicure et les épicuriens, Textes choisis.*
26 *Mauvaise pensées* [『나쁜 생각들』], Q, p. 888.

신을 괴롭히는 악에 대해 무엇을 할 수 있을까?

고통과 몸 테크닉들

히포크라테스를 따르면서 철학자들이 치유하는 자연에 대한 믿음을
주장해 본들, 에피쿠로스학파 철학자들을 따르면서 커다란 고통은 순
식간에 지나가고 경감된다고 판단해 본들, 또는 보다 근본적으로 스
토아학파 철학자들을 따르면서 건강은 행복과 무관한 것들에 속한
다고 생각해 본들 소용이 없다. 엄밀히 말해서 그들은 살을 십자가에
못 박는 불합리한 육체의 고통과 맞닥뜨린다. 샹포르(Sébastien-Roch
Nicolas de Chamfort)는 하늘을 향해 기도를 드린 적이 있다. "오, 주여.
나를 육체적 고통으로부터, 내가 감당해야 하는 도덕으로부터 해방시
켜 주시겠나이까?"

쾌락과 마찬가지로 고통은 육화된 존재의 감각적 본성 때문에, 인
간 조건의 몫이 된다. 아르토는 말한다. "나는 하나의 몸이다. 그리고
몸, 그것은 뉘앙스도 없고 내적 변조도 없는 고통의 분노, 덩어리일 뿐
이다.…"[27] 발레리가 강조하듯이, 역설적이게도, "고통, 우리는 이것
을 가장 우리 자신의 것으로 느끼면서 동시에 가장 낯선 것으로 느낀
다."[28] 고통은 우리 자신에게 가장 많이 속하는 것이다. 왜냐하면 고통
의 현전에 의해 혼미해진 몸은 오로지 고통에 의해서, 그리고 고통을
위해서 살 수 있을 뿐이기 때문이다. 몸 전체가 변용된 부분으로 축소

---

27 *Cahiers de Rodez*, septembre-novembre 1945, p. 35
28 *Mauvaise pensées*, Q, p. 888.

되고 그곳으로 집중된다. 그리하여 우주 전체는 절대적 무관심 속으로 빠져들어 가 현존하기를 멈춘다. 하지만 고통은 우리가 가장 낯선 것으로 느끼는 것인데, 왜냐하면 우리는 고통과 한몸이 되기를 거부하기 때문이다. 우리는 쾌락을 우리 자신의 통합된 일부로 맞아들이고 우리 자신을 쾌락과 일치시키는 반면에, 고통은 우리의 통합성을 위협하는 낯선 몸처럼 우리에게서 축출해 내려고 노력한다. 고통의 경험은 분리의 경험, 분열의 경험이다. 프랑수아 쉬르파즈(François Chirpaz)는 그 점을 분명히 말한다.

> 고통을 받는 것은 분명 나지만, 고통은 내게 속하지 않는다. 그것은 즉 자적 사물, 나 자신과 혼동되지 않는 존재와 같다.[29]

고통은 자기와 분리하고자 하는 의지, 자기 자신의 몸과의 전적인 동일시를 불가능하게 만드는 분열의 느낌을 낳는다. 아르토는 말한다. "나는 몸이 아니다. 몸이 너무나 큰 고통을 의식에 가할 때, 나는 분열된 의식이다."[30] 이러한 조건에서 고통은 몸의 역능의 종말을 알리지 않을까?

여기에 또한 몸이 낯선 원천들을 사용할 수 있으며, 고통을 길들일 수 있게 해주는 테크닉들의 도움으로 때로는 견딜 수 없는 고통을 견딜 수 있게 한다는 점을 인정해야 한다. 영화 「환자: 밥 플래너건의 삶

---

29 *Le corps* [『몸』], p. 16.
30 *Cahiers de Rodez*, mai-juin 1945, p. 190.

과 죽음」(*Sick : The life & death of Bob Flanagan*)이 보여 주는 것이 그런 것이다. 영화는 불치병인 낭포성 섬유증에 걸려 최악의 고통 속에서 아주 젊은 나이에 사망할 것이라는 의사의 진단을 받은 밥 플래너건의 일생을 재추적하고 있다. 밥 플래너건은 예상과 반대로 43세까지 생존하며, 유년시절부터 자신의 병과 견뎌야 하는 힘겨운 치료들에 따르는 고통과 화해하는 법을 배운다. 늘 이어지는 호흡 장애, 호흡곤란 발작, 그를 여러 차례 입원시켰던 감염과 합병증에 시달리면서, 그는 고통을 고통으로 대적하기 위한 마조히스트적 삶의 예술을 건립한다.

나는 유전적 질병과 함께 태어났다. 이 병으로 나는 두 살에 죽을 것이라고, 그런 다음에는 10살에, 그리고 20살에 죽을 것이라고 가정되었으며, 이런 식의 가정은 계속되었다. 하지만 나는 여전히 살아 있다. 나는 끝이 없는 전투 속에 있다. 이것은 생존하기 위해서만이 아니라 나의 끈질긴 병을 완화시키기 위해서이기도 하다. 나는 고통(mal)에 대해 고통(mal)으로 맞서 싸우는 것을 배웠다.[31]

영화 「환자」는 점점 더 강력해지는 고통들의 발명을 즐기고, 의지적인 고통과 부과된 고통을 연결시키면서 고통의 양상들(facettes)을 탐험하는 완벽한 마조히스트의 지침서이다. 밥 플래너건은 스스로를 채찍질하고 스스로에게 화상을 입히고 불편한 자세로 자신을 매달

---

31 Cf. Bob Flanagan, *Supermasochist*, cité par Philippe Liotard, in *L'oeil électrique*, 15 juin-15 août 2000, p. 11.

고 귀두에 침들을 꽂고 판자에 자신의 음낭을 고정시킨다. 이는 태생적 고통을 이겨 내고 그것을 쾌락으로 변형시키기 위해서다. 플래너건은 질병과 의사들에 의해 권리를 빼앗긴 자신의 몸을 다시 수중에 넣는다. 그는 고통을 조직하고 무대에 올림으로써 그것을 승화시킨다. 그는 자신의 약함을 힘으로 전환시키고 자신의 고통을 향유로 전환시키면서 자신의 불능을 치유한다. 귀두에 피어싱을 한 다음에 그는 **빌어먹을**(Fuck) 일기에 이렇게 고백한다. "나 자신의 몸을 통제한다는 인상이라니. 이것은 나를 흥분시킨다." 그처럼 밥 플래너건은 사용하는 테크닉들을 조종한다. 그것의 주문은 다음의 공식으로 요약된다. "고통이 있는 곳에 쾌락이 있다." 그는 치명적 기관에는 회복불가능할 정도의 손상을 입히지 않는 방식으로 스스로에게 조절된 시련을 치르게 함으로써, 자신의 몸의 한계를 인식하는 법을 배운다. 밥 플래너건의 삶은 아연실색하게 만드는 냉혹한 자의 학교다. 물론 그의 삶이 모델이될 수는 없다. 왜냐하면 개인마다 고통에 저항하는 법은 매우 다양하기 때문이다. 하지만 그의 삶은 어쨌든 몸이 자신을 굴복시키는 것으로부터 해방될 수 있고 숙명을 자유로 변화시킬 수 있는 방식의 본보기가 된다. 이러한 극단적 경우는 테크닉들이 장착된 몸의 역능을 보여 준다. 이 몸은 결국 자신이 증오하는 것을 사랑하고 자신이 도망쳤던 것을 추구하기에 이른다. 밥 플래너건은 일하도록 부과된 가혹한 형벌을 가혹한 형벌의 일로 대립시키면서, 무능을 역량으로 변화시키고 병을 삶의 힘으로 변화시킨다.

2) 노동하는 몸

그 형태가 어떻든지 간에 몸은 단순히 노동되는 게 아니라, 인간의 필요들을 원조하기 위한 노동자이다. 몸은 생산물이면서 기술들의 생산자이다. 기술은 몸의 역량이 나타나는 탁월한 영역이다. 기술은 지성적 능력이 결집되는 단순한 지식(savoir)을 함축하는 것이 아니라, 대부분의 시간 동안 구상된 계획의 실행을 가능하게 하는 몸의 숙련성을 작동시키는 기량(savoir-faire)을 함축한다. 정신의 가장 멋진 계획일지라도 계획에 협력하는 몸이 없다면, 계획은 죽은 언어로 남게 될 것이다. 칸트가 『판단력 비판』에서 상기시키듯이, 실제로 예술에서 지식은 할 수 있음이 아니다.

> 실천적인 능력이 이론적 능력과 구별되고 (토지 측량술과 기하학이 구별되듯이) 기술이 이론과 구별되듯이, 인간의 숙련성으로서 예술(art)은 (할 수 있음과 앎이 구별되듯이) 학문과 구별된다. 행해져야 하는 것만을 알고, 추구된 결과를 충분히 인식하는 순간, 사람들이 할 수 있는 것은 예술이라고 불리지 않는 것과 같은 방식으로, 가장 완벽한 방식으로 그것을 인식하고 있다고 할지라도, 사람들이 행함의 숙련성을 소유하고 있지 못하는 것이 예술에 속한다. 캄페르[32]는 가장 좋은 구두가 어떻게 만들어져야 하는가를 매우 정확하게 기술하고 있으나, 그는 그런 어떤 구두도 제작할 수 없었다.[33]

---

32 [옮긴이] 캄페르(Peter Camper)는 네덜란드의 해부학자, 의학자이다.

따라서 예술은 손재주, 몸의 모든 소질들과 육체적 능숙함뿐만 아니라 정신적인 능숙함을 요구한다. 예술은 정신과 협력하는 몸을 청원하고 열 손가락을 사용할 줄 아는 앎을 함축한다. 물론 전산 처리나 컴퓨터 기술처럼 몸이 거의 고려되지 않는 지성적 기술들이 존재한다. 하지만 심지어 그런 경우에서조차 기술은 육화된 존재와, 이 존재의 욕구와 욕망과 관계한다. 그렇기 때문에, 메를로-퐁티에 따르면, "모든 기술은 '몸의 기술'이다. 모든 기술은 우리의 (육체의) 살(chair)의 형이상학적 구조를 그려 내고 발전시킨다."[34]

그런 의미에서 몸의 기술은 몸에 대해 실행되는 실천들만을 가리키는 게 아니라 몸이 외부 세계에 대해 실행하는 실천들도 가리킨다. 인간의 몸은 실제로 작용하는 힘을 지니고 있는데, 이 힘은 인간의 몸으로 하여금, 사물들의 형태에 자신의 형태를 각인하면서, 자신의 사용법과 자신의 이미지에 맞게 자신을 둘러싼 자연을 변형시킬 수 있게 한다. 인간은 자연으로 살아가는 것에 만족하지 않고, 자신의 실존의 조건들을 만들어 낸다. 그런 점에서, 맑스가 강조하듯이, 인간은 "자연 전체를 자신의 비(非)유기적인 몸으로 삼는다. 이는 우선 자연이 직접적인 생존의 수단임을 고려해서만이 아니라, 또한 (두 번째로) 자연이 인간의 생명 활동의 물질, 대상, 도구임을 고려했을 때 그렇다."[35] 노동은 그 원초적 형태에 있어서, 인간의 유기적 몸이 자연의 비유기적 몸을 자신의 목적에 따르게 하고 동화시키고 자신의 육체적 필요를 충족

---

33 *Critique de la faculté de juger*, §43.
34 *L'oeil et l'esprit*, p. 33.
35 Marx, *Manuscrits de 1844*, premier manuscrit, p. 62.

시키기 위해서 변형시키는 행동처럼 나타난다. 하지만 그러한 노동의 실천에서 인간이 무사히 빠져나오지는 못한다. 인간은 사물들을 형성하면서 자신이 형성된다. '제작의 인간(homo faber)의 가역성' : 제작하는 인간은 언제나 동시에 인간의 제작자이다. 헤겔에 이어, 맑스는 그러한 인간의 유기적 몸과 자연의 비유기적 몸 간의 교환에서 유래하는 이중의 작동을, 『자본론』에서 노동의 원초적 상태를 분석함으로써 분명히 했다.

> 노동은 우선 인간과 자연 사이에서 일어나는 행동이다. 인간은 그때 자기 자신에 대해 자연적 능력의 역할을 수행한다. 인간은 몸이 부여받은 힘들, 팔과 다리, 머리와 손을 움직이기 시작하는데, 이는 인간의 생명에 유용한 형태를 물질에 부여함으로써 물질을 동화시키기 위해서다. 인간은 그런 움직임을 통해 외부 자연에 작용을 가하고 변형시키는 동시에, 그 자신의 본성을 변형시키고 본성 속에 잠들어 있는 능력들을 개발한다.[36]

그러므로 노동은 외부 자연을 변형시키는 행동이면서 동시에 인간의 내적 본성을 변형시키는 행동이다. 자연의 경작(culture)은 육체적이면서 동시에 정신적인 경작(culture)이다. 자연과의 그런 몸과 몸의 맞대면 속에서, 인간은 사물들 속에 자신의 형태를 표현하는데, 이 사물들은 저항을 통해 역으로 자신의 표지를 각인시킨다. 몸은 물질과

---

36 *Le Capital*, livre I, troisième section, chap. VII, p. 136.

의 투쟁의 흔적들을 은연중에 포함하고 있으며, 자신을 변형시키고 잠들어 있는 자신의 능력을 개발한다. 내적 풍경과 외적 풍경은 조화를 이루고, 거울 놀이 속에서 서로를 반사한다. 거울 놀이 속에서 차례차례 자연은 인간에 적응하고 인간은 자연에 적응한다.

맑스에 따르면, 그런 최초의 직접적인 단계에서, 인간적 형태만을 뒤집어쓰거나 상상력 안에서 앞서 만들어진 자유로운 기투를 표현할 정도로, 노동은 아직 "그 순수하게 본능적인 양태를 벗어"[37] 버리지 못했으며, 바로 그런 최초의 직접적인 단계에서, 몸은 결정적인 역할을 한다. 몸은 작품의 주인인데, 왜냐하면 몸은 필요들에 의해 노동의 역학을 방출하기 때문만이 아니라, 자기만의 원천을 자기를 위해 사용함으로써 작품에게 몸을 주기 때문이다. 인간 활동의 목적이자 수단인 몸은 최초의 노동력을 구성하고, 몸은 자생적이면서 동시에 술책으로 가득한 본성 덕분에 춤을 리드한다.

라블레(François Rabelais)는 그런 몸의 창조적 능력을 강조했으며, 가스테르 나리라는 노골적인 인물을 통해 그 점을 찬양했다. 가스테르 나리, 그는 신호로만 말하고 "귀가 없는 굶주린 배"이고, 먹을 것들과 동화되거나 먹을 것들을 방출하는 완전한 흡수자다. 가스테르는 모든 예술의 위대한 발명가이며, 플라톤의 『향연』 이래 일반적으로 그 역할이 부여되었던 에로스의 자리를 탈취한다. 그는 사랑(에로스)처럼, 자원(포로스)과 궁핍(페니아)의 아들은 아니지만, 그와 거의 같은데, 왜냐하면 그는 9뮤즈들의 어머니인 앵디장스(Indigence, 빈곤)와

37 *Ibid.*

풍부함의 지배자인 포루스(Porus)를 동반하고 있기 때문이다. 끊임없이 결핍과 배부름의 희생자가 된 가스파르 나리는 예술 분야 최초의 세계적 명인일 것이다.

처음부터 그는 대지를 경작하기 위한 대장장이 기술과 농업 기술을 발명했다. 이는 곡식을 생산하기 위해서였다. 그는 곡식을 보호하기 위해 군사 기술과 무기들을 발명했다. 그는 의학과 천문학을 발명했으며, 수 세기 동안 곡식을 확실하게 보존하기 위해 필요한 수학을 발명했다. (…) 약탈자들과 강도들은 들판의 빵과 곡식을 훔쳐 갔다. 그는 도시들, 요새들, 성들을 세우는 기술을 발명했는데, 이는 빵과 곡식을 넣어 두고 확실하게 보존하기 위해서였다. 빵을 발견하지 못한 그는 도시, 요새, 성 안에 빵들이 쌓여 있으며, 용들이 지키는 헤스페리데스의 황금 사과보다 더 정성껏, 거주자들이 그것을 지키고 보존하고 있다는 사실을 알아낸다. 그는 폭탄, 전쟁 기계, 파성추, 투석기, 노포와 함께 요새와 성을 폭파하고 무너뜨릴 기술과 수단을 발명했다.…[38]

굶주린 몸에서 출발한 기술의 계보학은 환상적일지는 모르겠지만 동시에 표본적이라고 할 수 있는데, 왜냐하면 언어 이전에, 어떻게 필요가 세계를 변형시키면서 필요 자체가 변형되는지, 어떻게 필요가 새로운 기술들을 제작하고 역으로 새로운 욕망들을 생성시키는지를 보

---

[38] *Quart livre*, chap. LXI, *Comment Gaster inventa les moyens de récolter et de conserver le gain.*

여 주기 때문이다. 현실적이고 정확한 먹을 것들의 필요는 농업을 생산하고 그 도구들을 주조하며, 그런 다음 필요는 현재의 직접성으로부터 벗어나 미래로, 나아가 영원성으로 자신의 제국을 확장한다. 문제가 되는 것은 이제 보존하는 것이 아니라, 보존의 수단들을 보존하는 것이다. 예측 기술들 ── 수확물들을 방어하기 위한 군사 기술, 수천 년 동안 수확물들을 예측하고 보존하기 위한 의학, 수학, 천문학 ── 의 출생증명서가 만들어진다. 확실성에 대한 욕망은 영원성의 기념물을 건축하도록 유도했으며, 그리하여 성벽과 해자를 가진 건축물이 탄생한다. 그러나 식량이 부족해진다면 강자들도 약해진다. 굶주린 몸은 야비해지고 굶주림을 낳는다. 굶주린 몸은 능숙하게 요새들을 공격하고 함정에 빠뜨리고 포위한다. 굶주린 몸은 방어하는 자에서 공격자로 돌변하고 파괴의 기술을 발명한다. 전쟁 기계들이 생겨나며, 가스테르 나리는 타인의 죽음으로 살아가며 배를 채운다. 굶주린 배는 파성추들의 맹렬한 공격 뒤에서 터져 나오는 침묵의 고함소리를 듣지 못한다. 필요는 법을 만든다. 어쨌든 라블레는 모든 악의 몸을 비난하고 그것의 비도덕성을 공격하는 데 동의하지 않는다. 가스테르는 본성상 호전적인 것이 아니라 어쩔 수 없는 상황에 의해 그렇게 된다. 그는 교활하나, 그의 역량은 교활하지 않다. 기술들의 발명가는 사악함을 면제받는다. 타락을 낳는 것은 사용법이다. 노동의 도구가 꼭 고문의 도구인 것은 아니다. 바깥에서 수확하지 못한 자들이 폭동을 일으킬 때, 셀 수 없는 풍요로움과 함께 요새 안에 있는 것, 이것은 진정 굶주린 자들을 먹이기 위해 포격들을 펼치는 것보다 호전적이지 않은 것일까? 그럼에도 불구하고 사람들은 건축물을 숭배하고 군사 기술을 개탄한다. 하지만 모든 기술들 각각은 그 이면을 가지며, 근본적인 무(無)도덕성의 옷을 입는다. 성의 발명, 나아가 금고의 발명은 침입 강도의 발명을 불러오고, 그러한 발명들 배후에는, 노동하는 가스테르, 또한 무한정한 욕망이 되어 버린 필요에 의해 노동하게 된 가스테르 나리가 언제나 있다.

따라서 인간은 육체적 필요의 지배 아래에서 생활 수단들을 주조한다. 그는 생활 수단들을 위해서 생산물들과 도구들을 제작한다. 게다가 바로 그런 기준을 따라 맑스는 주로 인간과 동물의 차이를 알아보았다. "인간들은 의식에 의해서, 종교에 의해서, 그 밖에 그가 원망(願望)하는 것에 의해서 동물들과 구별될 수 있다. 인간들 자신은 그들이 그들의 생활수단을 생산하기 시작하자마자 동물들과 구별되기 시작하는데, [이러한 생활수단의 생산은] 앞으로의 한 걸음이며, 이것은 인간의 몸적 조직의 결과 자체다."[39]

물론 동물도 생산을 하며, 자연을 이용하는 것에 한정되지 않는다. 동물은 둥지들, 제방들과 은신처들을 건설한다. "거미는 방직공과 유사한 작업을 하고, 꿀벌은 벌집구멍들의 구조로 인해 건축가의 노련함과 더욱 혼동된다."[40] 어쨌든 동물은 엄격하게 필요에 의해 결정되어 있으며, 자신의 몸과 자신의 종의 한계 안에 갇혀 있다. 동물은 변하지 않고 같은 것을 반복하고 삶의 방식을 발명하지 않는다. "동물은 직접적인 육체적 필요의 지배 아래에서만 생산하며, 반면에 인간은 육체적 필요에서 해방되어 생산하고, 육체적 필요에서 해방되어 있을 때에

---

39 *L'idéologie allemande*, p. 43. [칼 맑스·프리드리히 엥겔스, 『저작 선집』 1, 최인호 외 번역, 박종철출판사, 197쪽]

40 Cf. *Le Capital*, livre I, troisième section, chap. VII, p. 136.

만 진정으로 생산한다.″[41] 따라서 인간은 생활 방식의 특수성 안에 갇혀 있지 않다. 인간은 무상의 자유로운 작품들을 만들어 내면서, 보편적 방식으로 생산하고 육체적 필요로부터 해방될 수 있다. 동물은 단하나의 삶을 갖지만 인간은 여러 삶을 갖는다. 물질적 삶, 그리고 사회적 생산 수단과 사회적 생산 관계에 의해 변형되는 정신의 삶. 따라서 생활 수단의 자유로운 생산은 인간이 동물성에서 해방될 수 있게 만드는 앞으로의 한 걸음이다. 그런데 맑스는 "이러한 앞으로의 한 걸음이 인간의 몸적 조직의 결과 자체″[42]라고 말하고 있다.

손의 역량

이것은 아리스토텔레스가 인간의 기술이 얼마나 손의 존재에 빚지고 있는지를 보여 주면서 강조했던 사실이다. 손은 자연이 동물들 가운데 가장 똑똑한 동물에게 주었던 도구들 중의 도구인데, 왜냐하면 이 동물은 손의 사용이 가능했기 때문이다.[43] 실제로 "손은 하나의 도구가 아니라 여러 도구인 것처럼 보인다. 왜냐하면 손은 이를테면 다른 도구들의 자리를 차지하는 도구이기 때문이다.…″[44] 동시에 기관이고 도구인 손은 자유롭게 남아 있으며, 다른 기능에 종속되지 않으면서 모든 기능들에 사용될 수 있다. 그래서 아리스토텔레스는 손에게서 인간

---

41 *Manuscrits de 1844*, premier manuscrit, pp. 63~64. [칼 맑스·프리드리히 엥겔스, 『저작 선집』 1, 79쪽. 번역 수정]

42 *L'idéologie allemande*, p. 43. [칼 맑스·프리드리히 엥겔스, 『저작 선집』 1, 197쪽]

43 *Des parties des animaux*, § 10, 687 b.

44 *Ibid*.

지성을 위해 봉사하는 떼었다 붙였다 할 수 있는 다기능적 도구(poly-outil)를 보았던 것이며, 아리스토텔레스 이래 손은 고갈되지 않는 찬양의 여지를 남겼다. 가장 일반적인 방식으로 손 전부는 도구의 역할을 하며, 이것 덕분에 인간은 자연 안에 기술을 도입하고, 르루아-구랑(André Leroi-Gourhan)의 표현에 따르면, "제작자로서의 인간 사고들"을 구체화한다. 물론 엄밀하게 말해서, 몸은 도구화될 수 있다. 하지만 몸은 도구가 아니다. 모든 도구는 실제로 자기 외부의 사용자를 전제하며 특수하고 확실하게 한정된 기능을 소지한다. 몸은 모든 도구들을 대신할 수 있는데, 왜냐하면 어떤 유일무이한 기능성에 갇히지 않은 채 다수의 기능들에 자신을 내어 줄 수 있기 때문이다. 몸은 필요가 원인이 되어, 자신을 도구로 만들지만 그것은 빌려 온 옷일 뿐이며, 이 빌린 옷은 몸이 자신을 여러 가지로 바꿀 수 있는 가능성을 제공한다.

따라서 아리스토텔레스가 보기에, 인간은 구두도 없고 무기도 없이 벌거벗고 있기 때문에 동물보다 운이 없을 것이라고 말하는 사람들은 잘못 생각하고 있는 것이다. "다른 동물들은 단 하나의 방어 수단만을 가지고 있다. 동물들은 다른 무엇을 하든지 간에 그런 방어 수단을 바꾸는 것이 가능하지 않으며, 몸 주위로 자신들이 가지고 있는 방어용 외피를 절대로 내려놓을 수 없고 천부적으로 받은 무기를 바꿀 수도 없다."[45] 그와 반대로 인간은 다용도를 지닌 손의 자유 덕분에 자신을 방어하고 쉽게 상황에 적응한다. "왜냐하면 손은 발톱이 되고, 뿔이나 창, 칼이 되거나, 아니면 전혀 다른 무기나 도구가 되기 때문이다.

[45] *Ibid.*

손은 그 모든 것일 수 있는데, 왜냐하면 손은 모든 것을 붙잡고 모든 것을 쥘 수 있기 때문이다."[46] 약하다고 주장되는 이 동물의 힘, 벌거벗은 손의 소유는 프로메테우스적 미래의 약속이다.

그렇기 때문에 몸의 다용도성의 부정, 그리고 테일러식 경영의 지배를 받는 파편화된 노동에서 손을 유일한 역할에 지정하는 것은 인간에게서 인간성을 부정하는 일이다. 인간의 몸에 대한 강요되고 강제된 도구화는 인간을 동물과 구분하는 다(多)기술적 자유와 대립하게 된다. 「모던 타임스」의 지옥에서, 공장을 나온 뒤 찰리 채플린의 손은 기계적으로 계속해서 나사를 조인다. 그 손이 여전히 인간의 손일까? 러시아 주인의 관현악 안에서 단 하나의 음표만을 연주하도록 운명적으로 처해진 불행한 농노들의 손에 대해 무슨 말을 해야 할까? 그들이 수행하는 것을 보면서 한탄하는 것 말고 말이다. "이것이 나리시킨(Narishkine) 나리의 솔이고 미, 또는 레라는 것인가?"[47] 인간의 소명은 몸의 역량을 형성하고 표명하는 데 있는 것인 데 반해서, 그런 경우에 노동은 소외와 왜곡을 만든다. 맑스는 소외된 노동이 몸의 완전함만이 아니라 정신의 완전함에도 손상을 입히고, 동물적 기능들, 즉 먹고 마시고 자는 기능들 안에서만 만족을 찾도록 인간을 비(非)인간화시킨다는 점을 상기시킨다. 노동의 소외는 "우선 노동이 노동자에게 외적이며, 그의 본질에 속하지 않는다는 것, 따라서 노동자는 자신의 노동 속에서 자신을 긍정하는 것이 아니라 부정하며, 행복을 느끼는 것이

---

46 *Ibid.*

47 이것은 스탈 부인의 러시아 여행에 대한 이야기 속의 한 일화를 전개한 것이다. *op. cit.* par Sartre, "matérialisme et révolution", in *Situations* III, Gallimard, p. 198.

아니라 불행을 느끼고, 자유로운 육체적·정신적 에너지를 발휘하는 것이 아니라 고행으로 그의 육체를 쇠약하게 만들고, 그의 정신을 파멸시킨다는 것"[48]에 있다.

그렇지만 몸의 그런 다(多)기능성의 범위를 부풀려서는 안 된다. 손의 자유는 상대적이고 제한적인데, 왜냐하면 생각을 바꾸는 것보다 몸짓과 도구를 바꾸는 것이 어렵기 때문이다. 반복된 몸짓은 몸에게 신분증을 제공할 정도로, 지워지지 않는 방식으로 몸 안에 기입된다. 때때로 인간은 그의 얼굴보다 그의 손에 의해 더 확실하게 알려진다. 이것이 베르나노스(Georges Bernanos)의 여주인공인 소녀 무셰트(Mouchette)가 가졌던 의식이다. 놀라운 통찰력을 보이는 마지막 장면에서, 연못가에 있는 그녀는 자살을 하기 직전에 자신이 사랑하는 얼굴들을 차례로 떠올리기보다는 인간의 손들을 하나하나 돌아본다.

그녀는 인간의 손의 경이로운 표현 능력을 발견했다. 그것은 눈보다 천 배는 더 계시적인데, 왜냐하면 손은 거짓말을 하는 데 전혀 능숙하지 않고, 놓여 있는 매 순간 수많은 물질적 보살핌에 점령당하도록 자신을 내버려 두기 때문이다. 반면에 지치지 않는 탐색자인 시선은 눈꺼풀의 감시구 아래에서 지켜보고 있다. (…) 먼저 아버지의 두 손은 어둠을 춤추게 만드는 유일한 등불의 어스름한 불빛 아래에서 매일 저녁 무시무시하게 무릎 위에 놓여 있다. 아버지의 손의 뼈는 피부를 뚫

---

48 *Manuscrits de 1844*, premier manuscrit, p. 60. [칼 맑스·프리드리히 엥겔스, 『저작 선집』 1, 75~76쪽]

을 태세인 것처럼 보이며, 굵은 손가락 마디마다에는 털이 무성하다. 그녀는 여름 어느 날, 덧창이 내려진 채 눈에 보이지 않는 파리들이 우글거리는 방의 한구석에서 배 위에 포개져 있는 할아버지의 두 손도 보았다. (…) 어린 남동생들의 손은 아주 빠르게 노동자들의 손, 남자의 손이 되었다. 그리고 농부의 손이 있다. 그 손은 시큼한 우유의 냄새, 송아지고기 파이 냄새와 돼지고기 파이 냄새가 났다. 아주 작은 부인의 손의 손가락 끝에는 바늘에 찔린 검은 점들이 있었다. (…) 노동하는 손들, 집안일을 하는 손들은 휴식하는 동안 우스꽝스러워진다. 이러한 우스꽝스러움을 가난한 사람들은 어느 정도 의식하고 있는데, 왜냐하면 그들은 자신들의 한가한 손을 일부러 시선에 노출시키지 않기 때문이다. 사람들은 나들이옷을 차려입은 노동자에 대해 "그는 손으로 하는 것만 할 줄 안다"고 말한다. 이것은 잔인한 조롱이다. 왜냐하면 그의 매일의 양식은 오로지 그런 하녀들의 노동 덕분이기 때문이다.[49]

각자의 이야기는 그의 몸 위에 기입되고, 이를테면 손의 선들 안에서 읽힌다. 주인의 손(patte), 재봉사의 손(griffe), 손은 서명의 역할을 한다. 손은 세계 위로 요정의 손가락들을 펼치고 예술의 마술로 세계를 변형시킨다. 그러나 동물 활동의 결과가 자신의 몸의 범위를 넘어서지 못하고 늘 필요들의 틀 안에 기입되어 있는 반면에, 인간은 몸의 유기적 한계들로부터 떨어져 나와, 자신의 몸을 우주까지 펼친다. 처음에는 육체적인 모양새와 결합해서 이 모양새를 확장하는 도구들은

---

49 Bernanos, *Nouvelle histoire de Mouchette*, pp. 1341~1342, *Oeuvres romanesques*.

단순한 부속물들이거나 기관들에 적합한 보철들이기를 멈추고, 꿈속에서 상상된 몸을 위해 더욱 잘 맞춰진 정교한 형태를 얻게 된다.

세 번째 손을 자기에게 이식했던 스텔락(Stelarc)의 퍼포먼스가 보여 주었던 것처럼, 몸 자체는 기술적 대상으로 변형될 수 있다. "이 보철물, 이 세 번째 손이 교체가 가능한 부품이라기보다는 몸에 덧붙여진 부속물이라는 사실은 그 자체가 흥미롭다. 이는 기술이 몸의 절단된 부분들이나 기능하지 못하는 부분을 단지 대체하는 데 사용되는 대신에, 나의 동작 능력을 증대시키고 증폭시키는 확장이라는 사실 때문이다."[50] 몸은 더 이상 자신의 한계 안에 갇혀 있지 않으며, 자신의 역량을 증가시키는 외적 도구들에 그저 의존하지 않는다. 몸은 하이브리드가 되고 자신의 본성에 인공물을 통합시킨다. 보철물은 낯선 몸이 아니며, 더 이상 대체의 역할을 하지 않는다. 보철물은 없는 팔이나 다리의 대리인(lieutenant)이 아니라, 반대로 몸의 가능성의 장을 넓힘으로써 몸을 고성능의 기계로 변형시킨다. 보철물은 몸이 된다. 몸의 표상은 심하게 변형되어 나타난다. 이 세 번째 손의 위상은 무엇인가? 그것은 다른 손과 동일한 자격에서 나의 손인가? 그것은 보충하는 손인가? 스텔락이 그것을 세 번째 손처럼 말하고, 그런 보철물이 고유한 몸 안에 타자성을 도입하고 있음을 암시하는 것에 주목하는 일은 인상적이다.

따라서 다시 제작된 몸은 기술적 대상이며, 이것은 최초의 몸을, 역사가 시작될 때 사용되었던 초보적인 도구들만큼이나 낡은 것처럼

---

50 "Entretien avec Jacques Donguy", in *L'art du corps*, p. 219.

나타나게 만든다. 스텔락의 것과 같은 퍼포먼스들은 몸의 전체 형상을
전복시키고 몸의 유한성을 부정함으로써 몸의 역량을 전시하고 그 가
능성들을 고조시킨다. 인간은 그렇게 **자연** 전부를 자신의 욕망대로 빚
어낸다. 인간은 자연을 자신의 작품의 질료로 삼고, 예술의 규칙들 안
에서 자연을 생산하고 또한 재생산한다. 이것은 또한 인간을 동물과
구분시켜 주는 특징들 가운데 하나이다. 맑스는 마지막 분석에서 그
점을 잘 보여 준다.

> 동물은 그 자신만을 생산한다. 반면에 인간은 자연 전부를 재생산한
> 다. 동물의 생산물은 곧 동물의 물리적 몸의 일부이지만, 인간은 자신
> 의 생산물과 자유롭게 맞선다. 동물은 직접적인 육체적 필요의 지배
> 아래에서만 생산한다. 반면에 인간은 심지어 육체적 필요에서 해방되
> 어 생산하며, 그것에서 해방되어 있을 때에만 진정으로 생산한다.[51]

몸의 기술적 역량은 종종 미학적 역량을 수반하며, 그리하여 아름
다움과 유용성은 필요를 넘어 인간적 예술 안에서 결합된다. 그러므로
기술은 예술의 자식, 즉 아름다움을 사랑하는 자들의 무관심적 작품들
을 통해 그 정점에 이른 예술의 자식이다.

---

51 *Manuscrits de 1844*, premier manuscrit, p. 64. [칼 맑스·프리드리히 엥겔스, 『저작 선집』
1, 79쪽. 번역 수정]

2. 몸의 예술적 역량

자연적이건 예술적이건, 아름다움은 언제나 몸의 작품이다. 아름다움은 몸 안에서나 몸에 의해서 세계에 도래하고 대지를 그 빛으로 비춘다. 인간의 몸은 창조에 협력하기 이전에 자기 자신 안에 이미 직접적인 미학적 역량을 소지하고 있는데, 왜냐하면 인간의 몸은 자신의 형태의 조화로 인해 감수성을 건드릴 수 있기 때문이다. 물론 아름다움은 고유하게 몸에 속하는 것이 아니다. 아름다움은 대상의 속성이라기보다는 취미 판단의 양태이다. 그 점에 있어서 발레리는 옳았는데, 왜냐하면 그에게 아름다움은 응시된 대상 안이 아니라 응시 안에 놓여 있었기 때문이다. 감각적 감응인 아름다움은 주체와 대상 간의 만남의 역사를 기술하며, 몸적 성질보다는 도출된 결과와 더욱더 결합한다. 지각의 조건들이 변한다면, 아름다움이 사라질 수 있다는 것이 그 증거이다. 그리하여 스피노자는 위고 복셀(Hugo Boxel)에게, 가장 아름다운 손이 현미경으로 보면 끔찍하게 나타날 것이며, 멀리서 아름답게 보인 어떤 대상들이 가까이에서는 전혀 아름답지 않게 보인다는 점을 상기시킨다.[52] 몸에게 내어 준 일시적이며 사라질 수 있는 아름다움은 순수하게 우연적인 성질이며, 나의 본질을 표현하지 않는다. 파스칼은 묻는다. 한 사람의 얼굴의 아름다움을 한 번 천연두가 추하게 만들었다면, 누가 그 얼굴을 여전히 사랑하겠는가?[53] 뛰어난 아름다움의 기준

---

52 Spinoza, *Lettre* LIV.
53 Pascal, *Pensée*, 688, Lafuma, 323, Brunschvicg.

들은 하나의 축에서 다른 축으로, 또는 한 세기에서 다른 세기로 바뀐다. 르누아르(Pierre-Auguste Renoir)의 인물들의 포동포동한 형태들은 오늘날 모딜리아니(Amedeo Modigliani) 식의 날씬한 몸들의 유행의 추종자들에게는 못생긴 사람으로 제시된다.

1) 몸의 미학적 역량 : 예술작품으로서의 몸

어쨌든 몸의 아름다움에 대한 결점으로 주장된 그런 허술함과 상대성은 몸이 지닌 매력과 매혹의 능력을 전혀 앗아 가지 못한다. 미학적 역량은 에로스의 무게를 더하게 되는데, 이것은 정신에 대한 몸의 지배를 증폭시킨다. 원인들은 사소하지만 결과들은 중대하다. "클레오파트라의 코가 조금만 더 낮았다면, 대지의 얼굴 전체가 바뀌었을 것이다."[54] 스탕달(Stendhal)에게, 행복의 약속인 아름다움은 욕망과 사랑을 일깨우면서, 심장들에까지 자신의 지배를 확장한다. 아름다움은 정신을 눈에 예속시키며, 만일 이러한 멍에가 달콤할 수 있다면, 그것은 고통의 원천이면서 또한 감미로움의 원천이 된다.

> 오 아름다움이여, 영혼의 힘든 재앙이여, 너는 그것을 원하는구나!
> 너의 불같은 두 눈, 축제처럼 빛나는 두 눈과 함께
> 짐승들이 아껴 두었던 저 누더기들이 검게 불탄다![55]

---

54 *Pensée*, 413 I, 162, B.
55 Baudelaire, *Les Fleurs du mal*, Causerie, p. 62.

황홀함의 저 양가적인 역량을 쫓아 버리기 위해서, 몸의 광채가 일시적일 뿐만 아니라 피상적이며 순수하게 표피적이라고 말해야 할까? 수많은 도덕주의자들은 그러한 것을 내세운다. 그들은 몸의 외적 아름다움과 내부의 추함의 대비를 강조하고, 악취와 부패의 자리를 강조한다. 니체는 다음을 상기시키면서 그 말에 응답한다. "피부가 없는 인간의 내면에는 미학적으로 불쾌감을 주는 것이 있다. 피 흘리는 몸체, 배변으로 채워진 창자들, 내장들, 빨아먹고 들이마시고 빨아들이는 그 모든 괴물들, 형태가 없거나 추하거나 그로테스크하고, 냄새를 풍기기에 더 끔찍한 괴물들."[56] 그러니까 피부는 몸의 그런 유기적 진실과 혐오스러운 추함을 감추는 외피다. 그렇지만 니체는 그런 혐오스러운 자연상태를 명목 삼아 몸을 거부하는 것에 동의하지 않는다. 반대로 그는 혐오를 극복하고, 순결한 사유와 납을 입힌 몸성 간의 대립을 극복하라고 권유한다. "이 지점에서, 모든 유기체가 생각한다는 것, 모든 유기적 형태들이 생각하고 의지하는 데 참여한다는 것, 결과적으로 뇌는 그저 집중의 거대한 기관이라는 것이 인정된다."[57]

몸의 외적 광채와 내적 추함의 그런 대립은 어쨌든 시선의 문제이며, 매우 관습적으로 남아 있다. 피에르 메르텐스(Pierre Mertens)는 『찬란함들』(Les éblouissements)에서, 그런 취미 판단을 다시 문제 삼고, 일상적인 미적 범주들을 재검토하자고 권유한다. 그는 시신의 침착한 광경을 이용해서, 몸의 내적 아름다움을 전시하면서 공통적인 태

---

56 *Nachgelassene Werke* [유고], Bände XIII, § 653, p. 267.
57 *Ibid.*

도에 반기를 든다. 그는 "사람들이 가장 아름다움을 기대하지 않는 곳, 아름다움을 만난다는 것이 충격적인 곳에서 아름다움"을 발견하고, "그 모든 것이 몸에 있다"는 것을 발견한다.[58] 해부 과정에서 의대생은 죽은 몸들과 해부학의 신비, 그리고 수많은 형상과 부피와 색들 속에 서로 얽혀 있고 서로 결합되어 있는 육신들 앞에서 경탄의 느낌을 묘사한다. 심장의 보랏빛 색조는 온갖 형태의 서양자두들처럼 복강 내를 떠다니는 기관들의 이국적인 색들과 뒤섞인다. 그처럼 "보는 자는 자신을 길들이고 공포를 검열하는 광경의 화려함 앞에서 경이로워할 수 있다. 이런 기계의 조형적 완벽함, 그 요소들의 다채로운 색들의 혼합, 그 윤곽들의 정확성과 비교될 수 있는 것은 없다."[59] 몸에 제공된 추함은 죽음과 부패에 대한 공포에 그 뿌리를 내리고 있다. 메르텐스는 시신에게서 극적인 요소를 제거하고 미학적 행위를 통해 시신을 변형시킨다. 해부용 칼은 몸의 색들이 노래하게 만드는 집기가 되어서 색들의 조화를 드러내 보인다. 그때 피부는 보아야 할 비(非)가시적인 것을 내어 주기 위해서 자신을 열어 보이는 그림의 틀이 된다.

결과적으로 몸의 아름다움은 그 외적 형태에 한정되지 않는다. 몸의 아름다움은 외적 형태의 깊이와 관계하고, 외적 형태를 드러내고 느끼게 만드는 시각을 함축한다. 때때로 몸의 아름다움은 확립된 규준들에 반대해서 생겨난다. 따라서 모든 미학적 지각은 동시에 아름다움의 창조 행위이다. 그러니까 육체적 아름다움은 사실상 언제나 예술적

---

58 *Les éblouissements*, pp. 68~69.
59 *Ibid.*, p. 53.

아름다움이다. 왜냐하면 육체적 아름다움은 시선을 구성하기보다는 오히려 시선에 의해 구성되기 때문이다. 이 시선은 예술적 아름다움을 창조함으로써 그 자신이 재창조된다.

인간들은 그것을 어느 정도 의식하고 있었다. 실제로 인간들은 육체적 문화에 의해, 즉 장신구 또는 화장에 의해 자신들의 몸을 예술작품으로 만들기 위해서, 직접적인 자연 상태로부터 떨어져 나오려고 노력했다. 그리하여 보들레르는 불완전함으로 더럽혀진 자연적 몸을 이상적 몸으로 변형시키는 화장을 찬양한다.

쌀가루[60]의 사용은 천진한 철학자들에 의해 어리석게도 매우 비난받았던바, 그런 쌀가루의 사용만을 알고 있는 사람은 자연이 지나치게 뿌려 놓았던 모든 얼룩들을 얼굴빛으로부터 사라지게 하는 것, 곡식 알갱이와 피부색 안에서 추상적인 통일성을 창조하는 것을 목표로 삼는다. 몸에 꼭 맞는 옷이 만들어 내는 것과 같은 이러한 통일성은 인간 존재를 조각상에, 다시 말해 상위의 신성한 존재에 즉시 접근시킨다.[61]

인간의 영혼은 위엄과 정신성을 긍정하기 위해 자연 상태를 부정하는바, 보들레르는 자연적 미학의 지지자들을 반박하면서, 화장을 그러한 인간의 영혼의 고귀함의 기호로 간주한다. 보들레르는 유행의 하찮음을 비난하기는커녕, 유행이 다음과 같이 취급되어야 한다고 판단

---

60 [옮긴이] 여기서 쌀가루(poudre du riz)는 화장에 사용되었던 백분을 가리킨다.
61 *Éloge du maquillage*, in *Curiosités esthétiques*, XI, p. 493.

한다. 즉 유행은 "자연적 삶이 인간의 뇌에 축적해 놓은 거칠고 세속적이고 추한 모든 것을 넘어서 그런 인간의 뇌 안에 잔재하는 이상적인 것에 대한 취미의 징후처럼" 취급되어야 한다. 유행은 "자연의 숭고한 변형처럼, 더 정확히 자연의 재구성의 영원하고 연속적인 시도처럼"[62] 취급되어야 한다. 자연을 넘어서도록 인간을 고양시키면서, 장식, 문신, 화장은 이상적인 예술적 아름다움을 향한 똑같은 노력을 구성하고, 눈부신 방식으로 몸의 미학적 역량을 분명하게 보여 준다. 하지만 오늘날 몸을 숭고하게 만드는 시도들은 특히 살(chair)의 예술 안에서 정점에 이른다.

살의 예술 : 오를랑의 사례

살의 예술에서 몸은 그 자체가 작품이 되고, 예술의 대상이 되기 위해 자연적 한계들을 초월한다. 살의 예술은 그 명칭이 가리키듯이, 실제적인 기술적 수단들 ── 외과 수술, 디지털 이미지들, 사이버 용품들 (cyberware), 비디오 ──과 함께 예술이 변형시키는 육체 안에 기록된다. 살의 예술은 자화상의 작업으로 이루어지는데, 이 작업은 "변형 (défiguration)과 재형상화(refiguration) 사이를 오간다."[63] 오를랑[64]은 그 분야의 개척자 가운데 한 사람이다. 그녀는 성형 수술을 사용한다.

---

62 *Ibid.*, p. 492.
63 Cf. Orlan, *De l'art charnel au baiser de l'artiste*, p. 1.
64 1947년 생테티엔에서 태어난 오를랑(Orlan)은 파리에서 살며 작업하고 있다. 그는 다종의 보자르 학교에서 가르치며, 자신을 멀티미디어 예술가, 복수분야 예술가, 나아가 분야 초월 예술가로 규정한다. 그의 최초의 거리 퍼포먼스는 1965년에 행해졌으며 그의 작품은 1970년대에 출현한다.

자기 자신의 이미지에 영향을 주는 일련의 수술 퍼포먼스들을 통해서, 오를랑은 자화상의 변형과 재형상화를 범례적 방식으로 보여 준다. 그녀는 몸은 낡은 것이라는 생각을 호주의 예술가 스텔락과 공유한다.

그는 더 이상 상황과 마주하지 않는다. 우리는 위선자(cafard)의 속도로 이동한다. 하지만 우리는 컴퓨터 안에 기억들을 가지고 있는 위선자들, 우리의 몸은 비행기나 자동차의 속도를 위해 구상되지 않았음에도 불구하고 우리가 구상했던 비행기나 자동차를 조종하는 위선자들이며, 모든 것은 점점 더 빨라지게 될 것이다. 우리는 정신적으로나 육체적으로 준비가 되어 있지 않은 세계의 전환점에 있다.[65]

그 모든 변화를 마주하면서 몸도 마찬가지로 변화해야 하고, 선천적이며 앞서 계획된 자연적 존재의 위치와 절연해야 한다. 살의 예술에서 몸은 "변형된 레디메이드"[66]가 된다. 오를랑은 여자의 몸인 자신의 몸을 작품의 구성을 위한 물질로 취급한다. 정신분석과 종교가 자기 자신을 받아들여야 하며 몸을 건드리지 말아야 한다고 말하기 위해서 합류하게 되는데, 오를랑은 그런 정신분석과 종교를 역설적으로 반박한다. 오를랑은 성수채와 카우치를 규합하는 그런 종류의 사고가 지닌 전래적 특징, 시대착오적 특징을 고발하는데, 이는 최후의 터부들

65 Orlan, conférence, in *De l'art charnel au baiser de l'artiste*, pp. 40~41.
66 *Ibid.*, p. 1.
   [옮긴이] 레디메이드(ready-made)는 뒤샹의 작품을 시작으로, 순수예술에서 특별히 사용된 용어로서 어떤 대상에 기존의 용도가 아닌 다른 의미를 부여한 조각들을 가리킨다.

을 깨버리기 위해서다.

사고를 당한 수많은 얼굴들이 재형성되었다. 수많은 사람들이 기관들을 이식받았으며, 세워지거나 낮춰진 너무나 많은 코들이 육체적이거나 심리적인 문제 없이 공기를 들이마시고 있다. 그렇지만 만일 우리가 닳아 버린 슬개골이나 허리 관절을, 더 낫게 하기 위해서가 아니라면 적어도 잘 기능하게 하기 위해서 플라스틱 조각으로 바꾸는 것을 망설인다면, 우리는 자연의 결정들, 자의적으로 분배된 유전자의 제비뽑기에 굴복해야 한다고 확신하고 있는 것이다.[67]

오를랑은 "우리의 몸은 우리에게 속한다"라는 여성주의 영역의 명제를 극단적인 지점으로 끌고 가서 자기 식대로 수용한다. 그녀는 신의 본성에 반대하여 투쟁하고 있는 자신의 작품의 불경스러운 특징을 주장하고, 말이 된 육신을 선호하면서 육신이 된 말이라는 기독교적 원리를 뒤집는다. 몸은 살아 있는 걸작으로 남아 있으면서, 예술의 대상으로 변모한다. 문제는 고정된 받침대 위에 있는 몸을 숭배하기 위해서 그것을 조각상으로 만드는 것이 아니라, 욕망에 따라 몸을 빚어내는 것이다. 그런 의미에서 몸은 늘 욕망의 역량을 살 위에 표현하고 그 상이한 시공간적 양태들을 표현하면서 완성되는 작품으로 늘 남아 있다. 분명 이것이 오를랑이 자신의 작업을 개입(intervention, 의료 처치), 작용(opération, 외과 수술), 퍼포먼스라는 용어를 사용해서 말하

---

[67] *Ibid.*, p. 40.

는 이유들 가운데 하나일 것이다. 이는 자신의 활동이 지닌 외과수술의 특징을 주장해서만이 아니라, 또한 행위의 현재적 실행의 중요성과 행위의 시간적이고 일시적인 본성으로 주의를 돌리기 위해서였다. 그리하여 오를랑은 가치들의 그런 만족스러운 전도를 몸으로 익힌다. 미셸 옹프레(Michel Onfray)는 그 점을 높이 평가한다.

몸이 욕망에 의해 만들어진 다음에 욕망이 몸을 만드는 것이다. 비록 우리가 그 가운데 하나가 다른 하나로, 닫힌 순환의 형태 속에서, 영원히 유도된다는 것을 알고 있다고 할지라도 말이다.[68]

위성과 비디오의 이미지에 의해 중계된 9번의 외과 수술 퍼포먼스가 진행되는 동안, 오를랑은 자신의 몸을 왜곡하고 변형하는데, 이는 남성 육체와 여성 육체 안에 각인된 미의 규준들을 고발하기 위해서만이 아니라, 미학적 자유를 추진하고 새장의 창살을 움직이기 위해서였다. 경막외 마취와 진통제의 효과 아래 수술이 진행되는 동안, 심지어 의사들이 그녀의 얼굴을 변형시키는 수술을 집도하고 있는 동안에도, 오를랑은 자신의 관람객을 위하여 가능한 한 오랫동안 철학, 정신분석, 문학 텍스트들을 읽는다. 그 모든 퍼포먼스 수술들의 첫머리에서, 그녀는 정신분석가 으제니 르모안 루치오니(Eugénie Lemoine Luccioni)의 『드레스』(La Robe)라는 제목의 책을 발췌해서 인용한다.

68 *Ibid.*, p. 25.

자신의 피부만을 가진 사람들의 삶 속에서, (…) 피부는 실망스러운 것이다. (…) 인간 관계들 속에는 오해가 있는데, 왜냐하면 우리는 결코 우리가 가진 그것이 아니기 때문이다. (…) 나는 천사의 피부를 가지고 있지만 잔인한 사람이다. (…) [나는] 악어의 피부를 가지고 있지만 강아지이고, 검은 피부를 가지고 있지만 하얗고, 여자의 피부를 가지고 있지만 남자다. 나는 나의 존재인 그것의 피부를 결코 갖지 못한다. 규칙에는 예외가 없는데, 왜냐하면 나는 결코 내가 가진 그것이 아니기 때문이다.[69]

이 글의 독서에서 내적 이미지와 외적 이미지 간의 간극을 제거하기 위해 실행에 옮긴다는 생각이 오를랑의 머릿속에 싹트고 있었음을 알 수 있다. 오를랑은 자신의 열려 있는 몸을 볼 수 있도록 제시함으로써 내부와 외부 간의 경계를 무너뜨리고, 얼굴이 재단되고 육신으로부터 분리시키는 수술을 전시함으로써 문자 그대로 얼굴을 탈얼굴화(dévisager)되게[70] 만든다. 살의 예술은 무엇보다 공적 담론의 장소가 되는 변형된 몸에 관심을 가진다.

오를랑은 자신의 작업을 통해 미리 규정된 규준들에 따른 회춘의 치료를 여성들에게 부과하는 성형 수술의 독재에 균열을 낸다. 오를랑은 단호하고 확실하게 성형 수술을 반대하지 않지만, 다만 여성들의

---

69 *Ibid.*, p. 37.

70 [옮긴이] dévisager의 원래 뜻은 얼굴을 뚫어져라 쳐다보다이며, 이 뜻은 얼굴을 배경으로부터 떨어뜨려 전면에 부각시킨다는 의미를 갖고 있다. 또한 dé(s)의 접두어는 ~으로부터 벗어나는 '탈'의 의미를 갖는다. 여기서 저자는 '문자 그대로'라는 부사적 표현을 사용하였기 때문에 역자는 후자의 의미로 원문을 해석했다.

몸에 남자들이 개입하는 것, 여성들의 몸에 대한 강요된 전형들에 반대한다. 이러한 관점에서, 이른바 '두 개의 혹'이라고 불리는 수술은 기준으로부터 떨어져 나와 새로운 모델을 창출하고, 자신의 욕망의 이미지에 맞는 몸을 발명하기 위한 급진적 시도의 모범적 사례이다. 예술가는 정상적이라면 광대뼈를 올리려는 용도의 보정물을, 두 개의 혹을 만들어 내는 식으로 이마의 양쪽 관자놀이 위에 이식시켰다. 그녀는 자신의 방식으로 아르토가 염원했던 계획을 실현시킨다. "나는 나의 영혼의 모든 욕망들을 만족시키는 몸을 추구한다."[71] 오를랑은 모든 것을 자신의 이미지에 맞춰서, 자신과 유사하게 만든 신을 따라서, 자기 자신의 몸을 제작한다. 그리하여 그녀는 진정한 재탄생에 성공한다. 게다가 그녀가 기존의 정체성의 도식들을 흔들어 놓기 위해 남성적 울림이 있는 이름을 선택함으로써 오를랑으로 개명하게 된 것은 그런 이유에서였다. 그녀는 하늘에서 내려온, 가시적인 얼굴이 없는, 어머니 없는 존재이기를 원한다. 그녀는 초기 퍼포먼스들 가운데 하나에서, 가슴을 드러낸 수녀로 탈바꿈하고, 이 작업을 성녀 오를랑의 재(再)육화라고 명명한다.

그의 작품이 분명하게 불러일으키는 논쟁들과 가치판단들을 넘어서, 오를랑은 몸의 위상과 정체성의 위상에 대해 성찰하기를 권유한다. 몸은 무엇이고, 무엇을 할 수 있는가? 고유한 몸의 개념은 그 모든 변형들을 통과하면서 의미를 상실한다. 몸을 바꾸는 것은 결국 정체성을 바꾸는 것이 아닐까? 이러한 조건에서, '나의 몸'이라고 말할 때 우

---

71 *Cabiers de Rodez*, septembre-novembre 1945, p. 23.

리는 무엇을 의미하는가? 이러한 몸의 권능을 통해 사람들이 내세우는 주제는 무엇인가? 오를랑은 살의 예술의 논리를 심리학적이고 법적인 최종 결과들로까지 밀고 나간다고 생각한다. 그녀는 자신을 주제로 한 컨퍼런스에서 그녀의 체형과 관련해서 기술적으로 실현이 가능한 가장 큰 코, 매우 큰 코를 만들기 위해서 일본에서 수술을 받을 의향을 알리고, 그 새로운 얼굴들에 맞게 이름과 정체성을 바꾸기 위해 소송을 시작할 것을 계획한다.

> 수술이 끝나게 되었을 때, 나는 광고회사에 연락해서 나의 'brif'[72]를 따라서, 성, 이름, 예술가 명, 로고를 내게 제안할 것을 요구할 것이다. 그런 다음 나는 그 이름들 가운데 나의 것을 선택할 것이고, 나의 새로운 증명서를 인정할 것을 검사장에게 요구하기 위해 변호사를 선임할 것이다.[73]

그러므로 오를랑은 사회 조직과 법률적 틀 안에 성형 퍼포먼스를 기입할 계획을 세운다. 그녀는 결과에 집중하는 게 아니라, 자신의 작업 전체의 일부를 이루는 변호사의 절차와 변론에 집중한다. 어쨌든 오를랑은 트랜스섹슈얼과는 반대로, 자신이 "정해진 결정적인 증명서"를 원하는 것은 아님을 분명히 한다. 왜냐하면 그녀가 주장하는 것은 오히려 "복수의, 유동적인, 유목민적 증명서"이기 때문이다.

---

72 [옮긴이] brif는 Bioresource Research Impact Factor의 약자로서 생물자원연구인자를 가리킨다.

73 Orlan, conférence, in *De l'art charnel au baiser de l'artiste*, p. 37.

따라서 오를랑은 몸의 너머를 정의하고 그러한 관념을 낡은 것일지도 모를 것으로 만들면서 그것을 극복한다. 몸은 순수한 가공물이다. 몸은 잠재적인 몸이 될 정도로, 욕망에 의해 만들어지고 또한 해체된다. 게다가 그러한 것이 오를랑이 추구하는 현재의 방향성을 점차 그려 내고 있다. 「자가 혼종형성」(Self hybridation)이라는 제목의 새로운 작업에서, 예술가는 디지털 이미지들과 비디오를 사용하면서, 몸에서 몸의 이미지로, 실재에서 잠재성으로 이행한다. 그녀는 성형 수술에 더 이상 의존하지 않으나, 마야, 올멕, 또는 아즈텍과 같은 다른 문명들 속에서 미학적 모델들의 영감을 얻어 자기 자신의 이미지를 혼종형성하거나 변형시킨다. 이러한 자가 혼종형성의 작업은 다른 표준들을 몸에게 제공하려는 목적, 현재의 미적 기준들의 횡포로부터 몸을 끌어내려는 목적을 가진다. 그리하여 카멜레온적 몸은 가능성들의 놀이에 자신을 내어 주고 잠재적인 것의 세계 안으로 들어간다.

그러나 오를랑은 몸을 예술의 대상으로 변형시키거나 유목민적 정체성의 매개체로 변형시키는 것에 만족하지 않는다. 그녀는 육체의 표상과 감수성의 표상을 심각하게 변형시킨다. 일반적으로 외과 의사에 의해 실행되는, 치료를 목적으로 하는 살아 있는 몸의 개방이나, 형리에 의해 실행되는, 정치적 목적을 위한 살아 있는 몸의 개방은 늘 고통과 고문과 관계된 일부이다. 오를랑은 이제 고통을 받지 않고도 개방된 자신의 몸을 보는 것이 가능하다는 것, 고통은 육체적 시련에서 결과하는 게 아니라 도덕적 시련에서 결과하는 표상의 문제라는 것을 보여 줌으로써 그런 전통과 단절한다. 수술 퍼포먼스의 순간에 고통받는 것은 예술가가 아니라, 힘들게 그 이미지들을 보고 있는 관객이다.

자신의 수술이 시작될 때, 오를랑은 사과를 구하고 자신의 입장을 해명한다. "여러분에게 고통을 줄 수밖에 없는 것을 사과합니다. 하지만 나는 고통받지 않는다는 것을 알아 주세요. 여러분처럼 내가 이미지를 바라볼 때가 아니라면 나는 고통을 받지 않습니다."[74] 마취제들이 무효화하는 육체적 현실 너머에서, 고통은 이미지의 산물이고 투사적 표상의 산물이다. 관객은 열린 몸이라는 생각에 전율하지만, 단지 생각 앞에서뿐인데, 왜냐하면 몸은 아무것도 느끼지 못하기 때문이다. 이 점을 줄리앙 블레인(Julien Blaine)은 주목한다.

아무리 국소적일지라도, 마취 아래에서의 최소한의 외과 수술에 대해서, 안으로 굽은 발톱 수술과 같은 최소한의 수술에 대해서, 인간은 전율한다. 인간은 자기도 모르게 잠드는 것(작은 죽음)에 전율하고, 잠들어 있으면서 자신이 절단된다는 사실(무의식 속에서의 고문)에 전율한다. 인간은 수술실을 향해 공포에 휩싸이게 될 것이고, 마취에서 깨어나서는 아무것도 기억하지 못하고 단지 자신의 공포만을 기억할 것이다. (…) 그리고 불안이 뒤통수에서 솟아오르고, 불안상태가 그의 폐를 조인다. 오를랑은 해변에 가듯이 수술실로 향한다. 회복 중에 있는 사람들은 그녀를 참지 못할 것이다.[75]

오를랑은 일반적으로 비밀스러운 사적인 행위를 공중의 눈에 전

---

74 *Ibid.*, pp. 34~35.
75 *Ibid.*, p. 8.

시함으로써 외과 수술 행위를 탈신성화하고, 몸 손상이라는 뒤따르는 불안을 제거함으로써 외과 수술 행위를 평범하게 만든다. 살의 예술은 두려움을 없애는데, 왜냐하면 그것은 자기 손상이나 고통에 대한 마조히스트적 변호가 아니기 때문이다. 살의 예술(art charnel)은 그런 점에서 종종 가까운 것으로 취급되었던 몸 예술(Body art)과 구분된다. 왜냐하면 살의 예술은 고통을 거부하고 고통을 정화시키는 가치 내지는 속죄시키는 가치를 거부하기 때문이고, 고통에 반대하는 투쟁의 모든 현대적 방법들을 사용하기 때문이다.

그러나 마취가 만들어 내는 저 작은 죽음과 마주하면서 오를랑은 퍼포먼스 공연을 혼란에 빠뜨린다. 텍스트를 읽는 그 마지막 수술 동안, 그녀는 명백하게 "그것의 말이 몸에서 분리된 채 여전히 계속되는, 해부 중인 시체의 이미지"[76]를 제공하기 때문이다. 그리하여 오를랑은 개방된 자신을 바라보는 시체의 그림을 전시함으로써 해부학과 해부의 살아 있는 강의를 제공한다. 오를랑은 그렇게 「얀 데이만 박사의 해부학 강의」라는 제목의 렘브란트(Rembrandt)의 유명한 그림에서 끌어낼 수 있는 불가능한 시각을 연장한다. 렘브란트의 그림에서는 흉곽이 벌어진 채 누워 있는 붉은색 머리카락의 남자, 외과 의사의 손에 의해 머리가 들린 남자가 평온하게 자기 자신의 해부를 참관하는 것처럼 보인다. "미래를 기억합시다." 이것이 오를랑이 좋아하는 경구이다. 렘브란트는 오늘날 현실적이 되어 버린 그의 예견적 시선과 함께 그 경구를 공유했을 것이다.

76 *Ibid.*, p. 39.

오를랑의 프로메테우스적 작업은 어쨌든 한계들을 드러내고 있다. 예술가는 실제로 성형 수술로 자신의 몸을 무한정하게 변형시킬 수 없다. 오를랑의 작업이 현재 향하고 있는 것은 이전의 퍼포먼스들의 포기를 실행하고 증언하는 것처럼 보인다. 그럼에도 불구하고 오를랑은 성형 수술 최다 기록 보유자로서 기록되는 것을 제안한 적이 없다. 그녀에게 문제가 되는 것은 길을 트는 것이고 자신이 시작한 일을 꾸준히 이어 가는 것이었다. 그러나 그러한 추구의 길은 두 가지 반박을 불러온다.

한편으로, 예술가는 특히 얼굴의 변형을 강조했으며, 몸과 몸의 정체성이 얼굴로 환원된다는 생각을 신임하게 만드는 듯하다. 그래서 오를랑의 시도는 우선적으로 나타나는 것보다 혁명적인 것처럼 보이지는 않는다. 예를 들어 그런 관점에서 장 외스타쉬(Jean Eustache)의 상상적 세계는 영화 「지저분한 이야기」(*Une sale histoire*)에서 더욱 강력하고 전복적인 것처럼 보인다. 그는 한 관음증자의 같은 이야기의 동일한 두 판본, 미카엘 롱스달(Michael Lonsdale)이 이야기하고, 장 노엘 피크(Jean Noël Picq)가 이야기하는 같은 이야기의 두 판본을 무대화한다. 이 관음증자는 화장실 열쇠 구멍으로 여자들을 관찰하고, 여자들의 성기로 그녀들을 알아보며, 욕망의 시선에서 얼굴은 때때로 얼마나 무의미하고 무표정한 것인지를 강조한다. 화자는 자신의 시각적 충동의 작용에 의해, 여자들을 그들의 성기의 아름다움과 표정과 관련시켜 분류함으로써, 인지의 기호들과 미학적 범주들을 전복시킨다.

다른 한편, 오를랑은 자신의 유목민적 정체성의 추구를 끝까지 밀어붙이지 않는다. 세라 윌슨의 표현에 따르면,[77] 오를랑은 여성에서 여성으로의 성전환을 실천하지만, 남성적 외양에 일치하도록 자신의 얼굴과 몸을 변형시키는 모험을 하지는 않는다. 그러한 정체성의 탐험은 미학적 장이 아니라면, 적어도 심리학적이고 사회적인 장에서 흥미로운 것일 수 있었다. 오를랑은 오를랑도(Orlando)보다 멀리 나아가지 못한다. 확실히, 그녀의 목적은 성과 호적을 결정적으로 바꾸기를 원하는 성전환자들의 목적과 같지 않으며, 분명 이것은 그녀가 과정의 혼동을 피하기 위해서 남성의 몸을 취하기를 자제했던 이유들 가운데 하나이다.

그렇지만 그러한 신중함들은 진정으로 몸을 예술의 대상으로 변형시키고, 그 육체적 한계들을 초월하는 미학적 역량을 표명하는 추구의 고유성을 전혀 사라지게 하지 않는다. 몸의 물질적 현실을 이상에 대한 단순한 지지물로 취급하면서, 살의 예술은 몸의 극복을 증언한다.

2) 몸의 예술적 역량 : 활동하고 있는 몸

몸은 단지 창조물이 아니다. 그것은 창조자다. 몸은, 작품에서 작품으로, 그 고유한 운동과 감수성에 의해 예술들을 낳는다. 이번 한 번뿐이라면, 몸을 갖지 않은 천사들과 신들은 실로 인간들을 질투할 터, 천사들과 신들은 모든 미학적 예술과 그것의 향유를 모르기 때문이다. 오로지 이성적이고 감각적인 창조물만이 예술적 감정을 경험할 수 있다. 예술은 그 전부를 통해서 최고 수준에서 정신과 몸의 일치를 나타내

---

77 *Ibid.*, p. 6.

며, 공통의 향유와 즐거운 역량을 통해 정신과 몸의 화해를 나타낸다. 영혼과 몸은 각자의 즐거움을 따로 가지며, 아주 드물게 동일한 희열을 공유한다. 예술의 놀라운 힘은 영혼과 몸을 조화롭게 동요시킬 수 있는 능력에 있다. 예술은 정신과 관계하는 것처럼 감각들과 관계하기 때문이다.

오감각의 미학적 역량

예술의 학문으로서의 미학은 감각성과 연관이 있고 몸의 본성에 의존한다. 순수예술의 영역은 감각적 장의 한계들과 일치한다. 게다가 예술의 위계와 예술의 발달이 감각의 발달을 재생산한다는 사실이 분명하게 확인된다. 인간에게서 시각과 청각은 특권적 기능들인바, 인식을 위한 모델로서, 인식 능력의 묘사를 위한 모델로서 사용된다. 예를 들면, 정신이 대상들을 관조하는 지적 직관(intuition)이나 정신이 대상들을 이해하는 오성(entendement)은 두 가지 능력이라고 할 수 있는데, 이 능력들은 시각적 모델과 청각적 모델의 흔적을 포함한다.[78] 최소한의 정도로, 만짐의 모델이 또한 포함되어 있는데, 특히 아리스토텔레스,[79] 데카르트, 디드로[80]에게서 그렇다. 미각은 가장 거리가 멀고 간

---

78 [옮긴이] 직관을 뜻하는 intuition은 라틴어 intuere를 어원으로 갖는 단어로서, intuere 의 뜻은 '응시하다'이다. 오성을 뜻하는 entendement은 프랑스어 동사 entendre(듣다) 에서 파생된 명사이다.

79 Cf. *De l'âme*, II, 9, 10, 11. [『영혼에 관하여』, 유원기 역주, 궁리, 175쪽] 아리스토텔레스는 이렇게 평가한다. "촉각은 인간이 가진 감각들 가운데 가장 정확하다. 다른 감각들에 있어서 인간은 많은 다른 동물들보다 뒤처지지만, 촉각에 있어서는 인간이 다른 동물들보다 훨씬 더 정확하다. 그렇기 때문에 인간이 동물들 가운데 가장 이해를 잘한다. 그 증거는 인간 종족들 가운데에서도 다른 어떤 것들도 아닌 바로 이 감각 기관에 따라 본성적

접적인 방식으로, 비유적 의미로 취해질 때, 아름다움의 평가나 미학적이고 도덕적인 규준들의 정의에 사용된다. 반면에 후각은 정확하지 않으며, 동물성의 표지를 지닌다. 동물의 후각을 가진다는 것은 신중하기보다는 영리하다는 것이다. 그것은 사변적인 능력을 표명하는 것이 아니라, 본능적이거나 경험적인 방식으로, 우연히 어떤 진리를 예감하는 것이다.

순수예술은 그러한 위계를 어느 정도 반영하며, 촉각, 미각, 후각에 비해 시각과 청각의 탁월함을 증명한다. 회화, 조각, 건축, 무용, 음악은 특히 눈과 귀를 끌어들이고, 눈과 귀의 우위를 확고하게 한다. 촉각, 미각, 후각은 반대로 홀대받는 모습으로 비춰지며, 진정한 예술작품의 원인이 되지 못한다. 요리 기술이나 향수 제조 기술은 순수예술로 분류되지 않으며, 장식 예술 속으로 들어간다. 이는 그러한 위계가 기초가 튼튼하다는 것을, 감각들의 미학적 역량이 매우 대조적이라는 것을 의미하는 것일까?

헤겔은 『미학』에서 청각과 시각의 우위와 이 감각들의 높은 수준의 예술적 자질을 정당화하려고 시도한다. 우리가 물리적 세계의 현상들과 관계 맺게 만드는 감각들은 정확하게 동일한 위상을 소유하지 않으며, 예술작품을 지각하는 데 있어서 모두 똑같이 적합한 것은 아니다. "그런 관계 아래에서, 촉각, 미각, 후각은 즉시 배제되어야 한다."[81]

으로 좋거나 나쁘다는 것이다. 왜냐하면 거친 피부를 가진 사람들은 본성적으로 나쁘게 사고하며, 부드러운 피부를 가진 사람들은 본성적으로 좋게 사고한다."

80 Cf. la *Dioptrique* et la *Lettre sur les aveugles*.

81 Hegel, *Esthétique* III, *Le système des arts particuliers*, introduction, division, p. 16.

실제로 그 세 감각은 다양한 이유로 인해 물리적이고 실천적인 우주 안에 갇혀 있으며, 예술작품의 지성적 차원을 복구하지 못한다. 그 감각들은 우리가 그 안에서 표현되는 정신을 지각하지 못한 채, 순수하게 감각적인 대상들과만 관계하게 만든다. "촉각은 인간을, 개별 존재로서, 개별 대상과 관계하게 만들고, 그것의 물질적 속성들, 즉 무게, 단단함, 유연함, 물리적 저항성과 관계하게 만든다."[82] 헤겔에게 있어서 대리석 조각상들의 부드럽고 유연한 표면 위로 손을 움직인다는 사실은 아름다움을 지각할 수 있게 만드는 미적 경험이 아니라, 단순한 몸적 향유이다. 엄밀히 말해서 거기에 촉각의 에로티시즘이 있을 수 있지만, 촉각적 미학은 없다.

미각의 가치도 평가절하되어 나타나는데, 왜냐하면 미각은 대상과 소비의 관계를 맺고, 대상이 자유롭게 존속하도록 놓아두는 대신 대상을 파괴하기 때문이다. 예술작품은 맛을 보도록 자신을 놓아두지 않고, 맛으로 감상되어서도 안 되고 맛을 목적으로 욕구되어서도 안 된다. 예술작품은 순수하고 무관심적인 방식으로 지각되어야 한다. 이것은 이미 칸트가 『판단력 비판』에서 강조했던 바이다.[83] 취미 (goût) 판단은 대상의 존재에 무관심하며, 단지 관조적인 것으로 드러나야 한다. 요리의 재능이 좋은 것, 또는 만족스러운 것을 목표로 한다면, 그러한 재능은 아름다움의 예술들에 속하지 않는다. 그것은 늘 관심(intérêt)의 만족과 연관되고 인간을 그 본성으로부터 떼어 놓지 못

---

82 *Ibid*.

83 *Critique de la faculté de juger*, livre 1, § 2.

하기 때문이다. 혀, 구개, 목구멍은 예술적 자질을 갖지 않는다. 그렇기 때문에 헤겔은 순수예술의 성전에 요리의 신들을 받아들이기를 원치 않았고 그들을 자신들의 솥들로 보내어 버린다. "우리는 오로지 요리의 평가, 요리의 준비, 몸의 화학적 성질들의 구분을 위해서만 미각(goût)의 발달과 정련을 이해하고, 또한 요구할 수 있다."[84]

마지막으로 후각은 예술적 향유에 적합하지 않은 기관으로 빠르게 돌려지는데, "왜냐하면 대상들은 화학적 분해의 결과를 통해서만, 대상들이 공기 중으로 해산되는 한에서만 기관과 관계하기 때문이다."[85] 후각은 무관심한 관조에 적절하지 않은 대상들의 물리적 작용과 변형을 함축한다. 후각은 감각적 작품 안에서의 정신의 표명이 아닌데, 후각은 전체로서의 대상과 관계하지 않고, 대상의 분해와 관계하기 때문이다. 미각처럼 후각은 존재보다는 무(無)와의 관계를 표현한다. 그 대상이 파괴되고 자유롭게 존속할 수 없기 때문이다. 대상들에서 빠져나온 후각은 또한 주체에게서 빠져나오며, 주체의 콧구멍을 더 이상 요동치게 만들지 못한다. 그런 관점에서 코는 구개보다 하등한 기관이다. 코는 소비되기 전이라기보다는, 이미 소비된 대상과 관계하기 때문이다.

반대로 시각과 청각은 대상들과 이론적 관계를 제공하며, 대상들을 변형시키지 않은 채 독립적인 대상들을 관조한다. 시각과 청각은 물질 안에서 비(非)물질성을 포착하며, 자유로운 아름다움을 향해 정

84 *Ibid*.
85 *Esthétique* III, *Le système des arts particuliers*, introduction, division p. 16.

신을 고양시킨다.

시각은 그와 반대로 대상들과 순수하게 관조적인 관계 속에 놓인다. 시각의 그런 관계는 어느 정도 빛, 다시 말해 이를테면 비물질적인 물질 덕택이다. 빛은 대상들을 전혀 건드리지 않고 대상들을 자유롭게, 독립적으로 놓아둔다. 빛은 대상들이 단지 나타나게 할 뿐이며, 공기나 불이 그렇게 하듯이 대상들을 파괴하거나, 심지어 감각적으로 변형시키지 않고도 대상들을 표명한다.[86]

시각은 몸들이 형태와 색으로 자신을 표명하는 한에서, 그런 몸들의 물질적 존재를 파악한다. 시각은 아름다움을 지각하게 만들기에 적합한데, 이는 대상들과의 공간적 거리를 존중하는 눈에 내재적인 이유들 때문만이 아니라, 시지각의 가능성의 조건, 즉 빛과 연관된 외적 이유들 때문이기도 하다. 대상들을 만지고 대상들을 변형시키지 않으면서 그 형태를 보도록 하는 빛의 아름다움. **자연**과 **정신** 사이에 있으면서 빛은 존재가 나타날 수 있게 한다. 미각 또는 후각은 그 자체가 부족한 것들이 아니다. 미각과 후각이 미적 지각에 적합하지 않게 만드는 것은 그 감각들이 전개되는 환경, 다시 말해 대상들의 분해다.

청각은 소리의 본성 덕분에, 즉 대상을 변형시키지 않고 손상시키지 않는 소리의 본성 덕분에 미적 향유를 불러일으킬 수 있는 특권을 시각과 공유한다. 헤겔에게, 소리는 몸들의 진동과 연관된 순수한 동

---

86 *Ibid.*

요다. 소리는 후각의 경우처럼, 화학적 분해를 수반하지 않는다. 빛처럼 소리는 순수하게 물질적인 실재는 아니지만, 이론적 관조에 어떤 포착물을 제공한다. "이 이상적 움직임 속에서, 소리에 의해, 이를테면 내적 원리가, 즉 몸들의 영혼이 계시되는바, 귀는 눈이 형태나 색을 지각하는 것만큼이나 지성적인 방식으로, 그런 이상적 움직임을 포착한다. 몸들의 영혼은 또한 대상들의 내밀한 부분이 계속해서 독립적으로 존재하도록 놓아둔다."[87] 헤겔은 말한다. 그런 관점에서 청각은 가장 지성적인 감각인데, 청각이 공간 안에 배치된 몸들의 외적 형태들로 접근할 수 있게 해줄 뿐만 아니라, 몸들의 내면, 몸들의 내밀한 본질, 몸들의 일종의 영혼에 접근할 수 있게 해주기 때문이다. 소리는 대상의 심장에서 흘러나오지, 그 표면에서 흘러나오지 않는다. 따라서 몸이 정신과 가장 단단히 결합하는 것은 청각에 의해서다. 그런 이유에서, 음악은 회화보다 위에 있고, 시 다음으로 두 번째 예술이 된다. 회화가 연장의 실재 세계에 늘 속해 있는 가시적인 형태와 색에 여전히 붙잡혀 있는 반면에,[88] 음악은 공간으로부터 해방되어 영혼의 내면과 그것의 감정들의 깊이를 가장 높은 정도로 표현할 수 있게 된다. 결정적으로, 헤겔에게서 이미지들을 보존하고 물질적 현실을 정신적인 것으로 만드는 제3의 요소, 즉 감각적 상상력이 시각과 청각에 추가되는

87 *Ibid.*, p. 17.
88 *Ibid.*, troisième section, chap. II 'La musique', p. 319. "그러나 그때 회화가 실재적인 것으로부터 해방되는 정도에서, 회화가 그 자체 안에서 더 이상 형태에 신경을 쓰지 않는다고 할지라도, 회화가 자신의 고유한 요소 속에서, 외양과 환영의 놀이 속에서 자유롭게 전개되는 것이 허락될지라도, 명암의 마술 속에서, 색들의 그런 마술은 언제나 공간 속 모습의 양태로, 연장적이고 영원한 외양으로 있다."

데, 이런 시각과 청각이 예술로의 길을 열어 주며, 반면에 촉각과 미각과 후각은 자연성의 표현에 고정된 채 남아 있다.

눈과 귀의 높은 미적 자질을 새삼 문제 삼지 않는다고 해도, 촉각, 미각, 후각의 배제에 대해 질문하는 것은 가능하다. 헤겔이 부여한 시각적인 것과 청각적인 것에 대한 우선성은 충분히 전개되지 않은 감수성의 문화의 지표는 아닐까? 어째서 촉각이 시각보다 감각적인 것에 더 묶이는 것일까? 조각가의 손은 분명 그의 눈보다 관념을 표현하는 데 더 적합할 것이다. 조각상을 만지면서 관조하는 맹인은 진정한 미적 향유를 경험할 수 없는 것일까? 조각들과 입체적 회화들이 맹인들에 의해 구현되고, 관객이 그것을 관조할 수 있도록 전시된다는 것을 어떻게 이해할 수 있을까? 맹인 조각가의 영혼이 그의 손가락들 끝에 있다고 생각해서는 안 되는 것일까? 물질로 모형을 뜨는 것은 손 기술을 함축하는 단순한 몸적 접촉이 아니다. 그것은 대리석이나 돌 안에 관념을 새기는 것이다. 촉각적 미학의 부재는 예술작품을 지각하는 데 있어서의 촉각의 부적합성에 의해 해명되기보다는, 시각의 우선성, 거리 감각을 확고하게 만들면서, 몸적 내밀성을 위협하는 접촉을 사적 영역과 연인 관계로 제한시키는 사회들 안에서의 문화 유형의 충분하지 않은 발전에 의해 해명된다.

미각에 관해 말하자면 미각이 필연적으로 대상의 소비와 흡수와 연관되는 것은 아니다. 순수예술과 장식예술 간의 구분은 실로 관습적인 것처럼 보이며, 감각들의 일방적 사용에 얽매인 것처럼 보인다. 포도주 양조학은 자연적 필요의 만족을 함축하지 않는 미각의 문화이다. 노련한 포도주 감정사는 평가하고자 하는 포도주를 삼키지 않지만, 구개의 능력을 발전시킨다. 포도주 양조학은 순수하게 미각적인 향유를 추구한다. 따라서 순수예술과 장식예술 간의 분리를 만들어 내는 것은 감각들이 아니라, 감각들이 사용되는 방식이다. 시각은, 헤겔이 주장하듯이, 꼭 "욕망이 없는 감각"[89]이라고는 할 수 없으며, 그런 구분이 유의미하다면, 때때로 에로틱한 것에 속하는 것과 미적 향유에 속하는 것을 분리해 내기란 매우 어려울 것이다. 물론 요리의 예술은 부패할 수 있는 식료품들에 기초하지만 그것의 일시적인 특징은 그렇다고 해서 요리 예술의 가치를 떨어뜨리지 않는다. 예술은 꼭 영원한 것을 표현해야 하는 자격을 갖춰야 하는 것은 아니다. 맛들을 조합하고 새로운 감각들을 창안하는 화려한 연회가 어째서 크리스토(Cristo)의 일시적인 포장들,[90] 퍼포먼스들, 해프닝들에 비해 예술이 아니란 말인가? 미각이 필요와 먹는 즐거움과 결합되어 있다는 것은 사실이지만, 세계의 소음을 듣는 대신 음악으로 향하는 귀가 자유롭듯이 미각도 자유로울 수 있다. 포도주 감정사나 미식가는 필요의 노예가 아니며, 예술의 신들도 부엌 안에도 있다는 점을 인정해야 할 것이다.

하지만 전통이 가장 올바르지 못했던 대상은 확실히 후각이다. 헤겔은 후각을 감각들 가운데 가장 낮은 단계에 놓는다. 게다가 인간의 진화는 점차 후각의 쇠퇴를 통해 표명되었으며, 시각, 청각이 충분한

---

89 *Ibid.*, introduction, division, p. 17.

90 [옮긴이] 저자는 아마도 Christo를 같은 발음의 Cristo로 혼동해서 표기한 것 같다. 크리스토(Christo Javacheff, 1935~2020)는 대지미술 또는 환경미술의 대표 작가로서, 아내인 잔-클로드(Jeanne-Claude)와 함께 활동했다. 크리스토는 무언가를 거대한 천으로 감싸는 작업으로 유명한데 이런 포장의 대상은 초기에는 작은 물건에서 시작해서 나중에는 시카고 현대미술관, 베를린 국회의사당, 시드니의 해변에 이른다.

보호를 보장하는 것처럼 보이는 반면에, 후각은 확실히 인간의 보존에 불필요한 것이 되었다. 이런 관점에서 후각은 그냥 주어진 것이고 가장 무관심적인 감각이다. 향수의 진정한 미학의 부재는 지나치게 육체적이고 동물성의 인장이 찍힌 감각에 대한 무관심이나 경멸에 의해 설명된다.

그렇지만 코의 문화는 몸의 역량과 그 미적 자질을 충분히 표현할 수 있다. 향수의 조합은 실제로 순수하게 기술적인 행위가 아니라, 기본적인 향유들의 어떤 조합 ─ 향유들의 용량의 계산, 향유들의 차이들에 대한 지각, 혼합된 뒤 가능한 결과들의 예측 ─ 을 함축하는 창조다. 코와 정신은 존재의 정수를 표현하는 향기들, 주체가 더 이상 평정 상태 속에 있지 않고 침투되거나 잠기도록 자신을 놓아두는 그런 특별한 세계를 구성하는 향기들을 발명하기 위해 협력한다. 이러한 관점에서 향수 예술은 음악과 가까운데, 음악은 소리의 침투를 전제하고 내부와 외부가 하나를 이룰 정도로 몸을 감싸기 때문이다. 현재 향수 박물관들의 개발은 냄새의 동물성으로부터 떨어져 나와서 이상성(理想性)을 호흡하게 만드는 코의 예술적 자질을 증언한다.

순수예술 안에서 활동하고 있는 몸의 역량

감각들을 넘어, 예술적 역량을 지니고 있는 것은 바로 몸 전체이다. 감각적인 것과 지성적인 것의 전환점에서, 예술은 물질 안에서 아름다움을 출산하는, 활동 중인 몸의 힘을 표현한다. 알랭(Alain)이 정확히 상기시켰듯이 순수예술은 몸을 통해서만 인간 정신의 창조적 능력을 표명한다.

단지 정신 안에 있는 상상력은 창조할 수 없다. 그렇기 때문에 순수예술이 존재하는 것이다. 상상력은 움직임에 의해서, 손의 노동에 의해서, 목소리에 의해서 세계를 실제로 변화시킴으로써만 창조할 수 있다. 그 점을 가장 잘 해명하는 것이 음악이며, 무용과 웅변도 마찬가지다. 아마 시도 그럴 것이다. 여기에 분명하지 않은 것은 없다. 그 누구도 노래 부르기가 없다면 선율을 상상할 생각을 하지 못할 것이고, 춤추기가 없다면 무용의 한 보를, 발화하기가 없다면 담화를 상상할 생각을 하지 못할 것이다. 하물며 자기 자신의 귀에 대고 말하기가 없다면 시의 한 구절을 상상하려고 하지 못할 것이다. 매우 단순한 이런 관찰들은 나에게 많은 것을 가르쳐 주었고, 하나의 체계 안에서 모든 예술들을 다루는 것이 좋다는 것을 알게 해주었다. 나는 잘 정돈된 하나의 계열에 따라서 이해한다. 실제로 나는 인간의 몸의 어떤 움직임에 의해 사람들이 형태를, 윤곽을, 색을 상상하려고 노력했는지를 자문했고, 노래하거나 춤추는 것 못지않게 그림을 그리고 조각하는 것이 자연적이라는 것을 알게 되었다.[91]

창조적 상상력은 육체적이면서 동시에 정신적인 역학을 작동시키고, 몸의 재능을 요청한다. 이것이 없다면 작품은 죽은 문자로 남아 있게 될 것이다. 몸은 목소리와 열 손가락을 어떤 관념에게 빌려주고 이관념은 그것들의 주재 아래 정말로 탄생하게 된다. 이러한 관점에서 관념은 몸의 실행보다 앞에 있지 않다. 관념은 몸의 실행에서 나온다.

---

91 Alain(Émile Chartier), *Vingt leçons sur les beaux-arts*, p. 280.

알랭은 화가의 작업을 분석하면서, 예술가가 자신이 사용하게 될 모든 색들을 미리 아는 것은 불가능하다는 것을 인정한다. "관념은 화가가 행하는 정도에서 그에게서 생겨난다. 심지어 관념은 관람객에게서처럼 추후에 생겨나며, 화가 또한 탄생하고 있는 중인 자신의 작품의 관람객이라고 말하는 것이 정확할 것이다."[92] 따라서, 몸의 역량이 정신을 그 무능에서부터 끌어내는 테크닉에서의 경우처럼, 제작(le faire)은 결정적이다.

그러나 테크닉의 영역에서 관념이 실행보다 앞에 있으며 일련의 생산활동에 표준을 제공하는 반면에, 예술의 영역에서 관념은 실행보다 뒤에 있으며 표준 바깥에 있다. 왜냐하면 그때 관념은 새로운 작품을 위한 규칙의 역할을 할 수 없기 때문이다. 따라서 기술은 기량을 함축하고, 예술은 강요된 지식이 없는 제작을 함축한다. 그렇지 않다면, 아카데미의 기세는 독창성을 누르게 될 것이다. 어쨌든 이러한 구분이 지나치게 비난받아서는 안 되며, 알랭은 규칙의 예외들을 알리는 일을 빠뜨리지 않는다. "관념이 앞에 있으며 관념이 실행을 조정하는 모든 경우, 그것은 산업이다. 그렇지만 산업의 영역에서조차, 장인이 시도를 하자마자 자신이 생각했던 것보다 더 나은 것을 발견하게 된다는 의미에서, 작품이 종종 관념을 교정한다는 것도 사실이다. 그런 점에서 장인은 예술가이다. 하지만 그것은 아주 잠깐이다."[93]

어쨌든 예술은 조화를 이루며 작품을 만들어 내는 몸과 정신의 동

---

92 Alain, *Système des beaux-arts*, p. 38.
93 *Ibid*.

시성만이 아니라, 또한 몸의 역량의 우위라는 특별한 점을 가지고 있다. 아름다움을 드러내고 아름다움에 대한 명료한 의식을 가질 수 있게 하는 것이 바로 제작이기 때문이다. 알랭은 이렇게 말한다. "아름다운 구절은 먼저 계획 속에 있고 그런 다음 만들어지는 것이 아니라, 반대로 그것은 시인에게 아름다운 것으로 밝혀진다. 그리고 아름다운 조각상은 조각가가 그것을 제작하는 정도에 따라 그에게 아름다운 것으로 밝혀진다. 그리고 초상화는 붓 아래에서 탄생한다."[94] 알랭은 몸의 움직임에서 출발해서 순수예술의 체계를 구성하는 경로를 열고, 감각적인 것 안에서 정신과 지성적인 것을 표현할 수 있는 크고 작은 능력에 따라 순수예술을 위계화하는 전통적인 분류의 시도들을 무너뜨린다.『순수예술의 체계』의 저자는 그처럼 움직임 속에 있는 예술들과 정지 상태의 예술들을 구분하고, 그것들을 세 집단으로 분배하는 표를 만든다. 제스처의 예술들 또는 몸짓이나 표정의 예술들 안에는 특히 무용, 곡예, 승마가 나타나고, 주문(呪文)의 예술 또는 음성적 예술 안에는 자연적인 외침을 조정하고 조합하는 자격을 가진 시, 웅변, 음악이 나타난다. 그리고 회화와 조각과 같은 조형 예술이 있다.

이러한 논리 안에서, 몸의 역량을 표현하는 데 있어서의 크고 작은 자질에 따라 상이한 예술들을 분석하는 것이 가능해진다. 이런 관점에서, 일반적으로 영적 무대의 전면을 점유하는 시와 음악은 몸의 무도를 이끄는 건축과 무용에 유리하도록 사라지는 것처럼 보인다. 그렇기 때문에 여기서 문제가 되는 것은 역사적으로 뒷자리에 남겨졌던 그 두

94 *Ibid.*

예술 형식들에게 특권을 부여하고, 어째서 이 두 예술이 몸의 역량을 최상으로 표현하는지를 분석하는 것이다.

이러한 선택이 다른 예술들의 가치를 평가절하시키는 것은 전혀 아니다. 각각의 예술은 고유한 방식으로 인간이 자신의 몸 전부를 동원하도록 요구하기 때문이다. 모든 예술은 관객의 정신만큼 관객의 감각들을 요청한다. 모든 예술은 예술가의 몸을 움직이게 만드는 실행, 말하기, 또는 제작을 함축한다. 모든 예술들은 예술가의 목소리, 예술가가 낭송하는 방식, 예술가가 분절하는 방식을 빌린다. 그것들은 예술가의 제스처, 몸짓, 손놀림을 요청한다. 그것들은 예술가의 힘, 유연성, 민첩성을 요구한다.

시의 음악성이 목소리와 청각을 요청함에도 불구하고 시 자체가 정신의 측면을 끌어낸다는 것은 사실이다. 만일 시인이 단어들에 몸을 주고 단어들의 망각된 살의 사용법을 복원한다면, 언어에 되돌려진 그런 생명은 무엇보다 영적인 숨결일 것이다. 어쨌든 프랑시스 퐁주는 우리로 하여금 더 멀리 나아가길 권유하고, 시를 그 지성적 특징 안에 한정시키지 말라고 권유한다. 『사물의 편』의 저자에게서, 언어는 살이 되고 조각이나 건축보다 더 인간의 몸에 어울리는 것처럼 보인다. 말은 아마도 몸의 진정한 기념물일 것이다. 그처럼 퐁주는 독서의 루브르 박물관의 구축, 몸에 어울리는 단어들이나 몸과 조화를 이루며 분비되는 단어들의 조개 껍질의 구성을 염원한다.

왜인지는 모르겠으나 나는 인간이 자신의 상상력이나 자신의 몸의(또는 자기가 속한 사회나 지역의 상스러운 풍습의) 기괴한 불균형만을 증언하는 거대한 기념물들 대신에, 그리고 제 키만 하거나 살짝 더 큰 조각상들(미켈란젤로의 다비드 상을 생각한다)의 단순한 재현 대신에, 둥지 같은 것을, 자기 크기에 맞는 조개 껍질 같은 것을, 연체동물의 것과는 형태가 매우 다르더라도 균형 잡힌 것을 짓기를 원할 것이다. (…) 이런 관점에서 나는 특히 바흐나 라모, 말레르브나 호라티우스나 말라르메와 같은 몇몇 균형 잡힌 작가나 작곡가들에게 감탄한다. 작가들은 다른 모든 사람들보다 우위에 선 자들이다. 왜냐하면 그들의 기념물은 인간 연체동물의 진정한 분비물로 만들어졌으며, 자신의 몸에 가장 적합하고 균형을 이루었으나, 그럼에도 우리가 생각할 수 있는 몸과 가장 다른 것으로 만들어졌기 때문이다. 내가 말하고자 하는 것은 바로 말(Parole)이다.[95]

건축가의 달팽이 모양의 계단보다는, 인간의 달팽이관이 분비하는(sécréter) 시적인 말이 인간의 몸에서 유래하며, 그런 시적인 말이 그 비밀(secret)의 정도에 따라 인간의 사원을 세운다.[96] 퐁주에게서, 모든 예상과 반대로, 말과 음악은 오로지 우리를 몸에 더욱 가깝게 만들기 위해서 우리를 몸으로부터 멀어지게 하고 몸의 기념물적 역량을 증언한다.

확실히 음악은 완전히 비(非)물질적인 껍질, 몸의 외형과 아주 다

---

95 Ponge, *Le parti pris des choses, notes pour un coquillage*, pp. 76~77.
96 [옮긴이] secret는 '비밀'이란 뜻이나, 여기서 저자는 바로 앞에서 분비하다(sécréter)라는 표현을 쓰면서 말장난을 하고 있다. 즉 비밀은 분비의 결과물로 비유적으로 쓰이고 있다.

른 청각적 껍질이다. 음악은 회화보다 추상적이고 몸의 형태들에 대한 표상과 분리되어 있다고 할지라도, 몸의 어떤 뛰어난 재능을 불러오는데, 이러한 재능 속에서 청각과 촉각은 아름다운 조화 속에서 서로 결합한다. 음악은 몸의 배치들을 요청하고, 손가락의 기억처럼 일반적으로 정신으로 돌려진 성질들의 발전을 요청한다. 이것은 데카르트가 이미 강조했던 내용이다. "류트(lute) 연주자는 자신의 기억의 일부를 손안에 가지고 있다. 왜냐하면 다양한 방식으로 손가락을 구부리고 배치하는 능력, 연주자가 습관에 의해 획득했던 그런 능력은 연주를 위해 그가 손가락들을 배치해야 하는 움직임들을 기억하는 것을 돕기 때문이다."[97] 연주자는 자신의 영혼 전부를 연주하기 위해서 자신의 몸 전부를 연주한다. 그의 영감은 그의 숨결과 그의 손가락들의 공기처럼 가볍고 빠른 움직임과 연관되며, 심지어 피아노나 북의 페달을 작동시키는 발과 연관된다.

음악은 그 정도로 인간의 몸과 연관되며, 그리하여 음악의 장르들은 때때로 온전히 인간의 몸과의 관계 아래 규정된다. 예를 들어 재즈나 로큰롤은 모두 성적 행위를 가리킨다. 재즈라는 용어의 어원은 물론 모호하다. 그 단어는 힘, 흥분 또는 정자를 의미하는 미국식의 지즘/자즘(Gism/jasm)에서 유래했거나, 춤, 활력, 성적 행위를 표현하기 위해 사용되는 아프리카어인 자스(Jass)에서 유래했을 것이다. 어쨌든 그 두 경우에 재즈는 성적인 몸 안에 뿌리를 두고 있으며 그런 몸의 욕망을 표현한다. 마찬가지의 방식으로, 1950년대에 아트 블레이키(Art

---

97 *Lettre à Mersenne*, 1er avril 1640.

Blakey)와 그의 재즈 메신저스(The Jazz Messengers), 그리고 호라이스 실버(Horace Silver)가 그 대표적 주자였던 펑 및 펑키 운동은 몸, 그리고 대지에 뿌리내린 몸과 연관이 있다. '펑크'와 이것의 형용사인 '펑키'는 몸 냄새와 땀 냄새를 가리키며, 땅과 토지에 대한 본래적인 소속을 표현한다. 마지막으로 미국 흑인 연주자들에게 '소울' 음악은, 우리가 생각할 수 있는 것과 반대로, 단지 영혼과 가스펠만을 가리키지 않으며, 몸 안의 심오하고 진실된 모든 것을 가리킨다. 예를 들어 소울 푸드(soul food)라는 용어는 미국 흑인의 특별한 요리들을 가리키는데, 그 기원이 때때로 노예제 이전의 아프리카로까지 거슬러 올라간다.

음악보다는 회화와 조각이 몸을 소환하는데, 왜냐하면 회화와 조각은 단지 시간과 관계하는 게 아니라 공간 및 공간의 형태들과 관계하기 때문이다. 조형 예술은 활동하고 있는 예술가의 것이건, 특히 캔버스나 돌 안에 초상화나 조각상을 통해서 몸의 본질을 표현하는 예술가의 것이건 몸의 역량을 표명한다. 그리하여 로댕(Auguste Rodin)에게, "아름다운 흉상은 모델의 도덕적이고 몸적인 실재를 보여 준다. 그것은 모델의 은밀한 사유를 이야기하고, 그의 숨겨진 영혼을, 그의 위대함과 약함을 탐지한다. 모든 가면이 벗겨진다."[98] 조각가는 육화된 몸의 진리를 돌 안에 새기고 인간 영혼을 물질 안으로 밀어 넣는다. 석가모니의 조각상들을 관조하면서 로댕은 물질 안에서 비(非)물질적인 것을 표현하는 놀라운 능력에 경탄했다. "사람들이 이 청동 조각 안에 가둘 수 있는 영혼의 물질성이 수 세기 동안 붙잡고 있는 것, 그것은 이

---

98 *Éclairs de pensée, écrits et entretiens*, p. 130.

입 위에 있는 영원성의 욕망과 곧 보고 말하게 될 두 눈이다."[99]

사물들의 본질을 표현하기 위한 전투 속에 있는 예술가는 세계를 그림이나 조각상으로 바꾸기 위해서 자신의 몸을 세계에 빌려주면서 물질의 저항에 맞서 투쟁한다. 정신이 교향악을 생각할 수 있고, 연주하지 않고도 악보를 생각할 수 있다고 할지라도, 우리는 어떻게 정신이 그림을 그릴 수 있다거나 조각할 수 있을지를 알지 못한다. 예견하는 정신은 몸이 필요하고, 손끝에 눈이 필요하다. 회화와 조각은 근본적으로 이중의 시각을 작동시킨다. 예술가의 시각, 이것의 정신은 사물들을 바라보기 위해서 두 눈을 통해 나오고 사물들의 내면의 본질을 드러낸다. 관객의 봄, 바깥에 전시된 예술가의 정신은 그런 관객의 두 눈을 통해 다시 (내면으로) 들어간다. 로댕은 인간의 몸의 모든 모습들을 주의 깊게 관찰해야 할 필요성을 강조하는바, 그래야만 인간의 몸의 자연을 왜곡하지 않고 옮겨 놓을 수 있기 때문이었다. "나는 내가 모방하는 모델의 모습들에 대한 연구를 체계적으로 진행한다. 왜냐하면 작품 안에서 자연의 힘과 굳건함을 다시 발견하는 것은 중요한 일이기 때문이다. 그 정확한 모습들에 의해 인간의 몸을 옮겨 놓는 것은 활력 있는 모델들을 제공하며, 오로지 그것만이 진리의 삶이 출현하게 만든다."[100] 그처럼 로댕의 조각들은 돌에서 생명이 솟아 나올 정도로 엄청난 재능과 함께, 연속적인 모습들이 서로 맞춰져서 구성되었다.

화가와 조각가는 시선의 이동 너머의 몸의 마술적 작용이다. 이 작

---

99 *La danse de Çiva, Éclairs de pensée*, p. 79.

100 *Entretien avec Henri Dujardin Beaumetz*, in *Éclairs de pensée*, p. 84.

용에 의해 시각은 제스처가 된다. 예술가의 손은 눈이 지각했던 것을 2차원이나 3차원의 볼거리로 제공한다. 그리하여 메를로-퐁티에게서, "눈은 세계의 어떤 충격에 의해 동요(ému)되었던 무언가이며, 눈은 손의 흔적들에 의해 세계를 가시적인 것으로 복원한다."[101] 그림과 데생은 구상적이건 아니건 간에, 내적인 시각을 관객에게 전달하는 눈과 손의 결합을 확고히 한다. 그림과 데생은 "외부의 내부이고 내부의 외부"다. 회화의 문제들은 보면서 보이는 몸의 수수께끼의 예시 자체이며, 그런 몸의 시선은 언제나 외적이면서 동시에 내적이다. 회화는 단지 우리의 꿈들을 소재로 만들어지는 것이 아니라, 세계를 맞이하면서 내부의 시각을 캔버스 위에 복원하는 우리의 몸으로 만들어진다. 바로 그것이 메를로-퐁티가 『눈과 정신』에서 보여 주는 것이다.

사물들과 나의 몸이 동일한 조직으로 만들어졌기에, 나의 몸의 봄은 어떤 식으로건 사물들 안에서 일어나야 하거나, 사물들의 명시적인 가시성이 나의 몸의 봄 안에서 어떤 비밀스러운 가시성으로 이중화되어야 한다. 세잔은 '자연은 내부에 있다'고 말한다. 저기 우리 앞에 있는 성질, 빛, 색, 깊이는 오로지 그것들이 우리의 몸 안에 어떤 반향을 일으키기 때문에, 그리고 우리의 몸이 그것들을 맞이하기 때문에 거기 존재한다. 그러한 내적 등가물, 사물들이 내 안에서 촉발하는 살적 공식, 이제 그 사물들이 가시적인 흔적을 촉발하지 않을 이유가 있을까? 다른 모든 시선이 그 안에서 자신의 세계 탐사를 지지하는 동기들을

101 *L'oeil et l'esprit*, p. 26.

발견하게 될 그런 흔적을. 따라서 첫 번째 역능의 살적 본질이자 아이
콘인, 두 번째 역능을 지닌 가시적인 것이 나타난다.[102]

회화는 나의 몸과 세계의 그러한 만남의 몸짓이다. 세계의 최초의
시각은 두 번째 시각으로 이중화되는데, 이것은 반사도 아니고 복제도
아니다. 왜냐하면 선은 상상적인 흔적, 관조에 제공된 내밀한 시선이
기 때문이다. 내적인 풍경인 캔버스는 눈과 세계의 불가능한 접합점이
다. 그리하여 생 빅투아르 산 시리즈는 엑상프로방스 도시 위로 불쑥
솟은 산맥의 그림들일 뿐만 아니라, 보는 자이면서 예견하는 자인 세
잔의 자화상들이다.

몸과 건축

조각과 회화가, 온전히 시간의 리듬을 타는 음악과는 상반되게, 공간
및 2차원이나 3차원의 몸의 형태들과 관계하고 있다고 할지라도, 어쨌
든 조각과 회화는 건축 예술에 비해 그런 영역에서 다소 후퇴해 있다.
건축은 회화나 조각보다 더 많이 몸의 공간성에 고유한 차원들을 도입
하며, 세계를 인간의 이미지에 맞게 변형시키거나 인간과 유사하게 변
형시키는 총체적 예술로 나타난다. 발레리는 기념물들의 건립에서 세
계의 인간화 작업을 알아봄으로써 그 점을 완벽하게 통찰한 바 있다.

친애하는 파이드로스여, 회화는 그림이나 벽처럼 하나의 표면만을 덮

---

102 *Ibid.*, pp. 21~22.

습니다. 그리고 회화는 대상들이나 인물들을 위장하지요. 조각술도 마찬가지로 우리의 시각의 일부만을 장식합니다. 하지만 주변과 결합된 신전, 또는 이 신전의 내부는 일종의 완벽한 크기를 우리를 위해 구성합니다. 우리는 그 안에서 살아갑니다. (…) 그렇게 우리는 인간의 작품 안에 있고, 그 안에서 움직이고 살아갑니다![103]

순수예술 가운데 건축은 틀림없이 그 물질성이나 무게에 있어서 몸과 가장 깊은 관계에 있을 것이다. 발레리가 몸에 대한 향수(鄕愁)로 고통받는 소크라테스와 파이드로스라는 두 망자의 영혼에게 건축에 관한 이야기를 전달한 것은 우연이 아니다.[104] 살과 피와 뼈의 물질적 실재로서 몸을 떠올리는 것이 문제일 때, 건축은 반박의 여지 없이 가장 영향력이 있는 예술이다. 게다가 그런 이유에서 건축은 종종 기술과 미학의 교차로에서, 순수예술 가운데 가장 불완전한 것으로 종종 취급되어 왔다. 헤겔은 『미학』에서, 어떤 생각을 전파하는데, 이 생각은 물질로 봉합된 날것 그대로의 예술(art brut)에게 건축을 운명짓는 것이었다. "건축은 가장 불완전한 예술이다. 왜냐하면 건축은 중력의 법칙에 따라, 무거운 물질들을 감각적 요소로서 사용하는바, 이런 무거운 물질의 사용으로 인해 우리는 건축이 가장 적합한 방식으로 정신적인 것을 표현할 수 있다고 여기지 않기 때문이다. 그리하여 정신에서 출발한 건축은, 실재적이고 살아 있는 실존 속에 있는 정신을 위해

---

103 Valéry, *Eupalinos*, in *Oeuvres* II, p. 101.

104 *Ibid.*, p. 99.

외적 분위기를 준비하도록 요청된다."[105]

　그렇지만 건축은 민중의 정신을 증언하고, 물질 안에서의 정신적인 것의 육화를 대규모로 표현한다. 그리고 아마도 건축은 조각이나 무용과 동등한 강도로 몸의 향유 및 감각성 안에서 몸의 본질을 표현한다. 무게가 반드시 깊이를 잃어버리는 것은 아니다. 그리하여 장-피에르 마르샹(Jean-Pierre Marchand)은, 라틴어 어원을 생각했을 때, 사유한다는 것(penser)은 무게를 잰다(peser)와 같다는 점을 상기시키고, "가장 정신적인 영원성의 상징들이 종종 무겁고, 부피가 있으며 몸적인 것들이고, 우리는 그러한 것들을 건축이나 기념물이라고 부른다는 것"[106]을 상기시킨다.

　건축은 정신을 벽들 안에 붙잡아 둠으로써, 몸을 맞아들이는 몸처럼 여겨진다. 건축은 의복을 모델로 삼아, 보통 몸의 연장처럼, 보충적인 피부로 살을 둘러싸는 보호하는 외피처럼 지각된다. 도시 건축을 설명하기 위한 몸의 은유의 함축이 그것을 증명한다. 도시는 건물들, 동맥들, 심장, 나아가 녹색 공간으로 이루어진 폐를 소유하고 있지 않은가? 따라서 주거환경은 우선 몸 및 몸의 필요를 모델로 해서 구상된다. 그리하여 라블레는, 가스테르가 이방인들의 탐욕에 대항해서 소중한 곡식을 가두고 보호하기 위해 따라야만 했던 긴급한 필요성의 결과로서, 도시를 세우는 기술을 보여 준다.[107]

　건축은 때때로 인간의 형태와 결합하고 음각의 몸처럼 나타난다.

---

105 *Esthétique*, t. III, p. 319.
106 Cf. "Corps, rythme, espace", in *L'architecture au corps*, p. 264.
107 Cf. *Quart livre*, chap. LXIII.

건축은 공간 위에서 고유한 몸의 주형을 표현하고 몸의 제조를 포함한다. 알랭은 그러한 점을 『조각가의 집에서의 대담』(*Entretien chez le sculpteur*)에서 강조한다.

> 따라서 건축의 일부는 (⋯) 음악의 주형과 같을 것이다. 그리하여 인간의 형태가 계단, 난간, 둥근 천장, 의자, 침대 안에 각인된다. 어느 날 나는 물을 긷는 여인이 우물에 새겨져 있는 것을 보았다. 작은 사원의 다른 우물처럼, 그 우물이 어린 하녀를 닮았다는 말이 아니다. 인간의 형태와 작품의 관계는 잘 숨겨져 있으며, 그 둘이 유사한 것은 경멸받을 만한 경우뿐이다.[108]

그러므로 건축은 단순한 필요를 넘어서 몸의 자세와 몸의 활동을 감싸고 있다. 건축은 몸을 보호하도록 예정된 기술로 환원되지 않으며, 피난처나 기능적인 거처의 생산에 한정되지 않는다. 건축은 단순히 "거주를 위한 기계"가 아니다. 건축은 또한 르코르뷔지에(Le Corbusier)의 표현에 따르면, "감동시키는 기계"이다. 건축은 유용성을 아름다움과 결합시키면서, 세계를 변형시키려고 노력한다. 이런 이유들로 건축은 순수예술에 속한다.

공간을 구획 정리하는 예술인 한에서, 건축은 근본적으로 공간적 차원 안에서의 몸의 표현이다. 건축은 당연히 몸의 시간적 차원을 배제하지 않는다. 건축은 지금, 여기 몸의 현전을 증언하며, 인구의 지리

---

108 Cf. *Les arts et les dieux*, p. 639.

(地理)를 통해 몸의 역사를 펼친다. 몸은 세계에 거주하고, 자신에게 개방된 공간에 대해서 점유와 구성의 관계 속에 있다. 공간에 대한 관계는 이중적인데, 이는 보는 자이면서 동시에 보이는 것이고, 느끼는 자이면서 동시에 느껴지는 것인, 주체이면서 동시에 대상인 고유한 몸의 특별한 위상 때문이다.

한편으로 나의 몸은 사물들 가운데 하나처럼, 기하학적 공간 안에 위치해 있다. 이것을 후설은 Leibkörper[109]라는 단어로 표현한다. 그러나 그것은 무게가 나가는 죽어 있는 것처럼 공간 안에 그저 놓여 있는 것이 아니며, 연장의 한 조각에 불과한 것이 아니다. 다른 한편으로 나의 몸은 다른 모든 몸이 배제되는 공간을 스스로 구성한다. 결과적으로 나의 몸은 세계에 대한 확실한 관점을 가지고 있다. 왜냐하면 나의 몸의 존재는 다른 어떤 몸도 자신의 자리를 점하지 못하게 막기 때문이다. 그처럼 나의 몸은 베르나르 살리뇽(Bernard Salignon)의 표현에 따르면, "단독적 포함(inclusion) 안에서의 배제(exclusion)"[110]이다. 각자의 몸은 탈취가 불가능한 요새와 유사하며, 그 무엇도 타인의 벽을 뚫는 자일 수 없다. 고유한 몸은 오스카 베커(Oscar Becker)가 객관적 공간으로 환원불가능한, 정향된 공간이라고 명명한 것의 중심에 있다. 몸 각각은 그런 공간을 짊어지고 가지고 다니기 때문이다. 우리는 기하학적 공간을 뛰어넘고 측량하고 가로지를 수 있지만, 우리가 어

---

109 [옮긴이] 독일어로 leib는 살아 있으며 감각하는 몸을, körpe는 생물학이나 의학에서의 몸처럼 대상으로서의 몸을 가리킨다. 저자는 여기서 두 단어를 합성했으며, 정확히 후설이 어떤 의미에서 그 두 단어를 합성했는지 역자는 발견하지 못했다. 왜냐하면 후설 역시 그 두 단어를 구분해서 사용하기 때문이다.

110 Cf. "Architecture immobile à grands pas", in *L'architecture au corps*, p. 47.

떤 장소를 떠날 수 있다고 할지라도 우리 자신의 몸을 떠날 수 있는 것은 아니다. 고유한 몸은 자리를 옮길 때 늘 함께 이동시키는 공간의 중심에 있다. 기하학적 공간이 높고 낮음, 오른쪽과 왼쪽을 수용하지 않는 반면에, 정향된 공간은 몸이 중심이 되는 일련의 지표들에 의해 규정되며 해체가 불가능한 어떤 범주들을 생산한다. 따라서 나는 한 장소에 가까워지거나 멀어져 봐야, 또는 높은 곳으로 올라가거나 심연 아래로 내려가 봐야 소용이 없으며, 매번 다시 구성되고 나와 함께 이동할 뿐인, 그런 범주들, 즉 가까움과 멂, 높음과 낮음의 범주들을 없앨 수 없다. 고유한 몸의 공간, 그러한 정향된 공간은 지각과 감각성의 토대다. 내가 객관적으로 세계의 중심이 아니라고 할지라도, 내가 있는 그 거처에서 출발해서 늘 세계가 이해된다는 사실을 막을 수는 없다.

건축적 계획은 본래의 환경에서의(in situ) 경험을 고려하고, 정향된 몸의 공간의 소여들에 근거해서 물리적 공간을 조직한다. 그것은 종종 장소의 측량과 몸의 대립, 터 위에서의 맥락으로 시작된다. 이러한 탐사가 진행되는 동안 몸은 측량 도구처럼 작동한다. 몸은 자신의 척도에 맞춰 거리들을 산정하고 축소한다. 그처럼 우주의 척도는 인간의 키에 맞춰 만들어진다. 토지를 구획하는 활동 속에서, 눈은 첫 번째 도구이며, 거리를 산정하기 위해서 잠재적으로 장애물들을 건너뛴다. 피트(pied)와 인치(pouce)[111]는 오랫동안 특권적인 측정 단위들을 구

---

111 [옮긴이] 피트의 불어 원어인 pied는 발을 뜻하는 단어이기도 하고 거리 측정의 단위를 뜻하기도 한다. 그 길이는 대략 0.3428미터로 한 걸음의 거리 정도에 해당한다. 인치의 불어 원어인 pouce는 엄지손가락을 뜻하는 단어이기도 하고 거리 측정의 단위를 뜻하기도 하는데, 그 길이는 2.7센티미터 정도로 엄지손가락 한 마디에 해당한다.

성했다. 마르틴 부셰(Martine Boucher)와 필립 니스(Philippe Nys)가 상기시키듯이,[112] 191피트에 해당하는 아르팡[113]은 미터 측량법이 도입되기 전인 18세기 말까지 준거의 단위로 남아 있었다. 그처럼, "측량은 공간의 측정, 인지, 드러내기의 수단으로 몸을 사용한다."[114]

장소의 탐사가 끝나고 나면, 건축가는 포함과 배제라는 이중의 관계에 따라서 공간을 정돈한다. 주거 형태는 실로 거부와 포함을 동시에 함축하는 장소들을 점하는 하나의 방식이다. 몸은 자리를 얻는다. 몸은 세계 안에 위치하고 세계에 통합된다. 하지만 동시에 몸은 다른 몸들과 거리를 둔다. 몸은 주거지를 선택하고 사적 공간을, 다시 말해 타인이 배제되는 공간을 정한다. 거처는 몸이 타자들을 배제하면서 유지되는 장소이다. 따라서 주거지는 몸이라는 고유하고 침투될 수 없는 공간의 상징적 복제물처럼 나타난다. 게다가 흥미로운 사실은 거주하는 사람의 동의 없이 사적 공간을 침범하는 것이 강간(viol)과 유사하다는 것이다. 주거 침입(violation)은 실제로 몸에 대한 부당한 삽입을 모델로 해서 구상되었으며, 그것의 연장선상에 있다. 그러므로 건축은 몸의 거주를 지정함으로써 몸에게 자리를 부여하고 몸에게 존재의 장소를, 타인의 시선으로부터 보호받을 수 있는 사적인 삶의 장소를 제공하는 그런 예술이다. 외부 세계의 모든 동요 바깥에서 사유가 머물 수 있고 자유롭게 전개될 수 있는 자기의 장소를 배치하는 것이 얼마나 필수적인지를 사람들이 알고 있을 때, 건축은 완전하게 인간

---

112 Cf. "Le corps à l'oeuvre", in *L'architecture au corps*, p. 159.
113 [옮긴이] arpent. 옛 측량단위이며 사람의 키를 기준으로 만들어졌다.
114 *Ibid.*

적인 실존의 결정에서 본질적인 역할을 한다. 버지니아 울프(Virginia Woolf)는 여자들 모두에게 '자기만의 방'을 요청하면서 그것을 완벽하게 이해했다. 자기만의 방은 여자가 시를 쓸 수 있고 자유롭게 성찰하는 기회를 얻을 수 있는 필수 조건이다. "파스칼에 따르면, 만일 인간의 모든 불행이 방 안에서 아무것도 하지 않고 머무를 수 없는 것"이라면, 여자의 모든 불행은 자기만의 방을 절대로 가질 수 없었다는 것이며 아직도 그 점은 여전하다. "한 여자가 허구의 작품을 집필하고자 한다면, 얼마간의 돈과 자기만의 방을 소유하는 것이 필수적이다."[115] "500파운드의 연금은 명상의 가능성을 표시하고, 문의 열쇠는 고독 속에서 사유할 수 있는 가능성을 표시한다."[116] 저자는 그것이 여성적 본성의 중요한 문제를 해결하지 못하고, 소설적 허구의 참된 본성의 문제도 해결하지 못하는 그다지 중요하지 않은 문제라는 것을 인정한다. 하지만 그것은 세상의 모든 차이를 만들어 낼 수 있다. 그리하여 "여성들의 재능에 대한 이론을 세우는 것보다 여자들이 실제로 얼마의 쌈짓돈과 어떤 방을 가지고 있는지를 아는 것이 훨씬 더 중요하다."[117]

건축은 내밀한 영역들을 규정함으로써, 공간 안에 공간들을 구획하고, 가르기와 경계를 만들면서 공간의 통일성 및 공간의 연속성을 해체한다. 건물은 분리되고 벽은 고립시키며 담장은 사적 공간의 한계를 정한다. 건축은 간격들을 만들어 내고, 균질적이고 무차별적인 공간 안에 거리와 격차를 도입한다. 건축은 기하학적 공간을 규정된 위

115 *Une chambre à soi*, p. 8.
116 *Ibid.*, p. 160.
117 *Ibid.*, p. 158.

계화된 공간으로 변형시킨다. 이 공간은 공적이거나 사적일 수 있고, 도시이거나 시골일 수 있고, 농촌이거나 산업화된 곳일 수 있다. 정돈된 모든 공간은 복합적 현실을 이루며, 보완하는 다수의 구성요소들을 포개 놓는다. 잉그리드 겔(Ingrid Gehl)은 『주거지와 삶의 환경』(*Habitat et Milieu de Vie*)[118]이라는 자신의 책에서 주거 공간의 4가지 평행적 차원들을 구분한다. 그것은 각각 용지, 내적 공간, 구획의 구성요소들, 형태들과 표면들의 감각적 외양이다. 건축 예술의 근본적인 조건을 이루는 용지나 장소의 선택은 이미 무차별적인 공간 안에 어떤 결정을 심어 놓고 다른 가능한 장소들을 실격시킴으로써 그곳을 규정하는 첫 번째 방식이다. 그렇게 경계가 지어진 빈 공간은 형태와 차원과 함께 구성될 때 내적 공간이 된다. 그리하여 외부성의 상징 자체인 공간은 내면성으로 바뀌고 내밀하고 특별한 양상을 얻는다. 이런 내밀하고 특별한 양상은 우리의 모든 활동의 지탱물로 사용되는, 구획의 구성요소들을 도입함으로써 더욱 강화된다. 이 단계에서 공간은 거주자의 필요와 욕망이 표시되는 기능적 외양을 얻게 된다. 끝으로 공간은 "보아야 하거나 만져야 하는 피부"[119]처럼 감각들에 제공된 형태들과 표면들의 전체로서 나타난다.

　　몸으로 하여금 사적 공간 속으로 물러날 수 있게 하면서도, 건축은 타자들에게 자리를 주고 공통의 삶의 장소들을 마련한다. 나의 몸은

---

118 *Op. cit.*, par Dominique Beaux, "L'architecte, la boîte et la liberté", in *L'architecture au corps*, p. 293.

119 이것은 도미니크 보(Dominique Beaux)의 표현이다. "L'architecte, la boîte et la liberté", in *L'architecture au corps*, p. 293.

동시에 사방에 있지 않으며 다른 관점들에게 장소를 양도한다. 나처럼 타인도 그의 삶을 사는 하나의 몸(Leib)이다. 타인은 나를 중심이 되지 못하게 하면서 나로 하여금 가능한 다수의 시각들을 생각하도록 이끄는 어떤 거처를 구성한다. 보는 몸이면서 가시적인 몸인 타인은 그의 정향된 공간의 중심에서 세계에 대한 또 다른 시점을 구현한다. 나는 그의 자리에 나를 놓을 수 없지만, 또 다른 삶을 상상할 수 있고 입장들을 무한정하게 변화시킬 수 있다. 이러한 관점에서 공간은 타자와의 만남에 열려 있는 공간이다. 따라서 건축은 세계에 대한 열림과 닫힘의 동시적 배치이다. 건축은 다수의 시각들을 함축하고, 인간들 간의 화해 수단(modus vivendi)을 만들어 냄으로써 인간들의 관계를 조정한다.

건축은 기술적이고 미학적인 자질을 넘어, 함께 살아가는 예술이며, 윤리적이고 정치적인 목표를 함축하고 있다. 건축은 세계에서 존재하는 방식, 체류하는 방식을 표현한다. 하이데거(Martin Heidegger)가 상기시키듯이, "에토스(ethos)는 체류, 거주의 장소를 의미한다. 이 단어는 인간이 거주하는 개방된 지역을 가리킨다."[120] 건축은 단지 경험 공간의 조정이 아니다. 건축하는 인간들 간의 관계를 조직하고 인간들의 공통의 삶에 영향을 준다. 브누아 괴츠(Benoît Goetz)에 따르면, 건축은 윤리적 실체이다. 건축은 "인간과 인간이 자신을 움직이는 공간 간의 화해 수단을 조정하는 방식"[121]이다. 건축은 공간의 나눔을 강

---

120 "Lettre sur l'humanité", *Questions III*, p. 138.
121 Cf. "Vers une Éthique de l'architecture", in *L'architecture au corps*, p. 50.

요하고 체류를 규정하며, 도시계획의 정치의 본성에 따라 찬란한 도시 또는 교외주택지를 건설한다. 주거지는 단순한 숙소로서 자유롭고 진정한 삶의 장소일 수 있으며, 그곳에서 대중화 과정 속에 있는 몸들은 이들을 소외시키는 경제적 필요성의 이름으로 배치되고 모이게 된다.

집합적 작품인 건축은 인간 공동체의 고유한 진리를 표현하는데, 그런 진리란 기하학적 공간 안에 인간의 정향된 공간을 기입시키는 것이다. 인간화된 공간은 본질적으로 수직성의 특징을 가진다. 인간은 선 자세를 알고 있으며 하늘과 땅 사이에 실존하는 동물이다. 직립의 인간(Homo erectus)은 건물들을 세우고 피라미드와 신전과 마천루를 건설한다. 앙리 말디네(Henri Maldiney)에 따르면, "수직성은 공간을 가로지르는 여행자, 그 앞에 '거대한 침묵의 지역들이 늘 펼쳐지게 되는' 여행자라는 단순한 조건 위로 인간을 일으켜 세우는 차원이다. 왜냐하면 수직적 차원은 자기 변형의 차원이기 때문이다. (…) 그것은 하늘과 땅 사이라는 차원이다. 이 차원이 제거되는 곳에서 땅도 없어지고 하늘도 없어진다. 어떤 훼손이 있게 된다."[122] 어떤 의미에서 수직성은 인간을 유목주의로부터, 유랑과 버려진 상태로부터 벗어나게 만든다. 수직성은 인간을 땅 속에 뿌리내리게 하고 초월성의 가능성과 세계의 인간화의 가능성을 열어 놓는다. 그때 인간은 파스칼이 말하는, 우주의 독방 안에서 길을 잃어버린 창조물, 자신을 집어삼키고 무화시키는 공간 안에서 두 개의 무한 사이에서 중심을 잃고 현실을 잃어버린 창조물로 존재하기를 멈춘다. 건축은 버려진 상태에 대한 유일한

---

122 Cf. "À l'écoute de Henri Maldiney", in *L'architecture au corps*, p. 14.

반격이다. 건축은 인간을 정주시키고, 정향된 몸의 공간의 준거들을 결정함으로써 인간에게 평정을 제공한다. 그래서 기독교인들은 종종 무한한 공간의 영원한 침묵 앞에서의 공포에 대한 유일한 처방이 대성당을 세우는 것이라고 생각했던 것이다. 대성당의 수직성은 하늘에 대한, 초월성에 대한 부름이며, 신성한 것의 상징적 지평을 구성한다. 신전은 신의 집이다. 그것은 인간적인 것과 신적인 것 간의 거리를 폐지하는 성화된 공간이다. 이를 위해서, 무한한 공간 안에 자기를 기투하고 그 속에서 자기를 잃어버리면서 바벨탑을 건축할 필요는 전혀 없다. 유한성 안에 무한성을 기입하는 것으로 충분하다. 원근법과 소실점을 발명하는 인간의 예술은 충분히 그것을 할 수 있다.

그렇지만 건축은 뿌리내림과 정주성에 전적으로 유리하지만, 몸의 부동성과 거처의 지정을 함축하지는 않는다. 건축은 단지 수직적 긴장만이 아니라, 또한 수평적 확장이다. 건축은 넓의 공간을 열고, 큰 보폭으로 걷기의 리듬을 추동시킨다. 건축은 정태적이고 역학적인 몸의 이중의 양태를 고려한다. 스피노자는 연장의 정확하고 결정적인 양태가 본질상 운동과 정지의 비율로 특징지어짐을 보여 주면서, 그런 몸의 양태를 매우 잘 인지하고 있었다. 건축은 순환과 교환과 만남의 공간을 마련하면서, 몸의 정지와 운동을 모두 잘 조절한다. 장-피에르 마르샹이 강조하듯이, 건축은 몸을 위한 스키마 — 매우 확고하고 고정된 형태 — 와 동시에 어떤 리듬 — 유동적인 살아 있는 형태, "새로워지는 형태, 형성 중인 형태"[123] — 을 동시에 결정한다. 따라서 건

---

[123] Cf. "Corps, rythme, espace", in *L'architecture au corps*, p. 273.

축은 구축하는 예술이기도 하고 구축하지 않는 예술이기도 하다. 왜냐하면 건축은 몸들의 교환, 몸들의 순환에 열려 있는 공백들을 마련해야 하기 때문이다. 비어 있음은 가능성들, 고정되지 않은 진전, 만남들 또는 도주의 공간이다. 가에탄 라마르슈-바델(Gaëtane Lamarche-Vadel)은 카밀로 지테(Camillo Sitte)의 도시계획 예술을 분석하면서 그 점을 분명히 한다.

> 비어 있음은 예상치 못한 것, 결정되지 않은 형태들과 집성들을 출현시킨다. 비어 있음은 열린 공간이다. 그것은 우연적 사건들과 생성에 열려 있다. 그것이 불투명한 것과 닫힌 것 안으로 햇빛을 들여올지도 모른다는 이유 때문이 아니다. 비어 있음은 이것이 유목적 공간인 정도에서 열려 있는 것이다. 반면에 구축된 것은 정주성, 축적, 그리고 자본축적의 영역에 속한다.[124]

비어 있음과 건축의 관계는 침묵과 음악의 관계와 같다. 비어 있음은 건조물들의 호흡을 허락하고 그것들을 보이게 하기 위해 서로 떨어뜨려 놓는다. 비어 있음은 건조물들이 서로 소통하게 만들면서 그것들을 연결시킨다. 비어 있음은 공간에 무상성과 방랑자적인 가벼움을 돌려준다. 비어 있음이 없다면, 건물의 몸은 존재하지 않을 것이고, 형태가 없고 모호한 단순한 집합체만이 있을 것이다. 따라서 건축은 그런 비어 있음의 예술이며, 이런 비어 있음이 없다면 그 어떤 구성도 충만

---

124 Cf. "La part commune", in *L'architecture au corps*, p. 328.

함에 이르지 못할 것이다. 요컨대, 비어 있는 장소가 없는 삶의 장소는 없다. 구축된 요소들과 구축되지 않은 요소들 간의 연결들을 조화롭게 만들면서, 건축은 공간에 어떤 템포를 새겨 넣는다. 건축은 이동하는 몸을 수반하고 연속된 몸동작을 인도하는 지표를 세우고 몸의 진행을 가속화하는 가교나 몸을 제어하는 장애물을 세운다. 그렇게 함으로써 건축은 몸에 어떤 리듬을 부과하고, 몸의 이동을 조절하며, 안과 밖의 관계들을 조직한다. "통로, 문턱, 복도, 연속된 문들의 조직화에 의한, 건설 전체의 도면은 몇몇 몸짓들을 약속한다."[125] 몸은 건축적 '기억의 장소'가 되고, 세계에 거주하는 그런 예술[건축]이 새겨 놓은 흔적들을 자기 안에 포함한다. 건축은 어떤 자세를 취하도록 몸을 요구하고 강요된 습관과 도정의 망을 짠다. 그리하여 몸이 건축을 만들어 내는 것일 뿐만 아니라, 또한 건축이 몸을 만들어 낸다. 모리스 소제(Maurice Sauzet)는 예를 들어, 신전, 시청, 또는 법원과 같은 존중해야 하는 장소에 이르기 위해 계단을 올라야 하는 일이 매우 빈번하다는 사실을 상기시키면서 건축의 몸적 기입을 강조한다. 내부로 들어가기 위해서 머리를 숙이고 동시에 다리를 올려야 하는 일본의 모든 절들에서의 경우와 같이, 몸과 시선의 움직임이 종종 결합되어 있다.

회전해야만 하는 방향 변화가 동일한 도정 위에서 종종 수차례 사용된다. 이것은 무슨 이득이 있을까? 어째서 산책 중에 그런 우발적 사건들을 만드는 것일까? 몸을 미적인 인상들과 결합시켜야 하고, 미적 인

---

125 Cf. Maurice Sauzet, *Entre dedans et dehors, L'architecture naturelle*, p. 51.

상들에게 몸적 실재성을 주어야 한다. 몸 안에 새겨진 몸짓은 주목할
만한 장소와의 만남을 몸 안에 그리고 있다."[126]

건축은 몸의 표상과 세계 속 몸의 자리에 대한 표상을 함축하고
있으며, 우리가 몸에 대해 갖는 가까움이나 거리의 관계에 대한 거울
이 된다. 건축은 또한 몸의 쾌락주의적 시각뿐만 아니라 금욕주의적
시각을 반영할 수 있고, 몸의 관능성을 강화하거나 지울 수 있다. 크
리스 유네스(Chris Younès)와 미셸 망주마탱(Michel Mangematin)[127]
은 거주의 방식들을 분석하고, 미스 반데어로에(Ludwig Mies van der
Rohe)와 알토(Alvar Aalto)의 상이한 건축적 구상을 비교하면서, 그 점
을 분명히 한다. 그들은 특히 베를린 국립미술관의 설계도를 만든 미
스 반데어로에가 거리를 두고 몸과 관계를 맺으며 삶에 대한 영적 접
근을 우선시하는 건축을 만들어 냈다는 것을 보여 준다. 그의 거주양
식에서 평범한 사용은 극도로 축소된다. 욕실들은 오로지 위생 기능으
로 환원되고 그 어떤 관능성의 흔적도 포함하지 않는다. 창이 없는 닫
힌 공간인 욕실은 부드러운 자연광을 찾기 위해, 외부로 절대로 열리
지 않는다. 미스 반데어로에는 돌이나 나무 또는 거친 재료들의 우툴
두툴함보다는 매끄럽고 빛나는 표면을 언제나 더 선호하고, 형식적 순
수함을 겨냥한다. 이러한 시각의 대척점에서 알토는 관능적인 지각과
조화를 이루는 조직 및 형태를 선택하면서, 필요와 몸의 관능성에 적

---

126 *Ibid.*, p. 51.
127 Cf. "Corps, mode d'habiter, rythme architectural", in *L'architecture au corps*, pp.
201~228.

합한 살적 건축을 구상한다. 그는 몸의 움직임을 동반하고 은밀한 방식으로 그것의 형태를 준다. 계단을 기능적 사용으로 축소시키는 미스 반데어로에와는 반대로 알토는 몸의 움직임이 갑작스러운 중단 없이 일어날 수 있도록 마지막에 단들이 구부러지는 계단을 구상한다. 미스 반데어로에의 난간이 단순히 떨어지는 것을 방지하면서 그 위로 팔꿈치를 괸다거나 손으로 그것을 따라가고 싶은 욕구를 전혀 일으키지 않는 반면에, 알토의 난간은 쾌적하게 몸을 인솔하며 도정의 끝에서 몸에게 주의의 신호를 보낸다. 왜냐하면 난간의 끝 지점은 놋쇠를 입힌 금속으로 마무리되기 때문이다. 따스한 나무의 인상을 중단시키는 차가운 접촉은 마지막 계단에 앞서 주의를 환기시킨다.

그처럼 건축은 몸의 역량을 강화할 수 있고 자연 안에 몸 전부를 기입시킬 수 있다. 만리케(César Manrique)가 푸에르테벤투라에 건설한 집들은 자연과의 조화에 의해 영감을 받았음을 증언하고 있으며, 사람의 손에 의한 것인지 자연의 산물인지를 알 수 없는 아름다움의 창조를 보여 준다. 만리케를 매개로 자연은 위대한 예술가의 역할을 한다. 이 스페인의 건축가는 화산성 자연이 열어 놓은 틈들 안에 자신의 건조물들을 세운다. 그는 건조물들을 세우기 위해서 자연의 부지들, 분화구, 위가 뚫려 있는 굴, 선인장과 지하호수를 이용한다. 그 건축물들은 풍경 안으로 놀라울 만큼 잘 섞여 들어가 마치 자연에 의해 계획되었던 것처럼, 장소들의 아름다움에 귀를 기울인 인간의 손에 의해 겸손하게 완성되었던 것처럼 보인다.

따라서 건축은 무게가 나가고 물질성 안에 뿌리내린 예술이어야 할 필요는 없다. 건축은 중력의 법칙에 도전하면서 이상적인 몸을 촉진하기 위해 물질성을 초월하고, 가장 상위의 사유를 위해 봉사한다. 그리하여 위대한 철학들은 정신이 숨 쉬는 자신의 장소를 가지고 있었다. [플라톤의] 아카데메이아, [아리스토텔레스의] 리케이온, [에피쿠로스의] 정원, [스토아학파의] 회랑이 그것이다. 걸으면서 떠오르는 사유를 위한 자리의 필요성을 의식한 니체는 명상가들의 건축을 위한 감동적인 변론을 했다.『즐거운 지식』에서 니체는 장소의 보호 아래 몸과 정신을 결합시키는 명상에 적합한 공간을 염원한다.

> 어느 날, 아마도 가까운 어느 날 대도시가 무엇보다 먼저 빠뜨리고 있는 것을 이해하는 게 필요할 것이다. 그것은 명상을 위한 고요하고 넓게 펼쳐진 장소들이다. 이곳은 악천후나 지나치게 뜨거운 태양 때문에 높고 긴 회랑이 있어야 하고, 그 어떤 자동차 소음이나 떠드는 자의 큰 소리가 침투하지 말아야 하고, 가장 섬세한 품위가 사제의 큰 목소리의 기도를 금지해야 할 것이다. 건물들과 정원은 조화 속에서 성찰이나 분리된 삶의 숭고함을 표현하게 될 것이다. (…) 우리의 욕망은 돌과 식물 안에 표현된 우리를 보는 것이며, 우리가 회랑과 정원 안 여기저기를 다닐 때, 우리 자신의 내면을 산책하는 일일 것이다.[128]

건축은 영혼과 몸을 결합하게 하는 수단, 사유가 돌 안에 새겨지는 작품을 구성하게 하는 수단이다. 유팔리노스(Eupalinos)에 따르면 바로 그것이 영혼이 몸에게 건네는 간청이다.

---

128 *Le gai savoir*, § 280.

마침내 우리, 당신과 나는 우리를 결합시키는 수단과 우리의 차이들의 풀릴 수 없는 매듭을 발견했습니다. 그것은 우리의 딸인 작품입니다. 우리는 우리의 편에서 각자 움직입니다. 당신은 살았고 나는 꿈을 꾸었습니다. (…) 우리가 각자 본래의 성질과 함께 가져온 이 유한성과 이 무한성, 이제 그것들은 질서 잡힌 구성 속에서 결합되어야 합니다. 만일 신들 덕분에, 그런 유한성과 무한성이 조화를 이루며 작용한다면, 만일 그것들이 서로 조화와 우아함, 아름다움과 지속성을 바탕으로 교환되고, 선들에 반대해서 움직임이, 사유에 반대해서 수들이 교환되게 만든다면, 그렇게 해서 유한성과 무한성은 진정한 관계와 작용을 발견하게 될 것입니다.[129]

몸과 무용

건축이 정신을 중력과 화해시키고 건축의 사유를 무게에 주고 있다면, 무용은 몸을 가벼움과 화해시키고 몸에게 우아함을 부여한다. "무용은 날개다"[130]라고 말라르메(Stéphane Mallarmé)는 말한다. 순수예술 가운데 그 어떤 것도 무용보다 더 완벽한 미적 공존관계를 구현하는 몸과 정신의 지성을 더 잘 표현하지 못할 것이다. 무용은 살이 정신이 되는 순간, 몸이 자신의 타자로 변형되고 몸이 자신의 놀라운 역량을 폭발시키는 순간이다. 낭만주의 발레가 그것을 증언한다. 낭만주의 발레는 "영혼의 스타일"이라고 불리는 스타일에 의해 정의되고 중

---

129 *Eupalinos*, in *Oeuvres* II, p. 100.
130 "Ballets", *Divagations*, 'Crayonné au théâtre', p. 193.

요한 혁신인 푸앵트(pointe) 기술[131]을 도입한다. 이 기술 덕분에 무희는 바닥을 살짝 스치기만 할 뿐인 비(非)물질적인 존재로 바뀐다. 무용가 주느비에브 고슬랭(Geneviève Gosselin)에 의해 처음 체계적인 방식으로 실행된 푸앵트 기술은 지극히 순수한 창조물들의 움직임과 이상적인 몸을 표현하기 위해 사용되었다. 예를 들어 그런 식으로, 1831년, 마이어베어(Giacomo Meyerbeer)의 오페라 「악마 로베르」의 막간극인 「수녀들의 발레」(Ballet des nonnes)에서, 영웅을 유혹하기 위해 무덤에서 나온 유령 수녀들의 행렬의 선두에 선 마리 타글리오니(Marie Taglioni)는 몸의 무게를 지우기 위해서 푸앵트로 춤을 추기 시작한다. 그러나 그러한 푸앵트 기술이 마리 타글리오니의 재능 덕분에 확실하게 정착되었던 것, 그리고 푸앵트 기술을 계기로 발명된 가볍고 얇은 모슬린의 '튀튀'(tutu)[132]와 함께 그 기술이 이상적인 몸의 정신성을 상징하게 되었던 것은 특히 발레극 「실피드」(Sylphide)에서였다. 이극에서 청년 제임스는 혼인 직전에 나무의 정령인 아름다운 실피드에 매혹되어 그녀를 쫓아간다. 따라서 무용은 몸이 자신의 무게를 덜어버림으로써 정신이 되게 만드는 움직임처럼 나타난다. 이사도라 덩컨(Isadora Duncan)은 "몸이 투명해져야 한다고, 몸은 영혼과 정신의 해석자일 따름"이라고 생각한다.[133]

---

131 [옮긴이] 푸앵트(pointe)는 불어로 뾰족한 끝을 뜻하는 것으로서 발레 동작 중 발끝으로 서는 것을 말한다. 이 기술을 이용해서 여성 무용수들은 공중을 떠다니는 듯한 특유의 동작을 할 수 있게 되었다.

132 [옮긴이] 튀튀(tutu)는 발레리나가 입는 스커트를 말한다.

133 폴 부르시에(Paul Bourcier)가 기록한 내용이다. in Histoire de la danse en Occident, II, Du romantique au contemporain, p. 58.

무용 예술은 정신과 몸 사이의 일상적인 관계들의 변형을 함축한다. 실제로 발레에서, 무용을 이끌고 정신을 자신만의 법칙 아래 종속시키는 것은 바로 몸이다. 완전한 무용 예술은 몸 안으로 흡수되는 지성, 숙고를 포기하겠다는 지성의 동의를 함축하는데, 그렇지 않으면 무용수는 머뭇거리고 리듬을 잃고 발을 헛디디게 될 것이다. 무용은 성찰의 시간을 허용하지 않는다. 무용은 그 형상들이 확실하게 자리 잡는 움직임의 직접성을 요청한다. 딜레마에 이를 정도로 가능성들을 끌어안는 사변과 반대로, 무용은 필연성의 체제 아래 등록되기 위해 양자택일이나 토론 등을 제거한 언어이다. 물론 무용은 정신 전부를 요구하며, 지성을 몰아내지는 않지만 이를테면 반성적이기보다는 직관적인 몸의 지성을 소환한다.

안무의 한 부분의 연습은 사실 두 발을 이동시키는 방식에 대한 성찰, 움직임에 대한 분해와 분석을 요구한다. 하지만 머뭇거림, 유지해야 하는 자세를 결정하기 위해 필요한 기억이나 반성은 다시 한 번 서투름의 지표이고 기량의 부재의 지표이다. 반대로, 무용가가 안무를 통제하는 정도에서, 그는 반성하는 것을 멈추고 즉각적으로 몸짓을 완수한다. 그는 마치 관객의 시선 아래 몸짓들을 창조해 내고 관객과 함께 몸짓들을 발견하는 것처럼 보인다. 무용가는 연습의 힘으로 가능해진 동작의 직접성 안으로 녹아들기 위해서, 모든 숙고와 노력과 피로의 흔적을 자신의 예술에서 지운다.

무용 예술은 몸의 역량을 전적으로 표명한다. 왜냐하면 무용 예술은 몸으로부터 불가능한 자세들을 끌어내고, 몸을 상승시켜 변형들의 초현실적 세계 안으로 들여보내기 위해서 평소의 몸의 무게와 자세들로부터 몸을 해방시키기 때문이다. 폴 발레리는 『영혼과 무용』이라는 제목의 대화록에서 그 점을 훌륭하게 이해시킨다. 그는 파이드로스, 에릭시마코스와 함께 무용 예술을 주제로 즐겁게 한담을 나누는, 아름 다움에 사로잡힌 소크라테스를 무대 위에 올린다. 무용은 꿈과 관계한 다. 그러나 그것은 "이성 자체가 만들어 내는 각성과 긴장의 꿈"[134]이다. 실제로 안무 형상들은 정돈되고 일관성 있는 식으로 이어지며, 그리하 여 시퀀스들은 조정되면서 탐구되고 통제된 환영들이 만들어진다. 현 실과 비현실은 몸의 한계들이 무한정 물러나게 만들면서 서로 조합된 다. 몸은 전적으로 자기 자신으로 남아 있으면서도, 자신의 본성을 벗 어나고 움직임에 의해 자기가 아닌 타자로 변모한다. 몸은 새가 되고 관념이 되고 고통이 되고 사랑이 된다.… 무용가는 모든 형상들에 자 신을 내어 주고 관념들과 감정들과 사건들을 육화한다. 발레리의 훌륭 한 표현에 따르면, 무용은 "순수한 변신 행위"[135]다. 몸은 자신의 형태 안에 갇혀 있기를 멈추고, 무한정한 갖가지 양상들을 정복하기 위해 자신의 유한성과 관계를 끊는다.

호주의 메릴 탱카드(Meryl Tankard)[136] 컴패니의 「사로잡힌 자」 (*Possessed*)라는 제목의 발레는 실로 그러한 움직임, 즉 가능성들의 우 주를 육화하기 위해 몸이 자신의 형태와 무게의 짐을 벗어던지는 움 직임을 보여 주고 있다. 그녀의 무용수들, 공중 곡예와 줄을 타는 무

---

134 Cf. *L'âme et la danse*, in *Oeuvres* II, p. 154.

135 *Ibid.*, p. 165.

136 메릴 탱카드는 호주 발레단의 무용수로 있고 나서, 이후 여러 해 동안 솔리스트로서, 피나 바우쉬(Pina Bausch)와 부퍼탈 탄츠테아트르에서 작업했다. 1989년 그녀는 자신 의 무용단을 세우는데, 이 무용단이 1993년에 메릴 탱카드 호주 댄스시어터가 된다.

용수들은 예술과 체조 사이의 경계를 흔든다. 바닥에서 움직이지 않거나 공중을 날아다니는 무용수들은 발라네스쿠 콰르텟(Balanescu Quartet)의 음악에 맞춰 디오니소스적 도취에 사로잡힌 것처럼 회전한다. 발라네스쿠 또한 반짝이는 금속 장식 속에서 관객의 머리 위에 매달려 있다. 공연이 시작될 때 무용수들은 누구는 손이 금속 밧줄에, 누구는 발이 금속 밧줄에 묶여 있다. 그들은 날개가 없는 불쌍한 알바트로스들, 중력의 죄수들이다. 바닥에 고정된 인간들의 변덕의 한시적인 장난감들, 자신들이 묶여 있는 굵은 밧줄에 추 운동을 전달하는 그 장난감들은 공중으로 자신을 던진다. 그리고 자신의 힘을 금속 밧줄의 도약과 결합시킨 무용수들은 공간에서 나비처럼 날아다닌다. 그들은 경탄하는 관객 앞에서 이카루스의 꿈을 실현시키는 날개를 단 놀라운 창조물들이다. 그런데 이번에는 한 가냘픈 여자 무용수가 어두운 벨벳 고치에 감싸인 채 날아오른다. 곧이어 벨벳 고치는 공중에서 펼쳐지고 부풀고 바람의 힘으로 너울처럼 회전하게 된다. 매우 자그마한 얼굴과 자그마한 두 발을 가진 이 밤의 여왕은 푸른 새의 옷 안에서 몸을 세우고 원무를 만들어 낸다. 원무는 너무나 가볍고 빨라서 마치 그녀는 날개 달린 마차 위에 앉아 있는 것만 같다. 여자 무용수는 불빛에 당겨진 나방처럼 회전하고 날아오른다. 그런 다음 그녀는 횃불처럼 불타는 듯하며 숨 가쁜 여정을 끝마친다. 그녀는 두 발이 매달린 채 움직임이 없으며, 죽은 곤충 혹은 다시 번데기가 된 곤충처럼, 옷이 그녀의 얼굴을 다시 덮는다. 「사로잡힌 자」는 유명한 올림픽 표어처럼 "더 빨리, 더 높이, 더 강하게" 나아가는 몸의 해방을 놀라운 방식으로 증명한다.

　무용은 몸의 긍정이면서 동시에 몸의 부정이다. 긍정인 이유는 무용이 몸의 의심할 수 없는 역량을 드러내기 때문이다. 그래서 사람들은 발레리처럼, 어떻게 자연이 "힘과 정확성의 괴물"[137]을 그런 약한 존재 안에 가둘 수 있었는지를 질문할 정도이다. 몸은 기적을 닮은 알려지지 않은 능력들 앞에서 경탄을 불러일으킨다. 몸은 경이로운 무용의 형상들을 추진하기 위해, 심지어 가장 단순한 몸짓들에서조차 일상적인 기계적 방식을 전복시키면서 정해져 있던 자세를 중단시킨다. 습관의 망 안에 갇힌 몸은 보통 자신의 잠재성들 가운데 작은 일부만을 전개할 뿐이다. 무용은 두 발에게 길을 잃은 발걸음들의 무상성을 회복시키고, 두 발을 땅과 세속적인 일들로부터 떨어져 나온, 공중의 제작자들로 변모시킨다. 그리하여 두 발은, 발레리의 아름다운 표현에 따르면, "잃어버린 시간의 감미로움의 순수한 노동자들"[138]이 된다. 그러나 무용에서, 축제 속에 있는 것은 두 발보다는 몸 전체이다. 몸은 음악과 움직임의 아름다운 일치를 통해 어떻게 귀가 발목과 경이롭게 결합하는지를 보여 주면서 몸의 부분들의 조화와 공존을 긍정한다.

무용은 몸의 알려지지 않은 능력을 드러낼 뿐만 아니라 잘 알려진 제스처들, 가장 하찮고 가장 일상적인 제스처들의 경이로움 앞에서 놀라도록 인도하면서 몸의 본질을 노출시킨다. 발레리는 여성 무용가 아틱테(Athikté)의 사례를 든다. 그녀는 단순히 원을 그리는 발걸음으로 자신의 발레를 시작하며, 최상의 예술을 통해, 공간 속 자리 이동이라는 놀라운 현상과, 우리가 그것을 못하게 될 때 말고는 생각하지 못했

---

137 Cf. *L'âme et la danse*, in *Oeuvres* II, p. 161.
138 *Ibid.*, p. 160.

던 움직임의 자유라는 놀라운 현상의 본질을 보여 준다. "그녀는 몸이 모호하게 완수하는 것을 영혼에 명료하게 보여 주면서, 우리가 무엇을 하고 있는지를 알려 준다. 그녀의 두 다리의 빛 속에서 우리의 직접적 움직임은 우리에게 기적처럼 나타난다. 우리의 직접적 움직임은 마침내 정확하게 우리를 놀라게 한다."[139] 철학이 경이와 함께 시작된다면, 무용은 현실을 바라보고 현실에 대해 질문하는 법을 가르쳐 주면서 사변을 깨우기에 적절하다. 그처럼 무용은 늘 목적적인 우리의 이동 배후에서 순수한 제스처의 아름다움을 우리 스스로 더 잘 인식하고 발견할 수 있게 해준다. 순수한 미적 향유 외에 다른 목표를 갖지 않는 무용적인 산책은 자코메티(Alberto Giacometti)의 「걷는 사람」과 마찬가지로 보편적 모델이 된다.

그러나 무용은 현실의 산파술만은 아니다. 무용은 몸의 초현실적 역량을 표현하고, 몸을 빛나게 하며 몸 안에 현전하는 신적인 부분을 드러낸다. 그런 의미에서 무용은 물질성으로서의 몸에 대한 부정이다. 왜냐하면 무용은 무거운 것의 추락을 제거하고 우아함의 가벼움을 인간에게 주기 때문이다. 발레리가 보기에 아틱테는 인간 조건을 초월하고, 우리를 신들의 대열로 고양시킴으로써 강한 의미에서 우리를 열광하게 만든다. "이 작은 존재는 생각할 거리를 준다. 그 존재는 우리 모두 안에 모호하게 있었던 존엄을 자기 주위로 모으고 떠맡는다. 단순한 걸음이 있고, 여신이 거기 있으며, 우리는 신들에 가까워진다."[140] 무

139 *Ibid.*, p. 157.
140 *Ibid.*, p. 156.

용은 몸의 완벽함과 웅장함을 보여 준다. 그래서 이사도라 덩컨은 무용을 "움직임에 의해 몸의 아름다움과 성스러움을 표현하는 것"[141]을 목표로 하는 예술처럼 정의했던 것이다. 인간 안에서의 신적인 것의 육화인 무용은 디오니소스적 도취, 초자연적인 망상처럼 나타난다. 게다가 무용은 순수예술 안에 자리 잡기 전에 본래 종교적 행위였고 신들린 상태의 표현, 신에 의한 사로잡힘처럼 나타났으며, 이러한 것들은 망아상태에 가까웠다. 몸의 도취는 멜랑콜리를 쫓아 버릴 수 있게 했고, 발레리가 큰 권태라고 명명한 것, 삶 그 자체에 대한 냉정하고 합리적인 생각과 연결된 그런 권태를 속일 수 있게 했다. "모든 도취들 가운데 가장 고귀한 것, 큰 권태의 가장 강력한 적은 행위에서 기인하는 도취다. 우리의 행위들, 특히 우리의 몸을 흔드는 행위들은 우리를 낯설고 경탄스러운 상태 속으로 들어가게 한다. (…) 그것은 우리가 조금 전 상상했던 상태, 즉 우리가 관찰자를 부동적이고 명료하게 놓아두었던 슬픈 상태로부터 가장 멀리 있다."[142] 영혼을 이끌어 영혼의 번뇌들을 움직임의 소용돌이 속에 빠뜨려 버리는 몸의 치유적 역량, 무용은 삶과 지나친 통찰력에 필수적인 그런 도취를 무용 안에서 끌어낸다. 몸은 감각 세계를 운동자의 자유의 우주, 공기처럼 가벼운 우주로 바꿔 놓고, 찌꺼기들을 치워 버림으로써 거친 현실을 정화시키는 그런 조물주가 된다. 발레리에 따르면, 바로 거기에 무용가의 최상의 시도가 놓인다.

---

141 폴 부르시에가 기록한 내용이다. in *Histoire de la danse en Occident*, II, *Du romantique au contemporain*, p. 58.

142 *L'âme et la danse*, in *Oeuvres* II, p. 169.

그녀는 돌고, 가시적인 모든 것이 그의 영혼으로부터 떨어져 나온다. 그의 영혼에 가라앉은 모든 진흙이 가장 순수한 것으로부터 마침내 분리된다. 인간들과 사물들은 그녀 주위에서 형태가 없으며 순환하는 찌꺼기를 이루게 된다.… 보라… 그녀는 돈다… 그 단순한 힘에 의해, 행위에 의해, 몸은 강력하다. 그리하여 몸은 사변과 몽상의 정신이 성공하지 못한 사물들의 본성을 근본적으로 변형시킬 수 있다.[143]

무용은 단순히 신적인 것의 육화가 아니다. 그것은 자기와 세계의 명료화(décantation)다. 무용은 우연성들을 제거한 존재의 정수를 붙잡는다. 무용에 의해 자신이 사로잡히도록 놓아두는 사람은 누구나 세계가 만화경처럼 회전하는 것을 보고, 그런 다음 정신을 잃고 움직임 속으로 섞여 들어간다. 존재의 진리, 그것은 사라지는 것이다. 순수한 움직임에 자리를 내어 주기 위해 현실은 사라진다. 무용은 사물들을 바꾸는 힘을 소유하고 있다. 무용은 현실을 움직이는 예술이고, 현실을 인공적 고정성으로부터 해방시키는 예술이다. 몸의 역량은 바로 그런 의미에서 정신의 역량에 대해 승리를 거둔다. 왜냐하면 몸의 역량은 사물들을 해석하는 데 그치지 않고, 사물들을 변형시키는 데 몰두하기 때문이다. 몸의 역량은 활동 중에 있는 자유의 표현이다. "나는 네 안에, 오! 움직임 안에 있었다. 모든 것들의 바깥에."[144] 물론 빠져나오기의 술책은 짧게 지속된다. 무용가는 다시 그녀 자신이 되고 너무

---

143 *Ibid.*, p. 174.
144 *Ibid.*, p. 176.

나 인간적인 인간의 몸을 되찾는다. 하지만 한순간의 공간에서 그녀는 신들 사이에서 여신으로 자신을 움직인다.

무용 예술은 육체적 특수성을 산산조각 내고 인간을 규정된 연장의 지배로부터 빠져나오게 만든다. 무용가는 이 몸 또는 저 몸에 더 이상 굴복하지 않고, 몸이 없는 어떤 것, 자신의 단수적 한계들을 초월하면서 모든 것을 육화시킬 수 있는 그런 것이 된다. 그는 몸이 없고 얼굴이 없는 보편적 존재로 변형되고, 몸과 얼굴 그 어떤 것도 갖지 않으면서 그것들 모두를 취할 수 있다. 발레리는 그것을 경탄스러운 방식으로 강조한다.

> 있는 그 자체인 몸, 그것은 이제 더 이상 연장 안으로 자신을 집어넣을 수 없다! ─ 어디에 자신을 놓아야 하나? ─ 생성은 어디에서? ─ 그 **일자**는 **전체**인 양 처신하기를 원한다. 그것은 영혼의 보편성인 양 처신하기를 원한다! 그것은 자신의 행동들의 수에 의해 자신의 정체성을 회복하고자 한다! 사물로 존재하면서 몸은 사건들로 폭발한다.[145]

춤을 추는 몸은 몸 자체와 공간의 굴레에서 벗어나 강력한 편재성을 가지고 도달하는 모든 것에 살을 내어 준다. 몸은 공간적인 것이었다가 시간적인 것이 되고, 순간에게 삶을 제공한다. 흥겨운 도깨비불인 몸은 **전체**와 접촉하고, 보편적인 것을 표현하기 위해 영혼과 경쟁한다. 몸은 스스로 정신이 되고 자신의 감각적 자세들을 통해 지성적인

145 *Ibid.*, p. 172.

것을 겨냥한다. 따라서 무용은 몸의 역량을 가장 높은 정도에서 표현한다. 무용은 하나의 행위이며, 이 행위에 의해 몸은 계속해서 형태를 바꾸고 자신의 감각적 특수성과 자연성으로부터 벗어난다. 이는 몸이 보편적인 것에 도달하기 위해서다. 말라르메는 『여담』(*Divagations*)에서 발레 예술이 근거하고 있는 근본적인 공리를 놀라운 문장으로 요약한다.

> 무용수는 **춤을 추는 여자가 아니다**. 그녀가 여자가 아니라 은유가 되는 이 나란히 놓인 모티프들. 그녀는 우리의 형태, 장검, 술잔, 꽃 등등 기본적인 모양들 가운데 하나를 요약한다. 그리고 **그녀는 춤추지 않는다**. 그녀는 응축된 표현이나 도약과 같은 놀라운 행동을 통해서, 몸의 글쓰기와 함께, 묘사적이기도 하고 대화적이기도 한 산문의 문장들에서 꼭 필요한 것을 암시한다. 몸의 글쓰기 안에서 표현하고자 하는 것, 그것은 서기(書記)의 모든 기관에서 끌어낸 시다.[146]

말라르메는 무용수는 겉모습과 다르게 춤을 추는 여자가 아니라고 확언하면서 역설을 사용한다. 무용수는 형태들, 시, 은유의 운동적 매체가 되기 위해서 성적 몸을 망각한다. 그런 의미에서, 그녀는 비(非)-개체적이고, "집합일 뿐이며, 누군가가 전혀 아니다."[147] 무용수는 춤을 추지 않는다. 그녀는 시행도, 산문도 없이 몸의 시를 적는다. 왜냐

---

146 "Ballets", *Divagations*, 'Crayonné au théâtre', pp. 192~193.
147 *Ibid*.

하면 그녀의 발걸음은 우둔한 단어들과 작가의 담론을 넘어서, 발레의 상상력의 곡예를 표현하는 빛나는 기호들이기 때문이다. 몸 전체가 말이 되고 두 발은 지면 위에 움직이는 문자들을 인쇄한다. 발뒤꿈치는 공간을 뛰어다니는 음악적 문장들의 충만함, 점, 민첩함, 뛰어오르기다.[148] 무용은 몸의 노래다. 그렇지만 무용이 단순한 은유를 넘어서 정말로 몸의 글쓰기와 같아질 수 있을까?

무용 예술의 본질 자체를 건드리는 이 질문을 발레리는 소크라테스의 입을 통해 전달한다. 소크라테스는 외친다. "도대체 무용은 뭐고, 발걸음들은 무엇을 의미할 수 있을까?"[149] 냉정한 눈으로 고찰된 무용 예술은 무상의 몸짓, 헛된 허리 흔들기, 비(非)생산적인 동요와 유사한 것일 수 있다. 확실히 무용 예술은 팬터마임이 증언하는 것처럼 모든 형상적 능력을 박탈당한 것은 아니지만, 회화나 조각에서 마주칠 수 있는 최대한의 재현적 역량을 가지고 있지는 않다. 그렇지만 발레에서 몸은 기호이며 몸은 가르친다. 몸은 재현하지 않는다. 몸은 현전하고 비가시적인 것을 볼거리로 준다. 몸의 근육들은 부드러웠다가 단단해지고, 몸짓들은 민첩하다. 몸의 힘찬 움직임은 비(非)몸적인 현실이 표현되는 물질적 기표들이 된다. 만일 기표가 몸에 의한 것이라면, 기의는 그렇지 않다. 무용은 몸에 의해서 비몸적인 것을 표현한

---

148 [옮긴이] 여기서 열거한 단어들인 충만함(plein), 점(pointe), 민첩함(délié), 뛰어오르기 (entrechat)는 발레 무용수의 발이 지면과 만나는 여러 가지 방식을 표현하고 있다. 충만함은 발바닥이 지면과 완전히 닿을 때, 점은 발끝으로 설 때, 민첩함은 발이 지면 위를 재빠르게 움직일 때를 가리키고, 뛰어오르기는 공중에 떠서 양발을 서로 엇갈리게 하는 동작을 가리킨다.

149 *L'âme et la danse*, p. 162.

다. 몸 자체가 말하며, 자신의 타자에 대해 말한다. 몸은 가능성들을 육화시키고, 각자 안에서 잠들어 있던 잠재적인 수천 가지의 상상력들을 육화시킨다.

말라르메에게 발레리나는 문맹이고 두 발의 유창함 외에 다른 유창함을 이해하지 못한다고 해도 마찬가지다. 발레리나는 "모든 발걸음 앞에서, 너무나 낯선 각각의 자세인 푸앵트(pointe)나 연장된 따께떼(taqueté), 또는 발롱(ballon) 앞에서, '이것은 무엇을 의미할 수 있을까'를 스스로 묻거나, 또는 더 정확히 영감으로 그것을 독해할 것을"[150] 권유한다. 말라르메는 의미(signification)에 대한 끈기 있는 추구를 발걸음의 독해와 같게 만든다. 그가 보기에 발레는 무용가가 관객 앞에서 펼치는 텍스트처럼 제시된다. 이 텍스트는 단어도 개념도 없는데, 왜냐하면 그것은 판단의 자유를 표현하는 게 아니라 움직임의 자유를 표현하기 때문이다. 하지만 푸앵트와 따께떼로 써진 그런 텍스트를 어떻게 해독해야 할까? 말라르메는 그것을 영감으로 독해할 것을 제안한다. 이는 무엇을 의미하는가? 독해는 이동, 열정의 결실이다. 이동, 열정에 의해, 마치 관객과 무용가에 의해 동시에 영감을 얻은 계시처럼, 의미가 드러난다. 이러한 영감의 독해는 시인[말라르메]에 의해 정확한 몽상(rêverie adéquate)과 역설적으로 동화된다.[151] 그것은 몽상이다. 왜냐하면 관객은 자신이 상상력에 의해 흘러가도록 놓아두기 때문

---

150 "Ballets", *Divagations*, 'Crayonné au théâtre', p. 197.
　　[옮긴이] 여기서 등장하는 푸앵트, 따께떼, 발롱은 모두 발레동작을 표현하는 전문용어다. 푸앵트는 발끝으로 서는 동작, 따께떼는 발끝을 수직으로 한 채 그 발끝으로 무대를 민첩하게 두들기는 동작, 발롱은 도약해서 공중에 떠 있는 동작을 의미한다.
151 *Ibid.*

이다. 그것은 정확한 몽상이다. 왜냐하면 그것은 무용의 형상들에 의해 윤곽이 지어지기 때문이다. "그녀를 그녀의 윤곽선 안에 가두거나 탈출을 통해 그녀를 이동시키는 한에서 (그녀는) 경쾌하고 분명하고 풍부하거나, 아니면 제한되어 있으며, 문맹인 발레리나는 자신의 직업의 역할에 자신을 내어 준다."[152] 따라서 몽상적 독해는 이중의 영감의 영향을 받아 실행된다. 그것은 관객의 영감과 그 의미를 움직임 안에 기입하면서 조화의 의미를 무의식적으로 만들어 내는 무용가의 영감이다.

말라르메는 훌륭하고 탁월하게 해석학적인 텍스트에서 무용가가 우리에게 권하는 영감에 의한 독해의 방법들을 엿보게 한다.

그것(이는 홀 안에서 길을 잃었을 너, 매우 낯선 관객, 친구일 수 있다), 네가 복종하면서도 계시적인 무의식을 그녀의 두 발에 부여하고, 또한 그녀의 어지러운 창백한 비단 신발들의 놀이가 공중의 가시성 안에서 들어 올리고 던지는 장미꽃들을 그녀의 두 발에 약간이라도 부여하기만 한다면, 너의 **시적 본능**의 우선적인 **꽃**은 잠재적인 상상력들을 어느 진정한 날에 분명하게 드러내는 것 말고는 다른 것을 기다리고 있지 않다. 그녀의 미소가 흘려보내는 비밀, 지체 없이 그녀가 네게 전달하는 비밀과 교류하면서, 언제나 드리워져 있는 마지막 베일을 통과하면서, 너의 개념들의 벌거벗음은 그녀가 존재하는 기호의 방식으로 너의 시각을 조용하게 쓰게 될 것이다.[153]

---

152 *Ibid.*

발레에 대한 스케치인 이 시의 풍부한 의미를 남김없이 드러낸다고 주장하지 않으면서, 무용의 몸에 의한 글쓰기 해독에 있어서의 수수께끼를 해명하는 것이 가능하다. 그것은 우선 영감의 독해에 필수적인 조건을 끌어내면서다. 관객은 의미와 알파벳의 개념화에서, 미리 결정된 시각이나 목표를 포기해야 한다. 관객은 무용수의 두 발에 "시적인 본능의 꽃"을 복종하면서 부여하기 위해서, 그리고 날개 달린 발걸음 덕분에 그녀의 상상력이 떠다니게 하기 위해서, 먼저 무장해제하고 자신의 개념들을 포기해야 한다. 그때 몽상은 세상에 태어나고 광경은 문맹의 발레리나 안에서 몸을 얻게 될 것이다. 장미들처럼, 관객의 잠재적 상상력들의 꽃은 날개를 단 뛰어오름의 동작을 통해 공중의 세계로 들어 올려지고 이동된다. 상상력들의 꽃은, 마치 여자 점술가가 자신에게서 흘러나오는 예언들을 들려주듯이, 그것을 보여주는 무용가의 발걸음 아래에서 활짝 피어나고 드러난다. 발레의 원형의 움직임 안에서 잠재적 상상력들의 윤곽을 만들어 내면서, 무용가는 관객의 시적인 본능의 무의식적인 계시자가 된다. 그녀는 자신의 푸앵트와 민첩함으로 그것의 흔적을 그린다. 그림이 관찰자의 시선 아래에서 완성되는 것과 같은 방식으로, 무용 예술은 교환으로부터, 관객과 무용가 간의 공중의 오고 감으로부터 탄생한다. 관객은 발레리나에게 자신의 상상력을 빌려주고, 발레리나는 그의 시각에 몸을 줌으로써 그의 상상력을 돌려준다. 그렇기 때문에 말라르메는 무용가는 그 전체가 기호이고 몸에 의한 글쓰기라고 확언하면서 결론을 내

153 *Ibid.*

리는 것이다. 무용가는 관객의 시각을 정성 들여 쓰고, 그것을 침묵의 빛 안에서 드러내 보여 준다.

빛나는 타원들, 순간적인 응축된 표현, 눈부신 간결함에 의한 무용의 몸의 글쓰기는 그럼에도 불구하고 볼 수 없는 지점들을 남겨 놓는다. 수석 무용수는 이상적인 별처럼 넋을 빼앗고 황홀하게 만들지만, 그녀의 천체의 글쓰기는 밤하늘의 알파벳처럼 여전히 불투명하게 남아 있다. 그녀는 개념의 명료함을 벗어나 개념의 너그러움을 드러낸다. 왜냐하면 무용은 "멈추지 않는 편재성 속에 있는 운동적 종합"[154]이고, 단어로 고정될 수 없기 때문이다. 무용가는 요약된 광경을 부과하며, 이러한 광경은 담론적 성질에 잘 대응하지 않는다. 그래서 말라르메에 따르면, 가벼운 본질의 무용가는 "여전히 남아 있는 마지막 베일을 통해서" 알쏭달쏭한 방식으로 쓰며, 별들이 그런 모호한 명료성을 보존한다. 바로 이것이 언제까지고 우리에게 질문을 던지는 것이다.

몸의 글쓰기처럼 무용을 해석하는 것은 매우 강력하지만, 그럼에도 불구하고 어떤 신중함을 촉발한다. 왜냐하면 그러한 해석은 몸을 의미작용의 덫 안에 가두기 때문이다. 의미작용의 덫 안에 가뒀을 때 무용 예술은 기호들을 해독하고 몸 안에 육화된 정신을 재발견하려고 노력하는 해석학으로 축소된다. 하지만 우리는 그런 틀을 벗어나는 무용의 형태, 의미에 대한 참조로부터 해방된 몸의 역량을 표명하는 무용의 형태를 생각할 수 있을까?

바로 그러한 경로로 향하고 있는 것이 포스트모던 댄스이며, 특히

154 *Ibid.*, p. 192.

머스 커닝햄(Merce Cunningham)이 그렇다. 그가 정신에 의해 결정되지 않은 몸이 진정 어떤 것일 수 있는지를 살펴보게 허락한다는 점에서, 그의 행보는 주의할 만한 가치가 있다.

머스 커닝햄의 사례

머스 커닝햄[155]은 분명 몸의 고유한 역량과 관련된 탐구를 가장 멀리까지 밀고 나갔던 안무가이다. 그는 무용을 영혼의 상태에 대한 몸의 표현으로 사유하는 것을 거부하면서, 진정한 혁명을 수행한다. 고전 발레에서 몸의 움직임은 영혼의 움직임의 거울이며, 영혼의 감정과 정서를 되비추어야 한다. 그리하여 무용 예술은 영혼의 상태를 번역하도록 예정된 몸의 언어를 추구하는 것으로 제시되었다. 모든 탐구는 어떻게 영혼의 상태를 몸과 더불어 표현할 수 있는지를 아는 문제와 관련되었다. 머스 커닝햄은 엄격하고 유형화된 코드화로 곧바로 향하면서 발레를 지극히 관습적인 예술로 만드는 그런 질문들과 관계를 끊는다. 이는 스피노자처럼, 몸이 무엇일 수 있는지를 묻기 위해서였다.

그는 움직임이 정서들의 전사(轉寫)가 아니며, 움직임은 미리 확립된 모든 의미작용과 무관한 자신의 고유한 역량과 아름다움을 소유한다는 원칙에서 출발한다. "움직임은 정서가 아니다."(Motion is not

---

[155] 1919년 워싱턴 주 센트레일리아에서 출생한 머스 커닝햄(Merce Cunningham)은 마사 그레이엄(Martha Graham)의 가르침을 받고 우리가 포스트모던 댄스(Post Modern Dance)라고 부르는 것의 창시자가 되었다. 그는 수많은 안무를 창작했으며, 그 가운데에는 「여름 공간」(*Summer Space*, 1958), 「겨울가지」(*Winterbranch*, 1964), 「배회하는 시간」(*Workaround Time*, 1968), 「토르스」(*Torse*, 1976), 「공간 속의 점」(*Points in espace*, 1986~87)이 있다.

emotion) 이 강력한 격언의 도움으로, 머스 커닝햄은 몸을 의미와 심리학적 지시물들의 지배로부터 해방시키고 순수한 운동성 속에서 몸을 파악한다. 그에게는 "움직임 그 자체가 모든 의도를 넘어서 표현적이 된다."[156] 그리하여 안무는 서사적이거나 코드화되기를 그치고 조형적 아름다움 안에서의 몸의 형상들의 가능한 조합들의 무한정한 탐사를 위한 것이 된다. 몸은 이제 영혼이 기의인 기표가 아니다. 몸은 완전한 권리를 가진 기호가 되고 자신의 운동적 역량을 표현한다. 그렇다고 해서 머스 커닝햄이 정서를 거부하는 것은 아니다. 왜냐하면 그는 뛰어난 기술의 놀라움며 예상치 않은 이미지들로 관객을 감동시키려고 애쓰기 때문이다. 그런 의미에서 운동적 역량은 미학적이다. 하지만 커닝햄은 무용을 경유해서 창조자의 영혼의 상태를 관객에게 전달하는 것이 중요했던 제도화된 관계들을 전복시킨다. 정서가 움직임의 기원에 있는 것이 아니라, 반대로 정서의 기원에 움직임이 있는 것이다.

이 미국의 안무가는 모든 심리학적 결정론과 관련된 해방을 극단으로까지 밀고 나간다. 왜냐하면 그는 몸을 영혼의 거울로 삼기를 멈추고 몸의 퍼포먼스를 정신의 법칙이 아닌 우연의 법칙에 종속시키기 때문이다. 커닝햄에 따르면, 인간의 창조는 사실상 극단으로 조건지어진 뇌가 만들어 낼 수 있는 관념들에 의존하고 있다. 안무 형태들의 창안의 경계에는 인간의 상상력과 상상력의 구성의 가능성들이 있다. 머스 커닝햄은 자신의 작품의 구성을 우연의 법칙들에 맡기면서 정신이

---

156 *Le danseur et la danse*, Entretiens avec Jacqueline Lesschaeve, Belfond, 1980, p. 127.

생각할 수 있는 한정된 형태들로부터 몸을 분리시킨다. 그는 자신이 문장들이라고 명명한 것을 지어내면서 우선 극들을 만들어 낸다. 그 결과 예술가는 이렇게 이해한다. "움직임 또는 움직임들의 전체 (…) (그는) 그것의 질서를 영원히 고정시킨다. 뻗친 팔은 그런 질서 가운데 하나를 구성할 수 있다. 그것은 단 하나의 요소에 의한 하나의 문장일 것이다. 상이한 7가지 방향의 가능성들과 함께 다리의 움직임은 그것의 또 다른 것일 수 있다."[157]

이어서 그는 문장들의 번호를 매기고 전체 안무를 구성하기 위해 제비뽑기를 한다. 우연은 움직임의 시퀀스들의 질서를 결정할 뿐만 아니라 방향의 변화들, 무용수들의 수, 상연의 속도도 결정한다. 머스 커닝햄은 새로운 형태들, 존재한 적이 없고 상상할 수 없는 일련의 몸동작을 만들어 내기 위해서 자신의 정신의 역량과 우연의 역량을 결합시킨다. 우연의 놀이들은 몸이 불가능성 앞에 놓여 있는 것처럼 보이는 상황들로 인도되기 때문이다. 미국 안무가에게 모든 무대 각각은 풀어야 하는 문제였는데, 왜냐하면 몸이 지닌 유연성에도 불구하고 몸은 우연성이 처음 세운 규칙들을 곧바로 따르지 않았기 때문이다. 따라서 중요한 것은 우연적으로 정해진 목표에 도달할 수 있는 수단들을 발견하기 위해서 몸에 대한 작업을 완성하는 것이다. "주사위에 의해 내게 부과되었던 것과 직면하면서 나는 상황을 고려하고 나에게 제공된 가능성들을 연역한다. 그리하여 나는 선택해야 하는 해결책을 결정한다. 그것을 발견하지 못한다면, 나는 계속 찾는다.…"[158]

---

157 Cité par Raphaël de Gubernatis, *Cunningham*, Éditions Bernard Coutaz, p. 134.

그래서 무용은 몸에 대한 질문, 몸의 자세들의 선택의 폭, 몸동작 형태들의 연속에 대한 질문이 된다. 머스 커닝햄은 스스로 질문한다. "만일 내가 등을 곧게 유지한 채로 두 다리를 올리고 쭉 펴서 180도 각도로 만든다고 할 때, 나는 그것을 어떻게 할 수 있을까?"[159] 문제는 자세의 획득으로 요약되지 않는다. 문제가 되는 것은 또한 하나의 움직임에서 다른 움직임으로 넘어가는 수단을 발견하는 것이기 때문이다. 해답은 이미 마련된 기술에 있는 것이 아니라, 몸 자체에서 나온다. 기술은 움직임에 선행하지 않는다. 기술은 움직임에서부터 나오는 것이며, 그래서 가르치는 것은 매 순간 몸인 것이다. 연습 강의 중간에 일정 동작을 구현하기 위해 어떻게 해야 하느냐고 묻는 무용수 메리앤 프레거(Marianne Preger-Simon)에게, 머스 커닝햄은 "그것을 할 수 있는 유일한 방식은 그것을 하는 것이야"[160]라고 대답한다. 강의는 움직임이 몸 안으로 완벽하게 들어가서 몸에 의해 완벽하게 수행되도록 하기 위한 투쟁처럼 고안된다.

머스 커닝햄에게 무용은 특정한 몸적 질문의 탐험을 중심으로 구성된다. 그 점이 특히 1976년 만들어졌으며, 무용을 크게 변혁시켰던 「토르스」(Torse)라는 제목의 유명한 극의 결과이다. 왜냐하면 이 극은 제목이 가리키듯이, 이전에는 한 번도 전개된 적이 없었으며, 안무를 통해 몸의 잠재성을 놀라울 정도로 확장시킨 상반신에 대한 작업에 기초하고 있기 때문이다. 고전 발레는 우리가 에폴망이라고 부르는 몸동

---

158 *Ibid.*, p. 136.
159 *La danseur et la danse*, Entretiens avec Jacqueline Lesschaeve, p. 48.
160 *Ibid.*, p. 53.

작에 특히 토대를 두고 있는데, 이 동작은 움직임과 같은 방향 또는 반대방향으로 어깨를 비트는 것으로 이루어진다. 그런데 두 다리가 매우 빨리 움직일 때 에폴망은 가능하지 않다. 그때 무용은 발란신(George Balanchine)이 늘이려고 노력했던 한계와 마주치게 된다.

머스 커닝햄은 다른 방식으로 문제를 다시 꺼내 들면서 어떻게 한편으로는 등과 다리가, 다른 한편으로는 가슴부위와 다리가 모두 함께 작동하도록 할 수 있는지를 자문한다. 몸과 두 다리를 조화롭게 움직일 수 있으려면 행동은 어깨 아래보다는 상반신 안에서 더 크게 진행되어야 한다. 상반신의 빠른 움직임들과 함께 두 다리를 크게 두드리는 동작의 결합은 균형을 유지하도록 강요하고 이전에는 가능하지 않았던 것을 가능하게 한다. 그러니까 습관과 단절하고, 이전 안무가들이 간과했던 상반신의 가능성들을 확장시켜야 한다. 그리하여 머스 커닝햄은 에폴망이 아닌, 상반신의 작업에 의지하게 된다. 그는 상반신에서 출발해서 중요한 5가지 동작을 발전시킨다. 그것은 등과 척추의 5가지 자세에 상응한다 : 업라이트(upright; 곧바로 선 자세) 또는 정상 자세, 커브(curve)와 아치(arch), 즉 앞으로 굽은 자세와 뒤로 굽은 자세, 트위스트(twist), 즉 비튼 자세, 틸트(tilt), 즉 몸 전체를 한쪽 편이나 다른 쪽 편으로 기울인 자세. 그렇게 해서 무용가는 모든 방향으로 몸을 움직이는 법을 알게 되고, 발레의 고전 기술에서 상반신이 처해 있었던 딱딱함과 부동성과 단절한다. 커닝햄은 단순히 분절들의 유연성을 겨냥하는 것이 아니라, 모든 방향으로 향할 수 있는 유연성을 목표로 삼으면서 몸의 모든 자세들을 개발한다. 바로 이러한 훈련과 기술의 새로운 방향설정이 몸이 할 수 있는 것을 변경시킬 수 있게 한다. 머스 커닝햄은 다음과 같이 주장한다. "이런저런 방식으로, 우리가 불가능하다고 믿었던 것은 전적으로 할 만한 것이었다. 다만 정신적인 것이 중간에 개입하지만 않는다면 말이다."[161]

이는 몸의 역량이 무한정하다는 것을 의미할까? 몸의 가능성들을 개척해야 하고 알려지지 않은 상황 속에 자신을 놓아야 한다. 그러니까 무용가는 단지 몸적인 유연성을 증명해야 하는 것이 아니라, 정신적인 유연성도 증명해야 하고, 다시 도약할 수 있는 식으로, 미리 구상된 관념들 없이 열려 있어야 한다. 그런 관점에서, **이벤트**들의 시행은 중요한 역할을 한다. 머스 커닝햄에게 있어서 안무는 절대로 결정적인 방식으로 고안될 수 없다. 안무는 무용가들이 만들어 내는 무대에 따라서 다양하게 변화한다. 안무는 미리 구상된 모든 도식들을 전복시키는 사건들, 해프닝들을 생산한다. 무용가들의 질서와 형태들은 장소와 공간 전체의 모양에 따라 다르다. 따라서 무용가는 진행과 실행의 방식을 다시 생각해야 한다. 리허설은 매번 **이벤트**이다. 그것은 무용에 의한 사건이다. 무용은 항구적인 변신의 예술이다. 그럼에도 불구하고 중요한 것은 한계 안에 삽입된 무한성이다. "그렇기는 해도, 무용에서, 당신은 다음과 같은 사실에 연결되어 있는데, 두 다리를 가지고 있으며 무릎이 다른 방식이 아닌 어떤 일정한 방식으로 굽혀지는 인간의 몸이 문제라는 것이다. 만일 당신이 그 법칙을 위반하려고 시도한다면 당신은 부상을 당할 것이다. 그것은 인간의 한계이며, 진정한 한계이다."[162] 우리는 몸에 복종함으로써만 몸을 지휘할 수 있다. 게다가 무용

---

161 *Ibid.*, p. 93.

은 무용가의 최초 형태에 의존하고 있다. 물론 무용가의 몸은 움직임의 결과 아래 무용가가 자신을 움직이고 변화시키는 방식에 의해 형성되지만, 이는 단지 어떤 한계들 안에서이다.

피할 수 없이 주어진 것들이 있다. 예를 들어 한 무용가는 긴 손목과 매우 긴 팔을 가질 수 있다. 또 다른 무용가는 실제로 손목 부분이 없을 수 있다. 당신은 그들이 동일한 방식으로 춤을 추게 될 것이라고 기대할 수 없다. 하지만 당신은 그들 각자가 어떻게 움직임을 수행하게 될지를 볼 수 있을 것이다. (…) 그 자신과 관련해서, 그 자신의 존재 방식대로, 무용가의 자질이 아니라 사람의 자질대로.[163]

따라서 몸은 단독적인 몸의 본질에 대한 확증이다.

머스 커닝햄의 무용 예술은 모범적이다. 왜냐하면 그는 정신이 생각할 수 있는 제한된 몸동작의 형태들 너머로 몸의 역량을 확장시키고 자신만의 뛰어난 재능을 드러내 보이기 때문이다. 사건들의 우연성의 지배를 받는 몸은 예측할 수 없는 특징을 지닌 삶의 움직임과 결합하고 삶의 비밀스러운 원천들을 발견한다. 무용은 예상 밖의 소질을 활성화시키면서 몸을 변형시키고 몸의 실존의 방식을 변경한다. 게다가 머스 커닝햄은 그 점을 인정한다. "나는 삶 자체의 지속적인 변형을 생각하듯이 무용을 생각한다."[164]

162 *Ibid.*, pp. 177~178.
163 *Ibid.*, p. 78.
164 *Ibid.*, p. 102.

무용은 그 예술적 소임을 넘어서 결국 존재의 방식처럼, 몸의 완벽함을 확인하기 위해서 움직임을 수용하고 가능성들을 향해 열려 있는 방식처럼 나타난다. 무용은 삶을 바꾸고 멜랑콜리를 쫓아내는 몸의 환희를 표현한다. 이사도라 덩컨에 따르면, 실제로 문제가 되는 것은 자신의 삶을 춤추는 것이고 패배를 축제로 변환시키는 것이다. 따라서 무용을 통해 예술의 삶만이 아니라 삶의 예술도 나타난다. 그렇다면 이 말은 몸의 미적 역량이 윤리적 역량을 겸하고 있다는 것일까?

3. 몸의 윤리적 역량

도덕이 근거하고 있는 것이 정신의 영역이면서 선악을 분간하고 자유롭고 행복한 삶의 규칙들을 제정하는 자질인 한에서, 몸의 윤리적 능력의 존재에 대해 질문하는 것은 선험적으로 역설적인 것처럼 보인다. 오히려 몸은 도덕 법칙의 장애물이고 불복종하는 분란자처럼 보인다. 나아가 악과 원죄를 유인하는 몸은 신학자에게는 악을 구현한다. 요컨대 몸은 이단의 냄새를 풍기며 신성함의 향기 안에 있지 않다. 이러한 조건에서 몸이 어떻게 윤리적 역량을 지닐 수 있을까?

1) 몸의 도덕적 양면성

수많은 철학자들이 보기에 몸은 종종 무도덕성, 나아가 비도덕성의 특징을 갖는다. 왜냐하면 몸은 최고선의 덕스러운 추구 속에 있는 정신의 방향을 다른 곳으로 돌리고 타락하게 만들기 때문이다. 몸은 때때로 영혼을 통제하고 포로로 만드는 영악한 권능의 역할을 수행한다. 플라톤은 『파이돈』에서 인간에게서 사유할 수 있는 자유를 빼앗고 지성적인 세계 — 이 세계의 경계에 선의 이념이 자리잡고 있다 — 를 관조하는 것을 방해하는 몸의 전제적 권력을 고발한다.

> 앎을 사랑하는 이들은 이런 사실을 알고 있네. 자신들의 혼을 철학이 떠맡을 때, 혼이 몸속에 꼼짝없이 꽁꽁 묶인 채로 들러붙어 있어서, 존재하는 것들을 고찰함에 있어서도 혼은 그 자체로만 하지를 못하고, 마치 감옥을 통해서 보듯, 몸을 통해서 고찰하지 않을 수 없게 되어, 전적인 무지 속에서 뒹굴고 있다는 것을 말일세.[165]

이러한 몸의 굴레는 영혼 위의 제국을 차지하고 있는 욕망의 작품이며, 이 제국은 너무나 전제적이라서 "연결을 더욱 조이는 데 기여하는 것은 바로 죄수 자신이다."[166] 몸은 몸의 생리 욕구 때문에 선의 추구에 장애물이 된다. 몸은 "필요한 자양물로 해서 우리에게 수없이 많은 분주한 일거리를 안겨 준다. 거기에다가 어떤 질병이 생기기라도 하면 존재하는 것에 대한 우리의 추구를 이것들이 방해하게 된다. 몸은 우리를 사랑으로, 온갖 종류의 욕망으로, 셀 수 없이 많은 어리석음으로 채우며, 결과적으로, 사람들이 말하듯, 몸은 사유의 모든 가능성을 우

---

165 *Phédon*, 83b. [플라톤, 『파이돈』, 박종현 옮김, 서광사, 353쪽(82e)]
166 *Ibid*.

리로부터 정말로, 실제로 제거한다."[167]

그러나 이 해로운 몸에게 돌을 던지고 몸에게서 가치들의 파괴자를 보기 전에, 몸이 정신과 갖는 관계들의 심오한 양가성을 강조해야 한다. 그 양가성은 놀라운 가치론적 역전을 낳게 될 것이다. 그러니까 영혼의 감옥이 필연적으로 몸인 것이 아니라, 미셸 푸코(Michel Foucault)가 『감시와 처벌』에서 보여 주듯이, 몸의 감옥이 영혼인 것이다. 특히 18세기 이후, 재판부는 유죄선고를 받은 자의 몸만 구속하는 게 아니라 영혼도 구속한다. 마블리(Gabriel Bonnot de Mably)는 그 원칙을 분명하게 정식화한다. "이를테면, 처벌은 몸보다는 영혼에 부과되어야 한다."[168] 판결은 범죄에 대해서만이 아니라 범죄자의 영혼에도 가해지게 되며, 범죄자의 영혼은 정신의학 전문가들 및 권력과 연결된 지식의 대상이 된다.

중죄와 경범죄라고 하는 명칭에 의해서 항상 사람들은 형법전(le Code)이 규정하는 법률적 대상을 재판한다. 그러나 동시에 사람들은 정념, 본능, 비정상, 불구, 부적응, 환경 혹은 유전의 영향을 재판하는 것이다. 사람들은 공격적 행위에 대해 재판하지만, 그것을 통해 공격적 성향을 재판하는 것이다. 강간을 재판하지만 동시에 성도덕의 타락을 재판하는 것이고, 살인행위를 재판하면서 충동이나 욕망의 행위를 재판하는 것이다.[169]

---

167 *Ibid.*, 66a.

168 *De la législation* [『법제에 관하여』], *Œvres complètes*, 1789, t. IX, p. 326, *op. cit.*, par Foucault, *Surveiller et punir* [『감시와 처벌』], Édition Tel-Gallimard, p. 24.

따라서 유죄선고를 받아 형벌이 실행되는 자의 몸은 심리학적 규정들의 망 안에 포함된다. 이런 심리학적 규정들은 정상참작의 상황과 가중시키는 상황을 번갈아 작동시키면서 유죄선고를 받은 자를 가둔다. 문제가 되는 영혼은 실체도 아니고, 신앙의 단순한 잔존물도 아니다. 그것은 몸에 가해지는 권력 기술이 산출해 낸 요소이다. 문제가 되는 영혼은 처벌, 감시, 훈육의 실천들로부터 탄생하는 비(非)몸적 현실을 구성한다. "그러나 오해하지 말아야 할 것은 신학자들의 생각으로 만들어 낸 영혼 대신에 지식의 대상이자 철학적 성찰과 기술적 관여의 대상으로서의 인간, 즉 현실적인 인간이 도입된 것은 아니라는 사실이다. 사람들이 말하고 있는 인간, 그리고 사람들이 해방시키려고 노력하고 있는 인간의 모습이야말로 이미 그 자체에서 그 인간보다도 훨씬 깊은 곳에서 행해지는 복종화의 성과인 것이다. 한 영혼이 인간 속에 들어가 살면서 인간을 생존하게 만든 것이고, 그것은 권력이 몸에 대해 행사하는 지배력 안의 한 부품인 것이다. 영혼은 정치적 해부술의 성과이자 도구이며, 또한 몸의 감옥이다."[170] 그러므로 감시자는 우리가 믿는 그런 사람인 것만은 아니며, 몸과 영혼 가운데 어떤 것이 다른 하나를 구속하고 있다고 말하기란 실제로 어려운 일이다.

플라톤 역시 몸과 영혼의 관계의 근본적인 양가성을 강조했던바, 압제자는 때때로 해방시키는 자가 된다. 몸이 사유의 주인이 되어 변증법의 놀이를 영혼의 커다란 행복으로 인도하는 경우들이 있다. 다

---

169 *Surveiller et punir*, p. 25. [『감시와 처벌』, 오생근 옮김, 나남, 2003, 45쪽]

170 *Ibid.*, p. 38. [『감시와 처벌』, 62쪽]

른 형태의 과정 없이 플라톤을 몸에 대한 급진적 경멸자들 가운데 놓기 전에, 그가 『향연』에서 몸의 정당한 가치를 인정하고 있으며, 선 그 자체의 철학적 추구의 여정에서 몸을 배제하지 않는다는 사실에 주목해야 한다. 그랬을 때 구속이었던 것이 올바른 방향으로 향하는 영혼을 위한 도우미가 된다. 실제로 영혼이 미 자체를 관조하도록 일깨우는 것, 디오티마가 제안하는 사랑에 의한 상승의 변증법의 첫 번째 단계를 이루는 것은 몸의 아름다움에 대한 사랑이다.

> 사랑에 관한 것들에 올바르게 도달하거나, 인도자에 의해 인도될 수 있는 올바른 길은 다음과 같다 할 수 있습니다. 즉 그것은 이 세계의 감각적 아름다움에서 출발하여 초자연적인 아름다움을 목표 삼아 사다리를 오르듯이 끊임없이 한 단계씩 올라가는, 다시 말해 하나의 아름다운 육체에서 출발하여 두 개의 아름다운 육체로, 두 개의 아름다운 육체에서 모든 아름다운 육체로, 아름다운 육체에서 아름다운 행위로, 아름다운 행위에서 아름다운 인식으로, 그리하여 그러한 인식들로부터 저 더 높은 단계인 인식에까지 올라가는 것을 의미한답니다. 그 인식은 절대적 아름다움 자체에 대한 인식이며 궁극적으로 아름다운 것 자체를 직관하는 것이랍니다.[171]

그런 의미에서 감각적 아름다움은 진리에 대한 약속이다. 그것은 정신의 고통 없는 출산을 허락한다. 왜냐하면 아름다움 속에서 자식을

---

171 *Le Banquet*, 211b~211c. [『향연』, 박희영 옮김, 문학과지성사, 141~142쪽]

낳기 위해 영혼에게 날개를 달아 주는 사랑의 변증술은 상승의 변증법과, 이를 수반하는 훗날 철학자가 『국가』에서 도달하게 되는 예비교육적인 지식들의 수행보다 덜 험난하기 때문이다. 당연히 몸의 아름다움은 소멸될 수 있고 아름다움 자체의 희미한 모방에 지나지 않는다. 하지만 몸의 아름다움은 가시적이고 매력적이라는 특권을 소유하고 있으며, 그리하여 그것은 사로잡힌 영혼 안에서 예전에 관조되었던 절대적 아름다움에 대한 향수를 깨어나게 한다. 이러한 견지에서 몸은 영혼을 잘못된 방향으로 향하게 하는 게 아니다. 영혼이 사랑의 경로 위에서 올바르게 방향을 정하고 있으며 여정을 멈추지 않는다는 조건에서, 몸은 영혼을 전향시킨다. 실제로 문제가 되는 것은 몸의 감각적 아름다움에 대한 협의의 관조 속에 정체해 있는 것이 아니며, 그러한 아름다움을 모든 몸으로 확대하는 것에 만족하는 것도 아니다. 아름다움 자체로 이르고 결국에는 선 자체가 그 원리가 되는 지성의 세계에 도달하기 위해서, 단계적으로 육체적 아름다움에서 도덕적 아름다움으로, 도덕적 아름다움에서 지성적 아름다움으로 이행해야 하는 것이다. 그래서 아름다움은 선으로 향하는 가장 짧은 경로가 된다. 이성이 몸을 잘 사용할 수 있을 때, 몸은 이성이 알고 있는 자신의 덕목들을 가지게 된다. 그런 의미에서 플라톤의 철학은 모범적이다. 왜냐하면 그의 철학은 몸의 심오한 양가성, 즉 영혼의 계획에 사용되거나 피해를 줄 수 있는 몸, 악의 보조자가 되기도 하고 선의 보조자가 되기도 하는 몸의 양가성을 드러내기 때문이다. 그렇다면 우리는 몸이 그런 기만하는 역량들의 일부라고, 파스칼이 말하듯이, 그것이 항상 그렇지는 않은 정도로 교활한, 기만하는 역량들의 일부라고 결론을 지어야 할까?

사실상 몸은 혼란의 원천이지만, 이 혼란은 제어장치일 수도 있고 자극제일 수도 있다. 우리는 진정 혼란에 빠지지 않은 상태에서 철학을 할 수 있을까? 영혼의 반성을 촉구하는 것은 몸의 혼란을 야기하는 아름다움 때문이 아닐까? 그렇다고 해서 몸이 혼란의 도발자는 아니다. 왜냐하면 선이나 악을 위해 사용되기에 적합한 몸의 성질은 몸의 근본적인 무(無)도덕성을 증언하기 때문이다. 몸은 죄가 없다. 몸은 판단하지 않으며 오류나 잘못의 책임이 없다. 단지 이성이 선동하는 몸의 명령들에 굴복하거나 굴복을 거부하면서 이성을 잃어버리게 되는 것이다.

실제로 몸은 찬성에서 반대로의 뒤집기를 감수하는 애매한 역량을 지니고 있다. 몸의 힘을 구성하는 것은 허약함으로 감해지고, 또 그 반대의 일도 일어난다. 이 점을 발레리는 이렇게 강조한다. "몸의 일반적인 허약함, 포기, 부드러움은 두 팔의 저항할 수 없는 힘으로, 꽉 조이기로, 강력한 행위로 바뀐다. 이것들은 다시 허약함으로 인도된다."[172] 몸의 이러한 양가성은 선과 악에 동참하고 영악한 정신의 부정한 계획을 돕거나 파괴하는 이중간첩을 구성한다. 몸은 정신의 허약함에 도움을 주러 올 수도 있고 정신의 권위를 확고하게 만들 수도 있다. 예를 들어 제스처는 진실된 말이건, 의심스러운 말이건, 거짓말이건, 말에 동반되고 말에 신빙성을 준다. 발레리는 정신과, 불확실성을 확실성으로 변화시키는 몸의 그런 동맹에 주목한다. "자신의 관념들을 부과하고자 하는 사람은 그 관념들의 가치를 거의 확신하지 않는

---

172 *Mauvaises pensées et autres*, P, in *Œuvres* II, p. 876.

다. 그는 모든 수단을 동원해서 관념들을 견고하게 만들려고 시도한다. 그는 일정한 어조를 띠고, 책상을 치며, 이 사람에게는 미소를 짓고, 저 사람은 위협한다. 그는 자신의 정신을 지지하는 무언가를 자신의 몸에게서 빌려 온다."[173] 나아가 『나쁜 생각들』의 저자는 아이러니하게도 다음의 사실을 확인한다. 의회에서 큰소리로 떠드는 사람이 주도하는 한 "후두부의 역량이 기원이 되는 큰 사건들이 존재한다."[174] 사소한 육체적 원인들이 중요한 도덕적 결과들을 낳는다. 수사가 철학적이건 궤변론적이건, 몸은 목소리를 내어 주며, 가벼운 것이건 비중이 있는 것이건 사고들에게 무게를 준다. 그렇다면 이것이 의미하는 것은 몸은 고유한 윤리적 역량을 가지고 있지 않다는 것일까? 최초의 몸의 무(無)도덕성이 몸을 도덕적이거나 비도덕적인 정신적 목표에 매수된 용병 역할로 제한한다는 것일까?

2) 공공 도덕의 몸 원칙

무엇보다 몸은 정신이 요구하는 보충적 위상으로부터 벗어나 도덕적이거나 비(非)도덕적인 결과들을 독자적으로 만들어 내기도 한다는 점에 주목해야 한다. 그래서 발레리는 "우리를 모든 사람에 대해 까다롭고 엄격하게 만드는 것은 때로는 우리가 살 속에 가지고 있는 견딜 수 없는 숨은 가시"라는 것을 관찰한다. "아무도 볼 수 없는 그것에 의

---

173 *Ibid.*, N, *L'homme pensant*, in *Œuvres* II, p. 876.
174 *Ibid.*, T, *Contre-nature*, pp. 903~904.

해 사람은 고통을 받아야 하는데, 왜냐하면 우리는 그것을 숨기면서 그것으로 인해 고통을 받기 때문이다. 그 가시가 제거된다면 우리는 '선'하게 될 것이다."[175] 살 속에 박힌 가시처럼, 악의는 몸 안에 육화되어 있으며, 전적으로 육체적인 작용에 의해 도려내어질 것이다. 따라서 도덕성과 비도덕성은 몸의 상태의 기능일 수 있다. 그래서 일반적으로 육체적 악이 도덕적 악의 원인이 되고, 선은 건강한 몸 안에 뿌리 내리고 있다고 결론지을 때, 발레리가 아직 뛰어넘지 못한 일 보가 있다. 실제로 엄밀히 말해서 선하거나 나쁜 것은 몸이 아니라, 몸의 성향 또는 몸의 불편함에 의한 우리 자신이다. 도덕성에 대한 몸의 영향은 우연한(occasionnelle) 원인의 역할에 한정된다. 가시들로부터 해방된 몸은 엄밀히 말해서, 루소적 의미에서 자연적으로 선하다고 말해질 수 있다. 왜냐하면 그러한 몸은 해를 끼치려고 하지 않기 때문이다. 하지만 자연적 선은 고유한 도덕적 선과 혼동되어서는 안 된다. 자연적 선은 단순한 순진무구함으로 환원되며, 선에 대한 숙고에 의한 의식적 선택을 함축하지 않는다. 자연적 선은 기껏해야 필요조건에 그치며, 미래의 적용 — "우리는 선해질 것이다." — 이 증언하는 것처럼 향후 획득해야 할 것으로 남아 있는 덕의 충분조건이 아니다.

그렇지만 몸은 고유한 윤리적 역량을 소유하고 있는 것처럼 보인다. 왜냐하면 몸은 나쁜 경향성에 제동을 걸 수 있고 정신의 해악의 힘을 감소시킬 수 있기 때문이다. 그래서 발레리는 가치들의 뒤집기를 실행한다. 그는 정신이 몸을 제지하는 것이 아니라, 몸이 정신을 제지

---

175 *Ibid.*, D, *Le revenant*, in *Œuvres* II, p. 813.

하고 때때로 정신이 어리석은 짓이나 비열한 짓을 저지르지 못하게 막는다는 것을 보여 준다. 정신은 파렴치의 왕이며, 천박한 몸을 능가한다. 왜냐하면 정신은 육체에 연결된 자제력, 그리고 무한정한 탐욕에 제동을 거는 육체의 감각들을 갖고 있지 않기 때문이다.

세상에서 가장 악하게 존재하는 것, 그것은 **정신**이 아닐까? 불결함과 범죄 앞에서 물러서는 것은 **몸**이다. 날파리와 유사하게도 정신은 모든 것을 건드린다. 구역질, 혐오, 회한, 양심의 가책은 정신에 속하지 않는다. 그것들은 호기심의 대상들일 뿐이다. 정신은 위험에 관심이 있다. 그리고 육체가 강력하지 않다면, 정신은 일종의 어리석음이나 인식의 불합리하고 조급한 탐욕과 함께, 육체를 불 속으로 데려갈 것이다.[176]

정신은 두려워하는 것이 아무것도 없지만, 정신이 상상했던 범죄를 저지르려는 순간 떨리는 것은 손이다. 그처럼 몸은 머뭇거리며 때때로 가장 냉혹한 인간을 배반한다. 이론적으로 가장 커다란 늑대를 실천적으로 무능한 새끼 양으로 바꿔 버린 육체의 역량은 정신을 벗어나는 육체의 감각성과 감수성과 깊은 연관이 있다. 동시에 악 앞에서 정신을 물러나게 함으로써 역설적으로 정신이 이성의 상태에 있도록 만드는 것은 몸이다. 몸은 정신이 알지 못하는 — 정신은 구토도 고통도 느끼지 못한다 — 자신의 이성들을 가지고 있다. 감각성은 악의 경험에 한계들을 정하며, 그런 의미에서 타자들과 자기 자신의 파괴에

---

176 *Tel quel, Choses tues*, VIII, in *Œuvres* II, p. 500.

대항하는 요새를 세운다. 당연히 고통은 절대적인 보호책이 아닌데, 왜냐하면 사디즘이나 마조히즘은 그런 한계들을 넘어설 수 있기 때문이다. 어쨌든 한계들은 제동장치가 된다. 왜냐하면 구역질, 고통, 양심의 가책을 뛰어넘어야 하기 때문이다. 게다가 발레리는 그 점을 상기시킨다. "모든 정신이 시작했던 것을 완성하는 어떤 몸들이 있을 뿐이다. 따라서 범죄들과 중대한 것들, 그것들은 모든 사람들의 심장 속에 씨앗 상태로 있다. 그것들은 일정 수의 사람들에게서 분명해지고, 극히 적은 수의 사람들만이 그것을 현실이 되게 만든다."[177] 반대로 정신은 모든 것을 할 수 있는데, 정신은 아무것도 느끼지 않기 때문이다. 정신은 호기심의 대상처럼 감각적 대상을 포착하고 그것들을 인식의 언어들로 옮겨 놓는다. 감각성이 몸의 역량을 제한하는 반면에, 호기심은 만족할 줄 모르며 한계를 알지 못한다. 정신은 위험을 감수하지 않고 최악의 것을 상상할 수 있으며 아무것도 혐오하지 않을 수 있다. 악에 대한 정신의 능력은 무한정한 인식 능력과 비례한다. 절제되지 않은 정신의 호기심은 정신의 위대함과 비참함의 표지이다. 왜냐하면 정신은 가장 위대한 선을 생각할 수 있고 악들 가운데 최악을 생각할 수 있기 때문이다. 그리하여 육체의 역량이 유일하게 정신의 역량에 한계를 지을 수 있다. 그렇지만 그러한 역량은 정확히 말해서 윤리적인 것은 아닌데, 왜냐하면 그것은 단지 육체의 무능의 긍정적 이면일 뿐이기 때문이다. 인간이 자신의 기투를 포기하는 것은 방어하는 몸에서다. 몸은 악한 짓을 삼가는 것이 아니며, 마지못해 선을 완성시킨다. 앞

---

177 *Mauvaises pensées et autres*, J, in *Œuvres* II, p. 848.

서 분석한 두 경우에서, 다시 말해 숨겨진 가시의 경우와 겁에 질린 감각성의 경우에서, 몸은 간접적인 도덕적 결과들을 낳는다. 하지만 우리는 그 너머로 이행하면서 몸에게서 가치들의 구성적 원칙을 알아볼 수 있을까?

사실 몸은 인간의 투사에 단순하게 보조물, 장애물, 또는 제동장치의 역할을 하는 것은 아니다. 몸은 선과 악의 개념 형성에 직접적으로 연루된다. 이러한 점을 스피노자는 도덕적 가치들의 발생을 분석할 때 보여 준다. 선과 악은 절대적이고 초월적인 실재 그 자체가 아니다. 선과 악은 우리의 몸이 다른 몸에 의해 변용되는 방식을 묘사하는 사유의 양태들이다. 도덕적 가치들은 지성의 세계에서 유래하는 것도 아니고 신적 계시에서 유래하는 것도 아니다. 선과 악은 인간과 관계하고 있으며 인간의 몸에 뿌리내리고 있다. 이는 무엇을 의미하는가?

본성상 일간들은 자신의 존재를 보존하려고 노력하고 자신의 보존에 유용한 것을 추구한다. 자신의 식욕에 이끌려 행동하는 인간들은 모든 것들을 실용적 목적성의 관점에서 고찰하게 되고, 자신의 이득에 사용되거나 해를 끼치는 것을 표현하기 위해서 선과 악의 개념들을 만든다.

사람들은 존재하는 모든 것이 자기들 때문에 존재하는 것이라고 확신한 이후에는 모든 것에 대하여 자기들에게 가장 유용한 것을 중요한 것이라고 판단하고, 자신을 가장 좋은 방식으로 변용시키는 것을 가장 탁월하다고 평가하지 않으면 안 되었다. 그리하여 그들은 사물의 본성을 설명하기 위하여 선, 악, 질서, 혼란, 따뜻함, 추움, 아름다움, 추함

등과 같은 개념을 형성하지 않으면 안 되었다.[178]

결국 선과 악은 우리에게 선과 악의 본질에 대해 가르쳐 주지 않으며, 다만 우리 자신과, 우리의 몸이 그것으로부터 변용되는 방식에 대해 가르쳐 준다. 공리적 판단들은 인지적이기보다는 정동적인 (affectif) 판단들이다. 그러한 판단들은 우리의 몸의 상태를 반영하고 있으며 우리의 상상력의 산물들이다.

각각의 사람들은 뇌의 성향에 따라서 사물을 판단하거나 또는 오히려 상상력의 변용들을 사물들로 받아들였다. 그러므로 (참고 삼아 주의해 두지만) 사람들 사이에서 우리가 경험할 수 있는 많은 논쟁이 생기며, 결국 이로부터 회의론이 생긴 것은 전혀 놀랄 만한 일이 못 된다. 왜냐하면 인간의 몸이 아무리 많은 점에서 일치한다고 할지라도, 또한 많은 점에서 다르므로 어떤 사람에게 좋은 것처럼 보이는 것이 다른 사람에게는 나쁜 것처럼 보이기 때문이다.[179]

따라서 몸은 가치들의 발생을 설명할 수 있을 뿐만 아니라, 가치들의 상대성 또한 설명할 수 있다. 도덕적 개념들은 우리의 몸과 몸의 변용들의 역사를 기술하는 사유의 단순한 양태들이다. 외부의 몸들이 우리를 변용시킬 때, 그것들은 우리 안에 흔적, 이미지들을 새긴다. 이미

---

178 *Éthique* I, appendice, G. II, p. 81. [스피노자, 『에티카』, 강영계 옮김, 서광사, 73~74쪽. 원문에 맞춰 번역 일부 수정]

179 *Ibid.*, pp. 82~83. [『에티카』, 75~76쪽. 원문에 맞춰 번역 일부 수정]

지는 인간의 몸의 변용을 지시하는데, 이러한 변용의 관념이 외부의 몸들을 우리에게 현전하는 것으로서 표상한다.[180] 선과 악은 상상력의 산물들이다. 왜냐하면 선과 악은 이미지와 몸의 변용을 함축하고 있기 때문이다. 이러한 것들의 관념은 외부의 몸을, 유용한 방식으로 또는 해로운 방식으로 우리를 변용시키면서 우리에게 현전하는 것으로서 표상한다. 도덕적 개념들의 형성은 우리의 욕망들의 척도에 따라 판단되는 사물들 서로 간의 비교의 결과이다. 그러니까 우리는 사물이 좋기 때문에 그것을 욕망하는 것이 아니라, 우리가 그것을 욕망하기 때문에 그 사물이 좋은 것이다.[181]

하지만 만일, 다른 가치들을 따라서, 선과 악이 "우리가 적어도 사물을 그 자체로 고찰할 때 사물 안에서 아무런 실정적인 것을 가리키지 않으며, 다만 우리가 사물들을 서로 비교하기 때문에 갖게 되는 사유의 방식 또는 개념들"[182]에 불과하다면, 선과 악은 우리가 갖는 환상 대로 다양하게 변화할 것이다. 실제로 상상력은 몸의 변용들의 질서에 따라 개념들을 연결시키고, 육체적 체질의 차이에 근거해서 사람마다 바뀐다. 마찬가지로, 선과 악의 범주들은 각자의 체질 및 각자의 몸적 성향의 변화에 따라 변동될 것이고, 필연적으로 상대적일 것이다. 따라서 "동일한 사물이 동시에 선이고 악일 수 있으며 또한 양자와 무관할 수도 있다. 예컨대 음악은 우울한 사람에게는 좋고, 애통해하는 사람에게는 나쁘며, 귀머거리에게는 좋지도 나쁘지도 않다."[183]

---

180 *Éthique* II, XVII, scolie.

181 Cf. *Éthique* III, IX, scolie.

182 *Éthique* IV, préface, G. II, p. 164. [『에티카』, 244쪽]

가치들의 상대성은 몸 안에 정박해 있다. 만일 몸이 모든 인간들이 공유하는 공통의 속성들 덕분에, 도덕과 관련해서 합의의 근거를 제공할 수 있다면, 또한 몸은 사유의 방식들과 관련해서 차이들과 쟁의들의 기원이 되기도 한다. 스피노자의 고백에 따르면, "열이면 열 다 의견이 다르다", "미각들의 차이 못지않게 뇌들의 차이가 있다" 등의 격언들이 보여 주듯이, 각자는 그 점을 경험으로부터 충분히 알고 있다. 그러므로 몸과 몸의 성향들은 공통의 도덕의 발생만이 아니라, 개별 도덕의 발생과 시간 속에서의 도덕의 변화들을 설명할 수 있다. 이러한 시각에서, 한 인간에게 그의 가치들을 바꾸라고 요구하는 것은 그의 몸을 바꾸라고 요구하는 것만큼이나 헛된 일이다. 왜냐하면 그는 새로운 변용이 그의 몸의 상태를 변화시키는 일이 일어나지 않는 한 자신의 윤리적 확신들을 고집할 것이기 때문이다.

가치들의 구성에서 감각들의 역할

도덕적 가치들의 형성은 몸의 구조와 몸의 감각성에 의존한다. 단 하나의 감각이 우리에게 결여되어 있을 때 도덕 전체가 변경된다. 이것이 바로 디드로가 『맹인들에 관한 서한』에서 힘주어 강조했던 것이다. 퓌조의 맹인에게 악과 덕에 대한 생각을 물어보면서, 디드로는 맹인의 도덕과 볼 수 있는 사람들의 도덕 간의 차이를 파악한다. 실명은 어떤 윤리적 범주들의 가치를 강화하거나 감소시키며, 이는 그러한 범주들을 완전히 없애거나 새로운 범주들을 창조하기까지 한다. 그래서 디드

---

183 *Ibid.*

로는 우선 퓌조의 맹인이 "도둑질에 대해 상당한 반감을 가지고 있었다"[184]는 것을 확인한다. 일반적으로 볼 수 있는 자들의 공동체도 절도의 정신에 대한 그런 비난을 당연히 공유하지만, 맹인에게서 비난은 더욱 강렬하다. 왜냐하면 맹인은 이중으로, 즉 도둑질당한 자인 한에서, 그리고 무엇보다 잠재적 도둑인 한에서 실명의 희생자이기 때문이다. 실제로 디드로에 따르면, 도둑질에 대한 퓌조의 맹인의 반감은 두 가지 원인에서 생겨난다. 그 두 원인은 "그가 알아채지 못한 상태에서 사람들이 그에게서 물건을 훔칠 수 있는 수월성, 나아가 아마도 그가 도둑질을 했을 때 사람들이 그를 알아차릴 수 있는 수월성"[185]이다. 따라서 맹인들의 도덕은 봄에 대한 은닉의 가능성과 연결된 중죄들에 대해 훨씬 더 엄격할 가능성이 크다. 따라서 디드로가 암시하듯이, 간통에 대한 법들은 맹인들의 공동체에서 틀림없이 훨씬 더 가혹할 것이다.

반대로 정숙과 같은 윤리적 가치들의 영향은 덜 강력할 것이다. 예를 들어 노출증은 정숙에 대한 침해처럼 간주될 수 없을 것이다. 왜냐하면 노출증은 그 의미를 잃어버릴 것이기 때문이다. 디드로는 퓌조의 맹인이 "정숙을 중시하지 않는다"는 점을 관찰한다. "옷들이 막아 주는 바람의 침해가 없다면, 그는 의복의 용도를 전혀 이해하지 못할 것이다. 그리고 그는 왜 사람들이 몸에서 다른 곳이 아닌 일정 부위를 감싸야 하는지를 짐작하지 못한다고 솔직하게 고백한다. 또 그는 사람들이 어떤 이상한 생각 때문에 몸의 일정 부분을 특히 감싸는지, 용도 및

---

184 *Lettre sur les aveugles*, in *Œuvres philosophiques*, p. 92. [드니 디드로, 『맹인에 관한 서한』, 이은주 옮김, 지만지, 2010]
185 *Ibid.*

감싸인 몸의 부분의 불편함이 그것을 자유롭게 내버려 두라고 요구하
는데도 그 부분을 감싸야 하는지를 더더욱 짐작하지 못한다고 솔직하
게 고백한다."[186] 나체는 맹인에게 외설적인 것이 아니다. 그래서 일정
한 의복의 기준들에 대한 준수나 위반은 타인에 대한 존중이나 경멸의
표시가 아니다. 의복은 순전히 기술적 요청에 응답하는 것이지, 윤리
적 요청에 응답하는 것이 아니다. 아담과 이브가 실명의 피해를 입었
다면, 그들은 작은 무화과나무 이파리로 몸을 가리지 않았을 것이다.
에덴의 정원이 빙산으로 변모되어야만 의복이 필수적이 되었을 것이
다. 맹인들의 공동체에게서, 부끄러운 몸부위들(pudenda)은 부끄러운
것이 아니다. 볼 수 있는 사람들의 가치들은 자의적일 뿐만 아니라 불
합리한 것처럼 나타난다. 왜냐하면 편의성 때문에 드러나야 할 부위들
이 감싸여 있기 때문이다. 따라서 맹인들의 공동체에서는 감싸인 것을
드러내고, 드러내어진 것을 감싸면서, 정숙의 가치들을 전적으로 뒤집
는 일이 생길 수 있다. 타인의 시선 아래 탄생하는 수치심은 무관심에
자리를 내어 줄 것이고, 적절하지 않다고 판단된 모든 제스처들은 그
자연적인 순진무구함으로 돌려질 것이다.

　　마찬가지의 방식으로, 고통받는 동물에 대한 광경에 근거한 동정
의 도덕 전체는 실명과 함께 무너지게 될 것이며, 따라서 탄식소리만
을 감각하는 맹인은 비(非)인간성의 비난을 받을 위험이 크다. 루소에
따르면, 시각은 "우리가 고통받는 사람들을 보았을 때 반성 없이 그들
을 구조하도록 하는데",[187] 시각과 연관된 그러한 연민은 이제 자연적

---

186 *Ibid.*

도덕의 기둥들 가운데 하나가 아니며, 자기 사랑을 타인에게로 확장하는 것이 아니다. "맹인에게서, 소변을 보는 인간과, 신음하지 않고 피를 흘리는 인간 사이에는 어떤 차이가 있을까? 대상들까지의 거리나 대상들의 작은 크기가 시각의 박탈이 맹인들에게 산출하는 것과 동일한 효과를 우리에게 산출할 때, 우리 자신도 공감하기를 그치지 않던가?"[188] 그러니까 우리의 덕들은 몸의 구조와, 몸의 시각 능력에 크게 의존하고 있다. 디드로는 계속해서 말한다. "징벌에 대한 두려움이 없다면, 한 인간이 제비 정도의 크기로 보이는 거리만큼 떨어져서 그 인간을 죽이는 것이 자신의 손으로 소를 목 졸라 죽이는 것보다 크게 힘들지 않은 사람이 많을 것이라고 나는 확신한다. 고통스러워하는 말을 불쌍히 여기면서도 아무런 가책 없이 개미 한 마리를 밟을 수 있다면, 같은 원리가 우리를 결정짓기 때문이 아닐까?"[189] 가치들의 위계는 시각의 강도에 따라 달라지며, 크기와 대상의 거리에 따라 역전되는 정도에까지 이르게 된다. 오로지 우리의 두 눈의 수정체에만 의존하는 괴상한 도덕이라니! 반대로 만일 인간의 몸이 현미경 같은 시각을 가지고 있다면, 연민은 우리의 시각장의 윤곽들과 결합하면서 오늘날 바다표범들과 마찬가지로 진드기들과 개미들까지도 틀림없이 포괄하게 될 것이다!

반면에 맹인들의 공동체로부터 촉각의 발달과 연관된 새로운 가

---

187 Cf. *Discours sur l'origine et les fondements de l'inégalité parmi les hommes*, première parties, p. 198, GF.

188 *Lettre sur les aveugles*, in *Œuvres philosophiques*, pp. 92~93.

189 *Ibid.*, p. 93.

치들이 출현하게 된다. 인식과 인정의 특권적 도구가 된 촉각은 침입으로서 간주되기보다는, 공감과 포근함의 표시로서 간주될 것이다. 애무는 에로틱한 기능만을 맡지 않을 것이며, 연민과 위로를 표현하게 될 것이다. "아! 부인, 우리는 맹인들의 도덕이 우리의 것과 다르다고 결론을 내릴 수 있을 겁니다! 농아의 도덕은 또한 맹인의 도덕과 다를 것이고, 우리에 비해 하나의 감각을 더 가지고 있는 존재는 우리의 도덕을, 최악이라고는 말하지 않더라도, 완벽하지 않다고 보게 될 것입니다!"[190] 공통의 도덕은 오로지 몸과 몸의 감각성과 밀접한 관련이 있다. 청각을 제거해 보라. 신중함, 소란, 고함소리, 음성적 말과 연관된 예절 규칙들은 곧 쓸모없는 것이 될 것이다. 상스러운 억양, 독송 미사에 대한 비난, 크게 말하거나 입 속에서 중얼거리며 말하는 예의에 어긋난 행동 등은 끝이다. 후각을 제거해 보라. 몸의 위생과 연관된 예의 범절의 규칙들은 이제 후각적 토대를 갖지 못할 것이다. 어떤 것도 악취나 악취향의 향수 때문에 추방되지 않을 것이다. 사회 규약들은 변경될 것이다. 반면에, 후각의 능력을 강화시켜 보자. 몸에서 나는 냄새는 타인에게 자신의 몸을 강요하는 방식이나 타인의 삶 안으로 침입하는 방식처럼 확산에 의해 세계를 지배하는 참을 수 없는 형태처럼 곧바로 나타날 수 있을 것이다. 그래서 분쟁들을 피하기 위해 냄새를 규제해야 할 것이다.

끝으로 디드로가 우리에게 하라고 권하는 것처럼, 보충적인 감각을 받은 존재를 상상해 보자. 우리는 그의 도덕이 그의 육체적 구조에

---

190 *Ibid.*

적응될 것이라고, 보충적인 규칙들로 풍부해지거나 근본적으로 변경될 것이라고 말해야 하지 않을까? 예를 들어 타인에게 가해진 모든 행위가 그것을 실행하는 주체 안에서 정확히 똑같이 즉각적으로 느껴지는 방식으로 몸의 감각성이 이루어져 있다고 가정해 보자. 그때 연민 (compassion)은 하나의 사실일 것이며, 규정될 필요가 없을 것이다. 동시에 연민은 진정한 공감 안에서 일어나기에, 도덕적 명령으로 존재하기를 멈출 것이다. 타인에게 행하지 않는 것이 나은 그 어떤 것도 분명히 그에게 행해지지 않을 것이다. 타인에 대한 존중을 주입시키고, 잔인한 행위를 처벌하고, 도덕 법칙의 위엄을 선포하는 것 또한 더 이상 필요하지 않을 것이다. 왜냐하면 그것은 몸 깊은 곳에 각인되어 있을 테니까 말이다. 따라서 우리는 도덕과 그에 따른 도덕의 강제력들이란 낡은 관념이며, 다른 몸은 그런 도덕과 도덕의 강제력들이 사라지도록 유도하리라고 생각할 수 있다.

이 가상의 이야기는 모든 윤리학이 근본적으로 감각론적임을 보여 주는 것, 그리고 윤리학이 천사들의 사회나 순수 정신의 사회에서 사라지게 될 것임을 보여 주는 것을 목적으로 삼지 않는다. 그것은 반대로 윤리학이 몸의 본성과 몸의 구성에 의존하고 있음을 보여 주는 것을 목적으로 삼는다. 그러므로 몸은 부인할 수 없는 윤리적 역량을 가지고 있으며, 이러한 역량은 공통의 가치들과 몸의 구성과 관련된 예의범절의 출현으로 나타난다. 그럼에도 불구하고 몸의 본성에 토대를 두고 있는 가치론적 체계는 여전히 매우 약한데, 왜냐하면 그것은 각자의 정서에 따라 다양하게 변하고, 결정적이고 필연적인 방식으로 고정되는 데 성공하지 못하기 때문이다. 스피노자가 주장하듯이, 선과 악이 몸이 변용되는 방식을 표현하는 상상력의 단순한 양태들이라면, 그것들은 늘 부적합성으로 표시되는 첫 번째 종류의 인식에 속하며, 진리로서 부과된다고 주장될 수 없다. 그렇다면 그것은 몸이 진정한 윤리학을 만들어 내는 데 있어서 무능하며, 우리에게 다만 공통의 도덕이 가지고 있는 이미지들만을 전달할 뿐이라고 말하는 것일까?

3) 진정한 윤리학의 몸 원리

세속적 도덕과 이것을 따르는 상상적 규범들을 넘어, 몸은 선한 행위의 토대로서 항상 머물러 있으며 진정한 윤리적 규칙들을 제공할 수 있다. 실제로 몸은 선과 악의 구별을 작동시킬 수 있는 규범들을 내어 준다. 에피쿠로스는 도덕 구성에 있어서 몸의 결정적 역할을 포착했던 최초의 인물 중 하나이다. 그는 실제로 이렇게 선언한다. "모든 선의 원리와 뿌리, 그것은 위장의 쾌락이다. 정신적인 선과 상위의 가치들이 바로 그것으로 환원된다."[191] 모든 생명체는 근본적인 두 가지 정서인 쾌락과 고통을 체험하는바, 이 두 가지는 생명체에게 몸의 상태에 대해 알려 주고 그로 하여금 몸을 보존할 수 있게 한다. 이 두 가지 몸의 정서들은 어떤 기준들이 되는데, 이 기준들의 도움으로 인간은 사물들 가운데 선택해야 할 것과 멀리해야 할 것을 구분한다. 쾌락은 자연에 일치하고, 반면에 고통은 자연에 낯선 것이다. 쾌락을 추구하는

---

191 Athénée, *Banquet des savants*, XII, p. 546f. *op. cit.*, J. Brun, *Épicure et les épicuriens*, PUF, p. 136.

것, 그것은 자연과 조화를 이루며 살면서 자연의 법칙들을 따르는 것이다. 그리하여 쾌락주의(hédonisme)는 원초적 덕목이 된다. 그렇기 때문에 "쾌락은 행복한 삶의 시작과 끝이다."[192]

모든 쾌락 가운데 위장의 쾌락은 윤리학의 토대인데, 왜냐하면 만일 몸이 생명적 필요들을 만족시킬 수 없다면, 영혼을 위한 선은 있을 수 없기 때문이다. 전설과는 반대로 이러한 원칙은 조잡한 유물론에 대한 변명이나 포식자의 철학에 대한 변명이 결코 아니다. 여기서 주장되고 있는 위장의 만족은 몸의 완전한 평정(aponie)과 몸의 고통의 부재를 추구하는 것으로 한정되며, 배고픔도 없고 목적도 없는 위장의 향유를 절제 없이 추구하는 것과 같지 않다. 에피쿠로스에게 쾌락은 주로 동요의 부재로 정의되며, 방탕한 자들의 계속되는 주연이나 연회와 전혀 관련이 없다. 그에게 쾌락은 몸에 있어서는 건강 안에, 영혼에 있어서는 평정 안에 놓여 있다. 어쨌든 영혼의 아타락시아[193]는 몸의 완전한 평정에 종속되어 있다. 잘 살기 위해서는 무엇보다 살아야 하며, 행복에 해가 되는 고통들로부터 멀어져야 한다. 따라서 몸의 우선적인 윤리적 원리가 존재한다. 이 점에서, 스피노자는 에피쿠로스와 합류한다. 그는 『에티카』에서 이렇게 주장한다. "자기 자신을 보존하기 위한 노력이 덕의 첫 번째이자 유일무이한 토대이다. 왜냐하면 이러한 원리 이전에, 다른 어떤 것도 생각될 수 없기 때문이고, (…) 그러한 원리가 없다면, (…) 어떤 덕도 생각될 수 없기 때문이다."[194] 따라서

---

192 *Lettre à Ménécée*, 129.
193 [옮긴이] 스토아 철학에서의 정신의 평정을 가리킨다.
194 *Éthique* IV, XXII, corollaire.

쾌락에 의해 나타나는 자연적이고 필연적인 욕망들의 만족은 윤리학의 가능성의 조건이다.

에피쿠로스에게 몸은 도덕이 그 위에 세워지는 자연적 초석일 뿐만 아니라, 모든 윤리적 범주들의 구성적 원리이다. 몸은 척도와 모델의 역할을 한다. 자연적이고 필수적인 욕망들, 자연적이지만 필수적이지 않은 욕망들, 그리고 헛된 욕망들을 구분할 수 있게 하는 유명한 분류법[195]은 몸의 규준과 결합하고 있다. 자의적으로 무엇이 자연적 욕망들이고 무엇이 헛된 욕망들인지를 결정하는 것은 영혼이 아니다. 범주들을 규정하고, 위계와 경계선을 세우는 것은 바로 몸이다. 물론 필수적인 욕망(désir)들은 몸의 엄격한 필요(besoin)나 생명적 요구(exigence)로 환원되지 않는다. 필수적인 욕망들은 지복 전체와 관계하며 영혼을 작동시킨다. "사실상 필수적인 욕망들 가운데 어떤 것들은 행복을 위해 필수적이고 다른 것들은 몸의 평온을 위해서, 또 다른 것들은 생명 자체를 위해서 필수적이다."[196] 만일 추위로부터 자신을 방어하기 위한 열망과 같이 몸의 평온을 위해 필수적인 욕망들, 그리고 먹고 마시고자 하는 열망과 같이 생명에 필수적인 욕망들이 육체에 속하는 것이라면, 철학하고자 하는 욕망이나 우정이 속해 있는 행복을 위해 필수적이고 자연적인 욕망들은 오히려 정신의 전유물이다. 어쨌든 에피쿠로스의 윤리적 자연주의는 몸의 자연주의로 환원될 수 없지만, 육체의 요구들이 가늠되기 때문에 육체가 여전히 모델의 역할

---

195 *Lettre à Ménécée*, 128.

196 *Ibid*.

을 한다는 사실에는 변함이 없다. "육체는 배고픔과 목마름과 추위로 고통받지 않겠다고 명령적으로 요구한다. 그러한 필요들로부터 안전한 곳에 있으면서 존재의 희망을 미래 속에 두는 자는 제우스와 행복을 겨룰 수 있다."[197] 아무리 명령적이라고 할지라도, 그러한 요구는 터무니없는 것은 전혀 아닌데, 왜냐하면 약간의 빵과 물로 그 요구는 채워질 수 있기 때문이다. 위장의 쾌락은 그 한정된 본성 때문에 윤리적 규칙을 제공한다. 그렇지만 빵과 물은 가지각색의 보다 다양한 요리들로 대체될 수 있으며, 몸은 자연적 욕망의 한계 속에 남게 될 것이다. 왜냐하면 그는 아주 빠르게 포만감을 느끼며 고통받고 싶지 않다면 과식을 하지 않을 것이기 때문이다. "다수의 사람들이 믿고 있듯이 만족할 줄 모르는 것은 위장이 아니다. 무한정한 능력에 대해 사람들이 가지고 있는 의견은 잘못된 것이다."[198] 따라서 위장의 쾌락은 선의 보증물이다. 왜냐하면 위장의 쾌락은 함께 보조를 맞추기가 가능한 척도의 모델을 제공하기 때문이다. 그렇기 때문에 정신적인 선과 상위의 가치가, 오만(hybris)과 욕망의 무한정한 악을 피하기 위해서 위장의 쾌락으로 환원되고 그것에 맞춰져야 한다. 삶의 기술에 있어서 스승인 몸은 선의 규준이 되며, 행복에 필수적인 고통 통제력(métriopathie)을 가르친다.

에픽테토스는 자신의 책 『엥케이리디온』(Manuel)에서 척도로서의 몸이라는 시각을 완전하게 공유한다.

---

197 *Sentences vaticanes*, 33.
198 *Ibid.*, 59.

각자에게 있어서 부의 척도는 바로 몸이다. 이는 발이 구두의 척도인 것과 같다. 만일 네가 그 규칙에 만족한다면, 너는 항상 정확한 척도를 유지하게 될 것이다. 하지만 만일 네가 그것을 고려하지 않는다면, 너는 길을 잃을 것이다. 너는 아무것도 너를 멈추게 할 수 없는 낭떠러지 속으로 달려가듯이 달려가야 할 것이다. 만일 네가 너의 발의 척도를 한 번이라도 통과한다면, 너는 우선 금박이 칠해진 구두를 갖게 될 것이고, 그 다음에는 자줏빛의 구두를 갖게 될 것이며, 마지막으로 너는 수놓아진 구두를 원하게 될 것이다. 왜냐하면 한 번 한계를 통과했던 자에게 더 이상 한계란 없을 것이기 때문이다.[199]

그러니까 몸은 원리와 규준의 역할을 맡을 것이며, 에피쿠로스적 위장을 따라서, 또는 스토아학파의 발을 따라서, 몸의 부위들 각각은 가치들을 체현하게 될 것이다. 그래서 레비나스(Emmanuel Levinas)는 얼굴 그 자체가 윤리적 의미를 소유하고 있다고 평가한다. 얼굴의 표현적 본성 때문에, 레비나스는 얼굴에게 존중의 토대를 세울 수 있는 능력을 부여하고, 오로지 얼굴에게만 절대적 요청을 구술할 능력을 부여한다. "얼굴에 대한 관계는 단번에 윤리적인 것이 된다. 얼굴은 사람들이 죽일 수 있는 것이며, 아니면 적어도 '너는 살인하지 말지어다'를 말하고 있는 의미로 이루어진 것이다."[200] 여기서 레비나스는 누군가의 얼굴을 본 다음에는 그를 죽이는 것이 불가능하다고 말하려는 게

---

199 *Manuel*, XXXIX.
200 *Éthique et infini*, p. 106.

아니다. 그는 얼굴이 상처받기 쉬운 것임을 잘 알고 있다. "얼굴은 마치 우리에게 폭력 행위를 권하는 것처럼 노출되어 있고 위협받고 있다. 동시에 얼굴은 우리에게 살인을 금지하는 것이다."[201] 얼굴은 노출되어 있지만, 금지를 정할 수 있다. 얼굴은 존중에 대한 요청이다. 왜냐하면 '그'라는 인물과, 그의 물리적이고 사회적인 옷을 넘어서, 얼굴은 인간적인 인격을 표현하고 그 인격에게 봉사할 것을 명령하기 때문이다. 그래서 레비나스는 "얼굴은 의미이며, 맥락이 없는 의미"[202]라고 주장한다.

이는 그러한 윤리적 능력이 얼굴의 전유물이며, 나머지 몸의 부위는 그러한 윤리적 능력을 전혀 갖지 않는다는 것을 의미하는 것일까? 사실 레비나스에게서 얼굴은 사지와 몸통을 배제하면서 머리와 관계하는 것이 아니다. 얼굴이 가리키는 것은 "타인에게서 표현적인 것(그리고 인간의 몸 전부는 그런 의미에서 어느 정도 얼굴이다)"[203]이다. 얼굴은 몸적 특징들 전부로 환원되지 않으며, 얼굴의 감각적 특수성이나 얼굴의 가시적 이미지를 넘어서 기호와 의미를 띤다. 그렇기 때문에, 엄밀히 말해서, 얼굴은 보일 수 있는 것이 아니다. "그것은 당신의 사유가 끌어안을 수 있는 어떤 내용이 될 수 없는 것이다. 그것은 내용을 가질 수 없는 것이며, 당신을 저 너머로 이끈다."[204] 따라서 몸은 얼굴이 되는 한에서 타인의 윤리적 가치를 체현하고 율법의 판(la table de

---

201 *Ibid.*
202 *Ibid.*
203 *Ibid.*
204 *Ibid.*

la loi)을 구성한다. 당연히 얼굴의 의미는 직접적이고 순수하게 몸적인 방식으로 나타나지 않는다. 얼굴의 의미는 재현을 함축하며 의식에 의해 정교하게 다듬어져야 한다. 어쨌든 얼굴에 대한 관계가 윤리적일 수 있다면, 이는 몸이 그 표현성에 있어서, 가치들의 전조이며, 정신은 몸의 뜻에 따라 그러한 가치들을 이해한다는 것을 보여 준다.

사정이 어떻게 다를 수 있겠는가? 스피노자가 확언하듯이, 정신이 몸의 관념 및 몸의 변용들의 관념이 아닌 다른 것이 아니라면, 정신의 모든 양태들이 몸적 상관물을 가진다는 점은 명백하다. 몸은 정신이 자신의 고유한 장부 안에 정식화한 가치들의 담지자이다. 그러므로 도덕 규칙들은 무로부터(ex nihilo) 창조된 것이 아니다. 도덕 규칙들은 몸의 속성들의 지성적 표현이며, 몸의 속성과 분리될 수 없다. 그처럼 정신의 윤리적 역량을 표현하는 이성의 명령들은 몸의 능력 및 그 덕목들과 일치한다. 그러한 점을 스피노자는 『에티카』에서 보여 준다. 저속한 도덕과 이것을 뒤따르는 선과 악에 대한 상상적이고 부적합한 표상들이 몸들의 다양성과 몸들의 변용들에 근거를 두고 있다면, 진정한 윤리학은 몸들의 공통적 속성들에 토대를 둔다. 몸은 본성상 덕스러운 삶의 가능성을 항상 정초한다. 실제로, 스피노자에게서, "덕에 의해 행동하는 것은 우리에게 있어서, 이성의 지도에 따라서 행동하고 살며 자신의 존재를 보존하는 것(동일한 것을 말하는 세 가지 방식) 외에 다른 것이 아니다. 그리고 이는 정확히 토대에 상응하는바, 토대란 자신에게 유용한 것을 추구하는 것으로 이루어진다."[205] 그런데 이성은 정의

---

205 *Éthique* IV, XXIV.

상 두 번째 유(genre)의 인식이며, 공통의 개념들에 근거하는데, 이 공통의 개념들이란 곧 몸들이 서로 조화를 이루게 하는 속성들을 표현하는 적합한 관념들을 말한다. 사실상 몸들은 어떤 것들에서 서로 일치하며 공통의 속성들을 소유한다. 동시에 정신은 선과 악의 공통적 개념들, 즉 몸들이 자신에게 유용하거나 해로운 것과 관련해서 동의를 표현하는 공통적 개념들을 지어낼 수 있다. 그래서 스피노자는 선과 악의 개념들의 상상적 특징을 강조하지만, 그럼에도 불구하고 이어서 그 개념들을 보존하고, 적합한 방식으로 재정의하는 것이다. "나는 우리에게 유용하다고 확실히 알 수 있는 것으로서 선을 이해한다. 그리고 우리가 선을 소유하는 것을 막는 것으로서 악을 이해한다."[206] 그리하여 그는 선과 악의 진정한 인식을 암시한다.[207] 선은 공통적으로 유용한 것이며, 일반대중이 유용하다고 믿는 것이 아니다. 선은 적합하게 인식되기 위해서 혼연하게 상상되기를 멈춘다. 그렇게 재정의된 선과 악이 그렇다고 해서 절대적으로 타당한 실재 자체의 위상을 획득하는 것은 아니다. 재정의된 선과 악은 인간의 공동체에 상대적인 개념들로 남아 있으며, 상위의 역량의 추구라는 틀 안에서만 타당성을 가진다. 공통의 개념들에 근거를 둔 유용한 것의 과학인 윤리학이 정신들의 일치를 실현시킬 수 있는 것은 오로지 몸들의 합의가 있기 때문이다.

몸적 능력들과 지성적 개념화 간의 그러한 필수적인 일치는 선과 악의 개념들 너머에서 정신의 윤리적 구원, 정신의 완전한 행복, 또는

---

206 *Ibid.*, définition 1.
207 *Ibid.*, XIV.

정신의 자유가 자신의 몸으로 행동할 수 있는 능력에 비례한다는 사실을 함축한다. 뿐만 아니라 스피노자는 그 점을 분명하게 선언한다. "매우 많은 것들에 적합한 몸을 가진 자는 정신을 가지고 있는바, 이 정신의 가장 큰 부분은 영원하다."[208] 따라서 몸은 윤리학의 중심에 있으며, 몸의 덕은 구원의 조건이다.

결국 유용한 것, 아름다움, 그리고 선의 추구는 존재를 지속하기 위한 노력이라는 성질을 띠며, 정신의 존재와 마찬가지로 몸의 존재의 역량을 나타낸다. 기술, 예술, 그리고 윤리학은 자신의 완벽함을 증대시키기 위한 목적들로 정의되는, 인간 욕망의 실천적 양태들을 구성하며, 그런 자격에서 몸의 활력을 결집시킨다. 그리하여 몸의 실천적 역량은 근본적으로 자신이 결과 자체인 그런 최초의 욕망과 관계하며, 그것의 본성을 성찰할 것을 권유한다. 몸과 관계된 욕망은 다양한 목표에 투자되고 우리의 성적 본성 속에 뿌리를 내리고 있는 리비도적 에너지처럼 나타난다. 프로이트가 원하는 것처럼 리비도가 전적으로 성적 기원을 가진 충동이건 아니건 상관없이 어쨌든 인간 존재들은 성을 가지고 있으며, 몸은 남성 또는 여성으로 특정화되어 있다. 그렇기 때문에 그러한 결정을 검토하고, 몸의 성적 역량에 대해 질문하는 것이 적절할 것이다.

---

208 *Éthique* V, XXXIX.

5장

성차에 의한 몸

"몸의 내밀한 삶은 매우 심오하다! 그것은 우리에게서 끔찍한 외침을 끌어낸다. 그것에 비해 폭발적인 신앙심은 맥빠진 중얼거림일 뿐이다."—바타유(Georges Bataille), 『나의 어머니』(*Ma Mère*), p. 101.

1. 성적 욕망

"진정한 사랑 속에서, 몸을 감싸는 것은 영혼"[1]인 반면에, 성적 욕망 속에서, 영혼을 한정하고 영혼이 육화되도록 인도하는 것은 몸이다. 사랑의 형태들과, 정서적 조합들이 얼마나 다양하든 상관없이 욕망은 우선 육체의 존재와 관계하며, 단지 절제나 금욕을 거친다고 해도 몸과

---

[1] Propos cité par Nietzsche, *Par-delà bien et mal*, p. 142. [니체의 『선악을 넘어서』에서 인용된 내용]

의 관계를 가동시킨다. 그리고 욕망은 향유와 성적 쾌락에 대한 몸의
능력을 보여 준다.

어쨌든 이러한 에로틱한 역량은 몸의 실천적 활동으로 환원되지
않고, 미학으로도, 윤리학으로도, 기술로도 환원될 수 없다. 실제로 성
적 욕망은 반드시 몸의 아름다움에 의해 깨어나는 것은 아니며, 몸의
추한 모습이나 볼품없는 모습도 성적 욕망을 촉발시킬 수 있다. 데카
르트도 "약간 사팔뜨기였던"[2] 여자아이에 대한 어린 시절의 사랑 때문
에, 사시가 있는 여성들에게 매력을 느낀다고 고백하지 않았던가? 그
는 자신을 꼼짝 못 하게 하는 완벽한 아름다움보다, 문제가 되는 것이
결함이라는 것을 충분히 인지하면서도 눈의 애교를 더 선호한다. 욕망
은 하물며 인격의 도덕적 성질을 따르는 것도 아니다. 절망스럽게도
나는 내가 좋게 평가하는 누군가에 대해서는 무관심하게 있으면서 내
가 경멸하는 누군가를 격렬하게 욕망할 수 있다. 비제(Georges Bizet)
의 오페라에서, 배반당한 돈 호세는 카르멘을 가증스러운 사람으로 취
급하면서도 그녀를 계속 따라다니고, 반면에 그에게 있어 완전한 사랑
인 다정한 미카엘라를 계속 무시하지 않았던가? 에로틱한 예술이 존
재할 때조차, 결국 욕망은 "사랑을 제작하다"(faire l'amour)[3]라는 대중
적 표현이 떠올리게 하는 바와는 반대로 하나의 기술로 환원되지 않는
다. 정확히 말해서 사랑은 제작되지 않고 체험된다. 섹슈얼리티 속 몸
은 외부 세계와 실천적 관계들에 연루되는 것이 아니다. 몸은 행위들,

---

2 Cf. *Lettre à Chanut*, du 6 juin 1647, A.T., V, p. 57.

3 [옮긴이] faire l'amour는 성행위를 뜻하는 표현이나, 단어가 가진 원뜻 그대로 풀이하자
면, '사랑을 제작하다'로 번역된다.

기투들, 그리고 몸을 둘러싸고 있는 가능성들을 박탈당한 채, 육체 존재의 단순한 현전으로, 현실의 몸의 순수 존재로 되돌아가는 것이다. 이러한 관점에서 성적 활동이나 성적 실천이라는 표현은 욕망의 본성의 성질을 매기기에 적합하지 않은 것처럼 보인다.

1) 섹슈얼리티, 타인에 대한 존재 방식?

역설적이게도, 몸의 그런 성적 역량은 철학자들의 탐구 대상이 된 적이 거의 없었고, 프로이트, 바타유, 마르쿠제, 또는 푸코의 연구들에도 불구하고, 몸에 관한 저작들의 대부분의 저자들에게서 계속해서 무시되고 있다. 그럼에도 불구하고 성적 욕망은 타인에 대한 관계 양태들 가운데 하나이며, 인간 상호 간의 관계에 대해 검토할 때 적절한 자리에서 묘사되어야 할 것이다. 이러한 침묵을 설명하기 위해 제시된 일반적 근거는 성생활의 비밀스러운 특징과 금기와 관계가 있다. 실제로 인간의 섹슈얼리티는 동물적인 순수한 본능의 형태를 띠는 것이 아니라, 나체, 근친상간, 간통처럼, 사회적 관계들을 지배하는 금지와 함께 작동하는 에로틱한 역량의 형태를 띠고 있다. 조르주 바타유가 에로티즘의 본성을 정의할 때 분명하게 말했던 것이 그것이다. "인간의 섹슈얼리티가 금지들에 의해 제한되고 에로티즘의 영역은 금지들의 위반의 영역이라는 점에서, 에로티즘은 동물들의 섹슈얼리티와 차이가 있다."[4] 사람들은 섹슈얼리티가 대놓고 영위되는 것이 아니며, 경박한 시

---

4 *L'érotisme*, p. 283.

선에 대해 감춰져 있다는 것을 이해한다. 바타유는 말한다. "여기저기에서, 그리고 틀림없이 아주 옛날부터, 우리의 성적 활동은 비밀을 강요당했고, 여기저기에서, 또한 다양한 단계에서, 우리의 성적 활동은 우리의 존엄과 상반된 것처럼 나타난다. 그 결과 에로티즘의 본질은 성적 쾌락과 금지의 뒤얽힌 결합 안에서 주어진다."[5] 더구나 바로 그런 이유 때문에 성적 욕망은 종종 불안과 뒤섞이고, 쾌락에 짜릿함을 더하는 막연한 수치심과 뒤섞이는 것이다.

섹슈얼리티의 수치스럽고 추문적인 특징은 대체로 인간들 가운데에 있는 신들처럼 살아가기를 추구하는 철학자들이 내놓는 사변들의 대상이 될 자격을 갖지 못한다. 그런데 니체가 반어적으로 주장하는 것처럼, "인간이 그렇게나 쉽게 자신을 신으로 주장하지 못하게 만드는 것은 바로 허리띠 아래에 있는 몸의 부위다."[6] 그럼에도 불구하고, 욕망이 금지된 열매에 대한 유혹과 어느 정도 연결되어 있다고 해도, 이것은 금지가 욕망의 본성에 구성적임을 함축하는 것이 아니며 에로티즘의 모든 형태가 반드시 본질상 위반적임을 함축하는 것은 아니다. 매우 허용적인 사회들 안에서, 섹슈얼리티의 은폐된 특징은 종종 우스꽝스러운 소극(笑劇)의 비밀과 같은 부류이며, 더 이상 그 주제에 대한 지속적인 침묵을 설명하기 위해서 요청될 수 없다.

실제로 인간의 성적 생활을 고려하는 것에 대한 거부는 반드시 검열의 결과인 것은 아니며, 품위나 정숙함과 연관된 이유들에 강제로

5 *Ibid.*, p. 119.
6 *Par-delà bien et mal*, p. 141.

복종하는 것도 아니다. 만일 욕망이 생식 기관의 본성의 기능이라면, 그것은 전적으로 우연적이며 실존의 진리를 표현하지 못한다. 사르트르가 다음과 같이 환기시키듯이 말이다. "사람들은 틀림없이 자신을 '남성'이나 '여성'으로 특정화하는 것이 '인간적 실재'에 대한 우연성이라고 간주할 수 있다. 틀림없이 사람들은 성적 차이의 문제가 **실존**의 문제와 하등 상관이 없다고 말할 수 있다. 왜냐하면 여성처럼 남성은 '실존'하며, 그 이상도 그 이하도 아니기 때문이다."[7] 기관의 본성에 의해 결정된 성적 욕망은 다만 인간적 삶의 우연적 소질일 뿐이며 현존재(Dasein)의 존재론에서 나오는 것이 전혀 아니다. 성적 욕망은 오히려 생물학에 의해 지지되는 심리학에 속하게 될 것이다. 사르트르에 따르면, "그렇기 때문에 실존주의 철학들은 섹슈얼리티에 몰두해야 한다고 생각하지 않았다. 특히 하이데거는 그의 실존 분석에서 섹슈얼리티에 대한 약간의 암시도 하지 않는데, 그리하여 '그의 현존재(Dasein)'는 우리에게 무성(無性)적인 것처럼 나타난다."[8]

따라서 문제는 이렇다. 섹슈얼리티가 인간의 생리학과 연관된 우연적인, 단순한 부대현상에 불과한 것인지, 아니면 타인에 대한 관계의 근본적인 양태를 구성하는지를 결정하는 것이다. 사르트르는 두 번째 가정 쪽으로 향하는 경향이 있으며, 섹슈얼리티를 우연적인 방식으로 실존 안에 속하게 된, 말초적 반사활동으로 환원시키는 것을 거부한다. "우리는 게다가 성적 삶이라는 이 엄청난 일이 인간의 조건에 이

---

7 *L'être et le néant*, p. 433.
8 *Ibid*.

르게 되었음을 인정할 수 있을까? 그럼에도 불구하고 첫 눈에 보기에, 욕망과 그 반대인 성적 공포는 타인에 대한 존재의 근본적인 구조들인 것처럼 나타난다."[9]

우연성과 사실성을 명목으로 성적 삶을 은폐하는 일은 어떤 암묵적 전제에, 즉 의식의 사실로서의 욕망은 우연적인 생리학적 규정이라는 전제에 근거를 두고 있다. 하지만 질문은 인간이 (생물학적으로) 유성적(sexué)이기 때문에 성적 존재인지, 아니면 인간이 근본적으로 성적 존재이기 때문에 (생물학적으로) 유성적인지를 아는 데 있다. 이 문제는 사르트르가 제기한 것으로서, 그는 자신의 선행자들과는 반대로, '대자'(Pour soi)가 우연적으로 성적이라는 것을 인정하지 않고, 섹슈얼리티가 음경이나 질과 같은 몸의 특별하고 우연적인 구조에 그 기원을 가지고 있다는 것을 인정하지 않는다.

사람들은 말한다. 인간은 성기를 소유하고 있기 때문에 성적 존재라고 말이다. 하지만 그 반대라면? 만일 성기가 도구에 불과하거나, 근본적인 섹슈얼리티의 이미지와 같은 것이라면? 만일 인간이 세계 속에서 실존하는 존재, 다른 인간들과의 관계 속에 있는 존재인 한에서 본래적으로나 근본적으로 성적 존재이기 때문에 성기를 소유하고 있는 것이라면?[10]

---

9 *Ibid.*
10 *Ibid.*

두 번째 가정에 의존하는 사르트르는 성적 기관들의 성숙이나 사용과 무관한 성적인 삶이 존재한다는 것을 강조한다. 아이들, 거세된 사람들, 또는 노인들이 증명하듯이 말이다. "재생산에 적합하고 향유를 끌어내기에 적합한 성적 기관을 사용(disposer)할 수 있다는 사실은 우리의 성적 삶의 한 단계나 한 국면만을 나타낼 뿐이다."[11] 게다가 성전환자들(transsexuels)의 존재는 에로틱한 삶이 생식 기관들에 의해 전적으로 결정되지 않으며, 해부학과 성적 정체성 간의 체계적 일치가 존재하지 않는다는 것을 잘 보여 준다. 성기에 의한 성구분은 근본적인 섹슈얼리티의 한 국면에 불과하며, 근본적인 섹슈얼리티는 기관에 의한 생리학적 틀을 넘어선다. 성적인 것은 생식기와 혼동되어서는 안 되며, 몸의 기능으로 환원되어서도 안 된다. 그것은 반대로 존재 전체를 끌어들인다. 섹슈얼리티는 별도의 한 층위를 구성하지 않으며, 생식 기관을 소재지로 갖는 단순한 메커니즘도 아니다. 이러한 점을 메를로-퐁티는 강조하는데, 그는 후두부의 부상으로 인해 운동 장애와 지적 장애의 피해를 입은 환자인 슈나이더에 대한 연구에 근거를 두고 있다. "만일 인간에게서 섹슈얼리티가 자율 반사 장치라면, 만일 성적 대상이 해부학적으로 규정된 쾌락의 어떤 기관에 도달하게 된다면, 뇌의 손상은 그러한 자율운동을 자유롭게 풀어놓는 결과를 낳게 될 것이며 강화된 성적 행동으로 나타나야 할 것이다."[12] 그런데 슈나이더는 그렇지 않았다. 그는 자신이 직접 성적 행위를 추구하지 않으며 촉각

---

11 *Ibid*.

12 *Phénoménologie de la perception*, p. 182.

적이거나 시각적인 자극들에 거의 반응하지 않는다. "따라서 섹슈얼리티는 자율적 과정이 아니다. 그것은 인식하고 행동하는 존재 전부에 내적으로 연결되어 있다."[13] 섹슈얼리티는 지향성을 나타내며 실존적 의미를 소유하고 있다. 이는 무엇을 의미하는가?

나체성

대자적 존재의 근본적 구조와 타인에 대한 존재의 근본적 구조인 섹슈얼리티는 의식인, 그리고 자유인 인간과 연관된다. 메를로-퐁티에게 섹슈얼리티는 "모든 사람에게 주어져 있는 하나의 시련이고, 자율성의 가장 일반적 순간과 의존의 가장 일반적 순간 속에서 언제나 인간 조건에 연결되어 있는 것이다."[14] 이런 시련은 마주보는 것으로, 인정을 위한 의식들의 죽음에 이르는 투쟁으로 이루어지는 것이 아니라, 몸 대 몸으로, 향유를 위한 사랑의 투쟁으로 이루어진다. 실제로 성적 욕망은 무엇보다 몸의 욕망이다. 욕망은 의식으로서 타인을 인정하기보다 타인의 몸을 인식하려고 노력한다. 몸들은 서로를 체험하고 하나의 몸이 다른 몸에게 주어지며, 쾌락의 유희에는 두 몸 모두가 제공된다. 몸들은 자신을 드러내고 모든 옷차림들과 태도들을 벗어 버리고, 스스로를 살로, 즉 육화된 의식들로 만든다. 섹슈얼리티는 나체로 있음을 함축하며 대부분의 사회를 제재하는 금지를 깬다. 바타유는 금지의 불합리하고 근거 없이 주어진 특징을 드러내면서, 나체에 대한 금

---

13 *Ibid.*, p. 184.
14 *Ibid.*, p. 195.

지와 이 금지에 대한 위반이 에로티즘의 일반적 주제를 제공한다고 믿는다.[15] 그러므로 공적 질서 안에서의 규칙의 위반은 사적인 것 안에서는 성적 유희의 규칙이 된다.

그렇지만 나체로 있다는 사실 전부가 에로틱한 나체로 환원될 수는 없다. 왜냐하면 그것은 역설적으로 여러 형태를 띨 수 있기 때문이다. 예술적인 벌거벗음, 자연주의자의 나체는 에로틱한 노출과 같은 본성을 갖지 않는다. 물론 몸의 전시는 언제나 추문의 향기를 뿜는다. 예를 들어 쿠르베(Gustave Courbet)의 「세상의 기원」(*L'origine du monde*), 또는 모든 시선에 여성의 성기를 노출시키는 로댕의 「이리스, 신들의 전령」(*Iris messagère des dieux*)을 둘러싼 논쟁들이 증명하듯이 말이다. 나체로 살아가는 민족들은 종종 야생적 민족으로 간주되었고, 나체주의는 동물성으로의 수치스러운 회귀처럼 간주되었다. 어떻든지 간에 에로틱한 나체는 옷을 벗어 버리는 자유를 주장하는 나체주의자의 나체와 전혀 상관이 없다. 나체주의자의 나체는 성적인 나체가 아니라, 이를테면, 무성적이다. 나체주의자는 타인의 시선에 대해 나체인 것이 아니다. 왜냐하면 그의 나체는 타인으로 향하는 것이 아니기 때문이다. 나체주의자의 나체는 자기에 대한 관계의 표현, 자연 또는 자유의 이념에 대한 표현이다. 그것은 고유한 몸의 역량을 긍정하고 타인의 시선을 배제하는 생명과 안락(bien-être)의 개념이라는 옷을 입은 활동가의 나체이다. 관음증이 자연주의자들의 영역에서 강하게 비난받는다는 사실, 무례한 욕망의 표현이 그 당사자를 경멸과 조

---

15 *L'érotisme*, p. 283.

롱의 대상으로 만든다는 사실이 그에 대한 증거다. 나체주의자는 타인의 자유에 대한 존중의 베일로 감싸인다. 나체주의자의 나체는 어느 정도 사회적이고 관습적인 것으로 남아 있는데, 어떤 규칙들을 준수하기 때문이다. 문신 또는 상황을 위해 고안된 보석들로 꾸며진 나체가 완전히 벌거벗는 일은 드물며, 나체주의자의 나체는 종종 옷을 입는 또 다른 방식처럼 나타난다. 예를 들어 선탠은 해변에서 의복의 형태를 한다. 선탠은 보호하는 베일로 피부를 둘러싸고 외설적으로 판단되는 흰 피부를 감춘다.

나체주의자의 나체가 평온한 나체인 반면에, 성적인 나체는 혼란스러운 것인데, 왜냐하면 후자는 타자를 유혹하려는 목표를 갖기 때문이다. (라틴어) *seducere*는 어원적으로 따로, 떨어뜨려 데려가기, 분리시키기, 그리고 자기로 향하도록 이끌기를 의미한다. 에로틱한 차원에서 나체는 타자를 끌어당기고, 타자가 떨어져 존재하도록 그를 세계로부터 떼어 놓는 것을 목적으로 한다. 나체주의자의 나체와는 반대로, 에로틱한 차원의 나체는 시선을 내리라고 권하지 않으며, 반대로 타인을 유혹하고 타인의 주의를 돌리기 위해서, 이중적 의미에서 타인을 사로잡기 위해서(captiver)[16] 타인의 시선에 자신을 제공한다. 그렇기 때문에 유혹은 자기를 베일로 감추기와 베일을 벗기기의 정교한 유희처럼 제시된다. 유혹에서 보여 주기는 은폐된 것을 암시하고 그것을 은닉하면서 또한 드러내는데, 이는 호기심을 깨어 있는 상태로 붙잡아

---

16 [옮긴이] 여기서 이중적 의미란, 불어의 captiver가 갖는 두 가지 의미를 가리킨다. 즉 그것은 포획하다와 매혹하다라는 의미를 갖는다.

두기 위해서다. 에로틱한 나체는 타인에게 욕망에 동의하라고 부추기는 사랑에 대한 호출이다. 그것은 타자를 매력으로 붙잡으려는 목적을 가진 자기의 재능이다. 그것은 동의되었을 때, 함정이라고 할 수 있는데 이것은 절대로 속임수가 아니다. 하지만 노출된 몸은 자신의 역량과 동시에 자신의 취약함을 보여 준다. 실제로 나체는 자기에 대한 탈(脫)소유의 상징이다. 대부분의 인간 존재가 나체 상태에서 놀라게 되었을 때 자신을 숨기거나 위협을 당한 것인 양 자신을 보호한다는 것이 그 증거이다. 나체로 있음은 어떤 문명에서는 종종 죽음에 놓여 있음의 시뮬라크르이기도 하다. 따라서 에로틱한 나체는 작은 죽음을 미리 형상화하는 자기의 포기를 함축한다. 그것은 메를로-퐁티가 강조하듯이, 언제나 소외의 위험을 포함하고 있다.

인간은 보통 자신의 몸을 보여 주지 않는다. 그가 그렇게 할 때, 그것은 때로는 두려움과 함께, 때로는 유혹하려는 의도로 그렇게 한다. 몸을 훑어보는 낯선 시선은 그를 벗어나거나, 아니면 반대로 그의 몸의 전시가 무방비상태의 타인을 그에게 내어 주는 것처럼 보인다. 그리고 이때 타인은 노예로 환원될 것이다. 따라서 정숙과 몰염치는 주인과 노예의 것이기도 한 나와 타인의 변증법 안에 자리를 얻게 된다. 내가 몸을 가지고 있는 한에서, 나는 타인의 시선 아래 대상으로 환원될 수 있고, 그에게 더 이상 인격으로서 고려되지 않을 수 있다. 또는 반대로 나는 그의 주인이 될 수 있고 이제 내 차례에서 그를 바라볼 수 있다.…[17]

타인을 더 잘 소유하기 위해 자신의 몸을 노출하는 인간은 다음 차례에서 자기가 소유될 수 있으며, 성적 유희를 구속으로 변형시킬 수 있고, 애정 관계를 노예적 결박으로 변형시킬 수 있다. 유혹은 꾐에 의한 지배의 시도와 유사하며, 주인과 노예의 관계들을 세울 수 있다. 뿐만 아니라 사랑 관련 어휘들은 그 흔적을 보존하는바, 사랑받는 여자를 정부(maitresse, 여주인)라는 용어로 지시하기도 한다. 그리하여 성적인 나체는 두려움의 전율과 뒤섞인 쾌락이, 포획되는 것에 대한 두려움과 강탈의 쾌락이 전달되게 한다. 인간들이 대상으로 변형되고 자유로운 주체의 존엄을 잃어버리는 위험, 이 가장 큰 위험을 겪는 것은 바로 섹슈얼리티를 통해서이며, 강간과 성폭력이 그 점을 증명한다. 물론 타인과의 모든 관계에서 그런 소외의 위험은 존재한다. 왜냐하면 나의 몸은 바깥에서 타인에 의해 보이고 타인 앞에 정립된 대상처럼 제시되며, 분석과 해부를 당할 수 있기 때문이다. 어쨌든 나의 행동과 말은 오해를 사라지게 하고 나를 자유로운 주체로서 인정하게 만들거나, 나의 몸을 육화된 의식으로 이해시킨다. 섹슈얼리티의 경우에 부인된 존재의 위험은 증가하는바, 이는 두 가지 주된 이유 때문이다. 한편으로 욕망은 몸을 향하고 육체 속에 있는 타인을 겨냥하며 그를 힘으로 강제하려고 할 수 있다. 다른 한편으로, 욕망이 공유될 때 의식은 욕망에 저항하지 않고 그 자체 온전히 몸이 된다. 사르트르는 "욕망은 욕망에 대한 동의"[18]라고 말한다. 맥이 빠진 인간은 자신을 맡기

---

17 *Phénoménologie de la perception*, p. 194.

18 *L'être et le néant*, p. 438.

고, 자신의 감정을 지배하는 주체에 대한 통제와 지배를 포기하고, 이를테면, 타인의 손 안에 자신의 자유를 내놓는다. 성적 나체는 단순한 물리적 나체가 아니다. 그것은 형이상학적이다. 왜냐하면 그것은 육체가 되는 자유, 타인에게 제공되는 자유를 드러내기 때문이다. 이러한 조건에서 인간은 늘 부정되는 존재, 대상으로 취급되는 존재의 위험을 불러들인다.

어쨌든 그러한 것이 유혹의 목표는 아니다. 문제가 되는 것은 사실 타자를 소유하고 그의 몸을 무기력한 물질적 사물처럼 탈취하는 것이 아니다. 사람들이 유혹하고자 하는 것은 살아 있는 몸, 그리고 의식이다. 문제가 되는 것은 타자의 자유가 나를 향한 항거할 수 없는 움직임에 의해 사로잡히고 이동되도록 하는 것이다. 문제가 되는 것은 자유로서의 자유를, 매료된 존재의 매료된 자유를 소유하는 것이고, 그로 하여금 자신의 포획에 동의하게 하는 것이다. 그러한 것이 사랑에 의한 강탈의 의미다. 유혹은 아주 커다란 자유, 무관심이나 초연을 통해 나타나는 그런 자유에 잘 맞지 않는다. 하지만 유혹은 자유를 삭제하거나 자유를 기계적 굴종으로 변형시키려고 하지 않는다. 노예 상태는 욕망을 죽인다. "우리가 사랑을 하면서 타인에게서 욕망하는 것은 정열적인 결정론이 아니며, 도달 영역 바깥의 자유도 아니다. 반대로 자유가 정열적인 결정론을 **작동**시키고, 자신의 작동에 몰두하는 것이다."[19] 성관계는 우선적으로 신뢰의 행위로서, 그때 각자는 타인에 대해 몸이 되고, 욕망에 자신을 내어 줄 것을 상호적으로 받아들인다. 성

---

19 *Ibid.*, p. 416.

관계는 대상들의 방식으로 즉자 존재의 순수한 양태로 환원되는 것이 아니며, 의식들의 방식으로 대자 존재의 순수한 양태로 환원되는 것도 아닌, 둘의 존재이다. 성관계는 의식이 다만 몸에 불과하고 몸이 아닌 다른 어떤 것도 열망하지 않는 그런 특권적 순간이다. 의식은 자신의 몸과 공모하고, 자신의 몸 안으로 흡수되며, 자신의 실존적 존재 안에서, 주체도 아니고 대상도 아닌 자신을 보도록 내어 준다.

하지만 그렇게 타인의 시선에 제공된 몸은 단지 보이기만을 추구하는 것은 아니다. 성적 나체는 벌거벗은 몸과 아무런 관계가 없다. 성적 나체는 형태의 아름다움 때문에 관조되는 조형적인 나체성이 아니며, 어떤 포즈(pose)를 포함하지 않는다. 그것은 각자가 자신의 몸을 타인에게 내맡기며 자신을 내려놓기(déposition)다. 성적 나체성은 탐미주의자의 눈을 요청하지 않는다. 왜냐하면 그것은 근접성으로의 초대이고, 육체들의 접촉에의 초대이기 때문이며, 거리를 없애고 관조를 위한 물러나기를 없애는 것을 목표로 삼기 때문이다. 연인들은 서로의 눈 안에서 눈을 들여다보지만, 자신을 보지는 못한다. 그들은 너무나 가까이 있으며, 그들의 시선은 장애물이자, 타자의 현존, 매우 꼼꼼하게 해부될 수 없는 그런 타자의 현존에 의해 방해를 받는다. 그러니까 성적 욕망은 몸의 아름다움 앞에서 멈추지 않는다. 성적 욕망은 촉각이 왕이 되는 세계를 끌어올리기 위해서 아름다움을 넘어선다. 성적 욕망은 근접성의 기관들인 촉각, 미각, 후각을 위해서, 시각과 청각의 우위를 폐지함으로써 감각들과 그 위계를 뒤집는다. 벌거벗은 몸과 반대로 성적 나체성은 시각을 부르는 것이 아니라, 촉각과 애무를 부른다. 게다가 욕망은 시각을 촉각적 도구로 변형시키고 시각을 촉각의 양태들로 만든다. 연인들은 감미로운 눈을 하고, 부드럽고 애무하는 시선으로 서로를 감싸 안는다.

애무와 키스(baiser)

애무는 욕망의 특권적 표현 방식들 가운데 하나, 그리고 몸의 경로를 통해 타인을 발견하는 방식들 가운데 하나이다. 발레리가 『알파벳』의 미완성 초고에서 제시하는 것이 그것이다.

> 이 다리, 몸의 이 탑, 이것이 너인가? 정말로 그것이 너인가? 너는 있다. 두 눈을 감기를. 손은 감싼다. 그리고 손은 그 커다란 동작으로 이 가슴 부분 전부를 포괄하고 개괄한다고 믿는다. 가슴 부분의 부드러움은 계속 이어진다. 손바닥 아래의 저항과 흐뭇함의 혼합. 떠도는 손가락들의 연한 살은 형태를 만들고 창조한다는 인상을 그에게 준다. 하지만 떠도는 손가락들이 만들고 창조하는 것은 있는 그것 자체에 따라 형성되기를 원하는 어떤 것이다.[20]

애무는 표피적인 단순한 스침, 두 표피 간의 접촉이 아니다. 애무는 형태를 형성하고 나에 대해서, 그리고 타인에 대해서 그 형태를 살로 체험시킨다. 타인의 몸은 나의 손 아래에서 계시되고 깨어나며, 그 표면의 부름에 대해 깊은 곳으로부터 응답한다. 그래서 사르트르는 애무를 "타인을 육화하는 의례들의 집합"[21]으로 정의한다. 그가 보기에 애

---

20 *Alphabet*, p. 133.

무는 살의 제작이다. 이 용어를 통해 사르트르가 겨냥하는 것은 몸의 일부, 피부나 세포들이 아니다. 살은 모든 상황들, 그리고 자유가 개입되어 있는 모든 가능성들과 무관하게 사실성 속에서 몸을 표현하는 순수한 실존적 존재(être-là)다. 애무를 통해서 나는 타인에게 그의 육화된 존재를 계시하고 그로 하여금 살의 존재로서의 몸을, 즉 살아 있는 소여로서, 단순한 형태로서의 몸을 느끼게 한다. 타인이 나의 애무를 되돌려주지 않는다고 할지라도, 그러한 육화의 의례는 언제나 이중의 의미를 가진다. 왜냐하면 몸은 애무하면서 자신을 애무하고, 타인을 육화시키면서 그 자신을 살로서 계시하기 때문이다. "애무는 타자의 육화를 실현하면서, 나 자신의 육화를 내게 드러낸다."[22] 타인의 몸 위를 산책하는 손은 그 몸을 대상처럼 조종하고 조작하려고 해봤자 소용이 없다. 손은 타인의 몸의 부드러움과 살아 있는 저항을 경험한다. 형태를 만드는 손은 자기 안에 머무를 수 없다. 왜냐하면 그것은 늘 붙잡으면서 붙잡히기 때문이다. 발레리는 이렇게 말한다. "이 사물을 소유하는 감각이 일어난다. 그러나 이것은 그 감각에 의해 소유된 존재의 감각인 타자에게서도 동일하다."[23] 애무는 상호적인 제작이다. 타인은 나에 대해서, 그리고 나에 의해서 자신을 발견한다. 나는 타인에 대해서, 그리고 타인에 의해서 나를 발견한다.

그렇지만 애무는 어느 정도의 거리와 외재성을 여전히 포함하고 있으며, 역량 전체로서의 성적 욕망의 진리를 나타내지 못한다. 그래

21 *L'être et le néant*, p. 440.
22 *Ibid.*, p. 441.
23 *Alphabet*, p. 133.

서 애무는 종종 근접성보다는 접근을 표현하는 전희처럼 여겨지며, 로댕의 포옹하는 연인들의 방식으로, 흘려보내기(effusion)를 몸들의 혼융(fusion)으로 변형시키는 키스의 힘을 갖지 못한다. 키스는 껴안다(embrasser)라는 단어가 암시하듯이, 포옹(etreinte)의 최초의 형태이다.[24] 팔과 손을 단번에 생략해 버리는 얽힘(enlacement), 왜냐하면 얽힘은 타인의 입술에 매달리면서, 매개 없이 곧장 타인에게 도달하기 때문이다. 키스는 소통(communication)을 일치(communion)로 변모시키는 최종적인 단어다. 입술을 가볍게 댈 때, 동시적으로 일어나는 애무, 이것은 두 입이 상호적으로 서로를 침투함으로써 몸들의 내밀함을 봉인하는 순간이다. 하지만 키스가 성교를 미리 형상화할 수 있다고 해도, 그것이 전조의 방식으로 성교라는 목적으로 필연적으로 향하는 것은 아니다. 애무처럼 키스는 그것만의 진리를 소유하고 있으며, 때때로 근접성의 성교 또는 내밀함을 공유하는 것에 동의하는 몸들의 공모보다 더 많은 것을 보여 준다. 많은 경우, 남창도 창녀도 키스는 하지 않는다.

프로이트가 「성욕에 관한 세 편의 에세이」의 2장에서 강조하듯이, 만일 키스의 쾌락이 엄마의 젖을 먹는 동안 아기가 체험했던 빨기의 구순적 향유를, 전치된 구순적 향유를 반복하는 것이라고 해도, 그것은 그러한 향유로 환원될 수 없으며 더 풍부한 의미를 지닌다. 영양 섭취 또는 호흡의 기능을 넘어서, 입은 상징적으로 교환의 장소가 된

---

24 [옮긴이] 불어로 '껴안다'(embrasser)에는 팔을 뜻하는 bras가 포함되어 있다. 즉 '껴안다'는 팔을 사용하여 포위하는 행위를 단어 속에 함축하고 있다.

다. 입을 통해 바깥은 안으로 들어오고 안은 바깥으로 나간다. 입은 세계로의 열림이나 닫힘의 구멍, 소통의 동의나 거부의 구멍이다. 수많은 표현들이 그것을 증명한다. 말하기 또는 입을 다물기, 이것은 입을 열거나 닫는 것이다. 누군가와 관계를 맺는 것, 이것은 그와 함께 입을 취하는 것(prendre bouche)²⁵이다. 키스는 자신의 내면성을 내어 주고 타자의 내밀성을 차지하기 위해서 입이 열리는 순간이다. 우리가 입술 끝으로 키스하거나 열렬하게 키스하는지에 따라서, 키스는 거부나 동화를 표현할 수 있다. 키스를 퍼붓는 것은 이론적으로, 타자와 하나가 되기 위해서 그를 비유적으로 흡수하려고 시도하는 것이 아닐까? 키스는 각자가 타자의 몸을 상징적으로 합병하고 살의 결합을 완성하는 일치(communion)처럼 나타난다. 그러나 만일 키스가 깨물기의 폭력을 수반할 수 있다면, 그것은 타자를 동화하는 행동으로 환원될 수 없다. 왜냐하면 그것은 동시에 두 입술이 밀착하는 타자성에 대한 저항의 시련도 될 수 있기 때문이다. 키스의 궁극적 의미는 그러한 긴장 안에 있을 수 있으며, 그것은 무한성을 향해 열리고, 자신이 원하는 것이 무엇인지를 모르는 욕망의 혼동을 향해 열린다. 바로 이것을 "네가 원하는 입술에 키스하라"(embrasser à bouche que veux-tu)라는 표현이 전달하고 있다. 이 표현은 욕망의 과잉과 한정된 형태로 환원될 수 없는 욕망의 본성을 동시에 나타내고 있다.

키스를 넘어서 성행위는 확실히 고독을 벗어나고 몸의 한계들을

---

25 [옮긴이] 여기서는 문자 그대로의 번역을 한 것이며, 'prendre bouche avec~'는 관계를 맺음을 표현하는 관용구이다.

벗어나기 위해 가장 멀리 나간 시도다. 성행위는 시간만이 아니라 공간과 공간의 분리된 형태들을 폐지한다. 이는 함께 얽힌 몸들의 아름다운 혼돈 속에서 그런 시간의 형태들을 결합시키고 섞이게 하기 위해서이며, 거기서 각자는 자신의 공간이 어디서 시작되고 어디서 끝나는지를 더 이상 알지 못한다. 그래서 만일 사람들이 가장 외설적인 방식에서 가장 예의 바른 방식에 이르기까지 다양한 방식으로 사랑을 이야기할 수 있다면, 그들은 종종 그러기를 선택할 것이다. 왜냐하면 아무리 일시적이라고 할지라도 몸들의 결합은 마음들의 결합의 완성된 표현의 방식처럼 나타나기 때문이다. 롤랑 바르트는 『사랑의 단상』에서 그 점을 강조한다. "껴안는 사랑의 몸짓은 시간을, 주체에게서 사랑하는 존재와의 완전한 결합이라는 꿈을 완성하는 것처럼 보인다."[26] 그것은 너와 내가 우리의 방식으로 굴절되는, 둘에 의한 존재(un être-à-deux)를 만들어 내기 위해, 살의 경계들을 후퇴시키는 욕망의 역량을 표현한다. 만일 타자의 피부 안으로 미끄러져 들어가는 것이 불가능하다면, 반대로 그를 "피부 안에서 갖는 것"이 가능하고, 타인이 세계 속에 존재해 봐야 마찬가지라는 것을 느끼는 것이 가능하다. 타자는 몸 안에 감싸여 있는 그 자신의 일부이다. 최선의 경우 결합은 아마도 이 중창에 불과하며, 이원성을 폐지하지 못하는 것은 아닐까? 그것은 하나의 신기루일까? "완전한 결합이라는 꿈 : 모든 사람은 그런 꿈이 불가능하다고 말한다. 그렇지만 나는 고집한다. 나는 그것을 단념하지 않는다."[27] 사랑하는 존재의 사라짐이 자기 자신의 몸 일부의 훼손과

---

26 *Fragments d'un discours amoureux*, p. 121.

절단처럼 느껴지는 애도의 경험은, 롤랑 바르트가 보기에, 결합이라는 꿈의 진리의 가치를 드러낸다. "네가 없이 나는 더 이상 내가 아니다. 나의 꿈의 증거가 표상된 애도 속에 있다. 나는 그가 사멸적이기 때문에 그것을 믿을 수 있다(유일한 불가능은 불멸성이다)."[28] 상실의 고통은 반대 추론에 의해서(a contrario) 타자가 나를 떠나지 않으며 내게 거주한다는 사실을 증명한다. 왜냐하면 나, 그것은 그이고, 그, 그것은 나이기 때문이다.

따라서 성적 향유는 몸을 능가하는 기쁨을 표현할 수 있고, 자신을 넘어서고 타인과 만나러 가기 위해 그 자신을 벗어나는 놀라운 능력을 증명할 수 있다. 성관계는 어떤 세계의 구성을 함축하는데, 이 세계 안에서 몸들은 서로 길들여지고 환상과 환영에 따라, 그들의 향유를 만들어 낸다. 각각의 만남은 타자성(altérité)의 발견이고 새로운 세계의 발견이다. 그것은 자기에 의해 계시된 타자의 타자성, 하지만 또한 타자에 의해 도래하게 된 자기의 타자성이다. 몸은 서로 묻고 서로 대답한다. 몸은 서로 만지면서 서로 추구하고, 피부의 알파벳을 조합한다. 그런 의미에서 섹슈얼리티는 몸들의 깊이 안으로의 여행이고, 때때로 함정들이 놓여 있는 쾌락의 오디세이아다. 최고가 될 수 없을지도 모른다는 두려움, 불능과 불감증의 두려움, 부정되고 좌절되고 만족할 수 없을지도 모른다는 걱정 등. 타인은 사르트르가 강조했던 것처럼 단지 나와 나 자신 간의 중재자만은 아니다. 타인은 나의 몸과 나 자신

27 *Ibid.*, p. 270.
28 *Ibid.*

간의 중재자이다. 왜냐하면 타인은 내가 나 자신의 육체적 성향에 대해 의식하게 만들고, 나로 하여금 경험해 보지 못했으며 생각해 본 적도 없었던 감각들을 체험하게 함으로써, 나의 몸의 역량의 공간적 확장을 내게 드러내기 때문이다. 반대로 나는 발레리를 모델로, 타인에게 이렇게 말할 수 있다. "네가 알지 못했던 원천을 네가 느끼길. 나는 너를 변형한다."[29] 물론, 자위와 모든 형태의 자기성애가 이미 자기에 의한 몸의 탐험과 향유에 대한 몸의 능력을 구성한다. 하지만 이러한 발견은 혼자만의 상상에 한정되어 있으며 몸의 역량의 일부만을 드러낼 뿐이다.

2) 욕망의 역량

발레리가 고대했던 것은 확실히 섹슈얼리티를 통해서 몸의 '너 자신을 알라'(gnôti séauton)가 가장 높은 수준에서 완성되는 것이었다. 왜냐하면 인간들은 자신의 고유한 욕망으로부터 자기 자신을 아는 법을 배우고 당황스러움을 안겨 주는 낯설음을 발견하는 법을 배우기 때문이다. 성경에서 인식이 육체적 행위를 또한 지시하고 있다면, 이는 우연이 아닌 것이다. 자신의 리비도의 거울 속에서, 각자는 자기가 존재한다고 믿는 그것이 아니라는 것을 볼 수 있고, 표방된 자신의 의지와 밝혀진 실재 사이의 차이를 측정할 수 있다. 그래서 성적 욕망은 아마도 몸의 역량의 가장 주목할 만한 표현인데, 왜냐하면 성적 욕망은 부분

29 *Alphabet*, p. 132.

적으로 주체의 통제를 벗어나고 주체의 제어능력에 손상을 입히기 때문이다. 아우구스티누스와 사르트르는 각자 자신의 방식으로 그러한 경험을 하며, 자유를 침해하는 몸의 지배를 증언한다. 아우구스티누스는 색욕의 끔찍한 지배력과 시도 때도 없는 성적 본성의 표출을 한탄한다. 매우 수치스럽게도 그는 그런 성적 본성의 표출을 막을 수 없었다. 그는 사랑의 관능을 상승시키는 육체의 쾌락에 대한 항거할 수 없는 유혹을 고백한다. "사랑하고 사랑받는 것은, 내가 사랑하는 대상의 몸을 향유했을 때, 훨씬 더 감미로웠다. 따라서 나는 관능의 찌꺼기로 우정의 원천을 더럽혔다. 나는 관능의 지옥 같은 증기로 순수함을 퇴색시켰다."[30] 수치심과 가책은 육체의 악마적인 역능 앞에 선 정신의 무능력을 증언한다. 오비디우스에 따르면, 육체의 악마적인 역능 속에서 분열된 인간은 최상의 것을 보고 동의하지만 최악의 것을 행한다. 아우구스티누스와는 정반대의 어조로, 사르트르는 여자 앞에서 발기되지 않은 채 나체로 있는 것, 그리하여 여자에 대해 욕망을 갖지 않음을 보여 줌으로써 여자의 감정을 상하게 하는 것에 대한 거북함을 고백한다. 몸은 거짓말을 하지 못한다. 몸은 섹슈얼리티를 포함해서 모든 것을 지배하고자 하는 사람에게 해를 입히며, 예의를 벗어나고 상스러움에 개의치 않는다. 사르트르와 아우구스티누스, 자기 절제라는 동일한 꿈에 대한 대칭적인 두 판본이자, 몸의 능력과 마주한 무능한 자유의 두 가지 고백들. 성적 욕망은 의지의 명령에 복종하지 않는다. 성적 욕망은 명령을 받지 않으며, 풍기문란을 방어하는 경찰이 부과하

---

30 *Confession*, livre III, chap. 1, Garnier.

고자 하는 통제를 벗어난다.

따라서 그 무엇도 직접 포착할 수 없는 몸의 진리가 존재한다. 알랭에 따르면, 만일 정신이 몸을 거부하는 어떤 것이라면, 몸은 정신에게 똑같은 것을 그대로 돌려준다. 왜냐하면 몸이 정신에게 늘 양보하는 것은 아니며, 자신의 헤게모니를 주장하기 때문이다. 인간은 자신을 침략해서 휩쓸어 버리는 절대적인 욕망과 마주하면서 어찌할 바를 모르고 "사랑에 빠지게 되며", 자신의 추락 속으로 이성을 끌고 온다. 바타유는 이렇게 말한다. "성적 활기는 우리를 의식에서 멀어지게 하고 우리 안의 분별력을 약화시킨다."[31] 인간은 자신의 몸이 드러내는 것들에 깜짝 놀라고 난 다음에야 정신을 차릴 수 있을 뿐이다. 달아오른 얼굴, 전율, 발기, 갑작스러운 체액 분비는 주체가 어쩔 수 없이 경험하는 흥분을 나타나게 한다. 그처럼 정신은 인간의 뜻에 반해서 인간을 침범하는 몸의 동요에 의한 욕망의 탄생을 의식하게 된다. 몸은 욕망의 전조가 되는 일련의 신호들을 방출하는데, 그 신호들은 주어져 있는 상황을 위협하거나 그렇지 않거나에 따라 은폐되거나 해독된다. 반대로 정신은 종종, 망설임과 불쾌감을 통해서, 또는 성관계에 대한 열기를 줄이면서, 몸이 오래전부터 정신에게 의미했던 쇠약이나 파열을 받아들이는 데 그친다. 성관계가 정식으로 끝나기도 전에 몸은 정신을 침묵하게 만들거나 정신이 보기를 거부할 수 있는 욕망의 죽음을 선포한다. 몸은 모든 면에서 조종할 수 있는 도구가 아니다. 몸은 욕망과 거부의 고유한 논리를 지니고 있으며, 이 논리는 때때로 우리도 모

31 L'érotisme, p. 179.

르는 사이에 실현된다. 몸의 경향은 관계의 상태에 대한 증상들이다. 몸의 장애나 몸들의 장애를 통해, 몸은 말해지지 않은 것을 표현하고 무의식의 말이 된다. 프로이트는 그것을 「히스테리 연구」에서 분명하게 보여 준다.[32]

욕망은 그 격렬한 본성에 의해 전복시키는 역량의 형태를 갖는다. 욕망은 모순을 포함하고 가치들을 뒤집고 기존의 정체성을 위협한다. 욕망은 분열과 공포의 씨앗을 살포한다. 왜냐하면 내면의 투쟁에 의해 찢겨진 주체는 그 자신이 아닌 타자로, 그리고 자신이 더 이상 알아볼 수 없는 타자로 자신을 발견하기 때문이다. 예를 들어 『나의 어머니』의 바타유적인 젊은 영웅의 경험에서 그런 일이 일어난다. 사제의 신분을 선택하기를 열망하는 열렬한 신자인 피에르는 도착적인 어머니의 명령을 받아, 비열한 음모에 의해, 사망한 아버지의 사무실로 보내어진다. 핑계는 서류들을 분류하는 것이었다. 그는 거기서 그를 타락시키려는 목적으로, 무심코 그의 주의를 끌도록 내버려진 외설 사진들을 발견한다. 수치심과 그를 빠져들게 만든 타오르는 욕망 사이에서 그는 몸을 떨면서 사진들을 바라본다. 그는 그것들을 보는 자신을 막을 수 없다. "나의 아버지, 나의 어머니, 그리고 이 음란한 사진들의 수렁… 절망한 나는 그러한 공포의 끝까지 가 보기로 작정했다. 이미 나는 자신을 원숭이처럼 생각하고 있었다. 나는 먼지 속에 파묻혀 바지를 벗었다. 환희와 공포가 내 안에서 목을 조르는 끈을 묶고 있다. 나는

---

32 이 주제에 관해서는 다음을 볼 것. 마리-엘렌 블랭-카퐁(Marie-Hélène Belin-Capon)의 논문, "Freud et le corps : nature et expression"「프로이트와 몸 : 본성과 표현」], in *Le corps*, sous la direction de J.-C. Goddard et M. Labrune.

목이 졸렸고 성적 쾌감으로 헐떡였다. 그 이미지들이 나를 공포로 떨게 만들면 만들수록, 나는 그것들을 보면서 더 큰 향유를 경험했다."[33] 욕망의 경험은 이것이 지닌 위반의 본성으로 인해 극도의 폭력에 속하게 된다. 실제로 물레바퀴 속에 갇힌 주체는 커다란 절망 속에서 바퀴에 치이게 된다. 욕망의 경험은 찢김의 형태를 갖는다. 그것은 서로 대립하는, 상반된 두 성향들 사이에서의 찢김, 강도가 높아지면서 쾌락 속에서 폭발해 버리는 찢김이고, 자기 자신의 찢김이자, 주체로 하여금 자기 자신의 이질성을 발견하게 만드는 동일성의 베일의 찢김이다.

클라이스트(Heinrich von Kleist)의 『펜테실레이아』[34]는 욕망하는 것, 찢기는 것이 광기 안에 있다고 말한다. 아마조네스의 여왕의 경우에 찢김은 상반된 열망들, 즉 아킬레우스에 대한 증오와 격한 사랑 간의 폭력적 갈라짐만을 의미하지 않는다. 그것은 또한 사랑하는 존재를 갈가리 찢는 것을 의미한다. 사냥개들 무리의 선두에서 펜테실레이아는 아킬레우스의 몸을 갈기갈기 물어뜯는다. 금지들에 도전하고 어쩔 수 없거나 합의된 살해로까지 이어지는 욕망의 역량. 그처럼 연인들은, 오시마 나기사(大島渚)의 「감각의 제국」에 따르면, 서로 사랑하면서 삶에, 그리고 죽음에 이를 수 있다. 그리하여, 바타유에 따르면, "에로티즘은 죽음에까지 이르는 삶의 동의라고 말하는 것이 가능하다."[35]

성적 욕망은 단지 종의 재생산을 통과한다는 이유 때문이라도 삶과 연결된 역량이면서, 동시에 방탕과 파괴적 특징 때문에 죽음과 연

---

33 Bataille, *Ma mère*, p. 29, 10/18.
34 [옮긴이] 펜테실레이아는 그리스 신화의 여전사 아마조네스의 여왕이다.
35 *L'érotisme*, p. 17.

결된 역량이다. 바타유는 "관능은 파산을 초래하는 탕진과 아주 유사해서 우리는 그것의 절정의 순간을 '작은 죽음'이라고 명명한다"[36]고 강조한다. 에로티즘은 부와 지식의 축적의 형태로 사회 안에서 중시되는 자본축적의 규칙을 위반한다. 왜냐하면 에로티즘은 정도를 벗어나고 획득물이 없는 힘의 낭비이기 때문이다. 섹슈얼리티, 그것은 잃어버린 시간의 관능성, 사회적으로 유용한 시간들의 즐거운 탕진이다. 생산성에 반대되는 낭비, 금에 대한 열기에 반대되는 몸의 열기. 타오르는 욕망은 사용되며 에너지가 소비된다. 이 에너지는 욕망과 노동의 양립가능성이 문제로 제기될 정도로, 노동에서 감해진다. 그리하여 바타유는 "자유롭게 끓어넘치는 섹슈얼리티는 노동에 적합한 소질을 감소시킨다. 마찬가지로 지속적인 노동은 성적 굶주림을 감소시킨다"[37]는 것을 상기시킨다. 아마도 성적 행위와 노동은 필요(besogne)의 형태를 갖지만, 필요한 일을 하는 것(besogner)이 늘 궁핍한 자(besogneux)는 아닌 것이다. 노동의 땀은 고통이고, 반면에 포옹의 땀은 쾌락이다. 노동의 땀은 빵을 벌고, 포옹의 땀은 그것을 먹고 자신으로부터 영양분을 얻는다. 왜냐하면 관능은 그 자체 외에 다른 목적을 갖지 않기 때문이다. 욕망은, 무용하고 무보수적인 감각성을 높이기 위해서 인간을 생산성의 신성불가침한 법칙에서 분리시키면서, 세계의 질서를 전복시킨다. 욕망은 모든 의미의 커다란 변형을 일으키며 치명적인 무질서처럼 나타난다. 그래서 바타유는 "에로티즘의 진리는

---

36 *Ibid.*, p. 190.
37 *Ibid.*, p. 179.

반역"[38]이라고 주장한다. 왜냐하면 "우리는 뒤집어진 세계를 원하고, 거꾸로 된 세계를 원하기"[39] 때문이다. 아마도 노동에 의한 동원에 반항적인 몸은 규방 안에 처박히면서 자신을 빼낸 세계를 변화시키지 못한 채, 자기도 모르게 세계의 가치들을 재생산하면서 세계를 계속해서 영속시킬 수 있다. 유혹당한 여자들의 재산 목록을 만들고 또 다른 세계들의 존재를 염원하게 된 돈 후안[40]의 꿈. 이는 여성 시장의 새로운 분야를 정복할 수 있기 위해서인데, 그런 그는 부의 축재와 독점의 우주와 관계를 단절하지 않는다. 어쨌든 성적 욕망은 소외를 만들어 낼 수 있지만, 그럼에도 불구하고 만남의 공간을 열고 몸들이 왕이 되는 내밀한 지대를 장려하면서 존재들의 디아스포라에 일시적으로 종지부를 찍는다.

2. 성차의 문제

그러나 섹슈얼리티가 단순한 생리적 만족을 넘어서, 타인에 대한 존재의 방식을 구성할 수 있다고 하더라도, 어쨌든 섹슈얼리티는 생식 기관의 존재와 연관이 있으며 우리의 생식기적 본성과 관계한다. 이런 조건에서 우리는 정말로 성차를 고려하지 않고서 몸의 성적 역량을 이해할 수 있을까? 성적인 것이 생식기로 환원되지 않는다고 해도, 우리

38 *Ibid.*, p. 190.
39 *Ibid.*
40 Cf. Molière, *Don Juan*, Acte I, sc. 1.

는 생식기가 성적인 것과 완전히 무관하다고 말할 수 있을까? 우리는 인류를 두 젠더(genre)로, 즉 남성과 여성으로 나누는 구분을 무시할 수 있을까?

대자가 성적인 것은 우연에 의한 것이라는 생각을 반박하는 사르트르는 그럼에도 불구하고 성차가 우연적 현상이며 현존재(Dasein)의 존재론에 대해 외부적이라는 점을 인정한다. "성적 차이가 사실성의 영역에 속하는 것, 우리는 이것을 진지하게 인정한다."[41] 물론 『존재와 무』의 저자는 이 명제가 논쟁의 여지가 있으며, 그 자신 역시 명제를 유보 없이 인정하는 것은 아님을 이해시킨다. 어쨌든 사르트르는 그러한 명제를 토론한 적이 없으며, 역설적이게도 성별이 없는 섹슈얼리티의 이론을 만들어 낸다. 그런데 우리는 성적 차이의 과정을 피하고, 남성과 여성 간의 차이를 피하면서, 어떻게 성생활이 타인에 대한 존재 방식임을 주장할 수 있을까? 섹슈얼리티가 성차로 환원되지 않는다고 해도, 그로부터 생식 기관에 대한 모든 참조를 은폐하는 것은 매우 힘든 일처럼 보인다. 게다가 그러한 실수를 한 사람이 사르트르만은 아니다. 메를로-퐁티는 성별화된 존재로서 몸의 문제를 다루면서도, 성차에 대한 질문을 한 번도 하지 않는다.[42] 일반적으로 인간의 몸을 다루는 현재의 대부분의 철학 저작들은 성차에 대해 아무런 말도 하지 않는다.[43] 폭탄처럼 터질지 모르는 주제 앞에서의 당혹감과 신중함의 신호일까? 사변적 가치를 갖지 않으며, 철학적 영역을 벗어난다고 사람

---

41 *L'être et le néant*, p. 434.
42 Cf. *Phénoménologie de la perception*, I, chap. V.

들이 다소 모호하게 평가하는 성찰의 대상을 떼어 놓고자 하는 망각이 나 의지인가?

물론 숙고에 의한 침묵은 편견들의 수다보다 낫다. 수다는 때때로 철학적 로고스를 때깔 좋게 장식한다. 그리하여 철학적 로고스를 신임하고 싶지 않은 사람이라면 누구든지, 가장 위대한 사상가들이 적재적소에서 나타나는 것을 보기 위해 남성우월주의의 우언(寓言)들을 수집한 책을 펼쳐 보기만 하면 될 것이다. 어쨌든 여자들을 주제로 한 철학적 진주들의 수집이 의식들을 계몽하고 전투 도구들을 주조하기 위해 정치적으로 필수적인 안내서를 구성한다면, 적어도 원한의 논리를 개발하는 것은 사변적으로 무용한 것이 될 것이다. 쇼펜하우어(Arthur Schopenhauer)에게 여성혐오의 상을 수여하는 것, 또는 콩도르세(Marquis de Condorcet)에게 페미니즘의 수료증을 수여하는 것이 무슨 소용이 있겠는가? 철학자의 첫 번째 과제는 오류를 개탄하는 데 있다기보다는 진리를 탐험하는 데 있다.

성차라는 주제에 대한 침묵은 그럼에도 불구하고 만족스러운 해결책이 될 수 없을 것이다. 이유야 어떻든지 간에, 그러한 침묵은 해로운 결과들을 낳는데, 왜냐하면 그것은 최선으로는 추상적인 방식으로 몸을 어떤 보편적인 무성의 것으로 생각하도록 이끌며, 최악으로는 남성적인 특수성을 일반적 규준으로 세우도록 이끌기 때문이다. 그러니

---

43 프레스(G. Fraisse)는 남성과 여성, 남성과 여성의 관계와 갈등에 대한 흩어져 있으며 무질서한 성찰들의 존재를 철학적 글들 안에서 발견한다. 하지만 성찰적으로 인정된 대상의 위치를 부여받은 '성들의 차이'라는 철학소의 부재를 확인한다. Cf. *La différence des sexes*, PUF, pp. 41~42.

까 순결주의나 '남성우월주의'(androcentrisme)로 빠지지 않기 위해서, 그러한 차이를 고려하고 차이가 만들어 내는 영향을 분석해야 한다. 설사 그러한 차이가 무시해도 좋은 것이고 이데올로기들에 의해 인위적으로 부풀려졌다고 할지라도, 성차가 인간의 몸의 이해에 기여하는 바가 거의 없다는 것을 증명해야 할 것이고, 성차를 고려하는 것에 대한 거부를 이론적으로 정당화해야 할 것이다.

인간의 삶이 철저하게 성적이건 아니건 간에, 우리의 몸이 성별화되어 있다는 사실에는 변함이 없으며, 그러한 특수성이 인간성을 여성과 남성의 두 젠더로 나누는 것에 원칙적으로 사용된다는 사실에도 변함이 없다. 게다가 한 존재의 정체성이 무엇보다 그의 성에 의해 규정되며, 호적 담당국들이 성을 근거로 해서 사람들 각자에게 번호를 부여한다는 것이 분명하게 확인된다. 한 존재의 정체성을 그의 생식 기관에 근거해서 규정하는 것이 당연한 것처럼, 누구도 그러한 일에 놀라지 않으며 그것을 문제 삼을 생각도 하지 않는다. 정치인에게는 본질적이고, 철학자에게 비(非)본질적인 성차는 역설적이게도 전부 아니면 전무라는 논리 속에서 늘 고찰된다. 하지만 사람들은 정당화하는 절차 없이 성차를 과대평가하거나 과소평가함으로써, 성차에게 지나치게 많은 것을 내어 주거나 아니면 내어 준 것이 지나치게 없는 것은 아닐까? 따라서 문제는 여성과 남성이라는 두 젠더로 인간성을 특수화하는 것이 진정한 영향력을 갖지 않은 사건인지, 아니면 그러한 특수화가 대자 존재와 타인에 대한 존재의 구성에서 결정적인 역할을 하는지를 밝히는 것이다.

1) 성구분에 대한 비판

이러한 목적을 위해, 우선 성차가 사소한 현상이 아니라는 것에 주목하는 것이 좋다. 왜냐하면 성차는 몸들 간에 존재하는 모든 차이들 가운데 가장 일반적인 차이이기 때문이다. 관습들, 역사와 교육들에 따라 남자가 되건 여자가 되건 간에, 우리는 여성의 성으로 태어나거나 남성의 성으로 태어난다. 이 차이는 다른 모든 차이들을 다시 나누고, 인간성 전부에 대해 적용되며, 민족지학적 특징들을 2차적인 특수성들의 대열로 넘겨 버린다. 게다가 그런 이유 때문에, 실비안 아가생스키(Sylviane Agacinsky)는 "성차는 보편적"이며, "성차는 피부색, 얼굴의 특징, 또는 몸의 형태로 특징지어지는 인간의 상이한 물리적 유형들을 뛰어넘는다"[44]고 주장한다. 『성(性)들의 정치』의 저자에게, 인간성이 다시 민족지학적 그룹들, 부족들, 물리적이기보다는 종종 이데올로기적인 기준들을 바탕으로 한 인종들로 구분되어 본들 마찬가지다. 인간성은 오로지 두 젠더들, 여성과 남성만이 있을 뿐이다.

그렇지만 해부학에 기초한 인간 종의 그러한 구분은 절대적으로 정확한 것이 아니다. 성(sexe)이라는 단어의 어원이 인간성의 이분법적 분할의 관념에 신뢰를 주게 한 것은 사실이다. 그 단어는 라틴어 sexus에서 유래한 것이며, sec이라는 어원에서 파생되었고, 이 어원은 seco, 즉 '자르다', '분리하다', '구분하다'라는 단어를 낳았다. 그렇지만 성적 분할은 보편적인 것이 아니라 다만 일반적이다. 실제로 그런

---

44 *Politique des sexes*, p. 27.

분할이 필연적인 방식으로 언제나 그리고 도처에서 현존하는 것은 아니는데, 왜냐하면 그것은 자웅동체라는 잘 규정되지 않는 목록으로 다시 묶어야 하는 예외들을 허용하기 때문이다. 따라서 사람들은 배타적으로 남자나 여자로 태어나는 것이 아니다. 사람들은 두 성의 속성들을 소유할 수 있거나, 두 범주들 가운데 어느 하나 안에 확실하게 놓일 수 있는 그 어떤 성도 갖지 않을 수도 있다. 자웅동체들이 제3의 성을 구성하지 않는다고 할 수 있지만, 그럼에도 불구하고 자웅동체들이 해부학에 의해 물리적으로, 또한 정체성에 의해 정신적으로, 여성 부류 또는 남성 부류와 결코 동화될 수 없는 것은 아니다. 실제로 그들 가운데 몇몇은 자신들의 몸을 그들이 스스로를 알아볼 수 있는 성과 일치시키려는 목적으로 신체적 변형과정을 진행하기로 결정한다. 또 다른 몇몇은 여성과 남성의 양자택일을 거부하면서 진정한 남녀양성을 주장한다. 또 다른 몇몇은 자신을 남자로도 여자로도 느끼지 못하고 양성적이라고 느끼지도 못한다. 하지만 그들은 자신을 보통의 범주들로 분류할 수 없는 다른 인간 존재들처럼 정의한다.

이런 특별한 경우들의 존재는 인간성의 엄격한 분할의 확증을 다시 문제 삼으며 그런 경우들을 어떻게 분류할지에 대한 문제를 제기한다. 모습들의 다양함과 몸적 토대의 다양함이 어떻든지 간에, 인간 존재들의 어떤 집단의 특수성과 특정성을 부정하지 않는 한, 양성구유(hermaphrodisme)는 남성이냐 여성이냐의 성적인 선택을 벗어나고, 나아가 그런 선택으로 환원될 수 없다. 따라서 성적인 이분법의 존재는 보편적 규칙을 구성하지 못한다. 그것을 법칙처럼 제시하는 것, 이는 예외들을 비정상처럼, 나아가 자연의 미결정성과 연관된 괴물성처럼 간주하는 것이다. 그렇지만 미결정성은 종종 알려지지 않은 어떤 결정일 뿐이다. 그렇기 때문에 정확한 원인들을 알지 못하는 양성구유의 현상은 성적인 미결정성처럼 이해되어서는 안 되며, 반대로 우리가 습관적으로 확인하는 것과는 다른 성적 결정처럼 이해되어야 한다. "자연이 때때로 망설였던 것처럼 보이는"[45] 복잡하고 예외적인 경우들이 존재한다고 생각하는 것, 이는 조심스러운 언술에도 불구하고, 마치 자연이 목적들을 추구하지만 목표를 놓쳐 버린 것처럼, 남녀양성이 미완성된 남자나 여자와 유사하다고 이해시키는 것이다. 그런데 자연은 숙고하지 않으며, 인간의 모델처럼, 결정하지 않은 채로 머물러 있지도 않는다. 의도들을 갖지 않은 자연은 그 법칙들이 때때로 우리의 이해를 벗어나는 조합들을 생산한다.

그런 특별한 경우들을 해명하기 위해 주조된 개념들은 그 경우들을 특수성 속에서 사유하기 힘든 난점들을 나타내는데, 왜냐하면 그런 개념들 자체가 혼동들을 포함하고 있기 때문이다. 정확한 의미에서 양성구유는 수컷의 기관들인 수술들과 암컷의 기관들인 암술을 동일한 꽃 안에 포함하고 있는 식물들의 고유한 성질이거나, 달팽이나 지렁이처럼 수컷의 생식선과 암컷의 생식선을 동시에 포함하고 있는 동물들의 고유한 성질이다. 완전한 양성이어서 재생산에 적합하지 않은데도, 외양상 두 가지 성의 특징들을 지닌 무언가를 소유한 인간 존재의 성질이 진정 그 개념(양성구유)으로 평가될 수 있을까?

남녀양성(androgyne)에 관해 말하자면, 이 개념은, 정말로 정반대

45 *Ibid.*, p. 15.

되는 것들을 결합하는 현실을 표현하기보다는, 남성적이고 여성적인 이중적 본성을 소유하려는, 인간들이 품었던 신화적 꿈을 표현한다. 푸코가 기술했던 것처럼, 에르퀼린 바르뱅(Herculine Barbin)의 존재는 확실히 신화 속의 테이레시아스의 상상적 경험들이나 문학 속의 올랜도[46]의 상상적 경험들과 전혀 관련이 없다. 이것이 아마도 장 리비스(Jean Libis)가 남녀양성 안에서 애매성의 탁월한 상징을 보는 이유일 것이다. "그러한 애매성은 이중적 어원에 의해 확인된 직접적인 정체성으로 한정되지 않는다. 애매성은 또한 그 안에 남성적인 것과 여성적인 것을 연결하는, 역설적이고 사유불가능한 연결부호에도 있다. 우리가 그러한 어려움을 단순하게 만들고 도식적인 방식으로 제시하고자 할 때, 우리는 남녀양성이 축적, 결합, 보조적 몸의 방식으로만이 아니라, 또한 점유(immixion)와 종합(synthèse)의 방식으로도 상상된다고 말할 수 있다."[47] 첫 번째 경우에, 남성적인 것과 여성적인 것은 서로 추가되고 병치되며 결합에 의해 폐지되지 않는다. 그리하여 남녀양성은 양성적 성과 유사해지며 생물학적 양성구유와 어느 정도 혼동된다. 두 번째 경우에, 남성적인 것과 여성적인 것은 처음의 양극성을 극복하고 없애 버리는 고유하게 무성적인 새로운 존재를 탄생시키기 위해서 근본적으로 초월된다. 그때 남녀양성은 역설적으로 상반된 것들을 절충시키고, 과학적 탐구보다는 신화적 전개들에 더욱 유리한 수수께끼처럼 나타난다.

---

46 Cf. Virginia Woolf, *Orlando*.

47 "L'androgyne et le nocturne" [남녀양성과 야상곡], in *L'androgyne, Cahiers de l'hermétisme*, p. 12.

엄밀한 개념성의 부재는 베르그손이 종종 강조하듯이 공통의 언어 안에서 특수성을 표현하는 어려움에 의해 일부 설명되고, 남성적인 것과 여성적인 것의 일반적 범주들로 특수성을 환원시키려는 분명한 의지에 의해 또 일부가 설명된다. 그리하여, 예컨대 『로베르 사전』(*Le petit Robert*)에 의하면, 남녀양성은 "남성의 성을 가진 개인으로서, 생식기의 하등 부분이 여성 유형에 따라 발달한 것"이다. 더구나 호적은 두 개의 성만을 인정하며, 타자성에 전혀 자리를 내주지 않는 이분법적 분류표에 의해 본성을 조사한다. 그렇지만 해부학은 우리의 범주들만큼 엄격하지 않으며 개인을 그 젠더 속에서보다는 그 특수성 속에서 사유하라고 우리에게 권유한다.

따라서 우리는 그러한 자연적 차이들을 은폐하고 성적인 분할의 보편성을 확증하는 설명에 대한 근거에 대해 물을 수 있다. 양성구유라는 드문 경우는 확실히 이 경우들을 무시할 만한 것으로 간주하도록 유도할 수 있으며, 그것들에 대해 침묵하도록 권유할 수 있다. 괴물성이나 기형처럼 지각된 것 앞에서의 공포와 수치심은 동시에 그 현상을 감추도록 인도할 수 있고, 나아가 그 규모를 측정하는 것이 불가능해질 정도로 그런 현상들을 제거하도록 인도할 수 있다. 그리하여 예를 들어 그리스인들은 양성적 존재들을 불길한 기적처럼 생각했고, 저주로부터 자신들을 보호하기 위해서 양성적 존재들을 몰살했다. 마찬가지로 로마인들은 그들을 작은 배에 태워 물에 던져 버리면서 그들이 물에 빠져 죽기를 예상했다.[48] 17세기 초까지 양성구유는 화형대에 처해야 할 악마적 현상처럼 간주되었다. 푸코는 양성구유자로 고발되었던, 돌(Dôle)의 주민인 앙틸드 콜라스의 경우에 대해 이야기한다.[49] 의

사들은 확인 후 그가 정말로 두 개의 성기를 가지고 있다고 결론을 내린다. 이는 그가 악마와 관계를 가졌기 때문이었다. 질문을 받은 앙틸드 콜라스는 결국 자기가 사탄과 교류했음을 시인하게 되고, 1599년 산 채로 화형당한다. 양성구유자들을 희생시켰던 탄압과 박해는 그들에 대한 엄밀한 인구조사의 부재를 상당 부분 설명하고 있다. 산 채로 화형당하고 처형당할 위험, 화형당한 시신의 재가 공기 중에 던져질 위험은 그들에게 숨기를 강요했고, 그들 경우의 대부분은 오로지 밀고에 의해서만 알려졌다.

그러한 주제에 대한 침묵, 그리고 남성, 여성의 양성을 타자성으로 환원시키는 일은 결국 어떤 이데올로기적 근거들, 자연적인 성별 구분에 의지하면서 여성적 문화와 남성적 문화의 역할들의 정의를 정당화하려는 의지와 연결된 이데올로기적 근거들에 종속될 수 있다. 만일 인간성에 대한 이분법적 구별이 파괴된다면, 영원한 남성성과 영원한 여성성 간의 차이를 합법화하기 위해 해부학을 따르면서 두 성에게 과제들을 할당하거나, 하나의 권력을 안착시키거나 독재를 영속화하기 위해 자연을 구실로 삼는 일은 훨씬 더 어려워질 것이다. 자연이 모든 경우에서 필연적으로 딱 잘라 해결하는 것이 아니며, 또한 개인들 간의 구분이 어원학적이고 강한 의미에서의 성적 구분을 의무적으로 통과하는 것도 아니다. 인간 종은 엄격하게 둘로 나뉘지 않으며, 이원성으로 환원이 불가능한 다양성을 인정한다. 우리가 양성구유라고 부

---

48 Cf. à ce propos, Luc Brisson, "Neutrum utrumque, La bisexualité dans l'Antiquité gréco-romaine", in L'androgyne, Cahiers de l'hermétisme, pp. 31~32.

49 Cf. Les anormaux, p. 62.

르는 것은, 드문 경우들에도 불구하고, 예외적이기보다는 오히려 범례적이다. 왜냐하면 그것은 인간 젠더의 성별적 구분을 다시금 문제시하고, 남성과 여성의 전통적 이분법 바깥에서 인간성을 보다 넓게 사유할 것을 권하기 때문이다.

양성구유를 넘어서, 생식 기관에 토대를 둔 성별 구분에 대한 고집은 성을 바꾸기를 갈망하는 성전환자들의 존재로 인해 해체된다. 왜냐하면 그들은 몸을 통해서 자신을 인지하지 않기 때문이다. 성전환자들은 자연이 그들을 탄생시켰던 성과 정반대의 성에 속한다는 내적인 확신을 가지고 있으면서, 그런 이유 때문에, 종종 자신의 몸과 호적을 변경하기를 갈망한다. 성전환자는 성적 정체성이 해부학적 정체성, 외양상의 성별, 실재적 성별이 아닌 그런 존재일까? 그것은 말도 안 되는 생각일까? 동성애(homosexuel)에 대한 부정일까? 이러한 현상에 대한 해석은 아마도, 그리고 강력하게 반박을 받을 것이다. 어쨌든, R. J. 스톨레르(Stoller)가 보여 주듯이, "트랜스섹슈얼리즘이 정의상 남성성과 여성성에 대한 가장 심한 왜곡"[50]이라는 것은 분명하다. 성전환자는 자신의 존재와 자신의 외양 사이의 불일치를 겪는다. 그는 자신의 내면 깊은 곳으로부터, 자신이 가진 남성 또는 여성의 몸이 그인 바로서의 몸과 일치하지 않음을 느낀다. 그리하여 그는 성별적 구분과, 해부학에 따라 정체성을 규정하려는 구분의 주장을 날려 버린다. 트랜스섹슈얼리즘은 양성구유 이상으로 생식 기관에 토대를 둔 인간성의 이

---

50 Cf. "Faits et hypothèses", in *Bisexualité et différence des sexes*, sous la direction de J. B. Pontalis, p. 213.

분법적 구별의 문제적 특징을 보여 주고, 남성적인 것과 여성적인 것의 개념들이 정확히 참조하는 것이 무언지를 질문하게 만든다. 만일 한 남자가 자신을 여자로 느낄 수 있다면, 만일 한 여자가 자신을 남자로 느낄 수 있다면, 이는 정체성 규정의 관점에서 해부학적 차이는 아무래도 좋은 것이며, 성별적 구분의 문제가 결국에는 근거가 없음을 의미하는 것이 아닐까?

실제로 만일 성전환자가 정체성을 바꿀 수 있다고 해도, 그는 정확히 말해서 성(sexe)을 바꿀 수는 없다. 그는 수술과 처방에 도움을 청할 수는 있지만, 그는 고작해야 스스로 인정할 수 있는 남성이나 여성 모델에 자신의 몸을 일치시킬 수 있을 뿐이며, 문자 그대로 반대의 성을 가진 개인으로 자신을 변형시킬 수는 없다. 그래도 역시 차이는 잔존하고 저항한다. 그렇기 때문에 양성구유와 성전환자의 존재가 성별적 구분의 영향력을 축소시킬지라도, 그들의 존재가 그 문제를 철학적 영역 바깥으로 추방하는 것을 가능하게 만들지는 않는다. 비록 성별적 구분이 보편적 규준으로 세워져서는 안 된다고 할지라도, 성별적 차이가 실재적이 아니게 되는 것은 아니다. 그리하여 성별적 차이는 반드시 검토될 가치가 있다. 이 점에 관해서, 조사는 때때로 중대한 어원학적 장애물들과 충돌하게 되기 때문에, 성에 관한 정확한 담론이 가능한 조건들을 결정하고 담론이 그 너머로 가게 되면 순수 허구나 공허한 사변이 되어 버리는 그런 경계들을 정하기 위해서는 그런 어원학적 장애물들을 이해하는 것이 중요하다. 그래서 칸트적 의미에서 차이에 대한 비판을 수행하는 것이 필수적이며, 경계들을 규정하기 위해서 성(sexes)의 형이상학적 원리들을 세우는 것이 필수적이다. 이러한 경계들 너머에서의 사변은 schwärmerei(열광)[51]에 불과하게 되는 그런 경계들 말이다.

2) 성의 차이에 대한 사유 가능성의 조건들

이 질문에 대해 성찰하는 사람은 누구나 다음의 사실과 연관된 첫 번째 어려움과 곧바로 충돌한다. 즉 몸은 탄생부터 의미와 기술의 망 안에, 그리고 다른 가능성들을 짐짓 무시하면서 몸을 변형시키고 일정한 소질들을 개발시키는 문화적 결정들의 망 안에 삽입된다는 사실이다. 한편으로 성의 차이는 분명하게 부각되고 자연적인 자명성처럼 부과된다. 다른 한편으로 성의 차이는 역사에 의해, 성의 차이를 왜곡하고 부풀리거나 최소화하는 권력의 쟁점들에 의해 모호해진다. 그리하여 매우 다양한 복화술들을 감추고 있는 은밀한 작품들(bijoux)이 남성적인 영원성과 여성적인 영원성에 관해 마구잡이로 수다를 쏟아 내기를 멈추지 않는 것이다. 어린 시절 노르망디의 시골에서 발견한 성적 차이에 대해 이야기하면서, 미셸 옹프레(Michel Onfray)는 어린 소년과 어린 소녀가 같은 방식으로 소변을 누지 않는다는 사실에서 출발해서, 매료당한 뒤, "몸들의 수수께끼같은 비(非)유사성"을 확인한다. "수직성을 금지당한 여자아이들은 집 안으로 서둘러 들어간다. 한편으로 남자아이들은 야외에 서 있고, 다른 한편으로 여자아이들은 웅크리고 앉

---

51 [옮긴이] 원문에는 schwärmerei 대신 shvarmerei로 표기되어 있다. 뒤의 단어는 어디에서도 찾을 수 없으므로 열광을 의미하는 독일어 단어인 앞의 단어의 오(誤)표기라고 생각된다.

으며 숨어 있고 갇혀 있다."[52] 그렇지만 거기에는 학습된 자세, 몸 테크닉과 각 성에 특수한 적성 간의 혼동이 존재한다. 수직성이나 웅크려앉기가 해부학에 의해 기술된 태도들이 아니며, 그러한 것들이 적성의 차이를 나타내는 것이 아니라, 몸의 사용과 연관된 습관의 차이를 나타낸다는 것을 이해하기 위해서는, 길 위에 서서 소변을 보며 옷을 위로 말아 올리지 않고 다리를 벌리고 있는 사부아 지방 여자들을 보거나 젤라바(djellaba)를 입은 남자들이 몸을 수그리는 것을 보는 것으로 충분하다.

성적 차이와 역사성

그래도 여전히 남는 것은 해부학적 차이가 이것이 나타나는 자세들이나 시공간적 형태들과 분리될 수 있는 것인지, 그런 해부학적 차이의 존재를 차이의 재현과 구분하는 것이 가능한지를 아는 일이다. 포도나무 잎사귀 뒤에 감춰진 것을 결정하기 위해서는 다시 한 번 그것을 제거할 수 있어야 할 것이다. 그러한 시도는 불편하며, 이는 루소가 불평등의 원천을 세상에 드러내기 위해서 "인간의 현행적 본성 안에서 본래적인 것과 인위적인 것으로 있는 것을 분리해 내기"[53]를 희망했을 때 마주쳤던 것과 유사한 어려움을 불러온다. 따라서 철학자 루소를 따를 때, 남자나 여자의 유성적 몸은 시간과 바다와 악천후의 영향으로 흉하게 된 신, 글라우쿠스(Glaucus)의 조각상처럼 마찬가지로 알아볼 수

---

52 *Théorie du corps amoureux*, p. 23.
53 *Discours sur l'origine et les fondements de l'inégalité parmi les hommes*, préface, p. 151.

없는 것임을 인정할 수밖에 없다. 남성과 여성의 유성적 몸이 "계속해서 새로 탄생하는 수천 가지의 원인들에 의해, 수많은 지식들과 오류들의 획득에 의해, 몸의 구성에 일어난 변화들에 의해, 그리고 계속되는 정열들의 충격에 의해 사회의 중심에서 변질되는"[54] 정도에서 말이다. 마치 유성적 몸이 문화의 아래에 존재하고 있는 것처럼, 그것을 날 것 그대로 발굴하려고 애쓰는 것은 헛된 일이다. 만일 인간 존재의 본성이 인위적이라면, 그 형태와 역사적 변형들과 무관한 성별적 차이를 제시하고자 하는 것은 무의미한 일이지 않을까? 본원적인 포착의 시도 전부는 그저 추가적인 이론의 구성이거나 이 사실을 알지 못한 해석에 불과하다.

그렇다고 해서 우리는 성별적 차이를 그것의 역사성으로 모두 환원시켜야 할까? 계속해서 변하는 여자와 남자라는 낡은 옷들 아래에, 여전히 몸이 있고 몸의 다양한 소질이 있다. 그처럼 성별적 차이를 그 역사적 특징으로 환원시키는 것은, 주제에 대한 모든 담론을 이데올로기의 보증 아래 놓음으로써, 차이의 실재적 존재를 감추고 차이를 생각하지 못하게 하는 경향이 있다. 물론 많은 사람들이 그 주제를 일반화하고 있다는 점을 강조하고, 누구도 고정된 역할 안에 갇혀 있다고 느끼지 않도록 해석들의 상대성을 강조하는 것은 바람직하다. 역사적 시각은 전략적으로 필요하다. 왜냐하면 그러한 시각은 해방적이며, 압제에 항거하는 무기를 제공하기 때문이다. 하지만 그러한 시각은 철학적으로는 다소 빈약하다. 왜냐하면 그러한 시각은 실재의 기체(基體)

---

54 *Ibid.*, p. 150.

를 빠르게 배제함으로써 그것에 무게를 두는 것에 대한 거부를 보여 주기 때문이다. 이는 아마도 불평등의 위협과 그로 인한 불의의 결과가 다시 생겨나는 것을 볼까 봐 두렵기 때문일 것이다.

차이와 평등

그렇기 때문에, 자연적인 것과 역사적인 것을 구분하는 어려움을 넘어서, 성별적 차이의 연구에서 두 번째 인식론적 장애물을 걷어 내는 것이 필수적이다. 가장 큰 혼동은 그러한 차이가 남성 지배에게 토대나 알리바이를 제공했다는 사실, 그리고 역사 속에서 여자들이 매우 빈번하게 권리를 박탈당했고 열등한 상황에 놓여 있었다는 사실에서 생겨난다. 그러한 사실 관계가 성찰과 함께 끼어들게 되며, 주어져 있는 것들을 완전히 잘못된 방향으로 이끌었다. 그리하여 사람들은 정치적 악영향에 빠질까 봐 두려워서 차이의 뚜껑을 들어 올릴 엄두를 내지 못한다. 모든 것은 마치 오늘날 남자들과 여자들이 때때로 성을 소유하는 것을 불편해하며, 중립적이거나 혼성적인 개인들처럼 자신을 생각하기를 선호하는 것처럼 진행된다. 이러한 불신을 경계해야 한다. 그것은 지배적 태도의 이면에 불과하며 성들의 전쟁이 갖는 악순환을 진정으로 끊어 내지 못한다. 사람들은 차이를 비대하게 만들거나 아니면 차이를 위축시킨다. 마치 차이를 최소화함으로써만 평등을 생각할 수 있고, 차이를 확대함으로써만 불평등을 생각할 수 있는 것처럼 보인다. 따라서 차이의 문제에서 불평등의 문제로 향하는 은밀한 미끄러짐, 끊임없이 다시 생산되는 그런 미끄러짐에 종지부를 찍는 것이 중요하다. 철학자들은 여성과 남성의 평등이나 불평등에 대한 문제에 몰두하기 때문에, 여성의 몸과 남성의 몸의 특수한 적성들에 대한 분석에서 멈추지 않으면서, 종종 그러한 이탈에 기여했다. 한편으로는 동일성과 평등을, 다른 한편으로는 차이와 불평등을 같은 것으로 놓는 고질적인 태도는 거짓 문제들과 헛된 논쟁들의 원천이 된다. 성들의 차이의 문제와 성들의 평등의 문제는 별개의 것이다. 따라서 원리상 두 문제를 구분해야 한다. 하나는 사실상의 문제이고, 다른 하나는 권리상의 문제이다. 그런데 권리는 사실과의 관계 단절을 함축하는데, 이는 어느 정도 권리가 사실을 제도화시키고 그 결과 사실에게 또 다른 위상을 부여하기 때문이다. 두 카테고리 간에 원인과 결과의 필연적 연결이 존재한다는 듯이, 혼란스러운 방식으로 평등을 동일성과 같게 놓고 불평등을 차이와 같게 놓는 것을 멈추어야 한다. 평등은 동일성의 함수가 아니다. 홉스에 따르면, 모든 사람이 동일하지 않으며, 어떤 사람은 더 건장하다고 할지라도, 사람들은 평등한데, 왜냐하면 가장 강한 자가 간교한 술수에 의해 가장 약한 자로부터 죽임을 당할 수 있기 때문이다. "평등한 것들일 수 있는 그들은 평등하다. 그런데 가장 크고 가장 악한 것을 할 수 있는 자들, 심지어 생명을 뺏을 수 있는 자들은 평등한 것들일 수 있다. 따라서 모든 사람은 자연적으로 평등하다."[55] 따라서 사람들은 고려된 척도와 선택된 준거에 따라 두 가지 상이한 것들이나 두 가지 동일한 것들을 평등하다고 주장할 수 있다. 차이를 사유한다는 것, 그것이 어느 정도는, 넓은 의미에서 이해된 불평등을 다양성처럼 사유한다는 것은 사실이다. 그리하여 한 영역은 그

---

55 Cf. *Le citoyen*, sect. première, chap. 1, III.

측면들의 다양성 때문에 불평등하다고 말해지는 것이다. 하지만 그 경우에 불평등은 단순히 다양성의 동의어이며, 획일성으로 이해된 평등과 반대된다.

매우 종종 사람들은 성들의 차이의 문제를 성들의 평등의 문제로 대체했다. 사람들은 차이를 질적으로, 무차별적인 다양성으로서 이해하지 않았으며, 반대로 차이를 양적 용어들로 사유했고 그것을 낮음(inférieur)과 높음(supérieur)의 언어로 표현할 수 있는 비교 관계로 환원시켰다. 물론 차이가 있는 존재, 그것은 ~의 차이가 있는 존재이지만, 대면이 필연적으로 종속을 함축하지는 않는다. 비교는 발견적 가치를 갖는 것이지 위계적 가치를 갖는 것이 아니다. 비교는 지배를 설립할 것을 목표로 하는 것이 아니라, 이해를 목표로 한다. 여성의 몸과 남성의 몸을 사유하는 것, 이는 그것들 각자의 동일성을 사유하는 것이지, 그것들의 평등성을 사유하는 것이 아니다. 여성의 몸과 남성의 몸의 차이들에 대한 검토는 그러한 절차의 틀 속으로 들어가며 그러한 절차와 함께 의미를 얻는다. 그러한 절차는 필연적으로 모든 척도에 선행하는데, 왜냐하면 바로 그러한 절차가 공통의 통일성을 찾는 것이 가능한지 아닌지에 따라서 척도가 유효한지 아닌지를 결정하기 때문이다. A가 B와 차이가 있다고 말하는 것은 A가 B에 대해 낮거나 평등하거나 높을 수 있다는 것을 함축하는 것이 전혀 아니다. 낮음의 관계나 높음의 관계의 설립은 그것들을 평가할 수 있는 공통의 척도의 존재를 전제한다. 그런데 그런 공통의 척도는 필연적으로 존재하는 것이 아니며, A 전부와 B 전부의 교차점은 빈 곳으로 남을 수 있다. 따라서 문제가 되는 것은 차이가 동일성으로 환원될 수 있는지를 아는

것, 또는 차이가 완전한 타자성의 표현인지를 아는 것이다. 그리하여 A
와 B가 공통의 척도를 가질 수 있다면, 여성의 몸과 남성의 몸은 비교
될 수 있다. 이 경우에 남자는 타자들로서의 여자이며 그 반대도 마찬
가지다. 관찰된 차이들은 개별적 차이들로 환원되고 위계화될 수 있
다. 근본적인 차이가 있는 것에서는, 그것들은 공통의 분모를 갖지 않
게 되고 분류의 대상이 될 수 없다.

어쨌든 척도는 평가와 혼동되어서는 안 된다. 성들의 형이상학의
구성에 대한 세 번째 인식론적 장애물이 놓이는 곳이 바로 적성들과
적성들에 부여된 가치 사이의 혼동이다. 우리의 논리적 판단은 욕망의
지배 아래 도덕적 가치론의 방향을 얻게 되고, 그리하여 개념들과 정
서를 분리해 내기가 어려워진다. 따라서 예를 들어, 일반적으로 우리
가 남자들의 몸은 특별한 예외를 제외하고 여성적 몸보다 더 큰 육체
적 힘을 갖추고 있다고 말한다거나, 또는 동등한 생활 조건에서, 그러
한 상황이 정말로 만들어진다면, 여자들은 더욱더 저항적인 유기체를
소유할 것이고 더욱 오래 살 것이라고 말한다면, 우리는 다만 어떤 격
차를 확증하기만 할 뿐이며, 이것은 아무런 실재적 결과를 낳지는 않
을 것이다. 2가 3부터 [그 이상의 수보다] 낮다는 것, 여기에는 그 어떤
불명예도 없다. 수학적인 낮음(적음) 또는 높음(많음)은 그 어떤 존재
론적 결핍의 기호도 아니다. 2라는 수의 본질은 3이라는 수의 본질보
다 완벽하지 않은 것이 아니다. 반대로 차이는 양적인 낮음과 높음이
질적인 가치평가의 대상이 되는 순간부터 쟁점을 담지하게 된다.

이러한 관점에서, 견고한 판별 기준들에 입각해서 우리가 남자들
은 여러 지점에서, 심지어 모든 지점에서 높다거나 낮다는 사실을 증

명하기에 이른다면, 이는 그 자체 아무런 거추장스러운 점을 낳지 않을 것이다. 논리적 척도가 도덕 가치론적 판단으로 덧씌워지지 않는 한, 그 척도는 중립적인 순수한 확증 사실로 남는다. 남자들의 몸이 일반적으로 여자들의 몸보다 털이 많다는 사실, 여기에는 경고해야 할 것이 전혀 없다. 반면에, 우리가 알케스티스(Alceste)를 따라서, "턱수염이 난 쪽이 전능하다"라고 선포한다면, 그때 논쟁은 시작되고 차이는 분쟁으로 축소된다. 달리 말해서, 상대적인 낮음이나 높음을 존재론적이거나 도덕 가치론적인 낮음이나 높음으로 변형시키는 것이 문제를 만드는 것이다. 양에서 가치로의 이행은 자의적이다. 여자들을 약한 성으로 판단하는 것, 그런 점에서 고려, 보호 또는 연민을 받아야 하며, 정치적 권력을 행사하기에 적합하지 않다고 판단하는 것, 이는 (물리적) 힘을 빼놓을 수 없는 가치처럼 고려하는 사람에게서만 의미를 갖는다. 그런데 힘은 가치 자체가 아니다. 힘은 자신의 계획과 관련해서 중요하다고 결정하는 사람에게만 가치를 가진다. 그러한 경우에 힘은 기술적 역량이나 정치적 역량이 된다. 하지만 우리가 다른 수단들에 의해서, 더욱 효과적으로 동일한 목적에 이른다면, 그때 힘은 가치를 잃어버리고 난폭함이나 약점처럼 나타나게 된다. 힘은 그것이 물리적이건 정치적이건 기술적이건 간에 같은 이름의 일들을 성취하려는 사람에게만 이점이나 가치가 된다. 게다가 이 경우에 힘의 가치는 완전히 상대적이다. 왜냐하면 루소가 말하듯이, "가장 강한 자는 절대로 영원히 주인이 될 정도로 충분히 강하지는 않기"[56] 때문이다. 같은

---

56 *Contrat social* 1, III.

식으로 서구의 현재 여자들이 남자들에 비해 더 높은 기대 수명을 누린다는 것은, 그 덕분에 이른바 약한 성이 강하다고 주장되는 성에 대해 복수할 수 있는 그런 특권적 진술 자체일 수 없다. 긴 수명은 오로지 우리가 삶의 지속에 대해 중요성을 결정하는 순간부터 하나의 가치가 된다. 스토아학파처럼, 삶은 무관한 것들의 범주에 속한다고 생각하는 사람이라면 누구나 자신의 긴 수명이나 짧은 수명을 전혀 걱정하지 않을 것이며, 자기에게 주어진 시간을 덕목을 계발하는 데 사용할 것이다. 몸은 차이들을 보여 주지만 그 가치들을 지시하지는 않는다. 차이에서 가치로 이행하는 것은 문제적이며 해석에 속하는 것이다. 그런데 해석의 모든 시도는 아마도 토대를 잃어버리는데, 왜냐하면 그런 시도는 몸은 그 기의들을 해독해야 하는 하나의 기표이고, 해석학에 적합하다고 가정하기 때문이다. 차이들이 의미를 가질 수 있고 해석될 수 있다는 것은 확실하지 않다. 차이들은 실제로 몸적인 필연성을 표현한다. 몸은 아무것도 가르치지 않는다. 가치에 대한 담론은 아마도 사유하기보다는 상상하는 정신의 약점의 지표일 것이다. "만일 인간들이 자유롭다면, 그들은 자유로울 수 있는 한 선이나 악의 개념들을 만들어 내지 않을 것이다"[57]라고 스피노자는 말한다. 이러한 관점에서, 권리의 불평등의 문제는 성들의 차이의 문제가 아니라, 반대로 그러한 차이의 해석의 문제다. 그렇기 때문에 남자들과 여자들의 해방은 차이의 폐지와 불가능한 남녀양성이나 혼성을 통과하는 것이 아니다. 그것은 해석학의 변화, 나아가 가치들에 대한 비판 내지 최고가 되고 두드

---

[57] *Éthique*, IV, LXVIII.

러지려는 유아기적 욕망에 대한 비판을 통과한다. 여전히 우리는 성장해야 하고, 차이들을 두려워하지 않고 보상을 위해 위안의 딸랑이를 원하지 않으면서 자유로운 존재가 되는 법을 배워야 한다. 그것이 바로 버지니아 울프가 우리에게 선사하는 아름다운 교훈이다.

> 성에 대한 성, 성질에 대한 성질의 이 모든 대립, 우월함의 이 모든 주장과 열등함에 대한 이 모든 비난은 인간 실존의 초등학교 단계에 속한다. 이 단계에서는 '진영들'이 있으며, 여기서는 한 진영이 다른 진영을 무찌르는 것이 반드시 필요하고, 연단에 올라 교장으로부터 직접 매우 예술적인 트로피를 수여받는 것이 가장 중요하다. 사람들은 성숙기를 향해 발전하는 정도에 따라, 진영들과 학교의 교장들, 또는 매우 예술적인 트로피를 믿기를 그친다.[58]

타자성의 동일성으로의 환원에 대한 비판

성들의 차이를 사유하기 위해 극복해야 하는 마지막 인식론적 장애물은 타자성의 동일성으로의 환원이다. 비록 우리가 반대되는 성의 생식기 흔적들의 존재의 타당성을 인정하면서 본래적인 양성구유(bisexualité)의 가설 안에 근거를 둔다고 할지라도, (성들의) 차이는 환원불가능한 것이다. 남성적 존재는 정자들을 생산하는 생식기이고 여성적 존재는 난자들을 생산하는 생식기이다. 이러한 차이는 두 성들 각자가 어떤 특수성을 소유하고 있음을 의미한다. 우리는, 가령 질은

---

58 *Une chambre à soi* [『자기만의 방』], Denoël, p. 159.

구멍으로서 페니스의 뒤집어진 형태라고 말하면서, 대칭성들을 찾으려고 노력해 봐야 소용없고, 클리토리스를 작은 페니스와 같게 놓으면서 유비 관계를 세우려고 해봐야 소용없다. 타자성은 여전히 남아 있으며, 동일성으로 환원될 수 없다. 따라서 비교와 유비는 신중하게 다뤄져야 한다. 왜냐하면 그것들은 때때로 모든 노력을 기울여서 타자 아래에서 동일자를 되찾으려는 의지, 그리고 타자성을 부정하려는 의지를 표시하기 때문이다. 따라서 클리토리스를 작은 페니스와 같게 놓는 것은 경계를 요하는 일인데, 왜냐하면 그러한 동일시는 남성적 성의 모델의 토대 위에서 성들의 차이를 사유하는 경향이 있기 때문이다. 클리토리스가 갖는 발기성 때문에 그것이 성적 흥분에서 페니스와 동일한 기능을 갖는다고 말하는 것은 클리토리스를 작아진 페니스로 간주할 수 있게 허락하는 게 전혀 아니다. 남성적 특별함을 비교의 기준으로 세움으로써, 사람들은 각 성의 특수성을 이해하지 못하게 하고, 차이를 단순히 왜곡된 동일성으로 만들어 버린다. 프로이트가 종종 빠져들었던 나쁜 버릇이 바로 그것이다. 그는 자신의 탐구의 출발점으로 남자를 취했고, 성적 차이를 이해하기 위해서 남성적 모델에게 특권적 위치를 주었다. 프로이트는 그 점을 분명하게 인지한다.

우리가 유아기에서 성적 삶이 갖는 최초의 심리적 지형(configuratio)을 연구했을 때, 우리는 늘 남성적 성의 아이, 즉 작은 남자 아이를 대상으로 삼았다. 우리는 어느 정도 차이가 있다고 할지라도, 작은 여자 아이에게서도 사정은 다르지 않다고 생각했다.[59]

작은 남자 아이에 대한 검토에서 출발해서 프로이트는 최초의 유아기의 성적 시기 안에서의 오이디푸스 콤플렉스의 핵심적 중요성을 끌어내기에 이르고, 거세 위협에 의한 오이디푸스 콤플렉스의 제거를 설명하기에 이른다. 그는 작은 여자 아이를 이해하기 위해 오이디푸스 콤플렉스 모델을 도입하고, 상응관계, 평행관계, 유비의 도식에 따라 작은 여자 아이를 이해한다. 그리고 그는 그런 구상의 난점에도 불구하고 그 도식을 적용하려고 노력한다. "우리가 기술한 과정은, 이미 분명히 말했듯이, 오로지 남자의 성을 가진 아이와만 관계한다. 어린 여자 아이에게서 상응하는 발달은 어떻게 완성될까? 여기서 우리의 자료들은 이해할 수 없는 방식으로 더욱 모호하고 결함을 지니게 된다."[60] 그렇다고 해서 프로이트가 자신의 모델을 포기하는 것은 아니다.

여성의 성 또한 오이디푸스 콤플렉스와 초자아와 잠재기를 경험한다. 여성의 성에게도 팔루스 시기의 구성과 거세 콤플렉스를 부여할 수 있을까? 대답은 긍정적이다. 하지만 그것은 아마도 남자 아이에게서와 같지는 않을 것이다. 성들 간의 권리의 평등이라는 여성주의의 주장은 큰 영향력을 갖지 못한다. 형태학적 차이가 심리 발달의 차이들 속에서 나타날 수밖에 없는 한에서 말이다. 나폴레옹의 말을 옮겨 오자면, 해부학적 구조, 그것은 운명이다.[61]

---

59 *La vie sexuelle*, chap. IX, p. 124.
60 *Ibid.*, chap. VIII, p. 121.
61 *Ibid.*

차이의 특수성을 분간하고 해부학적 구조를 고려한다고 내걸었던 의도에도 불구하고 프로이트는 그럭저럭 정리를 하려고 노력하기보다는 남성적 도식에 비추어서 여성의 섹슈얼리티를 검토하기를 멈추지 않는다. 역설적이게도 차이의 인지는 프로이트로 하여금 방법을 바꾸고 다른 식으로 사유하도록 인도하지 않는다. 타자성은 포착되자마자 동일성으로 환원된다. 프로이트의 이러한 비일관성은 사라 코프만(Sarah Kofman)에 의해 강하게 지적된다. "그가 차이를 발견하고, 여자 아이와 남자 아이 간의 평행관계와 대칭성을 포기할수록, 더욱더 그는 최초의 '동일성'을 재차 밀어붙이고 남근의 원리를 주장한다. 그리하여 동일성 (대칭) 또는 차이의 주장은 언제나 같은 것으로, 프로이트에게 계속 부과되는 남성 모델의 특권으로 되돌아온다. 완전한 타자의 혁명적 발견 이후에 그가 방법론적 혁명을 실행했어야 하는 바로 그 순간에 말이다."[62] 남성 원형에 대한 고집은 그럼에도 불구하고 부담이 큰 것이며 위태로운 가설들로 인도된다.

실제로 오이디푸스 콤플렉스가 반대 성을 가진 부모에 대한 사랑 감정의 존재로, 같은 성의 부모에 대한 적대 감정의 존재로 나타난다고 할지라도, 엄밀히 말해서, 유아기 여자 아이의 섹슈얼리티를 프로이트의 주장에 따라 해명할 수 없음을 인정해야 한다. 어린 남자 아이와 마찬가지로 어린 여자 아이에게도 최초의 사랑 대상은 어머니다. 따라서 어린 여자 아이는 오이디푸스 콤플렉스가 정의하는 틀 안으로 들어갈 수 없다. 프로이트는 어려움을 의식하고 있었으며 그것을 숨기

---

62 *L'énigme de la femme*, p. 151.

지 않는다.

어린 여자 아이의 오이디푸스 콤플렉스는 남자 아이보다 더 많은 문제를 감추고 있다. 최초의 시기에, 어머니는 둘 모두에게 최초의 대상이며, 우리는 남자 아이가 자신의 오이디푸스 콤플렉스를 위해서 어머니를 보존한다는 사실에 놀라지 않는다. 하지만 어린 여자 아이가 최초의 사랑 대상을 포기하고 그로 인해 아버지를 대상으로서 삼기에 이르게 하는 것은 무엇일까?[63]

프로이트는 또 다른 모델을 찾기보다는 어린 여자 아이의 경우는 남자 아이의 오이디푸스 도식의 다소 복잡해진 변이성에 불과하다고 생각하기를 선호한다. 동시에 오이디푸스 콤플렉스의 핵심 특징과 관련된 자신의 이론을 무슨 수를 써서라도 고집하기 위해 프로이트는 어머니를 향한 어린 여자 아이의 사랑이 (개인의) 역사에 속하는 것이 아니라 오이디푸스 콤플렉스의 선(先)역사에 속한다는 것을 인정할 수밖에 없게 된다. 어린 여자 아이에게서 사랑 대상의 변화에 내재하는 어려움을 강조한 다음 곧바로 프로이트는 실제로 어린 여자 아이에게서의 오이디푸스적 관계의 선(先)역사라는 관념을 도입한다.[64] 그 유명한 콤플렉스에 선행하는 것을 선역사로 보내 버리는 것은 기이한 힘의 행사를 알리는 것처럼 나타난다. 선역사와 역사의 구분은 자의적인 것

---

63 *La vie sexuelle*, chap. IX, p. 126.
64 *Ibid.* : "이 문제를 연구하면서 나는 어린 여자 아이의 오이디푸스적 관계의 선역사에 대해 해명할 수 있는 몇몇 사실들을 밝힐 수 있었다."

처럼 보이며, 오이디푸스 콤플렉스가 유아기 성적 삶 안에서 역사적으로 핵심적이며 진정한 시작을 이룬다는 명제에 신뢰를 주기 위해 마련된 사후적 재구성에서 나온 것이다. 그러니까 모든 것은 마치 어린 여자 아이들은 오로지 그들의 행동이 어린 남자 아이의 행동과 합류하는 순간에서만 역사를 갖는 것처럼 진행된다. 그렇지만 프로이트는 오이디푸스 콤플렉스가 어쩌면 어린 여자 아이들의 최초 유아기의 성적 시기의 핵심 현상이 아닐 수 있음을 어렴풋이 알고 있었다. 아버지의 아이를 갖는 환상을 품을 정도로, 자신의 아버지에 대한 강한 애착을 가진 여자들의 경우를 서술하면서, 프로이트는 성적 삶의 기본적인 현실을 다루고 있다는 인상을 가짐에도 불구하고 "그런 경우들에 대한 세심한 분석은 전혀 다른 것을 보여 준다"는 점을 강조한다. "그러한 분석은 오이디푸스 콤플렉스가 오래된 선역사를 가지고 있으며, 오이디푸스 콤플렉스는 이를테면 2차적 형성이라는 것을 보여 준다."[65] 따라서 『성적 삶』의 저자(프로이트)는 한 발자국 전진한다. 왜냐하면 그는 오이디푸스 콤플렉스가 어린 남자 아이에게서 인정될 만한 성적 삶의 최초의 심리적 지형인 반면에, 어떤 여자들에게서 오이디푸스 도식이 "이를테면 2차적"임을 인정하기 때문이다.[66] 어쨌든 프로이트는 오랜 선역사가 아마도 이미 하나의 역사라는 사실을 받아들이는 데까지 이르지 않으며, 어린 여자 아이의 삶을 남성적 짜임새에 근거해서, 다만 몇몇 변이형들이 수놓아질 그런 남성적 짜임새에 근거해서 계속해서

65 *Ibid.*, p. 126.
66 *Ibid.*, p. 124.

서술하고 기술한다.

어쩔 수 없는 남성적 기준의 투사는 결국 프로이트로 하여금 해부학적 구조의 차이를 부인하도록 이끌며 어린 여자 아이를 거세된 어린 남자 아이와 동일시하도록 이끈다. 이것이 바로 오이디푸스 콤플렉스의 사라짐에 대한 『성적 삶』의 한 장에서 매우 분명하게 보여진다.

> 여자 아이의 클리토리스는 우선 페니스처럼 작동한다. 하지만 놀이를 같이 하는 남자 동기와 비교하면서 아이는 클리토리스를 '다소 작은 것으로서' 지각하고 이런 사실을 편견과 열등함의 원인처럼 느낀다. 여자 아이는 나중에 더 성장하면서 남자 아이의 것과 같은 크기의 기관을 얻게 되리라는 희망과 함께 한순간 자신을 위로한다. 바로 이때 여자의 남성성에 대한 콤플렉스가 자라난다. 아이는 현재 페니스가 없다는 것이 성적 특징임을 이해하지 못한다. 반대로 아이는 예전에 똑같이 큰 몸 부위를 소유하고 있었는데 거세에 의해 그것을 잃어버렸다는 가설에 의해 그러한 결핍을 설명한다.[67]

거세된 남자 아이로 어린 여자 아이를 환원시키는 일은 두 단계를 거쳐 이루어진다. 우선 프로이트는 여성적 성기를 클리토리스로 한정시킨다. 그러니까 프로이트는 클리토리스가 떨어질 수 있고 분리되어 포착될 수 있는 것처럼, 마치 음순과 외음부와 자궁은 고려되지 않는 것처럼, 일부분을 고립시킨다. 여자를 특징짓기 위해서 자궁보다는 클

---

67 *Ibid.*, chap. VIII, p. 121.

리토리스를 선택한 것은 우연이 아니다. 프로이트는 유비의 논리를 따르고 있는 것이다. 프로이트가 보기에 클리토리스는 페니스와 가장 닮아 있다. 두 번째로, 프로이트는 클리토리스를 거세된 페니스로 환원시키고, 어린 여자 아이가 그런 식으로 클리토리스를 지각한다고 주장한다. 그는 어린 여자 아이가 자신의 클리토리스에 대해 분리된 의식을 가지며 그것을 자신의 성기의 다른 모든 부위들과 구분하고 있다고 가정한다. 그는 어린 여자 아이에게 볼 수는 없지만 느낄 수 있는 그 기관을 다소 작은 페니스와 동일시할 수 있는 능력, 자신이 몸의 일부가 훼손된 창조물이라는 가설을 세울 수 있는 능력을 내어 준다. 그렇게 함으로써 프로이트가 난관을 잘 극복하고, 자신이 어린 남자 아이에게 이미 전가했던 그 유명한 거세 콤플렉스를 어린 여자 아이에게서 재발견한다는 것이 사실이다. 어쨌든 차이는 있을 수밖에 없으며, 어린 남자 아이의 두려움을 야기하는 것이 거세 성립의 가능성인 반면에, 어린 여자 아이는 거세를 이미 이루어진 사실로서 받아들인다. 물론 이 글을 확실성의 표현처럼 간주해서는 안 된다. 프로이트는 쌓아올려진 가설들의 불충분한 특징을 인정하면서 자신의 분석의 결론을 낸다. "하지만 전체적으로 어린 여자 아이에게서의 발달 과정에 대한 우리의 이해가 그다지 만족스럽지 않으며 아주 많은 공백과 어둠을 지니고 있음을 고백할 수밖에 없다."[68] 우리가 타자를 동일자에서 출발해서 이해할 때 다르게 일이 진행되기란 어려운 일일 것이다. 그것은 방법의 문제, 관점 선택의 문제다.

---

68 *Ibid.*, p. 122.

타자성의 동일성으로의 그러한 환원은 수많은 혼동의 원천이 된다. 왜냐하면 그러한 환원은 차이를 결핍으로 사유하도록 이끌 것이고 종종 평가절하와 과소평가로 덧씌워질 것이기 때문이다. 종종 우리 각자는 자신이 갖지 않은 것을 욕망하거나 자신이 아닌 다른 존재를 욕망할 터이지만, 이것이 그가 결핍이나 존재론적 결함에 붙잡힌 불완전한 존재임을 의미하는 것은 아니다. 부족함들을 느끼는 것은 그것을 가지고 있음을 의미하지 않는다. 따라서 프로이트가 했던 것처럼, 어린 여자 아이가 "현행적인 페니스의 결핍이 곧 성기의 특징이라고 이해하고 있지 않다"고 확인하는 것, 이것은 여성의 성의 본성을 결핍과 훼손으로 정의하는 것이다. 그 공식은 실패한 공식이다. 왜냐하면 결핍은 성기의 특징일 수 없기 때문이다.

애매성으로 얼룩진 그러한 개념은 상상적인 것과 실재적인 것의 엉킴을 풀어낼 수 있기 위해서 해명될 필요가 있다. 엄밀한 의미에서 결핍은 늘 어떤 것의 결핍이며 미완성된 것을 완성된 것과 분리시키는 거리와 간극을 가늠할 수 있게 하는 기준의 관념을 함축한다. 그때 문제는 어떤 기준의 이름으로 한 존재가 결핍된 것이라고 말해질 수 있는지를 아는 것이다. 우리가 몰두하고 있는 경우에서, 페니스를 보편적인 성기의 기준으로 세우는 것은 불가능하다. 왜냐하면 그것은 인간성의 일부만을 특징짓기 때문이다. 클리토리스와 자궁을 고려하면서 결과적인 남성적 결함을 가늠하고자 하는 것 또한 마찬가지로 불합리한 일일 것이다. 결핍은 사물의 본성 및 사물 고유의 본질의 검토에서만 이해될 수 있을 뿐이다. 달리 말해서, 한 사물이나 존재는 본질상 그것들로 귀속되어야 하는 속성들이 제거되었을 때 결핍된 것이라고 말해질 수 있다. 그 경우에, 그것들은 불완전한 것처럼 간주될 수 있는데, 왜냐하면 그것들은 자신의 본성을 완성하지 못하기 때문이다. 이것이 바로 스피노자가 후데(Johannes Hudde)에게 보내는 편지에서 보여 주는 것이다. 그는 불완전함이라는 단어가 "그럼에도 불구하고 그것의 본성에 속하는 것을 무엇이건 결핍하고 있는 사물에 대해서만 의미를 갖는다"[69]는 점을 상기시킨다. 따라서 한 대상에게서 그것의 본질에서 유래하는 속성이 부정될 때 실재적인 결핍이 존재한다. 그런 의미에서 페니스의 부재는 여성의 성적 특징으로서 이해될 수 없다. 왜냐하면 본성상 여자들은 그것을 소유하고 있지 않으며, 따라서 그것을 결핍하는 것일 수 없기 때문이다. 이러한 관점에서, 그 무엇도 결핍하는 것이 없으며, 각자는 전적으로 존재하는 그 자신일 수 있다. 해부학적 구조의 결정들은 결함을 표현하는 것이 아니라, 필연성을 표현한다. 각기 분리해서 취해진 남자와 여자가 인간 유의 총체를 구현하지 않는다고 할지라도, 그렇다고 해서 불완전하고 미완성된 존재들은 아닌 것이다. 왜냐하면 그들은 유전 형질에 일치하며 존재하고 있는 그들 자신 이외에 다른 것일 수 없기 때문이다. 여자는 훼손된 창조물, 결핍된 남자, 그러니까 결핍된 것이 아니다. 게다가 그런 이유 때문에 스피노자에게서 불완전함이란 실제로 존재하지 않는다. 불완전함은 다만 우리가 동일한 유의 개체들 사이에서 비교를 함으로써 만들어 내는 사유의 방식일 뿐이다.[70] 따라서 자연 안에는 결코 실재적인 결핍은 존재하지 않는다. 실명을 당하지 않은 다른 사람들과의 비교 속에서 맹

---

69 *Lettre, XXXVI*, G. IV, p. 185.

인은 시각을 박탈당했다고 말해지지만, 그가 무조건적으로 시각을 박탈당한 것은 아니다. 왜냐하면 태생적이건 사고에 의한 것이건, 맹인은 본다는 현행적 본성에 속하지 않기 때문이다.[71] 가능한 모든 것은 실재적이며, 실현되지 않는 모든 것은 결함과 연결되는 것이 아니라 불가능성과 연결된다.

여자에게서의 페니스의 부재와 남자에게서의 질의 부재는 결핍도 박탈도 아니다. 그것은 스피노자의 용어를 채택하자면, 단순한 부정(négation)이다. 실재적 결핍이나 비(非)완벽성이 본성상 한 대상에 속하는 것을 대상에게서 부인하는 것임을 전제하는 것인 반면에, 반대로 부정은 본성상 한 대상에 속하지 않는 것을 대상에게서 부인하는 것이다.[72] 따라서 스피노자에게서, 연장은 사유하지 않는다는 사실은 부정이다. 왜냐하면 사유는 연장의 본성에 속하지 않기 때문이다. 하지만 그것은 비완벽성이 아닌데, 왜냐하면 연장은 그것의 무한정성 덕분에

---

70 Cf. *Éthique* IV, préface : "실제로 우리는 자연의 모든 개체들을 한 유일무이한 유로, 보편적 유라고 불리는 것으로 환원시키는 습관이 있다. 그것(보편적 유)은 다시 말해 존재의 개념이고, 절대적 방식으로 자연의 모든 개체들에게 속하는 개념이다. 또한 우리가 자연의 개체들을 그런 유로 환원시키는 정도에 따라, 우리는 개체들을 서로 비교하고, 어떤 것들은 다른 것들에 비해 더 실체적이라거나 더 실재적임을 발견하고, 어떤 것들이 다른 것들에 비해 더 완벽하다고 말한다. 그리고 우리가 부정성을 포함하는 어떤 것, 가령 한계, 끝, 무능력 등을 개체들에게 부여하는 정도에 따라, 우리는 그것들을 완벽하지 않은 것이라고 부른다. 왜냐하면 그것들은 우리가 완벽하다고 부르는 것과 같은 방식으로 우리의 정신에 영향을 미치지 못하기 때문이다. 그것은 그것들이 어떤 것을 결핍하고 있다거나 자연이 과오를 저질렀기 때문이 아니다."

71 이와 관련해서는 la *Lettre XXI* à Blyenbergh를 참조할 것.

72 Cf. *Lettre XXI* à Blyenbergh : "요컨대 우리는 우리가 어떤 대상의 본성에 속한다고 믿는 어떤 속성이 그 대상에게서 부인될 때 박탈이 있다고 말할 수 있으며, 어떤 대상의 본성에 속하지 않는 것이 그 대상에게서 부인될 때 부정이 있다고 말할 수 있다."

완벽하기 때문이다. 완벽성과 부정은 양립가능하다. 따라서 남자와 여자는 인간 유의 반쪽들처럼 간주되어 본들 소용이 없다. 남자와 여자는 충분히 완성된 온전한 존재들이라는 점에는 변함이 없다.

3) 성별들의 차이의 본성과 그 영향력

남성의 몸과 여성의 몸 사이의 차이를 분간하기 위해서는 우선 본질적 속성들의 2차적인 성적 특징들을 구별해야 한다. 실제로 수염과 젖가슴과 같은 어떤 특별한 속성들은 남성다움(virilité)과 여성다움(féminité)의 특질들이다. 하지만 그것들은 결정적이지는 않는데, 왜냐하면 서로 반대되는 성에서의 그러한 특질들의 부재나 현존이 범주들 각각과의 동일성이나 귀속을 다시금 문제 삼을 수는 없기 때문이다. 그런 성적 특징들은 차이의 본질을 표현하지 못하는 고유성들이다. 왜냐하면 그런 특징들은 잘 해봐야 차이를 재인(reconnaître)할 수 있게 하는 것이지 인식(connaître)할 수 있게 하지 못하기 때문이다. 따라서 그런 특징들은 부차적이며 무시해도 좋은 것으로 고찰될 수 있다. 비록 그것들이 다른 곳에서는, 사회의 놀이들에 의해 만들어진 여성다움과 남성다움의 문화 속에서 중요한 역할을 떠맡을 수 있을지라도 말이다.

섹슈얼리티 층위에서의 차이

진정한 차이는 생식 기관들과 관련되고, 생식 기관의 2중의 기능과 관련된다. 생식기는 한편으로는 섹슈얼리티를 작동시키고, 다른 한편으로는 생식을 작동시킨다. 첫 번째 기능에 대한 해부학의 영향을 평가하기 위해서는, 서로 다른 생식 기관의 현전이 남자와 여자를 섹슈얼리티의 특별한 유형에 배치시킬 수 있지만, 성생활을 결정하지는 않는다는 점을 알아보는 것이 중요하다. 성생활은 인간 존재 전부를, 즉 인간의 욕망들과 표상들을 함축한다. 섹슈얼리티는 단순한 유기적 현상이 아니다. 향유(jouissance)는 해부학적 구조를 넘어선다. 그리하여 이해해야 하는 차이는 몸이 허락하는 소질과 관련되는 것이지, 이 소질들이 개발되는 방식과 관련되는 것이 아니다. 주된 차이는 남자들에게서 성감대가 아무리 다양하다고 해도 오르가즘이 유일하게 페니스와 연결되어 있고, 반면에 여자에게서 오르가즘은 질과 클리토리스 모두에게 달려 있을 수 있다는 사실과 밀접히 관련된다. 따라서 성적 국소화와 성적 집중은 동일하지 않다.

그로부터 우리는 남성의 섹슈얼리티가 페니스에 집중되어 있으며, 여자들의 섹슈얼리티는 이중적이거나, 심지어 확산적이고 다중적이라고 추론할 수 있을까? 그런 결론은 성급하다. 왜냐하면 생식기 배치는 이러한 배치가 이미 개발되어 있다는 것을 함축하지는 않기 때문이다. 그것은 반박을 받을 수 있고 변형될 수 있으며, 기준을 전혀 구성하지 않는다. 그러니까 클리토리스 오르가즘이나 질 오르가즘에 대한 소질은 혈액과 신경이 매우 많이 분포된 두 기관의 존재의 결과이지만, 그러한 소질이 필연적으로 개발되어 있는 것은 아니다. 어떤 여자들은 자신이 클리토리스 성감이 발달했다고 말하고, 다른 여자들은 자신이 질에 의한 성감이 발달했다고 말한다. 또 다른 여자들은 성생활의 역사에서 두 형태의 쾌락을 경험한다. 이러한 점들은 몸의 배치가 오로지 어떤 에로스 문화 이후에서야 실제적이 될 수 있다는 것에 대한 증거이다. 따라서 우리는 남자의 섹슈얼리티가 페니스에 집중된 반면에 여성의 섹슈얼리티는 클리토리스나 질에 집중되어 있다고 말할 수 없다. 왜냐하면 그러한 것들은 보편적 법칙이 전혀 아니기 때문이다. 상이한 몸의 소질들이 존재한다는 것은 여성적 유형이나 남성적 유형의 향유의 본질을 정의할 수 없다.

그렇지만 해부학적 구조의 배치가 성적 태도의 결정에서 중요한 결과를 가질 수 있는지 아닌지를 아는 문제가 남아 있다. 실제로 그것은 성관계에서 여자에게 수동적 역할을, 남자에게 능동적 역할을 부과하기 위해 소환되었다. 어쨌든 그러한 표상은 보편적으로 퍼져 있는 것은 아니다. 그에 대한 증거는 16세기의 몸에 대한 어떤 문장(紋章)들은 여성의 성이 갖는 감미로운 능동성에 찬사를 보낸다는 사실이다. 클로드 샤퓌(Claude Chappuys)[73]는 「C..의 문장」에서 "그 유쾌하고 상냥한(solacieux et gratieux) 장소"의 덕을 수동성에 전혀 등록되지 않은 언어들로 노래한다.

작은 달덩이(mouflard), 작은… 포동포동한,

강한 산토끼보다 토끼(connin)[74]가,

용맹스러운 전투에 임하는 사자보다 토끼가,

장난스러운 놀이들에서 날렵하고 능숙한,

원숭이보다도, 또는 어린 고양이보다도.

---

73 왕 프랑수아 1세의 시인이자 사서.
74 [옮긴이] connin은 토끼라는 뜻도 있지만 옛날에는 여자를 부르는 호칭이었다고 한다.

장난꾸러기 털의 옷을 입은 토끼,
콜코스(Colcos)의 금양모피보다 더욱 풍성한.[75]

16세기 문장에서 표현된 여자가 청교도적 타락으로부터 해방된 육체적 창조물이며 여성다움의 전통적 규준들을 벗어난다는 것은 사실이다. 그래서 샤퓌의 시는 역사 속에서 오히려 예외적 형상을 띤다. 성적인 수동성은 일반적으로 여자들에게 부과되고, 성적 능동성은 일반적으로 남자들에게 부과된다. 그리고 이성애적 관계를 기술하기 위해 사용된 그런 범주들은 때때로 동성애적 관계 속에서의 역할과 정체성을 정의하는 데 사용되기까지 한다. 이른바 '수동적인' 동성애자는 종종 관계에서 여성적 요소와 동화되며, 털투성이의 동성애혐오자는 그를 여자같이 나약한 남자로 취급할 것이다. 수동성은 일반적으로 열등의 기호처럼 지각되며, 남자에 대해서는 수치스럽고 품위가 떨어지는 굴종처럼 여겨진다.

하지만 그 단어들은 우리에게 충분히 설명될 수 없는 것이 아닐까? 성관계에서 남자는 능동적이고 여자는 수동적이라고 주장하면서 사람들은 정확히 무엇을 말하고자 하는 것인가? 실제로 행위(action)와 정열(passion)은 동일한 하나의 것일 뿐이며, 사람들이 그것을 관계시키는 주체에 따라서 상이한 두 이름으로 지시되는 것이다. 이것을 데카르트는 『정념론』의 첫 항목에서 훌륭한 방식으로 분명하게 밝혔다. 그는 행위와 정열 간의 상호적 함축 관계를 서술한다.

---

75 *Blasons du corps féminin*, 10/18, p. 85.

우선 나는 새롭게 형성되거나 일어나는 모든 것이 일반적으로 철학자들에 의해, 그것이 도달하는 주체의 관점에서 정열로, 그것이 도달하게 만드는 주체의 관점에서 행위로 명명된다고 생각한다. 그리하여 종종 동작주(agent)와 피동작주(patient)가 매우 다르다고 할지라도, 행위와 정열이 늘 동일한 것으로 있도록 놓아두지 않는 것이다. 이는 사람들이 그것을 관계시킬 수 있는 다양한 두 주체들 때문이다.[76]

행위와 정열은 동일한 변화의 두 명칭이다. 그것들은 유일무이한 현실을 표현하는 한에서 내재적으로 동일하며, 그것들이 상이한 두 주체와 관계하는 한에서 오로지 외재적인 방식으로만 서로 구별된다. 행위는 움직이고 동요시키는 주체의 관점에서 고찰된 변화를 가리킨다. 정열은 움직여지고 동요된 자의 관점에서 고찰된 변화를 가리킨다. 따라서 그 자체로서 파악된 수동성(passivité)과 능동성(activité)은 수치스럽거나 영광스러운 것을 전혀 가지고 있지 않다. 왜냐하면 그것들은 생겨난 동일한 현실의 두 얼굴이기 때문이다. 수동성과 능동성의 긍정적 가치나 부정적 가치는 추가된 것이며, 역사를 따라 변동하는 관습적 표상들에서 결과한다. 그래서 오래전에는 진정한 인식이란 순수하게 만들어지는 것(pâtir)처럼 이해되었으며, 오성의 활동을 의미하지 않았다. 수동성은 비열함의 표지와는 거리가 멀며, 지식의 타당성의 보증으로 생각되었다. 왜냐하면 수동성은 인식 주체가 관념의 순수한 관조에서 자신의 온갖 주장을 전혀 끌어들이지 않는다는 것을 증명하

76 *Passion de l'âme*, I, 1, A.T., XI, p. 328. 1, 13.

고 있기 때문이다. 이러한 사례는 수동성 그 자체는 비완벽성의 오명을 지니지 않고 있음을 보여 준다.

그렇다면 섹슈얼리티는 어떤가? 우리는 여자가 수동적으로 겪게 되는 향유의 동작주가 남자라고 말할 수 있을까? 그러한 유형의 질문은 오로지 이성애적 관계의 틀 안에서만 던져지게 되며, 동성애적 관계의 틀 안에서 의미를 잃어버리는 것처럼 보인다. 적어도 동성애적 관계가 여성적·남성적 이원성을 다시 끌어들이지 않는 한에서 말이다. 그리고 이러한 사실은 그런 이원성이 몸이나 해부학적 구조와 아무런 관계가 없다는 것을 증명한다. 남자는 쾌락을 얻고, 반면에 여자는 자신을 남자에게 준다는 이미지는 종종 삽입의 형태 아래에서의 성관계의 표상과 짝을 이룬다. 그런데 감각의 제국은 질 성교나 항문 성교에 그치지 않는다. 그것은 욕망과 상상력 말고는 다른 경계선을 갖지 않는다. 그리하여 그것은 그 형상들이 카마수트라의 지극히 호화로운 기도서 안에 약호화된 것일지라도 그런 부과된 형상들로 환원되지 않는다. 혼자 하는 것이 아닌 한, 성적 쾌락은 몸의 상호작용에 의해, 번갈아서 동작주와 피동작주가 되는 몸의 상호작용에 의해 생겨난다. 따라서 삽입은 행동(action)이 아닌 만큼 정열(passion)도 아니다. 몸이 타자의 몸을 관통할 때 그 몸은 타자의 몸의 행위를 거꾸로 겪게 된다. 페니스의 활동은 질의 활동에 상관적이고, 질의 축축함과 수축과 이완의 활동에 상관적이다. 그리하여 남성 주체에게 동작주의 위상을, 여성 주체에게 피동작주의 위상을 부과하는 것은 거의 의미가 없다. 삽입이 남성적인 활동의 표지이고 여자들이 그에 따라온다는 관념은 다만 남성중심적 관점의 문제일 뿐이다. 사람들은 빌보케(bilboquet)

장난감[77]의 뾰족한 끝에 공이 끼워졌다고 그 공이 수동적으로 삽입되었다고 말할 수 있을까? 게다가 삽입은 장애물을 통과해서 들어가는 행위를 전제하는 한, 충분한 합의 아래 이루어지는 성관계를 기술하는 데 적합하지 않다. 여성적 관점에서 삽입이라고 불리는 것은 맞아들임이라고 명명되는 것이 더 정확할 것이다. 그런데 맞아들임은 일반적으로 순수하게 수동적인 수용이 아니다. 맞아들임은 차갑고 신중하고 따뜻할 수 있다. 그것은 사태를 어느 정도 우호적으로 대하는 주체의 활동, 그리고 자유롭게 환대를 제공하거나 거부하는 주체의 활동에 달려 있다.

따라서 해부학적 차이가 섹슈얼리티의 결정에서 행하는 정확한 기능을 확정적으로 정의하는 것은 어려운 일일 것이다. 예언가 테이레시아스가 되어, 남자와 여자 각자의 향유의 본성을 알기 위해서, 순차적으로 남자의 몸과 여자의 몸 속으로 들어갈 수 있어야 할 것이다. 게다가 그러한 모험은 아마도 미끼에 불과할 것이다. 왜냐하면 향유의 문제에 있어서 개인적 차이가 성별적 차이보다 더 우세하지 않다고 말할 수 없기 때문이다. 어쨌든 분명한 것은 섹슈얼리티가 성별적 차별화를 능가한다는 사실이고, 우리의 생식 기관들이 대상의 선택이나 성적 유형의 태도들을 조건짓지도 않는다는 사실이다. 해부학적 구조는 운명이 아니라, 에로스적 문화를 위한 발판으로서, 에로스적 문화는 생식 기관들에 환상의 옷을 입힌다.

---

77 [옮긴이] 서구의 전통적 장난감으로, 줄로 연결된 구멍 난 공이 뾰족한 끝을 가진 나무 막대기에 끼워지는 놀이를 하는 데 쓰인다.

생식의 층위에서의 차이

몸의 두 번째 근본적인 차이는 생식과 종의 재생산에 있어서의 각자의 역할과 연관이 있다. 인간은 정자와 난자의 결합으로부터 탄생한다. 하지만 수정은 암수의 재생산을 담당하는 세포들을 포함하며, 잉태와 출산은 자연적으로 여자들에게 할당된다. 해부학적 구조의 차이에도 불구하고 어떤 균형을 관찰하는 것이 가능한 섹슈얼리티와 반대로, 생식은 남자와 여자의 근본적인 불균형을 분명하게 드러낸다. 여자의 몸은 남자의 몸에서 대응하는 것이 전혀 없는 소질을 가지고 있다. 그리하여 모성은 종종 여자의 본질, 여자의 특수한 차이처럼 고려된다.

그렇다면 이는 여자 전부가 자궁 안에 있음을 의미하는 것일까? 여기서도 마찬가지로 생식 기관의 존재는 소질을, 게다가 임신의 소질을 부여하지만, 이 소질을 발전시키도록 강요하지 않는다. 섹슈얼리티와 생식 간의 분리, 효과적인 피임 수단의 추구는 그러한 소질이 무조건 발굴되는 것이 아니라는 점, 그것이 어떤 경우에도 다른 모든 소질들을 은폐할 수 없다는 점을 보여 준다. 몸은 단 하나의 기관으로 환원될 수 없는 총체성이다. 뿐만 아니라 여자들은 자연이 그들에게 종의 재생산이라는 고귀한 기능을 할당했다는 것을 보여 주면서 그 생식 기관을 과시할 수 없다. 실제로 기능을 만들어 내는 것이 기관인 것이 아니라, 기능이 기관을 만들어 낸다. 유기체에서 우리는 기관들의 다(多)기능성을 관찰한다. 기관들은 절대적으로 결정적인 기능을 수행하지는 않는다. 『생명에 대한 인식』[78]에서 캉길렘은 쿠리에(Robert

---

78 Cf. l'étude intitulée "Machine et organisme", Vrin, p. 118.

Courrier)가 했던 실험, 자궁을 장으로 대체하는 실험을 서술한다. 콜레주 드 프랑스의 생물학 교수는 새끼를 밴 자궁의 태반을 복강 안으로 옮긴다. 이는 태반을 창자에 이식하기 위해서다. 그런 다음 그는 토끼의 난소 절제 수술을 한다. 이는 자궁 내에 위치한 모든 태반들의 임신중절을 이끌었으며, 오로지 창자에 이식된 태반만이 출산으로 이어졌다. 캉길렘은 이렇게 결론내린다. "이것은 창자가 자궁처럼 기능했다는 증거이다. 어쩌면 자궁보다 더욱 성공적으로 기능했다고까지 말할 수 있다."[79] 그리하여 여자들에게 변동가능한 기능을 할당하기 위한 기관이 존재한다는 가설이 나올 수 있으며, 여자의 본질이 모성에 있다고 결론내릴 수 없게 된다. 모성은, 다른 쪽에서 부성도 마찬가지지만, 단순한 생물학적 현상이 아니며, 임신과 혼동되어서도 안 된다. 여성의 특수성은 임신, 출산, 그리고 결과적으로 수유를 통해 단지 표명되는 것이며, 몸의 차이는 여자들에게 다른 기능을 배타적인 방식으로 할당할 수 없다. 따라서 신생아의 돌봄은 자연적으로 여자들에게 귀속되는 것이 아니다. 모성의 역할과 부성의 역할의 정의는 풍습과 사회적 관습을 따르며, 개인적 선택에서 유래하지 않는다.

그러므로 여성의 몸에 특수한 그런 소질의 영향과 의미를 규정하는 일이 남게 된다. 그것을 가늠하기 위해서 우선 가치론과 이데올로기들로부터 해방되어야 한다. 모성은 영광의 칭호도 아니고, 생물학과 동물성에 대한 더 큰 의존도의 표지도 아니다. 이러한 관점에서, 여성의 몸이 그 생리주기 때문에, 남성의 몸보다 자연성에 더욱 종속되어

---

79 *La connaissance de la vie*, p. 118.

있다고 생각하는 것은 불합리하다. 우리는 남성이 한밤중의 수음이나 아침의 발기 때문에 자연성을 더 뚜렷이 드러낸다고 말할 것인가? 여자에게 생리는 다른 기관의 기능들과 마찬가지로 더도 덜도 아니게 자연적이며 몸에 통합되어 있다. 그래서 주기적으로 흘러나오는 피의 광경은, 남성의 시선이 믿을 수도 있는 식과는 반대로, 상처처럼 나타나지 않는다. 그리하여 미셸 옹프레[80]는 생리현상을 반복되는 상처, 절단, 베임의 언어로 해석하며, 그 자신의 공포를 투사한다. 왜냐하면 한 남자에게 피의 광경은 늘 벌려지고 상처 입은 몸의 광경과 연결되기 때문이다. 어떤 여자들에게 생리가 때로는 고통스러운 것일지라도, 생리는 건강하지 못한 것이거나 질병적이거나 저주받은 것이 전혀 아니다. 생리는 생리학적 필요성을 표현한다. 물론 이것은 제약적이기는 하지만, 인간의 유기적 조직들을 관장하는 제거의 필요성처럼 심각한 것은 아니다.

다른 관점에서, 종의 재생산은, 적어도 성관계가 강요되지 않은 한에서, 의무가 아니며 욕망의 결실이고 선택에 속한다. 동물과 반대로 인간은 주기적이고 정확하게 인간에게 충동의 만족을 부여하는 성 본능에 종속되어 있지 않다. 인간은 향유를 지연시킬 수 있고 섹슈얼리

---

80 "아이였던 나의 관점에서, 여성의 육체는 죽음의 기호 아래, 압박에 의한 지혈이 불가능한 절단, 절대로 쫓아버릴 수 없는 베임이나 찢김의 기호 아래 갑자기 자리 잡는다. 이러한 주기적인 저주가 여자들에게 가해지는 것은 어떤 이유 때문일까? 쏟아지는 피로 속죄해야 하는 잘못이 무엇이란 말인가? (…) 나는 성별적 차이의 자명성과 불가분적으로 동시적인 불안을 확인한다. 지금도 여전히 그러한 불안이 내 머릿속을 떠나지 않는다. 남자들은 자신의 몸을 상대적인 항구성의 상태 속에 놓지만, 여자들은 자신의 기질의 절대적인 변덕을 따를 수밖에 없다." *Théorie du corps amoureux*, pp. 22~23.

티를 재생산과 분리시킬 수 있으며, 번식의 시기 동안 성교를 피할 수 있거나 피임이나 임신중절에 의존할 수도 있다. 따라서 인간은 종의 재생산을 거부할 수 있는 힘을 가진다. 게다가 이러한 거부가 인간을 동물과 구별하고 인간을 본능의 굴레로부터 해방시킨다고 칸트는 말한다. 「역사의 초기에 관한 추측들」의 저자(칸트)는 "자연이 각각의 개체를 보존하도록 하는 양분 섭취의 본능 다음에, 가장 중요한 본능은 성 본능으로서, 이것 덕분에 자연은 각 종의 보존을 마련한다"[81]는 점에 주목한 이후, 자신의 이성과 상상력의 지배 아래에서 인간은 욕망이 주기적이고 일시적인 단순한 충동만이 아니라는 것, 반대로 욕망은 대상이 없이도 이어질 수 있고 효과가 연기되면 더욱 커질 수 있다는 것을 보여 준다. "거부는 능숙한 인위적 산물로서 인간을 순수하게 감각적인 자극에서 이상적인 자극으로 인도하고, 순수하게 동물적인 욕망을 조금씩 사랑으로 인도한다."[82] 인간은 자연의 부름으로부터 빠져나올 수 있고 종의 보존의 본능을 사랑의 욕망으로 변형시킬 수 있는 그런 존재다. 따라서 모성은 운명이 아니라 자유의 표현이다. 난소의 독재는 존재하지 않으며, 그래서 인간들 없이 존재하기 시작했으며 인간들 없이도 있을 수 있는 우주의 그 어디에도 등록되어 있지 않은 그런 재생산의 법칙에 준비되어 있는 그 어떤 여자도 없다. 임신과 출산은 필수적이고 보편적인 현상이 아니다. 임신과 출산은 널리 분포되어 있지만, 불임이 이유가 되었건 임신과 출산의 가능성에 대한 거부

81 "Conjectures sur les débuts de l'histoire", in *La philosophie de l'histoire*, p. 114.
82 *Ibid.*, p. 115.

가 이유가 되었건, 모든 여자들에게 고유한 성질이 아니다. 따라서 임신과 출산은 남자와 여자의 차이화의 절대적 기준으로 소환될 수 없다. 남자가 남자이기 위해 반드시 아버지가 될 필요가 없는 것과 마찬가지로, 여자는 여자이기 위해 반드시 어머니가 될 필요는 없다. 임신, 출산, 수유는 여성의 특수성들이며, 일반성을 표현하지 않는다.

어쨌든 여자들에게 특수한 소질의 존재는, 몸은 어떤 것일 수 있는지, 그리고 몸이 생겨나게 하는 정동들은 어떤 것일 수 있는지를 이해하기 위해 그런 소질이 고려된다는 것을 의미한다. 만일 성별의 차이가 섹슈얼리티에 있어서 절대적으로 결정적인 것이 아니며, 반대로 생식의 층위에서 우연적인 것으로 여겨질 수 있다면, 그 차이는 재생산의 생물학적 현상을 넘어서는 근본적 결과들을 가지며, 자기 자신에 대한 존재와 타인에 대한 존재의 본성을 해명하기 위해 반드시 고려되어야 한다. 실제로 임신의 경험은 타인에 대한 지각에서 일반적으로 주어진 것들을 뒤집으며, 타인을 사유하는 방식, 타인과의 관계에서 자신을 규정하는 방식을 재고하도록 이끈다. 임신의 소질을 갖추고 있지 않거나 임신을 하지 않은 모든 사람들에게, 타인은 자기와 구별된 외부의 몸, 공간 안에서 움직이는 몸처럼 늘 지각된다. 이것이 바로 사르트르가 『존재와 무』에서, 타인의 존재 문제라는 주체에 대해서 관념론과 실재론에 공통적인 전제를 비판할 때 강조하는 내용이다.

타인은 경험적으로 몸의 지각을 기회로 내게 나타나며, 그 몸은 나의 몸에 외부적인 즉자적 존재이다. 그 두 몸을 결합시키고 분리시키는 관계 유형은 서로의 관계를 갖지 않은 사물들의 관계처럼 공간적 관

계이다. 그 관계는 주어져 있는 한에서 순수한 외재성이다.[83]

　본래적인 분리라는 이러한 관점은 보편적이 아니다. 그러한 관점은 남성 주체의 특수성을 표현한다. 남성 주체에게 타자성이란 외재성의 방식으로 주어지기 때문이다. 그와 반대로 임신은 타자성이 구성되는 것이 내재성과의 융합에서 출발해서라는 것을 보여 준다. 임신은 자기의 내부에서 발달하는 타자성, 타자성 그 자체의 존재에 대한 증거이며, 그것은 아이가 처음으로 움직일 때 완전하게 드러난다. 타인은 내가 아니면서 내 안에 있다. 타인은 나의 주변에 있는 것이 아니라, 나에 의해 감싸여 있다. 이것은 문자 그대로 임신한 여자이다. 따라서 타인과의 관계는 남자에게서와 임신한 여자에게서 동일한 도식을 따르지 않는다. 첫 번째 경우에 나를 둘러싸는 것이 타인이고, 두 번째 경우에 타인을 둘러싸는 것이 나다. 에드메 모티니-쿨롱(Edmée Mottini-Coulon)은 『특수하게 여성적인 존재론에 관한 시론』에서 그 점을 보여 준다.

　여성의 타인과의 관계는 낯선 존재, 그래서 접근해 봤자 헛된 그런 존재에 대한 나의 관계가 아니다. 그것은 유기적이고 심리적인 본래적 내밀성의 관계이며, 이것은 점차 공간화된 객관성으로 확장된다.[84]

---

83 *L'être et le néant*, IIIᵉ partie, p. 275.
84 *Essai d'ontologie spécifiquement féminine*, p. 88

따라서 여저자(著者)[모티니-쿨롱]에게 자기성(ipséité)과 타자성(altérité)은 내밀하게 화해한다. 왜냐하면 임신한 여자는 둘을 살기 때문이다. 타인은 나 자신만큼이나 확실하다. 왜냐하면 나는 장소적 거리 없이 타인과 함께 있으며, 타인을 나의 것으로 먹임으로써 타인의 존재가 완성되는 데 기여하기 때문이다. 출산은 그런 내적 타자성에서 외적 타자성으로의 이행이다. 출산의 경험이 어떻게 살아지든지 간에, 미래의 엄마는 타자성의 모체로서 자신의 몸이 변형되는 일을 피할 수는 없으며, 본래적인 결합과 출산에 의한 분리에 근거해서 자신의 아이를 생각하지 않을 수 없다. 탯줄의 절단은 떨어짐의 시작이고, 도덕적 연결을 맺을 가능성을 열어 주기 위해서 육체적 연결에 종지부를 찍는 것이다. 아버지에게 아이는 살을 나눈 자식(la chair de sa chair)이라고 해봐야 소용없으며, 아이는 단번에 그의 타자가 된다. 탯줄은 언제나 이미 잘려져 있으며, 상징적 연결만이 존재할 뿐이다. 하지만 이것도 역시 강력하다. 이러한 최초의 분리를 배경으로 했을 때, 탄생은 어머니의 몸의 매개가 없는 직접적인 접근의 시작이다. 탄생은 여전히 추상적인 존재이자 임신한 여자의 변모와 혼동되는 그런 존재로부터, 제3의 실재적 존재, 부모들의 존재와 구별되는 존재로의 이행을 허락한다. 어머니에게 있어서 아이의 기다림은 이미 현존의 방식이다. 반면에 아버지에게 있어서 아이의 기다림은 부재의 표지로 머물러 있으며 다가올 미래의 형태를 취한다.

이러한 차이가 갖는 영향력은 우연적 몸의 단순한 특수성의 틀을 넘어선다. 왜냐하면 그러한 영향력은 타자성의 본성과 타자성의 구성 방식을 이해하는 데 있어서 본질적이기 때문이다. 실제로 여기서 문제가 되는 것은 어머니들을 나머지 모든 인류와 분리시키는 시점이라는 단순한 사안이 아니다. 동일성과 타자성은 필연적으로 여성의 몸에 근거해서 사유되어야 한다. 우리가 누구이건 간에, 우리가 무엇이 되건 간에, 우리는 한 여자에게서 탄생하며, 우선적으로 그의 몸 안에서 살아간다. 자연적이건 시험관에 의해서건 수정이 자궁 안에서의 배아의 발달을 통과하는 한에서, 여성의 몸은 최초의 거처라고 할 수 있다. 따라서 임신 기간 동안 나타나는 본래적인 통일성에 근거해서 타자성의 구성을 이해하는 것이 필요하다.

따라서 타자를 공간을 점유하는 자로서, 그 공간에서 나는 배제되는 그런 자로 정의하는 것은, 최초의 융합을 잊는 것이고, 동일자의 중심에서의 타자의 출현을 잊는 것이다. 각자는 탄생 이전에 그러한 융합의 혼돈스러운 경험을 한다. 하지만 임신한 여자는 그러한 경험을 이중으로, 즉 아이로서, 그리고 보다 의식적인 방식으로 어머니로서한다. 그래서 타자를 우선적으로 비(非)-아(我)처럼, 나로부터 고립된 존재처럼 정의하는 것은 잘못 생각하는 것이다. 타인은 나의 다른 나 안에 있는 존재, 또는 타인의 다른 타인 안에 있는 존재다. 성별의 차이를 고려하지 못하고 그런 차이를 타인에 대한 관계의 결정에서 필수적이라는 사실을 고찰하지 못했던 철학자들은 존재들 간의 분리를 첫 번째이자 본래적인 것처럼 ― 하지만 그러한 분리는 2차적인 것이다 ― 사유하게 되었고 유아론 및 존재론적 고독이라는 거짓 문제를 정립하게 되었다. 그리하여 철학자들은 타인에 대한 관계를 우선 거리의 방식으로 파악했고, 그런 다음 근접성의 방식으로 파악했다. 그들은 결과에 불과한 것을 출발점으로 취했던 것이다. 그들은 그렇게 과정을 역전시키면서 거꾸로 걸었다. 왜냐하면 문제가 되는 것은 실제로 융합에 근거해서, 그리고 동일자의 모방에 근거해서 타자성의 출현을 이해하는 것이기 때문이다. 따라서 타인에 대한 관계의 문제는 첫 번째 존재론적 고독과 연관되기보다는 그런 고독의 부재와 연관되는데, 이것이 '우리'의 혼동 안에서 파악된 다음에 진정으로 구분된 '나'와 '너'를 사유하는 것을 어렵게 만드는 것이다. 만일 타인과 함께하는 존재가 첫 번째라면, 핵심적 질문은 근접성이라기보다는 좋은 거리에 대한 질문인바, 좋은 거리야말로 융합을 피할 수 있게 하고, 소외된 존재로서가 아니라 타자 존재로서 자신을 구성하기 위해서 동일자의 반복으로부터 벗어나게 만든다.

그렇기 때문에 공동 존재(Mit Sein)의 방식으로, 나와 함께하는 존재의 방식으로 타인에 대한 관계를 정의하는 현상학적 접근은 아마도 임신 상태에서 작동하는 인간의 실재를 더욱 잘 해명할 것이다. 어쨌든 성별적 차이를 피하고 그런 차이를 사실성으로 환원시키면서, 현상학자들은 유아론을 반박하기 위한 긴 우회로를 거치도록 강요되었다. 즉 그들은 그렇게 타인이 세계의 구성이나 공동 존재를 확립하기 위해 필수불가결한 조건임을 보여 주었다. 게다가 사르트르가 고백한 바에 따르면, 하이데거는 아무런 정당화 과정 없이, '함께 존재'(l'Être avec)의 경험적 확증에서 세계 안에서의 나의 존재의 존재론적 구조로서의 공존재의 정립으로 나아간다.[85]

나와 함께하는 존재는 최종 단계에서 여성의 몸의 존재론에 근거

85 Cf. *L'être et le néant*, IIIe partie, pp. 292~293.

하고 있지 않다면, 인간의 실재의 구조를 구성할 수 없을 것이다. 실제로 모티니-쿨롱이 상기시키듯이, 임신 기간 중에, "나는 나와 함께 있는 타인과 나 자신을 체험한다."[86] "나는 나의 코기토를 확보하는 것처럼 있지만, 타인과의 상호성 속에 있다. 타인은 나에 의해 드러내어졌으며, 신생아의 미래를 향한 완성 과정을 내 안에서 계속한다."[87] 성별적 차이가 사실성의 영역임을 진지하게 받아들이면서, 사르트르는 여성적인 것의 특수성을 참작하지 않는 존재론을 완성시키며, 그리하여 공동 존재의 결정적 기능을 오인한다. 물론 사르트르는 "함께하는 존재"의 실재를 부인하지 않는다. 하지만 그는 그런 경험 안에서, 타인에 대한 우리의 의식의 토대를 보는 것을 거부한다. 그는 대자 존재를 통해 우리에게 전달된 타자에 대한 존재가 타자와 함께하는 존재(l'être avec autre)보다 선행하며 그 토대를 이룬다고 생각한다.[88] 그리하여 사르트르는 데카르트적 코기토를 출발점으로 다시 삼으면서, 타인의 실존의 참된 이론의 필수적이고 충분한 조건을 세우기 위해서 유아론의 암초[89]를 자신만의 용어로 걷어 내야 했다. 의식의 자기에 대한 현전으로서 대자라는 우선 원리는 성별들의 차이를 없애는 존재론, 여성의 몸의 특수한 역량을 고려하는 철학 안에서 주어지지 않는 존재론 안에서만 타당한 것일 수 있다. 이 경우에, 대자는 공동 존재를 통합하는데, 왜냐하면 대자는 자기에 대한 자기의 현전이고 동시에 자기에 대한 타

---

86 *Essai d'ongologie spécifiquement féminine*, p. 51.
87 *Ibid.*, p. 60.
88 Cf. *L'être et le néant*, IIIe partie, p. 465.
89 *Ibid.*, p. 267.

인의 현전이기 때문이다. 나는 생각한다, 그러므로 우리는 존재한다. 왜냐하면 여기서 정신은 결합된 두 몸의 관념이기 때문이다. 하지만 타자성의 구성이 이해되어야 하는 것은 임신의 경험에 근거해서이며, 임신의 경험은 모티니-쿨롱이 믿고 있듯이 특별하게 여성적인 본질을 규정하도록 허락하는 것도 아니고 특별히 여성적인 존재론을 세우도록 허락하는 것도 아니다. 모티니-쿨롱은 모성을 실체화함으로써 어머니로 있다는 사실과 여자로 있다는 사실을 혼동하는 것처럼 보인다. 그러한 소질이 여성의 몸에 고유한 성질이라고 할지라도, 그것이 반드시 발현되는 것은 아니며, 여자들에게 특수한 세계에 대한 접근을 규정하기 위한 기준으로 사용될 수도 없을 것이다.

결정적으로 우리의 성화(性化)된 본성에 대한 검토는 성적 욕망이 타인에 대한 존재의 본질적 양태라는 것을 드러낼 뿐만 아니라, 성별들의 차이가 생식의 층위에서 타인과 함께하는 존재를 이해하기 위해 고려되어야 한다는 것을 드러낸다. 섹슈얼리티를 통해서건, 또는 생식을 통해서건, 생각해야 하는 것은 언제나 몸들의 결합이다. 성화된 몸에 대한 성찰은 몸의 고독이 임신의 본래적인 결합과 관계해서나, 성교의 육체적 결합과 관계해서 두 번째라는 것, 나아가 부차적이라는 것을 보여 줌으로써, 몸의 고독의 자연적인 자명성을 번복할 수 있게 한다. 모든 가치론을 넘어서 여성의 몸의 역량은 우리로 하여금 우리의 몸이 얼마나 결합되어 있는 것인지를 생각하도록 권유한다는 사실과 연관되어 있다. 우리는 우선 타인 안에서 움직이고, 태어난 후에는 타인을 위해서, 그리고 타인에 의해서 계속 살아가고 또 동요된다.

결론

"연극의 나머지 모든 부분이 아무리 아름답다고 해도, 마지막 막은 참혹하다. 사람들은 결국 머리 위로 흙을 던진다. 이것은 영원하다."

—파스칼, 『팡세』, 210, Br., 63, L.

무기력한 몸들(물체들)에서 인간의 몸에 이르기까지, 작동하고 있는 것, 힘과 저항과 함께 표현되는 것은 언제나 형태의 역량이다. 형태의 역량은 부분들을 종합적인 총체성 안으로 통합시키면서 그렇게 한다. 몸의 형태는 유기체들의 복잡성에 비례해서 재형성되고 또 재형성된다. 그처럼 살아 있는 몸은 열린 생물학적 체계처럼 제시된다. 그것은 자신의 내적 환경과, 자신의 에너지를 끌어내는 외적 환경 간의 관계들을 조정하면서, 균형을 보존한다. 인간은 이중의 삶을 영위하는 동물이다. 왜냐하면 그의 몸은 살아 있으면서 동시에 살아진 것이고, 생명을 부여받은 본성 때문에 물질로 환원될 수 없는 살의 역량을 나타내기 때문이다. 몸의 살에서 살에 의한 몸으로 향하면서 존재의 통일성이 확증되며, 이 존재는 육화된 의식으로 정의된다. 요컨대, "나의 영혼, 그것은 나이고, 나의 몸 전부이다."[1]

몸과 영혼은 구별된 실체들처럼 또는 이혼할 수 있을 배우자들처럼 결합된 것이 아니다. 몸과 영혼은 유일하고 동일한 존재를 이루며, 물리적 관점 또는 정신적 관점에서 차례로 고찰된다. 그런 두 표현 양태들 간의 상관관계를 추구하는 것이 불합리하지 않다면, 반대로, 상호적 인과성을 정립하면서 그 둘의 상호작용을 사유하고자 하는 것은 헛된 일이다. 이것이 바로 스피노자가 우리에게 주는 탁월한 교훈이며, 메를로-퐁티는 상호적 작용이라는 관념과 설명적인 변증법들의 교호 사이에서 벌어지는 혼동을 폭로하면서 자기 나름대로 그러한 교훈을 견지한다. "유기체의 과학적 인식이 정확해지는 정도에 따라, 몸에 대한 세계의 작용, 영혼에 대한 몸의 작용에 일관적 의미를 부여하는 게 불가능해진다. 몸과 영혼은 의미들이며, 따라서 의식의 시각에서만 의미를 가진다."[2] 그리하여 우리의 행동이 물리적이고 생리학적인 힘만으로는 이해되지 않는 정신적 의미를 소유할 때, 우리는 영혼이 몸에 대해 작용한다고 말하는데, 이는 틀린 말이다. 차라리 그 경우에 "몸의 기능이 상위의 층위에서 생명의 기능에 통합되고, 몸이 정말로 인간의 몸이 되었다"[3]고 말하는 것이 나을 것이다. 거꾸로 우리는 행동이 생명적 변증법의 언어로 완전히 이해될 수 있다는 사실을 표현하기 위해서, 몸이 영혼에 대해 작용한다고 말한다. 하지만 "행동은 조

1 Artaud, *Cahiers de Rodez*, septembre-novembre 1945, p. 221.
2 *La structure du comportement*, pp. 293~294.
3 *Ibid.*, p. 218.

직화되어 있지 않아서 덜 통합된 구조들을 낳았다"[4]고 말하는 편이 나을 것이다. 상호적 작용이라고 주장되는 것은 실제로 표현 방식의 은밀한 변화에 상응할 것이고, 변증법들의 단순한 교호로 환원된다. 동시에 결합이라는 거짓 문제는 존재의 통일성과 다수의 말하기 방식들의 문제 앞에서 길을 양보한다. 그래서 메를로-퐁티가 보기에, "우리의 세기는 '몸'과 '정신'을 나누는 선을 지웠고, 인간의 삶을 처음부터 끝까지 정신적이고 몸적인 것으로, 즉 늘 몸에 의존해 있고, 가장 살적인 방식들에서까지 늘 인격의 관계와 관련된 것으로 본다. 19세기 말의 많은 사상가들에게 몸은 물질의 단편, 기계의 한 다발이었다. 20세기는 살의 개념을, 다시 말해 생명을 부여받은 몸의 개념을 복원했고 심화시켰다."[5]

조물주와 유사한 인간의 몸은 자기의 이미지대로, 자기와 유사하게 세계를 제작하며, 거꾸로 자기가 제작되었음을 발견한다. 그리하여 인간의 몸의 다수의 양상들은 세계의 다수의 면들을 지닌 야누스(Janus *multifrons*)를 이룬다. 몸은 세계의 연극에 준비가 되어 있고 그것에 자신을 빌려주는 가면이며, 때로 그 가면은 피부에 부착되기에 이른다. 소크라테스의 몸이 알키비아데스에 의해, 가면과 연극의 신인 디오니소스를 따라다니는 실레노스들과 사티로스들의 최고의 후원 아래 놓이게 되었다면, 그것은 우연이 아니다. 알키비아데스는 소크라테스에 대한 찬사를 늘어놓으면서, 원통함 속에서, 신적인 취기 속에

4 *Ibid.*

5 *Signes*, p. 287.

서 몸에 대한 진리를 출산한다. 사실상 모든 것은 납작코의 가면의 겹쳐진 인형 속에 이미 말해졌고 이미 주어졌다. 철학적 해부학 교훈을 얻고 완성된 살을 발견하기 위해서는, 실레노스 조각들처럼, 그것을 열어 보는 것으로 충분했다. 소크라테스의 몸은 몸의 역량의 상징이며, 몸의 디오니소스적 신비를 드러낸다.

포티다이아에서의 소크라테스[6] : 추위와 피로와 배고픔을 견디고 갈증에 저항하듯이 취기에 저항하는 몸의 기술, 과잉에 대해서처럼 결핍에 대해서도 초연한 몸의 기술.

델리움에서의 소크라테스[7] : 무장한 몸은 자신의 자세를 통해 무장을 풀며, 그 심장의 용맹으로 승리를 거둔 적을 꼼짝 못 하게 한다. 전쟁의 업적에서, 소크라테스의 몸은 전투에서나 휴식에서나 침착함의 모델이다. 알키비아데스는 그 점을 알고 있었다. 그는 소크라테스의 생명력에 경의를 표하면서 그에게 자신의 안녕과 명예를 빚지고 있다.

의회에서의 소크라테스[8] : 육화된 말의 예술적 역량. 사티로스인 마르시아스와 비슷한 그는 노련한 예술과 함께 청중을 열광시키기 위해서 포도와 연극의 신의 가호 아래에 자신을 위치시킨다. 마르시아스의 아울로스(aulos)[9]처럼, 소크라테스의 로고스는 신성한 것의 음악이다. 사이렌의 노래처럼 저항할 수 없는 말, 그 실레노스의 몸에서 분출하는 말은 영혼을 매혹하고 영원토록 영혼에 마법을 건다. 소크라테스

6 Cf. *Banquet*, 219c~220c.
7 *Ibid.*, 221a.
8 *Ibid.*, 215c~216b.
9 [옮긴이] 고대 그리스의 악기.

는 당신이 최면상태에 들어가게 하고 아름다움의 바쿠스 축제로 당신을 이끈다.

내밀함 안에서의 소크라테스[10] : 통제된 몸의 윤리적 역량. 이러한 몸만이 영악한 자, 알키비아데스를 수치심으로 얼굴을 붉게 물들일 수 있게 하고 그의 반복된 공격에 저항할 수 있다. 소크라테스적인 몸의 윤리적 역량은 금욕적인 덕을 필연적 결과로 얻지 않는다. 그것은 에로스적인 강력한 책무를 수반한다. 소크라테스의 몸이 사티로스들의 몸과 유사하다면, 그의 몸이 비록 연애 제안들에 양보하지 않는다고 할지라도, 발기된 남근의 형상을 필연적으로 하고 있으며, 당신을 욕망과 사랑으로 불타게 만드는 성적 역량을 표현하고 있다. 알키비아데스는 큰 희생을 치르고 그 점을 배운다. 그는 그 철학적 독사에게 심장 가운데를 물렸으며 고통으로 괴로워하고 있다. 욕망의 몸, 당신을 아직 흥분하게 만드는 욕망, 그리고 당신을 당신 자신 바깥으로 보내고 몸의 저 너머로 보내는 욕망.

실레노스인 소크라테스는 숨어 있는 신의 모든 형상들을 보게 만든다. 노동 속에 있는 몸, 노동하고 있는 몸, 미와 선의 축제를 위해 예술적인 것과 윤리적인 것을 모으는 철학적 작업으로서의 몸, 사랑의 진리인 제3의 진리를 위해 둘의 존재를 떠나는 연인들의 몸에 대한 몸. 그렇지만 알키비아데스가 우리에게 권유하듯, 독당근을 끝까지 마셔야 한다. 마르시아스의 운명은 젊은이들의 타락과 불경의 죄목으로 사형을 선고받은 철학자의 운명을 미리 그리고 있다. 마르시아스는 악기

---

10 *Ibid.*, 217b~219b.

를 너무 잘 연주해서 음악 경연에서 리라의 신인 아폴론을 이겼던 명인 사티로스다. 그에게 결과는 아주 좋지 않았는데, 왜냐하면 신은 그의 오만을 응징하면서 산 채로 그의 피부를 벗겼기 때문이다.

그렇다면 마르시아스-소크라테스는 몸이 갈기갈기 찢기고 산 채로 피부가 벗겨진 절반의 신이라는 말일까? 자신의 운명을 넘어, 그 계획이 죽음의 단두대 위에서 산산조각나는 그런 인간의 모험의 비극을 소크라테스가 상징하고 있다는 말일까? 몇 방울의 독당근과 몸의 역량은 시신의 무능으로 떨어진다! 죽음은 아킬레우스의 뒤꿈치로, 이것은 디오니소스의 계획을 헛된 가장무도회로 변모시키는 것처럼 보인다. 가면은 내려지고 연극은 끝나는 것일까? 우리는 피에르 메르텐스의 말대로 "몸은 신이며, 재앙을 약속받은 불행한 신"[11]이라고 결론지어야 하는 것일까? 살아 있는 몸이 유예된 죽음의 선고를 받았다고 할지라도, 그 한정된 지속 기간이 몸의 능력을 무효로 만드는 것은 아니다. 소크라테스가 처형당했던 귀한 목소리의 일부라고 할지라도, 그의 말은 생생하게 남아 있으며 우리의 기억 속에 들어와 있다. 비록 몸이 우리의 마지막 거처이고 사후의 삶이란 없다고 해도, 어떤 무한정한 역량이 탄생과 죽음을 분리하는 간격 사이에 언제나 놓여 있을 수 있으며, 삶이 멈추었다고 해서 그러한 역량이 무효한 것이 되지는 않는다. 그러니까 끝이 반드시 유한성의 동의어는 아닌 것이다. 발레리는 그 점을 알고 있었다. 그는 영혼의 불멸성을 몸의 필멸적 삶과 맞바꾸지는 않을 것이다. "영혼을 갖고자 하는 욕망, 불멸적으로 그런 영혼만

11 *Les éblouissements*, p. 79.

을 갖고자 하는 욕망, 이러한 욕망은 몸을 갖고, 지속 기간을 갖고자 하는 영혼의 욕망 옆에서 단적으로 희미해진다. 영혼은 말을 위해 자신의 왕국을 포기할 것이다. 어쩌면 나귀(를 위해서)?"[12]

리바이어던에 따르면, 몸은 필멸적 신이며, 이러한 바로서 몸을 존경해야 한다. 몸의 아름다움과 건강을 추구하는 것이 정당하다면, 불멸성을 꿈꾸는 것은 헛되다. 그렇기 때문에 오늘날의 몸에 대한 숭배는 때때로 이단과 유사하다. 신도들은 병원과 헬스클럽에서 거짓 신을, 즉 영원한 젊음의 샘 안에 또는 극저온화의 얼음 안에 잠겨 있는 불사조를 숭배한다. 몸은 그런 욕망의 악한 무한성 안에 붙잡혀 숭배받는 우상들, 불태워질 운명을 지닌 우상들의 이미지에 맞는 거짓된 역량이 된다. 만일 노년이 취미의 결함이고, 죽음이 처세술의 결핍이라면, 몸은 외과용 메스로 교정을 해야 하는 잘못 닦여진 형태가 된다. 살에 대한 증오는 여러 가지 수를 가지고 있어서, 주름과 나쁜 지방의 사냥으로 채워질 수 있다. 그리하여 몸에 대한 숭배가 자기도 모르는 경멸의 이면이 되는 일이 일어나고, 그러한 몸을 보존하기 위한 과도한 충고의 소리가 다만 살에 반대해서 종종 중시되었던 매우 오래된 침묵의 반향에 불과하게 되는 일이 일어날 수 있다.

그리하여 몸의 "너 자신을 알라"만이 헛된 욕망들로부터 우리를 보호하고 우리에게 쾌락의 길을 보여 줄 수 있다. 몸은 참된 삶의 안내자이자 모델이다. 바로 이러한 약한 신, 신에 의해 빚어진 발을 가진 거대 조각상을 근거로 해서 우리의 사고를 조정해야 한다. 마치 에우팔

12 *Tel quel, Choses tues*, VIII, p. 500, in *Œuvres* II.

리노스가 기도를 통해 강하게 권했던 것처럼 말이다.

오, 매 순간 내게 나의 성향들의 기질을 떠올려 주는 나의 몸이여. 당신
의 기관들의 균형, 당신의 부위들의 정확한 비례가 당신이 존재하게끔
하고 움직이는 사물들 가운데에서 당신을 회복시킨다. 나의 작업을 경
계하시라. 조용히 내게 자연의 요구들을 가르쳐 주고, 당신이 계절들
이 지나가도 살아남고 우연들로부터 다시 일어나도록 만들어진 것처
럼, 당신이 부여받은 그 위대한 기술을 내게 전달해 주시오. 당신과의
동맹을 통해 참된 사물들에 대한 감정을 찾아낼 수 있는 것들을 내게
주시오 : 나의 생각들을 완화하시오, 보강하시오, 보장하시오. 소멸하
기 쉬운 당신의 존재, 그것이 나의 꿈들만큼 그런 것은 아니오. 당신은
환상보다는 조금 더 오래 지속되고, 당신은 나의 행위들 때문에 대가
를 치릅니다. 당신은 나의 실수들 때문에 대가를 치릅니다. 삶의 살아
있는 도구인 당신은 우리 각자에게 있어서 우주와 비교되는 유일무이
한 대상입니다.[13]

---

13 Valéry, *Eupalinos*, in *Œuvres* II, p. 99.

참고문헌

장별 참고문헌은 이 책에서 다루었던 주제들과 참조들과 연관된 정보와 상세한 자료를 제공하는 한편, 명시적으로 전개된 대상이 아니었으나 주의할 만한 지점들과 연관된 정보들을 제공한다. 이에 다양한 장들의 순서가 반복될 것이며, 필요한 경우 질문을 심화시킬 수 있는 새로운 표제들에 의해 보완될 것이다. [이 '참고문헌' 뒤에 인용된 문헌의 서지정보를 제공했다.]

서론의 일반적인 몇몇 저작들

몸 일반을 주제로 하는 다수의 현재 출판물들은 오랫동안 우세했던 침묵과 대비를 이룬다. 그런 현재의 출판물들 가운데 우리는 몸의 다양한 면모와 문제 전체에 대한 시각을 독자에게 줄 수 있는 저작들을 추렸으며, 위대한 철학 학설들에 대한 정확한 지식보다는 내용의 독창성과 연결된 저작들에 특권을 주었다.

M. Bernard, *Le corps* (베르나르, 『몸』), Le Seuil, 'Points/Essais', 1995 : 과학들과 현대철학에 의한 몸에 대한 다양한 접근을 비판적으로 다룬 분석. 특히 현대철학은 몸을 만들어 내는 가운데 완성되는 사회의 환상과 신화를 분명하게 부각시키면서 개별성의 은신처 몸이라는 관념을 해체한다.

F. Chirpaz, *Le corps* (쉬르파즈, 『몸』), Klincksieck, 1988 : 이 책은 생물학적 실재로서, 또한 동시에 인격적 실존으로서 인간 존재의 조건

을 이해하려는 것을 목표로 한다. 몸의 직접적 경험, 몸의 불투명성과 몸의 체험에서 출발한 다음에, 인간의 육화의 수수께끼를 해명하려는 시도로서 감정들, 섹슈얼리티, 정신과 물질 간의 관계를 분석한다.

F. Dagognet, *Le corps multiple et un*(『다수의 몸과 일자의 몸』), Les Empêcheurs de penser en rond, 1992 : 프랑수아 다고네가 몸에 할애했던 많은 저작들 가운데, 『다수의 몸과 일자의 몸』은 아마도 그 독서가 가장 수월하며 대중이 가장 접근하기 쉬운 책일 것이다. 문장들이 분명하고 예민하기 때문이다. 그리스 철학자들의 문제들의 토대들을 상기시킨 다음에, 저자는 생리학에서 문화적인 것에 이르기까지 얼마나 관점들이 나뉘고 서로 침투하는지를 보여 주면서, 그런 관점들의 다수성 안에서 몸을 분석한다. 그리고 그는 몸을 완전히 제거하는 메타-몸의 현재의 출현을 강조한다.

J.-L. Nancy, *Corpus*(장-뤽 낭시, 『코르푸스』), Métailié, 1992 : 코르푸스의 무게, 영광스러운 몸에서 기표화한 몸에까지, 노동하는 몸에서 향유하는 몸까지, 몸의 다양한 형상들을 다룬 빛나고 정열적인 에세이다. 밀도 있고 예리한 문장이 때로는 해석학적이고 암시적으로 남아 있으나, 독자는 사고의 풍요로움에 의해 언제나 자극된다.

M. Richir, *Le corps*(리쉬르, 『몸』), Hatier, 'Optiques philosophie', 1993 : 현상학적 연구로서, 전통적으로 영혼이라고 명명되었고 육화된 삶 속에서 표현되는, 몸의 초과부분을 사유하는 것을 목적으로 삼는다.

J.-F. Schaal, *Le corps*(장-프랑수아 샬, 『몸』), Ellipses, 1993(cours préparation HEC) : 저작은 매우 명료하며 몸과 관련된 문제들 전체에 대한 훌륭한 시각을 준다. 하지만 분석은 때로 다소 간결하고 글 전체

에 잘 어울리지 않는 에필로그와 함께 역사적 순서에 따라 지나치게 병치된 감이 있다. 저자는 우선 플라톤 사상에서의 몸을 분석하고, 그런 다음, 에피쿠로스와 루크레티우스와 함께 고대의 유물론을 분석한다. 그는 이어서 17세기의 기계론과 정념론을 연구하고, 실존주의와 현상학을 연구한다. 그의 조사는 정치적 몸에 대한 검토로 완성된다.

모음집

Le corps (sous la dir. de J.-C. Goddard et M. Labrune), Vrin, 1992 : 훌륭한 논문 모음집. 다뤄진 주제들의 풍부함만이 아니라 분석들의 질과 정확도 면에서도 이 모음집은 훌륭하다. 저작은 역사적 시점과 주제적 시점이라는 이중적 시점을 채택하고, 플라톤, 아리스토텔레스에서의 몸, 기독교주의 안에서의 몸, 17세기에서 20세기까지 현대 철학 안에서의 몸, 정신분석에서의 몸을 연구하고, 보다 동시대적인 접근으로 마무리한다.

Les philosophes et le corps (『철학자들과 몸』), textes choisis par B. Huisman et F. Robes, Dunod, 1992 : 다양한 글들의 모음집으로 몸과 연관된 문제틀과 철학적 교설의 꽤 완성된 파노라마를 제공한다.

1장_ 몸 또는 몸들(물체들)

몸들(물체들)의 본질

Épicure, *Lettres et maximes* (에피쿠로스, 『서한들과 잠언들』), trad. M. Conche, PUF, 1992.

Lettres, maximes et sentences(『서한들, 잠언들, 그리고 금언들』), trad. J.-F. Balaudé, Livre de Poche, 1994. 특히 헤로도토스에게 보내는 편지와 물리학에 대한 글들을 보라. 몸들(물체들)과 물리학에 대한 에피쿠로스의 개념화에 대해서, 독자는 장 살렘의 세밀한 연구를 참조하는 게 좋을 것이다 : Jean Salem, *Commentaire de la lettre d'Épicure à Hérodote*, Cahiers de philosophie ancienne, n° 9, Ousia, 1993.

Lucrèce, *De la nature*(루크레티우스, 『자연에 대하여』), trad. J. Kany-Turpin, Aubier, 'Biblio-thèque philosophique bilingue', 1993. 특히 물질적 몸들(물체들)의 원리와 다양성을 다루는 I권과 II권을 보라. 독자는 루크레티우스의 원자론적 물리학에 대해 마르셀 콩슈가 했던 탁월한 소개를 참조할 수 있을 것이다 : Marcel Conche, *Lucrèce et l'expérience*, Éditions de Mégare, 3e éd., 1990.

Les Stoïciens(『스토아학파』). 참조하는 판본은 1964년에 Teubner 출판사에서 4권으로 재편집된 H. Von Arnim의 것이다. 프랑스 독자는 에밀 브레이에의 편집본을 참고할 수 있을 것이다 : É. Bréhier, *Les Stoïciens*, Gallimard, 'Bibliothèque de la Pléiade', 1962. 몸에 대한 스토아학파의 개념화를 위해서는 다음을 참조하는 것이 적합할 것이다 : Jean Brun, *Les Stoïciens*, Textes choisis, II, 'La physique', PUF, 1973. 해설서들 가운데에는 브레이에의 두 저작이 가장 해명적이다 : É. Bréhier, *Chrysippe et l'ancien Stoïcisme*(chap. II : 'La physique'), 3e éd., PUF, et Gordon et Breach, 1961.; É. Bréhier, *La théorie des incorporels dans l'ancien Stoïcisme*, Vrin, 1970.

데카르트와 관련하여 참조하는 판본은 1996년 Vrin 출판사에서 재출간된 11권으로 된 저작모음집이다 : *Œuvres de Descartes* par Ch. Adam et P. Tannery. 독자는 1973년 Garnier 출판사에서 출간된 3권으로 된 판본을 참조할 수 있을 것이다 : *Œuvres de Descartes* par F. Alquié. 후자의 판본은 Adam et Tannery와의 서신 교환을 여백에 싣고 있다. 연장 실체로서의 몸에 대한 데카르트적 개념화에 관해서는 M. Gueroult, *Descartes selon l'ordre des raisons*(게루, 『이성의 질서에 따른 데카르트』), 2 t., Aubier, 1968의 중요한 설명 외에도, F. de Buzon et V. Carraud, *Descartes et les "Principia"*(뷔종과 카로, 『데카르트와 '원리들'』), II, Corps et mouvement, PUF, 1994를 읽어야 하며, 질문의 목록을 이루는 이 책의 마지막 참고문헌을 참조해야 한다.

G. W. Leibniz, *Système nouveau de la nature et de la communication des substances*(라이프니츠, 『자연 및 실체들의 소통의 새로운 체계』), GF, 1994. 특히 2장 '몸들(물체들)의 본질'과 12장 '몸(물체)의 본성과 운동적 힘에 대하여'를 보라. 라이프니츠에게서 몸(물체)의 역동적 개념화에 관해서는 미셀 피샹의 저작을 참조해야 한다 : Michel Fichant, *Science et métaphysique dans Descartes et Leibniz*, PUF, 1998. 특히 이 책의 8장 '역량에서 행위로 : 역동성의 스타일적 단독성'을 참조하라.

물질적 몸들(물체들)과 그것의 원리들에 관해서는 다음의 것들을 보라.

Platon, *Timée*(플라톤, 『티마이오스』), trad. Luc Brisson, GF, 1992.

Aristote, *Traité du ciel* (아리스토텔레스, 『하늘에 관한 논문』), trad. J. Tricot, Vrin, 1990. 또한 모로의 번역본을 보라. trad. P. Moraux, Les Belles Lettres, 1965.

J. Locke, *Esssai philosophique concernant l'entendement humain*, livre II, chap. XIII, 'Des modes simples ; et premièrement de ceux de l'Espace' (로크, 『인간 오성에 관한 철학적 에세이』, 2권, 13장 '단순한 양태들 ; 첫 번째로 공간의 양태들'), trad. P. Coste, Vrin, 1989.

E. Kant, *Premiers principes métaphysiques de la science de la nature* (『자연과학의 첫 번째 형이상학적 원리들』), trad. F. de Gandt, *Œuvres philosophiques*, II, Gallimard, 'Bibl. de Pléiade', 1985.

G. W. H. Hegel, *Précis de l'Encyclopédie des sciences philosophiques*, 2e partie, *Philosophie de la nature*, 2e sect., *Physique* (헤겔, 『철학적 학문들의 엔치클로페디 강요』, 2부 '자연 철학', 2절 '물리학'), trad. Gibelin, Vrin, 1970.

몸의 본질과 몸의 단일성의 본질에 대한 질문은, 그 수많은 형태들에도 불구하고, 다고네의 성찰의 핵심 주제들 가운데 하나를 구성했다. 그는 자신의 책 『반성된 몸』(*Corps réfléchis*, Odile Jacob, 1990)에서, 실험과학들의 의사의 관점과 동시에 예술의 관점에서, 물질의 창조적 풍요로움과 물질의 조형성을 분석한다. 독자는 또한 『몸』(*Le corps*, sous la dir. de J.-C. Goddard et M. Lebrune, Vrin, 1992) 안에 있는 매우 대칭적인 다른 논문, 「몸들에서 몸 자체로」를 참조할 수 있다. 여기서 다고네는 진정한 몸들과 그 외의 것들, 즉 복합물, 혼합물, 으깨서 섞어 놓는 것(purées), 아말감 간의 구분을 세운다.

몸의 형태들과 표상들의 다수성과 관련해서 우리는 다음의 두 논문을 발견한다.

Quel Corps?, n°34-35, 'Corps symboliques'(numéro spécial) (『어떤 몸?』, 34-35호, 「상징적 몸들」), Paris, 1988.

Le corps et ses fictions(『몸과 몸의 픽션들』), textes recueillis et présentés par C. Reichler, Éditions de Minuit, 1983.

비(非)물질적 몸들

요하네스 스코투스 에리우게나(Jean Scot Érigène)의 영적인 몸과 연관해서는 『자연구분론』(*De Divisione Naturae*)을 참조해야 한다. 이것은 *Périphyseon*(그리스어로 자연에 대한 연구)이라는 이름으로도 알려져 있다. 베르탱(F. Bertin)은 세 권의 책을 두 권으로 만들어 번역했다 : *De la division de la Nature*, PUF, 1995. 또한 우리는 그의 논문을 참조한다 : F. Bertin, "Corps spirituel et androgynie chez Jean Scot Érigène"(「요하네스 스코투스 에리우게나의 영적인 몸과 남녀양성성」), in *L'androgyne*, Cahiers de l'Hermétisme, Albin Michel, 1986.

홉스의 정치적 몸의 주제에 대해서, 『리바이어던』의 서론과 2부를 참조하는 것이 중요하다 : Hobbes, *Léviathan*, trad. F. Tricaud, Sirey, 1971. 또한 G. 마이레의 번역본을 보라 : Hobbes, *Léviathan*, trad. de G. Mairet, Gallimard, 'Folio/Essais', 2000.

루소의 사상에서는, 특히 『사회계약론』의 1권의 6장, 7장, 2권, 3권을 참조해야 한다. 『사회계약론』여러 판본들 가운데, 갈리마르 출판사의 'Folio/Essais'시리즈로 나온 것이 선호된다. 왜냐하면 그것은 R. 드라테(Derathé)의 귀한 고증자료가 들어 있는 *Œuvres complètes*를 재출간한 것이기 때문이다.

비물질적 몸들과 그 원리들의 주제에 대해서는 또한 다음의 것들을 보라.

Proclus, *Éléments de théologie*(프로클루스, 『신학의 요소들』), trad. J. Trouillard, Aubier Montaigne, 1965. 특히 196~211절을 참조해야 한다. 여기서 프로클루스는 영혼의 매개수단들 및 영혼이 누리는 썩지 않는 최초의 몸의 이론을 제시한다.

신학에서의 신비주의적 몸의 주제에 대해서 우리는 H. 드 뤼박의 책을 참조한다 : H. De Lubac, *Corpus Mysticum. L'Eucharistie et l'Église au Moyen Âge*(『코르푸스 미스티쿰. 최후의 만찬과 중세의 교회』), Aubier, 1949. 그리고 크레티앙의 논문을 보라 : J.-L. Chrétien, "Le corps mystique dans la théologie catholique"(「가톨릭 신학 안에서의 신비주의적 몸」), *Le corps* (sous la dir. de J.-C. Goddard et M. Labrune), Vrin, 1992.

이 책 안에서 주로 다뤄졌던 영적인 몸과 정치적인 몸의 모습들 외에도, 그 구조가 고리의 구조의 특별한 경우인 그런 대수학적 몸들(물체들)의 질문에 관심을 가진 독자는 제르공데(R. Gergondey)의 항목을 참조할 수 있을 것이다. 이것은 *L'Encyclopedia Universalis*, vol. 6, 1995, p. 614 이하에서 수학에서의 몸(물체)의 개념을 다루고 있다. 보다 심화된 연구로서, 독자는 리방보엥(P. Ribenboim)의 책을 참조할 수 있다 : P. Ribenboim, *L'arithmétique des corps*(『몸들(물체들)의 산술』), Hermann, 1972.

2장_ 살아 있는 몸

일반적으로 살아 있는 몸의 본성을 이해하기 위해 우리는 특히 피쇼의 책을 독서하기를 추천한다 : A. Pichot, *Histoire de la notion de vie*(『생명 개념의 역사』), Gallimard, 'Tel', 1993. 이 책에 우리는 많은 것을 빚지고 있다. 왜냐하면 이 연구는 보기 드문 박학다식을 보여 주며, 고대의 이론가들에서부터 현대 생물학에 이르는 글들을 통해 생명 개념의 범위를 정확하게 파악하기 때문이다. 보다 짧은 다고네의 책 『살아 있는 것』은 살아 있는 것의 본성과 관련된 질문들의 매우 훌륭한 종합을 제시하고 살아 있는 것의 특수한 본성을 엄밀하고 정확하게 정의한다 : F. Dagognet, *Le vivant*, Bordas, 1988.

살아 있는 몸과 연관된 큰 문제틀에 대한 통찰을 얻고자 하는 독자는 오케(Thierry Hoquet)의 논문 모음집을 참조할 수 있을 것이다 : T. Hoquet, *La vie*(『생명』), textes choisis et présentés par Thierry Hoquet, GF, 1999.

물활론적 패러다임에 대하여

아리스토텔레스는 살아 있는 것에 관한 철학적 성찰의 구성에서 결정적인 역할을 했다. 『영혼론』(*De l'âme*, trad. par J. Tricot, Vrin, 1972) 외에도, 동물학의 다음 글들을 참조해야 한다.

Les petits traités d'histoire naturelle(*PN, Parva Naturalia*)(『자연사에 대한 짧은 논문들』), trad. J. Tricot, Vrin, 1951. 또한 P.-M. Morel의 새로운 번역본을 보라.

L'histoire des animaux(HA)(『동물들의 역사』), trad. J. Tricot, Vrin, 1957, trad. P. Louis, Les Belles Lettres, 3 vols., 1964, 1968, 1969, trad. J. Bertier, Gallimard, 'Folio/Essais', 1994.

Les parties des animaux(pa)(『동물들의 부분들』), trad. J.-M. Leblond, Aubier, 1945, reprise et mise à jour par P. Pellegrin, Flammarion, 'GF', 1995.

Le mouvement et la marche des animaux(MA, IA)(『동물들의 운동과 걸음』), trad. P. Louis, Les Belles Lettres, 1973.

La génération des animaux(GA)(『동물들의 생성』), trad. P. Louis, Les Belles Lettres, 1973.

아리스토텔레스에게서 살아 있는 것에 관한 일반적 개념화에 관해서는 J.-M. 르블롱(J.-M. Leblond)의 고전적인 주석(J.-M. Leblond, *Aristote, philosophe de la vie. Le livre premier du traité sur les parties des animaux*, Aubier, 1945) 외에, 펠레그랭(Pierre Pellegrin)의 책 *La classification des animaux chez Aristote. Statut de la biologie et unité de Aristotélisme*(『생물학의 위상과 아리스토텔레스주의의 통일성』), Les Belles Lettres, 1982를 참조해야 한다. 독자는 또한 아리스토텔레스와 생명에 관해서 다음 책의 2장에서 소중한 정보를 얻을 것이다 : A. Pichot, *Histoire de la notion de vie*, Gallimard, 'Tel', 1993.

데카르트의 기계론에 관해서

『방법 서설』의 5부 외에, 생명에 관한 데카르트의 개념화는 『인간론』 (*Traité de l'homme*, A.T., XI, Vrin, 1996)과 『인간의 몸에 관한 묘사』(*La description du corps humain*, A.T., XI Vrin, 1996)에 제시되어 있다. 그리고 그것은 『정념론』(*Passion de l'âme*, A.T., XI, Vrin, 1996)의 1부에서 다시 등장하는데, 특히 우리 몸의 기계에 할애한 항목들에 나와 있다. 이 글은 G. 로디-루이(Rodis-Lewis)의 서론과 각주들이 포함된 Vrin 출판사에서 1970년에 나온 것을 참고하는 것이 유용하다. 데카르트의 철학에서 생명에 대한 기계론적 개념화에 대한 많은 해설들 가운데, 우리는 특히 다음의 논문들을 참고할 것이다 : G. Canguilhem, "Organisme et modèle mécanique : réflexions sur la biologie cartésienne"(캉길렘, 「유기체와 기계론적 모델 : 데카르트의 생물학에 관한 성찰들」), *Revue philosophique*, 1955.; M. Geuroult, "Animaux-machines et cybernétique"(마르샬 게루, 「동물-기계와 사이버네틱스」), *Cahiers de Royaumont*, n°5, 1965, réimpr. dans *Études sur Descartes, Spinoza, Malebranche et Leibniz*, Hildesheim, New York, G. Olms, 1970.; C. Ramond, "Sur quelques problèmes posés par la conception mécaniste du corps humain au XVIIe siècle"(샤를 라몽, 「17세기 인간의 몸에 관한 기계론적 개념화에 제기된 몇 가지 질문에 대하여」), in *Le corps* (sous le dir. de J.-C. Goddard et M. Labrune), Vrin, 1992. 우리는 또한 독자가 피쇼의 책 5장 '데카르트와 기계론'을 참조하기를 바란다 : A. Pichot, *Histoire de la notion de vie*, Gallimard, 'Tel', 1993.

기계와 유기적 존재 사이의 칸트의 구분에 관해서

이 주제에 관한 칸트의 근본적인 글은 『판단력 비판』의 2부 '목적론적 판단 능력에 대한 비판'이다 : Kant, *Critique de la faculté de juger*, 2e partie, 'Critique de la faculté de juger téléologique', traduit par A. Philonenko, Vrin, 1974. 또한 칸트 저작의 다음의 번역본들도 참고해야 한다 : J.-R. Ladmiral, M. B. de Launay et J.-M. Vaysse, *Œuvres philosophiques*, II, Gallimard, 'Bibl. de la Pléiade', 1985.

칸트의 그 주된 구분의 연장선상에서, 캉길렘의 분석을 참고할 필요가 있다 : G. Canguilhem, *La connaissance de la vie*(『생명에 대한 인식』), Vrin, 1965. 특히 이 책의 3부 철학 중 「기계와 유기체」(pp. 101~127)를 참조하라. 여기서 저자는 데카르트의 기계론을 비판하고 칸트가 『판단력 비판』의 65절에서 실행한 구분에 대해 설명을 붙인다.

살아 있는 몸들의 인과성에 관하여

생기론의 주제에 대해서, 무엇보다 그자비에 비샤의 저작을 참조해야 한다 : Xavier Bichat, *Recherches physiologiques sur la vie et la mort*(『생명과 죽음에 관한 생리학적 연구』), Alliance culturelle du livre, 1962. 그리고 특히 피쇼의 책 6장을 읽을 필요가 있다 : A. Pichot, *Histoire de la notion de vie*(『생명 개념의 역사』), Gallimard, 'Tel', 1993, pp. 524~569. 여기서 저자는 비샤의 생기론을 다룬다. 또한 독자는 캉길렘의 분석들을 참조할 수 있다 : G. Canguilhem, *La connaissance de la vie*, au chapitre III. Philosophie, aspects du vitalisme(『생명에 대한 인식』의 3부 철학 중 「생기론의 여러 양상」), pp. 83~100, Vrin, 1965.

살아 있는 몸과 그 특수성에 대해서 또한 다음을 보라.

J. B. Larmarck, *Philosophie zoologique*(라마르크, 『동물학 철학』),
GF, 1994; *Recherches sur l'orgnisation des corps vivants*(『살아 있
는 몸들의 구성에 대한 연구』), Fayard, 1986. 피쇼는 『생명 개념의 역사』
에서 한 장(pp. 579~688)을 라마르크와 생물학에 쏟았으며, 그가 보기
에 역사 속에서 잘못 알려진 그의 위치를 복원시킨다.

C. Bernard, *Introduction à la médecine expérimentale*(클로드
베르나르, 『실험 의학 입문』), GF, 1966. 특히 살아 있는 존재들에서의 실
험을 다룬 2부가 결정적이며, 내적 환경에 대한 유명한 개념을 확고히
한다. C. Bernard, *Leçons sur les phénomènes de la vie communs
aux animaux et aux végétaux*(『동물과 식물에 공통적인 생명 현상에
관한 강의』), Vrin, 1966.

H. Bergson, *L'évolution créatrice*(베르그손, 『창조적 진화』),
Œuvres complètes, édition du centenaire, PUF, 1959.; H. Bergson,
"La conscience et la vie"(「의식과 생명」), in *L'énergie spirituelle*(『정
신적 에너지』), I, édition du centenaire, PUF, 1959. 이 두 저작은
PUF출판사의 'Quadrige' 시리즈로도 출간되었다. 또한 'Texte et
contexte' 시리즈(Magnard, 1985)에서도 「의식과 생명」의 편리한 교
과서용 편집본이 있다. 생명에 관한 베르그손의 개념화에 관해서는 트
로티뇽의 책을 참조하기를 바란다 : P. Trotignon, *L'idée de vie chez
Bergson et la critique de la métaphysique*(『베르그손에서의 생명 관
념과 형이상학 비판』), PUF, 1968.

기투, 프로그램, 조직화의 관념에 관해서는, 프랑수아 자코브의
책을 읽을 필요가 있다 : François Jacob, *La logique du vivant*(『살

아 있는 것의 논리』), Gallimard, 'Tel', 1970. 이 책은 생물학의 역사이면서 동시에, 살아 있는 것의 본성 및 살아 있는 것의 비(非)생명적 세계와의 관계에 대한 철학적 성찰이다. 우리는 동시에 독자가 그의 최근 저작의 독서를 참조하기를 바란다 : François Jacob, *Le jeu des possibles*(『가능성들의 놀이』), Fayard, 1981. 이 책에서 그는 어째서 생명이 형태들에 대한 영원한 공작(bricolage)인지를 보여 준다.

끝으로 우리는 앙리 아틀랑의 아름다운 책의 독서를 권한다 : Henri Atlan, *Entre le cristal et la fumée*(『크리스탈과 연기 사이에서』), Le Seuil, 1986.

3장. 인간의 몸, 몸과 정신

영혼과 몸의 결합의 이원론적 관점에 관하여

이 주제에 대해서는 데카르트는 반드시 참고해야 하는 저자다. 한편으로 『형이상학적 성찰』을 참고해야 하며, 특히 2절과 4절을 참고해야 한다 : *Méditations métaphysiques*, A.T., IX, Vrin, 1996. 두 언어로 된 『형이상학적 성찰』은 반박과 대답을 수록하고 있는데, 이 판본이 특히 추천할 만하다 : *Méditations métaphysiques*, par J.-M. et M. Beyssade, GF, 1979. 다른 한편으로 『정념론』을 참고해야 한다 : *Passions de l'âme*, A.T., XI, Vrin, 1996(또는 Rodis-Lewis, Vrin, 1970). 이 책에는 데카르트가 영혼과 몸의 일치에 대한 개념화를 전개한 중요한 글이 수록되어 있다.

이 질문과 관련해서는, 게루의 해설(M. Gueroult, *Descartes selon*

l'ordre des raison『이성의 질서에 따른 데카르트』, t. 2, Aubier, 1968)과 캄부슈네르의 2권으로 된 『인간의 정념들』(Denis Kambouchner, *L'homme des passions*, Albin Michel, 1995) 외에, 콜레스닉-앙투안이 편집한 논문 모음집을 참조할 수 있다(D. Kolesnik-Antoine, *Union et distinction de l'âme et du corps* : Lectures de la VIᵉ Méditation『영혼과 몸의 결합과 구분 : 제6성찰 독해』, Kimé, 1998). 일반적으로 독자는 『영혼과 몸의 이원론』을 참조하는 데 관심을 가질 것이다(*Le dualisme de l'âme et du corps*, sous la direction de J.-L. Vieillard-Baron, Vrin, 1991). 이 책은 데카르트에서의 문제만을 분석하는 것이 아니라, 한편으로는 플라톤, 플로티누스, 아우구스티누스에게서, 다른 한편으로는 앙리 무어, 말브랑슈, 스피노자, 페넬롱과 같은, 『성찰』의 저자의 주장을 논박했던 저자들에게서의 문제들을 분석한다. 그 책은 또한 20세기 철학 안에서 영혼 개념의 의미와 관련된 최후의 질문으로 향한다.

선(先)확립된 조화에 관해서

라이프니츠와 관련해서 참조한 판본은 Gerhardt의 판본이다 : *Die Philosophischen Schriften von G. W. Leibniz*, 7 vols., rééd. Olms, 1965. 선확립된 조화의 질문에 관해서, 우리가 주로 참조하는 책은 에밀 부트루(Emile Boutroux)의 서론이 담긴 『단자론』(Leibnitz, *La Monadologie*, Delagrave, 1975)과 『자연 및 실체들의 소통의 새로운 체계』(*Système nouveau de la nature et de la communication des substances*, GF, 1994)의 4장이다.

영혼과 몸의 결합 : 거짓 질문?

이원론을 더럽히는 범주의 오류를 폭로하면서 길버트 라일(Gilbert Ryle)은 '마음과 몸의 문제'(The Mind and Body Problem)라고 불렸던 것을 다른 언어로 다시 표현하자고 권유하며, 비트겐슈타인(Ludwig Wittgenstein)처럼, 언어에 대한 반성 작업을 통해 오래된 형이상학적 질문을 제거하는 데 노력한다.

우리는 그의 저작 『마음의 개념』(Gilbert Ryle, *The concept of mind*, Hutchinson, 1949)을 참조한다. 이 책은 스턴-질레(Suzanne Stern-Gillet)의 프랑스 번역으로 프랑시스 자크(Francis Jacques)의 서문과 함께 출판되었다 : *La notion d'esprit*, Payot, 1978. 분석 철학의 핵심 주제인 '마음과 몸의 문제'라는 주제에서 라일은 주목할 만한 인물들 가운데 하나인데, 영미권 독자는 말콤이 주도한 논문 모음집을 또한 참조할 수 있다 : N. Malcom, *Problems of Mind : Decartes to Wittgenstein*, London, 1972.

이러한 성찰의 연장선상에서 우리는 또한 다음의 공동 연구를 참조한다 : Bernard Feltz et Dominique Lambert(eds.), *Entre le corps et l'esprit : approche interdisciplinaire du mind body problem*, Bruxelles, 1994.

스피노자의 모델

스피노자와 관련해서 참조하는 판본은 Gebhardt의 판본이다 : *Spinoza opera*, 4 vols., Heidelberg, 1972. 프랑스 번역은 다음과 같다. *Œuvres*, trad. de Ch. Appuhn, Garnier, rééditée en GF, 4 vol.,

1965. 『에티카』에 관해서 우리는 두 언어로 만들어진 판본, 포트라 (B. Pautrat)의 번역 판본을 추천한다 : *Éthique*, Le Seuil, 1988, rééd. 'Points-Essais', 1999. 정신과 몸의 관계들의 개념화는 특히 『에티카』 2부의 목적이며, 몸의 본성에 대한 검토는 정리 13 다음에 있는 물리학 요약 안에 서술되어 있다. 독자는 특히 피에르 마슈레의 책을 참조하는 것이 좋을 것이다 : Pierre Macherey, *L'introduction à l'Éthique de Spinoza*, seconde partie, la réalité mentale(『스피노자의 에티카에 대한 서론』, 2부 '정신적 실재'), PUF. 이 책은 『에티카』의 정리 하나하나를 설명하고 있다. 몸과 몸의 정신에 대한 관계의 스피노자의 개념화에 관해서는 미스라이(Robert Misrahi)의 책을 알리고자 한다 : R. Misrahi, *Le corps et l'esprit dans la philosophie de Spinoza*, Les Empêcheurs de tourner en rond, 1992.

스피노자적 모델이 함축하는 내용에 관해서, 독자는 샹죄와 리쾨르의 공동 저작을 참조할 수 있다 : J.-P. Changeux et P. Ricoeur, *Ce qui nous fait penser. La nature et la règle*(『우리가 생각하게 하는 것, 자연과 규칙』), Odile Jacob, 1998. (특히 1장과 2장을 보라.) 신경생물학자와 현상학 철학자 간의 열정적인 대화는 몸과 영혼의 관계에 대한 각자의 개념화를 대립시키고 공통의 담론을 추구하도록 이끌었는데, 이 담론은 심리학의 담론과 몸의 담론을 통일시키기 위해서 스피노자의 지배 아래 놓이게 된다.

인간의 몸과 이것이 정신과 갖는 관계에 대해서 또한 다음을 보라.
F. Nietzsche, *Le gai savoir*(『즐거운 지식』), Gallimard, 1967. 그리고 *Ainsi parlait Zarathoustra*(『차라투스트라는 이렇게 말했다』),

Aubier Flammarion, 1969(특히 1부 '몸들의 경멸자들에 대하여'), *Par-delà le bien et le mal*(『선악을 넘어서』), Aubier, 1951. 독자는 또한 『권력에의 의지』를 참고할 수 있다 : *La volonté de puissance*, trad. G. Bianquis, 2 vols., Gallimard, 'Tel', 1995. 이 책은 니체의 여동생에 의해 『권력에의 의지』라는 진위를 알 수 없는 제목 아래 주제별로 모이고 묶인 사후 단편들의 모음집이기 때문에 의혹을 받고 있다. 그럼에도 불구하고 이 보존글과 모음글은 주제별로 사후 단편들을 다시 묶는다는 이점을 보여 주고 있으며, 적합하게 수행되었던 것으로 보인다. 일반적으로 독자는 프랑스어로 된 다음의 판본을 참조하는 것이 좋을 것이다 : G. Colli et M. Montinari, *Œuvres philosophiques complètes*, 14 t., Gallimard, 1968 et s. 이것은 연대기 순서로 사후 단편들을 제시한다.

니체 사상에서의 몸에 관해서는 에릭 블롱델의 책을 읽어야 한다 : Éric Blondel, *Nietzsche, le corps et la culture*(『니체, 몸과 문화』), PUF, 1986. 특히 9장 '몸과 은유들'을 읽을 필요가 있다.

사실성과 체험된 세계를 통한 몸의 본질에 대한 연구에 기초한 인간 몸의 현상학적 접근을 위해서는 우선 후설의 기본 글을 참조해야 한다 : E. Husserl, *Idées directrices pour une phénoménologie et une philosophie pures*(『현상학과 순수철학을 위한 지도적 이념들』), livre II, *Recherches phénoménologiques pour la constitution*(2권 『구성을 위한 현상학적 연구』), trad. E. Escoubas, PUF, 1982. 독자는 D. 프랑크의 해설을 참조하는 것이 좋다 : D. Frank, *Chair et corps, sur la phénoménologie de Husserl*(『살과 몸, 후설의 현상학에 대하여』),

Éd. de Minuit, 1981. 또한 메를로-퐁티의 두 책을 참조해야 한다. M. Merleau-Ponty, *Phénoménologie de la perception*(『지각의 현상학』), Gallimard, 1945. 이 책에서는 특히 1부 '몸'을 참조하라. M. Merleau-Ponty, *La structure du comportement*(『행동의 구조』), 4장 '영혼과 몸의 관계들', PUF, 1972. 이 주제에 관해 우리는 바르바라스의 논문을 참조하고 있다 : R. Barbaras, "De la phénoménologie du corps à l'ontologie de la chair"(「몸의 현상학에서 살의 존재론으로」), in *Le corps*(『몸』)(sous la dir. de J.-C. Goddard et M. Labrune), Vrin, 1992. 이 논문은 몸의 주제에 관해 메를로-퐁티와 미셸 앙리(Michel Henry)의 현상학적 분석을 대립시키고 있다.

인간의 몸의 신경생물학적 접근을 위해서는 우리는 특히 J.-P. 샹죄의 책을 참조한다 : J.-P. Changeux, *L'homme neuronal*(『신경적 인간』), Fayard, 1983. 이 주제에 관해서는 캉길렘의 비판적 해설을 보라 : 샹죄의 발표에 대한 대답, "Les progrès des sciences du système nerveux concernent-ils les philosophes?"(「신경체계의 과학의 발전은 철학자와 관련이 있는가?」), *Compte rendu de la séance là société française de philosophie de 1981*, Paris, Colin. 그리고 장켈레비치와 오질비의 논문을 보라 : S. Jankélévitch et B. Ogilvie, "L'Esprit est-il un os?"(「정신은 뼈인가?」), Siècle, n°3, hiver 1987. 끝으로 바렐라, 톰슨, 로쉬의 공저를 알리고자 한다 : Varella, Thomson, Rosch, *L'inscription corporelle de l'esprit, Sciences cognitives et expériences humaines*(『정신의 몸적 기입, 인지과학과 인간의 경험』), Le Seuil, 1993.

4장. 인간의 몸의 역량

전체를 인간의 몸의 역량에 할애한 연구는 거의 없다. 철학자들과 사회학자들은 특히 스스로를 변형시키고 가능성들을 포괄하는 몸의 능력에 민감하다. 독자들은 이 내용에 관해 다음의 저서들을 참고할 수 있다.

J. Gil, *Métamorphoses du corps*(『몸의 변화들』), La Différence, 1985.

D. Lebreton, *Anthropologie du corps et modernité*(『몸의 인간학과 현대성』), PUF, 1990.; *L'adieu au corps*(『몸이여 안녕』), Métailié, 1999. 기술-과학의 현재의 경향성에 대한 사회학적 분석이다. 기술-과학은 몸을 최초의 단순한 물질로, 교정해야 하는 초고로, 잠재적 몸을 위해 버려야 하고, 심각하게 다시 손봐야 하는 것으로 간주한다.

M. Marcuzzi, *Les corps artificiels*(『인공적 몸들』), Aubier, 1996. 자신의 고유한 이상을 생산하기 위해 끊임없이 생성 중인 가능한 몸에 대한 사유. 그리고 인공적 형태들의 발명이 함축하는 공포와 책임에 대한 분석.

M. Serre, *Variatons sur le corps*(『몸에 관한 변이들』), Éd. Le Pommier, 1999. 스포츠에서 인식까지, 형태에서 기호까지 몸의 역량과 몸의 변형들에 대한 검토이며, 다양한 삽화들을 싣고 있다. 대중을 위한 책이다.

몸의 기술적 역량에 관하여

○ 몸 테크닉

이 주제에 관한 기본적인 글은 마르셀 모스(M. Mauss)의 글이다 : "Les techniques du corps"(「몸 테크닉」), in *Sociologie et anthropologie*(『사회학과 인류학』), PUF, 1950. 이 주제에 대해서 우리는 이 책의 서문을 썼던 클로드 레비-스트로스의 저작을 읽을 수 있다 : C. Lévi-Strausse, *Introduction à l'oeuvre de Marcel Mauss*.

우리는 또한 르루아-구랑과 세리의 연구를 참조할 수 있다 : A. Leroi-Gourhan, *Le geste et la parole*(『몸짓과 말』), Albin Michel, 1989.; J.-P. Séris, *La téchnique*(『테크닉』), PUF, 1994. (특히 3장, 4. '일상의 몸 : 몸 테크닉들'을 보라.)

○ 노동하는 몸

우리는 연구 중에, 특히 몸의 기술적 역량과 생존 수단을 만들어 낼 수 있는 능력을 강조했다. 이러한 반성의 연장선상에서, J. 브룅과 포시용의 저서들이 참고가 될 수 있다 : J. Brun, *La main et l'esprit*(『손과 정신』), PUF, 1963.; H. Focillon, *Éloge de la main, in La vie des formes*(『형태들의 삶』 중 '손에 대한 찬사'), PUF, 1939.

소외된 노동, 착취, 공장에서의 몸에 관한 반성을 심화시키기 위해서, 우선 칼 맑스의 『1844년 초고』를 참고해야 한다 : K. Marx, *Manuscrits de 1844*, Éditions Sociales, 1972. 연구는 생산 양식에서의 이중적 측면, 즉 자기 변형과 소외에 따라 이루어졌다. 이 주제에 관해서 또한 다음을 보라 : *Travail salarié et capital. Salaire prix profit*(『유급 노동과 자본주의. 급여, 가격, 이득』), Éditions Sociales, 1985와 *Le Capital*(『자본론』), Éditions Sociales, 1976. 특히 1권의 3절부터 5절까지를 보라.

컨베이어벨트식 노동, 파편화, 그 결과들에 대한 연구에 관해서, 우리는 프리드먼의 두 저작을 읽을 수 있다 : G. Friedman, *Où va le travail humain?*(『인간의 노동은 어디로 향하는가?』), Gallimard, 'Idées', 1963.; *Le travail en miettes*(『부스러기가 된 노동』), Gallimard, 'Idées', 1956. 그리고 찰리 채플린의 유명한 영화 「모던 타임스」를 찾아볼 수 있다.

또한 마르쿠제의 연구를 참조할 수 있다 : H. Marcuse, *L'homme unidimentionnel*(『1차원적 인간』), Éditions de Minuit, 1963. 발전된 산업 사회의 이데올로기에 관해서는 *Éros et civilisation*(『에로스와 문명』), Éditions de Minuit, 1963을 참조할 수 있다.

분명한 연구의 대상이 아니었던 몸의 실천이나 정서에 관해서는 다음을 보라.

○ 스포츠에 관해서

철학자들은 스포츠를 주로 교육의 차원에서 다루었다. "건강한 몸에서 건강한 정신이 나온다"는 주장은 종종 체육과 스포츠 일반에 대한 반성의 주된 동기가 되었다. 몸 교육과 스포츠 교육은 올바른 사고 형성의 필요불가결한 조건이다. 그와 관련해서는 특히 다음의 문헌들을 보라.

Platon, *la République*(『국가』), trad. É. Chambry, Denoël–

Gonthier, 1971.; Gallimard 출판사에서 'Folio/Essais' 시리즈로 나온 파셰(P. Pachet)의 번역본이 추천할 만하다.; *Gorgias*(『고르기아스』), trad. É. Chambry, GF. 1967.; 또한 M. 캉토(Canto)의 번역(GF, 1987)을 보라.

Montaigne, *Essais*(몽테뉴, 『수상록』), livre I, chap. XXVI, 'De l'institution des enfants'('아이들의 교육에 관해서'), Gallimard, 'Folio-Essais', 1965. 또한 이 책의 PUF, 'Quadrige' 판본(1988)을 보라.

J. Locke, *Quelques pensées sur l'éducation*(『교육에 관한 몇 가지 사유들』), réédition de la trad. Copayré, par J. Château, Vrin, 1966.

J.-J. Rousseau, *Émile*(『에밀』), livre II, GF, 1966.

E. Kant, *Réflexions sur l'éducation*(『교육에 관한 반성』), trad. A. Philonenko, Vrin, 1993. (특히 몸의 교육에 할애한 pp. 90~108을 보라.)

전통적으로 주어졌던 그런 역할을 넘어서, 스포츠는 노력, 기록, 경쟁, 자기 극복의 현상들로 기울어지도록 하는 몸의 역량의 고양이다. 스포츠의 이런 다수의 국면들을 탐험하기 위해, 우리는 다음의 문헌들을 참조할 수 있다.

B. Andrieu, *Les plaisirs de la chair*(『살의 쾌락』), Le Temps des cerises, 1998. 이 책의 10장 '스포츠를 즐기기'를 보라. 이 장은 스포츠의 경제적 논리, 즉 기업 안에서의 스포츠, 퍼포먼스에 대한 숭배와 동시에 발전의 이데올로기를 분석한다.

J.-J. Barreau, J.-J. Morne, *Sport, expérience corporelle et science de l'homme ; Éléments d'épistémologie et d'anthropologie des activités physiques et sportives*(『몸의 경험과 인간 과학 : 육체적인

스포츠 활동의 인식론과 인간학의 요소들』), Éditions Vigot, 1984. 저자 들은 철학자들, 심리학자들, 사회학자들의 토대가 되는 자료들을 모으 고 스포츠적 사건, 퍼포먼스, 스펙터클과의 관계에 관한 매우 사실적 인 자료들을 구성하고 있다. 스포츠에서의 몸적 표현을 다루고 있는 2 부는 특히 흥미롭다.

J.-M. Brohm, *Sociologie politique du sport*(『스포츠의 정치사회 학』), J.-P. Delage, 1976.; *Critique du sport*(『스포츠 비판』), Christian Bourgois, 1976.

A. Ehrenbergh, *Le culte de la performance*(『퍼포먼스에 대한 숭 배』), Calmann-Lévy, 1991.

Y. Vargas, *Sur le sport*(『스포츠에 관하여』), PUF, 1992. 저자는 우 상숭배나 경멸을 넘어서서, 대중문화 형태와 연결되는 필연성을 보 여 주면서, 스포츠 현상에 대한 합리적이고 유물론적인 분석을 전개한 다. 또한 *Sport et philosophie*(『스포츠와 철학』), Le Temps des cerise, 1997을 보라. 이 책에서는 돈, 약물 복용, 기록 경신의 독재의 문제가 다뤄지고 있으며, 스포츠가 생각하게 만드는 스펙터클처럼 제시된다.

○ 고문과 수감에 관해서

H. Alleg, *La question*(『질문』), Éditions de Minuit, 1972. 알제리 전쟁 기간 프랑스 군대가 행했던 고문에 관한 자서전적인 이야기.

F. Sironi, *Bourreaux et victimes : psychologie de la torture*(『고 문인들과 희생자들 : 고문의 심리학』), Odile Jacob, 1999. 저자는 희생자 들을 굴복시키기 위해 고문하는 자들이 작동시키는 심리적 메커니즘

을 분석하면서 동시에 고문인들을 만들어 내기 위해 사용되는 수단들을 분석한다.

P. Vidal-Naquet, *La torture dans la République : essai d'histoire et de politique contemporaine, 1954-1962*(『공화국 안에서의 고문 : 동시대 역사와 정치에 관한 에세이 1954-1962』), Maspero, 1975.

J. Améry, *Par-delà le crime et le châtiment, Essai pour surmonter l'insurmontable*(『범죄와 처벌을 넘어서, 극복할 수 없는 것을 극복하기 위한 에세이』), traduit de l'allemand par F. Wuilmart, Actes Sud, 1995.

J.-M. Chaumont, "Le corps du concentrationnaire"(「집단수용소 수용자의 몸」), in *Le corps* (sous la direction de J.-C. Goddard et M. Labrune), Vrin, 1992. 이 주제에 관해서 또한 다음의 책들을 보라. R. Antelme, *l'espèce humaine*(『인간 종』), Gallimard, 1957.; D. Rousset, *L'univers concentrationnaire*(『집단수용소적 우주』), Éditions de Minuit, 1965.; P. Lévi, *Si c'est un homme*(『만일 그것이 인간이라면』), Jullard, 1987.

M. Foucault, *Surveiller et punir, Naissance de la prison*(『감시와 처벌』), Gallimard, 1975.

○ 고통과 질병에 관해서

D. Lebreton, *Anthropologie de la douleur*(『고통의 인간학』), Métailié, 1995. 이 책은 고통의 사회적이고 문화적인 구성에 대해 질

문하고 있으며, 인간이 생물학적 소여에 의미를 주고 그것에 적응하기 위해 어떻게 그런 생물학적 소여와 타협하는지를 이해하고자 노력한다.

P. Meyer, *De la douleur à l'éthique*(『고통에서 윤리학으로』), Hachette, 'Littératures', 1998. 저자는 고통이 방어의 반작용인지, 아니면 문화의 영향을 받은 감각인지를 묻고, 신경생물학의 발달 덕분에 고통을 새롭게 조명하면서 그것의 의미에 대한 질문을 재개한다.

B. Vergely, *La souffrance : recherche du sens perdu*(『고통 : 잃어버린 의미의 추구』), Gallimard, 'Folio-essais', 1997.

G. Palayret, "La maladie humaine. Le corps, la maladie, la mort de Montainge à Molière"(「인간의 질병: 몸, 질병, 몽테뉴에서 몰리에르까지의 죽음」), in *Le corps* (sous la direction de J.-C. Goddard et M. Labrune), Vrin, 1992.

M. Foucault, *Naissance de la clinique*(『임상의학의 탄생』), PUF, 1964.; *Histoire de la folie à l'âge classique*(『고전시대의 광기의 역사』), Gallimard, 1972.

Freud, *Études sur l'hystérie*(『히스테리 연구』), trad. A. Berman, PUF, 1967.; *Essais de psychanalyse*(『정신분석의 에세이들』), nouvelle traduction, Petite Bibliothèque Payot, 1981. 이 주제에 관해 블랭-카퐁의 논문을 보라 : M.-H. Belin-Capon, "Freud et le corps : nature et expression"(「프로이트와 몸 : 본성과 표현」), in *Le corps* (sous la direction de J.-C. Goddard et M. Labrune), Vrin, 1992.

Lacan, *Écrits*(『에크리』), Le Seuil, 1966 ; *Séminaire XX*(『세미나

20』), Le Seuil, 1975. 이 내용에 관해서는 오질비의 논문을 보라 : B. Ogilvie, "Lacan : Le corps et le nom du corps"(「라캉 : 몸과 몸의 이름」), in *Le corps* (sous la direction de J.-C. Goddard et M. Labrune).

몸의 예술적 역량에 관해서

○ 예술작품과 같은 몸

P. Jeudy, *Le corps comme objet d'art*(『예술작품과 같은 몸』), Armand Colin, 1998. 몸의 일상적 미학에 대한 예술적 창조와 문학이 미치는 파급 효과들에 대한 사회학적 분석.

D. Lebreton, *L'adieu au corps*(『몸이여 안녕』) ; cf. le chapitre II, consacré au *Body Art et au Body Building*('몸 예술과 보디빌딩'), Métailié, 1999.

Orlan, *De l'art charnel au baiser de l'artiste*(『살의 예술에서 예술가의 키스까지』), Jean-Michel Place & Fils, 1997.

E. Perrin, *Cultes du corps, enquête sur les nouvelles pratiques corporelles*(『몸의 숭배, 몸의 새로운 실천에 대한 연구』), Lausanne, 1984.

Stelarc, "Entretien avec Jaques Dongui"(「자크 동기와의 대담」), in *L'art au corps*, 1996.

M. Thévoz, *Le corps peint*(『칠해진 몸』), Genève, Skira, 1984.

예술작품과 같은 몸의 관점에서, 또한 다음의 문헌을 보라.

R. Barthes, *Système de la mode*(『유행의 체계』), Le Seuil, 1967.

F. Borel, *Le vêtement incarné : les métamorphoses du corps*

(『육화된 의복 : 몸의 변형들』), Paris, Calmann-Lévy, 1992.

M.-A. Descamps, *Le nu et le vêtement*(『나체와 의복』), Éditions Universitaires, 1974. 저자는 20세기의 가치들의 특별한 뒤집기의 근거들을 분석한다. 20세기는 좋은 풍습에 반대되는 나체성을 복권시키고 의복을 비난하기에 이르며, 자연주의와 옷입기를 통해 인간이 자신의 몸과 갖는 관계들에 대해 근본적으로 질문한다.

E. Lemoine-Luccioni, *La robe : essai psychanalytique sur le vêtement*(『장옷 : 의복에 대한 정신분석학적 에세이』), Le Seuil, 1983. 의복, 나체, 베일, 피부를 둘러싼 변주들로 구성된 이 열정적인 에세이는 또한 가장과 트랜스섹슈얼리즘에 대한 문제를 미학적 관점에서만이 아니라 정신분석학적 관점에서 접근한다. 저자는 특히 살의 예술 안에서의 오를랑의 경험들을 서술한다.

Isabelle Bianquis, Colette Méchin, David Le Breton, *Usages culturels du corps*(『몸의 문화적 사용들』), sous la direction de C. Méchin, L'Harmattan, 1997.

C. Arzaroli, *Le maquillage clair-obscur, une anthropologie du maquillage contemporain*(『명-암의 화장, 동시대 화장의 인간학』), L'Harmattan, 1996.

C. Baudelaire, "Éloge du maquillage"(「화장 예찬」), in *Curiosités esthétique*(『미학적 호기심』), XI, Garnier, 1962.

D. Paquet, *Alchimies du maquillage*(『화장의 연금술』), Chiron, 1989. 저자는 얼굴을 찬양하거나 얼굴이 표현을 강조하는 화장의 전통적인 목적을 넘어서, 화장은 살과 세계의 은밀한 무대화를 함축하는

재현과 변형의 예술임을 보여 준다.

W. Caruchet, *Tatouages et tatoués*(『문신들과 문신한 사람들』), Tchan, 1976.

C. Chippaux, "Des Mutilations, déformations, tatouages rituels et intentionnels chez l'homme"(「인간에게서의 몸 훼손, 변형, 의례적이고 의도적인 문신들」), *Histoire des moeurs*(『풍습들의 역사』), Gallimard, t. 1, 1990, pp. 483~600.

○ 순수예술 안에서 활동하는 몸

감각들의 미학적 역량에 대해서 우리가 주로 참조하는 것은 다음과 같다. G. W. F. Hegel, *Esthétique*, III. *Le système des arts particuliers*(『미학』, 3. 특정 예술들의 체계), Le Livre de Poche, 1997.; Alain, *Vingt leçons sur les beaux-arts*(『순수예술에 대한 20강의』), Gallimard, 'Bibliothèque de la Pléiade', 1989 ; Alain, *Système des beaux-arts*(『순수예술의 체계』), Gallimard, 'Idées', 1926. 이 문헌 외에도 우리는 감각들의 미학적 역량에 대해서 미셸 세르의 책을 참조할 것을 권유한다 : M. Serre, *Les cinq sens*(『5감각』), Grasset, 1985.

또한 삽화가 들어 있는, 데리다의 매우 아름다운 카탈로그를 참조하는 것이 가능하다. 그는 루브르 미술관의 회화들과 드로잉들의 전시에서, 시각, 확실한 실명(失明)의 현상을 분석한다 : Derrida, *Mémoires d'aveugle, L'autoportrait et autres ruines*(『맹인의 기억, 자화상과 또 다른 폐허들』), Éditions de la Réunion des musées nationaux, 1990.

분석의 대상이 거의 된 적이 없었던 후각의 미학적 역량에 관해서 독자는 비뇨의 매우 흥미로운 책을 참조할 수 있다 : J. Vignaud, *Sentir* (『감각』), Éditions Universitaires, 1982. 이 책은 잃어버린 코에서 되찾은 코에 이르기까지, 냄새의 나라로의 여행으로 초대한다. 이 주제에 관해 또한 향수학자·철학자인 루드니츠카의 놀라운 연구에 주목하자. 그는 냄새의 미학의 가능성의 조건을 끌어냈다 : E. Roudnitska, *L'esthétique en question, introduction à une esthétique de l'odorat* (『문제의 미학, 냄새의 미학 입문』), PUF, 1977.

순수예술 안에서의 몸의 창조적 역량에 대해서는 다음을 보라.

○ 몸과 건축에 관해서

P. Valéry, *Eupalinos* (『유팔리노스』), in *Œuvres* II, Gallimard, 'Bibliothèque de la Pléiade', 1960. 몸과 정신 간의 단단한 접착제로서의 건축에 대한 반성.

Christiane Younès, Philippe Nys, Michel Mangematin, *L'architecture au corps* (『몸에 대한 건축』), sous la dir. de C. Younès, P. Nys, M. Mangematin, Ousia, 1997. 몸에 대한 건축의 관계를 3부에 걸쳐 분석한 건축가들, 철학자들, 연구자들의 기본적인 논문 모음집. 1부는 다양한 철학적 접근을 끌어들이는데, 특히 현상학적 접근이며, 이것은 현존재의 몸성의 상실을 비판하고 몸의 소리를 듣는 건축을 정의하려고 노력한다. 2부는 역사 속에서의 건축 창조의 중요한 계기들을 검토한다. 이것은 계획의 완성에서 몸이 해석하는 사용법을 분명하게 부각시키는 것이다. 3부는 사유의 공간을 현실화와 대비시키면서, 삶의 공간들의 배치에서 몸의 배치를 고려하는 것의 중요성을 강조하면서, 반성을 확장하고 동시대 논의를 확인한다.

○ 몸과 무용에 관해서

S. Mallarmé, "Ballets", *Divagations*(『여담』), 'Crayonné au théâtre', Gallimard, NRF, 1976.

　　P. Valéry, *L'âme et la danse*(『영혼과 무용』), in *Œuvres* II, Gallimard, 'Bibl. de la Pléiade', 1960. 반드시 읽어야 하는, 무용에 관한 탁월한 글.

　　M. Cunningham, *Le danseur et la danse*(『무용가와 무용』), Entretiens avec Jacqueline Lesschaeve, Belfond, 1980.

　　D. Sibony, *Le corps et sa danse*(『몸과 몸의 무용』), Le Seuil, 1985.

　　Danse et pensée(『무용과 사유』), Germs, 1993. 매우 다양하고 매우 밀도 있는 논문들의 모음집. 특히 바디우의 서론, 「사유의 은유로서의 무용」을 보라. 이 글은 말라르메의 『여담』(*Divagations*)을 일부 설명하고 있다.

　　이 책에서 중점적으로 다룬 건축과 무용 외에, 또한 다음을 보라.

○ 몸과 회화에 관하여

M. Merleau-Ponty, *L'oeil et l'esprit*(『눈과 마음』), 'Folio-Essais', 1964.

　　J.-L. Chrétien, *Corps à corps, À l'écoute de l'oeuvre d'art*(『몸 대 몸, 예술작품을 듣기』), Éditions de Minuit, 1997. 이 책은 회화적 창

조와 시적 창조에 대한 일련의 연구를 통해, 예술가들과 가시적인 것의 만남을 몸 대 몸의 만남처럼 고찰한다.

    R. Passeron, *L'oeuvre picturale et les fonctions de l'apparence* (『회화 작품과 외양의 기능들』), Vrin, 1974. 저자는 예술작품을 작업하고 있는 화가의 관점에서, 즉 그의 시선과 그의 손의 관점에서 분석하고, 창조를 무엇보다도 봄의 예술로 제시한다.

○ 몸과 조각에 관하여

A. Rodin, *Éclairs de pensée, Écrits et entretiens* (『사유의 조명, 글과 대담』), Éditions Olbia, 1998.

○ 몸과 연극에 관하여

L. Tremblay, *Le crâne des théâtres : essais sur le corps de l'acteur* (『연극의 두개골 : 배우의 몸에 관한 에세이』), Montéal, 1993.

○ 몸과 영화에 관하여

V. Amiel, *Le corps au cinéma : Keaton, Bresson, Cassavetes* (『영화에서의 몸 : 키튼, 브레송, 카사베츠』), PUF, 1998.

○ 노래와 목소리에 관하여

Y. Barthélémy, *La voix libérée* (『해방된 목소리』), Robert Lafont, 1984. 특히 1부 '목소리'와 2부 '몸과 목소리'를 보라.

    R. Barthes, "Le grain de la voix" (「목소리의 씨앗」), *Musique en*

jeu, n° 9, pp. 57~63.

M.-F. Castarède, *La voix et ses sortilèges*(『목소리와 그 마법』), Les Belles Lettres, 1987. 저자는 목소리의 현상의 다수의 분야들에 대한 접근을 전개한다. 그는 목소리의 현상이 음악과 노래 예술과 갖는 관계를 분석함으로써 목소리의 현상을 생리학적 관점, 역사적 관점, 문화적 관점, 관계적 관점에서 차례로 고찰한다.

Dire la voix, Approche transversale des phénomène vocaux (『목소리의 현상에 대한 횡단하는 접근』), L'Harmattan, 2000. 음악학자, 정신분석학자, 가수, 사회학자의 논문들의 모음이 목소리의 현상을 둘러싼 일련의 변주들처럼 구성되어 있다.

"La voix, L'écoute"(「목소리, 듣기」), *Revue Traverses*, n° 20, 1980. 공동 모음집. 특히 앙토냉 아르토를 다루고 있는 메레디유(F. de Mérédieu)의 「사유는 기호들을 방출하고 몸은 소리들을 방출한다」와 르보(M. Lebot)의 「듣기」를 보라.

몸의 윤리적 역량에 대하여

Platon, *Le Banquet*(『향연』), GF., trad. L. Brisson, 1998.

Épicure, *Lettre à Ménécée*(「메네세에게 보내는 편지」), in *Lettres, maximes et sentences*, trad. J.-F. Balaudé, Livre de poche, 1994. 에피쿠로스의 윤리학과 몸의 모델에 관해서는 살렘(J. Salem)의 *Tel un dieu parmi les hommes, L'éthique d'Épicure*(『인간들 사이의 그와 같은 신, 에피쿠로스의 윤리학』), Vrin, 1989를 참조하라.

B. Spinoza, *Éthique*(『에티카』), trad. Pautrat, Le Seuil, 1988. 스

피노자에게서의 몸의 역량에 대해서는 들뢰즈(Gilles Deleuze)의 『스피노자와 표현의 문제』(*Spinoza et le problème de l'expression*)의 14장 '몸은 어떤 것일 수 있는가?' 외에 라그레(J. Lagrée)의 논문 「건강과 구원 : 스피노자의 『에티카』에서의 몸의 사유」를 참조할 수 있다 : J. Lagrée, "La santé et le salut : la pensée du corps dans l'*Éthique* de Spinoza", *Le corps* (sous la direction de J.-C. Goddard et M. Labrune), Vrin, 1992. 몸의 윤리적 역량의 더욱 특별한 문제에 관해서 두 개의 매우 흥미로운 논문을 알려야 할 것이다 : C. Ramond, "Un seul accomplissement (Hypothèse sur *Éthique* V 39)"(「유일한 성취('에티카' 5권 39절)」), in *Philosophique*, Kimé, 1998.; L. Bove, "La dynamique singulière du corps humain et la queston éthique de la liberté chez Spinoza"(「스피노자에게서의 인간의 몸의 독특한 역학과 자유에 대한 윤리적 질문」), in *Corps et science* (sous la dir. de L.-P. Bordeleau et S. Charles), Liber, 1999.

D. Diderot, *Lettre sur les aveugles*(『맹인에 관한 서한』), in *Œuvres philosophiques*, Garnier, 1964.

E. Levinas, *Éthique et infini*(『윤리와 무한』), Fayard, 1982.

A. Finkielkraut, *La sagesse de l'amour*(『사랑의 지혜』), Gallimard, 'Folio-Essais', 1984. 특히 앞의 세 장을 보라 —— '타인과의 만남', '사랑받는 얼굴', '얼굴과 진정한 얼굴'.

또한 윤리학의 역량과 몸의 정치학에 대해서는 다음을 보라.

B. Andrieu, *Les cultes du corps, Éthique et sciences*(『몸의 숭배들, 윤리학과 과학』), L'Harmattan, 1994.; *Les plaisirs de la chair, une philosophie politique du corps*(『살의 쾌락, 몸의 정치철학』), Le Temps des cerises, 1998.

J.-M. Brohm, *Corps et politique*(『몸과 정치』), Éditions J.-P. Delarge, 1978.

5장. 성적 몸

성적 욕망에 관해서

이 주제에 관한 수많은 문헌 가운데, 우리는 특히 욕망의 육체적 차원을 강조하고 섹슈얼리티를 통해 작동하는 몸의 역량을 표현하는 저작들을 선택했다.

Platon, *Le Banquet*(『향연』), trad. L. Brisson, GF, 1998.

Lucrèce, *De la nature*(『자연에 대하여』), livre IV, 1030-1285, trad. J. Kany-Turpin, Aubier, 'Bibliothèque philosophique bilingue', 1993.

A. D. Sade, *La philosophie dans le boudoir*(『규방철학』), Jean-Jacques Pauvert, 1972.

M. Merleau-Ponty, *Phénoménologie de la perception*, chap. V, 'Le corps sexué'(『지각의 현상학』, 5장 '성적인 몸'), Gallimard, 1945.

5장은 환자 슈나이더의 사례 분석에 근거해서 섹슈얼리티의 의미를 끌어낸다.

J.-P. Sartre, *L'être et le néant*, troisième partie, 'Le pour autrui', chap. II et III(『존재와 무』, 3부 '타인에 대한 존재', 2장과 3장),

Garllimard, 'Tel', 1943.

G. Bataille, *L'érotisme*(『에로티즘』), Éditions de Minuit, 1957. 이 책에서 바타유는 에로티즘을 금지에 대한 위반 형태로, 죽음에 이를 정도로 삶을 승인하는 것으로 정의한다.

J. Lacan, *Écrits*(『에크리』), Le Seuil, 'Points', 2 vols., I, 1966, II, 1971. 라캉에게서의 욕망과 결여, 소외와 균열로서의 주체의 구성에 관해서는 오질비의 책을 참조하길 바란다 : B. Ogilvie, *Lacan, La constitution du concept de sujet*(『라캉, 주체 개념의 구성』), PUF, 1987.

M. Foucault, *Histoire de la sexualité*, Gallimard, 3 vols., : I. *La volonté de savoir*, 1976 ; II. *L'usage des plaisirs*, 1984 ; III. *Le souci de soi*, 1984. (미셸 푸코, 『성의 역사』, 1권 지식의 의지, 2권 쾌락의 활용, 3권 자기 배려)

R. Barthes, *Fragments d'un discours amoureux*(『사랑의 단상』), Le Seuil, 1977. 사랑과 욕망과 기다림과 매혹에 관한 매우 아름다운 글들. 특히 몸과 타자에 대한 단편(pp. 85~86), 포옹에 대한 단편 (pp. 121~122), 의복에 대한 단편(pp. 151~152), 리본에 대한 단편(pp. 205~206)을 보라.

P. Quignard, *Le sexe et l'effroi*(『섹스와 공포』), Gallimard, 'Folio-Essais', 1994. 다양한 형태의 소설 세계를 통해, 저자는 욕망과 매혹과 공포 간의 연결을 드러낸다.

M. Onfray, *Théorie du corps amoureux*(『사랑에 빠진 몸의 이론』), Grasset, 2000. 태양의 에로티즘, 죄책감이 없는 살, 남자와 여자

의 자유사상적 평등을 위한 변론.

성별들의 차이에 관하여

○ 성의 구분의 문제

일반적으로 독자는 퐁탈리스가 편집해서 출판한 논문 모음집을 참조할 수 있을 것이다 : J.-B. Pontalis, *Bisexualité et différence des sexes*(『양성애와 성별의 차이』), Gallimard, 1973. 이 책은 생물학과 정신분석을 참조하면서, 혼종, 둘-사이(entre-deux), 양성적 성격, 남녀양성성, 중립적 젠더, 남성 젠더, 여성 젠더를 연구한다.

양성적 성격에 관해서는 특히 다음을 보라.

M. Foucault, *Les anormaux*(『비정상인들』), Gallimard/Le Seuil, 1999, cours du 22 janvier 1975, pp. 63~70.; *Herculine Barbin dite Alexina B.*(『알렉시나 B로 불린 에르퀼린 바르뱅』), Gallimard, 1978.

남녀양성성에 관해서는 다음을 보라.

L'androgyne, Cahier de l'hermétisme(『남녀양성성, 해석학 노트』), Albin Michel, 1986. 신화와 현실 사이에 있는 남녀양성의 형상들을 분석한, 매우 재미있는 논문들의 모음집.

트랜스섹슈얼리즘에 관해서는 다음을 보라.

C. Chiland, *Changer de sexe?*(『성을 바꾸기?』), Odile Jacob, 1997. 철학자이자 정신분석학적 정신의학 의사인 저자는 성을 바꿀 수 있는 가능성에 대해 질문하고, 이 주제에 관한 자신의 조심스러운 의견을 들려준다. 이 책은 흥미로우나 때로 지나치게 도덕적으로 나타난다.

G. Morel, *Ambiguïtés sexuelles, sexuation et psychose*(『성적 애매성, 성화性化와 정신증』), Paris, Anthropos, 2000. 연구는 처음부터 성정체성의 장애로 고통받는 트랜스섹슈얼 주체들에 대한 조사에 근거하고 있다. 그로부터 저자는 성화(性化)의 과정을 해명하고, 어떻게 우리가 남자나 여자가 되는지를 알고자 하는 질문을 해명하기 위한 결과들을 도출해 낸다.

R. J. Stoller, *Masculin ou féminin?*(『남성성 또는 여성성?』), PUF, 1989.; *Recherches sur l'identité sexuelle*(『성정체성에 관한 연구』), Gallimard, 1976. 트랜스섹슈얼리즘이라는 어려운 질문과 남성적 또는 여성적 정체성의 정의를 이해하기 위한 근본적인 두 책.

○ 성들의 차이의 본성과 그 영향에 관해서

이 질문을 다룬 다수의 저작들 가운데, 우리는 무엇보다 철학적 접근에 근거를 둔 것들을 고려했다.

S. Agacinski, *Politique des sexes*(『성들의 정치』), Le Seuil, 1998. 저자는 혼성(mixité)의 철학을 제안하고 성들의 차이를 사회·정치적 정당을 정초하는 보편적 구분처럼 해석한다. 특히 '차이들'이라는 제목이 붙은 1부를 보라.

S. de Beauvoir, *Le deuxième sexe*(『제2의 성』), Gallimard, 1949.

G. Fraisse, *La différence des sexes*(『성들의 차이』), PUF, 1996. 성들의 차이의 철학적 요소를 철학적 대상으로 구성하고, 성들의 차이의 개념을 역사와 정치를 참조하면서 사유할 수 있게 하는 책.

S. Freud, *La vie sexuelle*(『성적인 삶』), PUF, 1969. 이 주제에 관

해서는 코프만의 책을 보라 : S. Kofman, *L'énigme de la femme*(『여자의 수수께끼』). 이 책은 프로이트의 글 안에서의 여성의 개념화에 대한 비판적 분석이다.

M. Ledoeuff, *L'étude et le rouet*(『연구와 물레』), Le Seuil, 1989. 신랄하고 논쟁적인 이 책은 여자들과 철학에 대한 질문에 할애되어 있다. 또한 『지식의 성』을 보라 : *Le sexe du savoir*, Aubier, 1998. 이 책은 과학에 대한 여자들의 접근에 대해 질문하고, 성과 지식 간의 관계들을 조정하는 메커니즘과 신화의 묻혀져 있는 반응에 대해 고고학처럼 제시한다.

E. Mottini-Coulon, *Essai d'ontologie spécifiquement féminine*(『특별히 여성적인 존재론의 에세이』), Vrin, 1978. 이 책은 임신과 이것이 갖는 함축들에 대해 흥미로운 주장을 전개한다. 하지만 그런 기반 위에 특별히 여성적인 존재론을 세우는 것을 목표로 하는 전체의 주장은 매우 의심스럽다. 왜냐하면 모든 어머니가 여자라고 해도, 그 반대는 참이 아니기 때문이다.

여성/철학의 사유에서 출처를 갖는 것들 : *Les Cahiers du Grif*, 46, printemps 1992. 프랑스의 여성 철학자들의 글 모음집이며, 철학과 성별의 차이의 관계에 대한 문제를 다루고 있다.

인용된 문헌 목록

Aetius, *Placita*, in *Les Stoïciens*, Textes choisis par Jean Brun, PUF, 1973.

Agacinski S., *Politique des sexes*, Le Seuil, 1998.

Alain, *Vingt leçons sur les beaux-arts*, Gallimard, 'Bibi. de la Pléiade', 1989.

——, *Système des beaux-arts*, Gallimard, 'Idées', 1926.

——, *Les arts et les dieux*, Gallimard, 1989.

Apollinaire G., "Le cortège" in *Alcools*, Gallimard-NRF, 1990.

Aristote, *De l'âme*, trad. J. Tricot, Vrin, 1972.

——, *La Politique*, trad. J. Tricot, Vrin, 1977.

——, *Les parties des animaux*, trad. J.-M. Leblond, Aubier, 1945.

Artaud A., *Cahiers de Rodez*, mai-juin 1945, *Œuvres complètes* XVI, Gallimard, 1981.

——, *Cahiers de Rodez*, septembre-novembre 1945, Gallimard.

Athénée, *Banquet des savants* XII, par Jean Brun, *Épicure et les Épicuriens*, textes choisis, PUF, 1961.

Atlan H., *Entre le cristal et la fumée*, Le Seuil, 1986.

Augustin, *La Cité de Dieu*, traduction L. Moreau, revue par J. C. Eslin, Le Seuil, 1994.

——, *La Trinité*, Desclée de Brouwer, 1955.

——, *Confessions*, trad. A. d'Andilly, Gallimard, 'Folio classique', 1993.

Babinski J., "Contribution à l'étude des troubles mentaux dans l'hémiplégie cérébrale (anosognosie)", *Revue neurologique*, 27, 1914.

Bacon F., *Novum Organum*, trad. M. Malherbe, J.-M. Pousseur, PUF, 1986.

Barbaras R., "De la phénoménologie du corps à l'ontologie de la chair", in *Le corps*, sous la direction de J.-C. Goddard et M. Labrune, Vrin, 1992.

Barthes R., *Le plaisir du texte*, Le Seuil, 'Points', 1973.

——, *Fragments d'un discours amoureux*, Le Seuil, 1977.

Bataille G., *L'érorisme*, Éditions de Minuit, 1957.

———, *Ma mère*, '10/18', 1966.

Baudelaire C., *Les Fleurs du mal*, Causerie, Garnier, 1961.

———, *Éloge du maquillage, in Curiosités esthétiques*, XI, Garnier, 1962.

Beaux D., "L'architecte, la boîte et la liberté", in *L'architecture au corps*, Ousia, 1997.

Belin-Capon M. H., "Freud et le corps : nature et expression", in *Le corps*, sous la direction de J.-C. Goddard et M. Labrune, Vrin, 1992.

Bergson H., "La conscience et la vie", in *L'énergie spirituelle* I, *Œuvres complètes*, édition du centenaire, PUF, 1959.

———, "L'âme et le corps", in *L'énergie spirituelle* II, *Œuvres complètes*, édition du centenaire, PUF, 1959.

Bernanos G., *La nouvelle histoire de Mouchette, Œuvres romanesques*, Gallimard, 'Bibi. de la Pléiade', 1961.

Bernard C., *Introduction à la médecine expérimentale*, GF, 1966.

———, *Leçons sur les phénomènes de la vie communs aux animaux et aux végétaux*, Vrin, 1966.

Bertin F., "Corps spirituel et androgynie chez Jean Scot Érigène" in *L'androgyne*, Cahiers de l'hermétisme, Albin Michel, 1986.

Bichat X., *Recherches physiologiques sur la vie et la mort*, Alliance culturelle du livre, 1962.

Bouchier M., Nys P., "Le corps à l'œuvre", in *L'architecture au corps*, Ousia, 1997.

Bourcier P., *Histoire de la danse en Occident*, II, *du romantique au contemporain*, Le Seuil, 1994.

Bréhier E., *La théorie des incorporels dans l'ancien Stoïcisme*, Vrin, 1970.

Brisson L., "*Neutrum utrumque*. La bisexualité dans l'Antiquité gréco-romaine", in *L'androgyne*, Cahiers de l'hermétisme, Albin Michel,

1986.

Brun J., *Épicure el les Épicuriens*, textes choisis, PUF, 1961.

———, *La main et l'esprit*, PUF, 1963.

———, *Les Stoïciens, textes choisis*, PUF, 1973.

Canguilhem G., *La connaissance de la vie*, 'Machine et organisme', Vrin, 1965.

———, *Le vivant*, entretien télévisé, 'Émissions de philosophie pour l'année 1967-1968', Imprimerie nationale.

Changeux J.-P., Ricœur P., *Ce qui nous fait penser. La nature et la règle*, Odile Jacob, 1998.

Chappuys C., "Blason du C...", in *Blasons du corps féminin*, 10/18, 1996.

Chirpaz F., *Le corps*, Klincksieck, 1988.

Chrétien J. L., "Le corps mystique dans la théologie catholique", in *Le corps*, sous la direction de J.-C. Goddard et M. Labrune, Vrin, 1992.

Cicéron, *Nouveaux académiques*, Jean Brun, *Les Stoïciens, textes choisis*, PUF, 1973.

Cunningham, *Le danseur et la danse*, Entretiens avec Jacqueline Lesschaeve, Belfond, 1980.

Cuvier, *Histoire des progrès des sciences naturelles de 1789 jusqu'à ce jour (1810)*, nouvelle édition, 1834.

Dagognet F., *Le corps multiple et un*, Les Empêcheurs de penser en rond, 1992.

"Des corps au corps lui-même", in *Le corps*, sous la direction de J.-C. Goddard et M. Labrune, Vrin, 1992.

Descartes R., *Discours de la méthode*, Adam et Tannery, VI, Vrin, 1996.

———, *La Dioptrique*, A.T., VI, Vrin, 1996.

———, *Méditations*, A.T., IX, Vrin, 1996.

———, *Lettre* à Mersenne du 1er avril 1640, A.T., III, Vrin, 1996.

———, *Lettre* à Élisabeth du 21 mai 1643, A.T., III, Vrin, 1996.

———, *Lettre* à Élisabeth du 28 juin 1643, A.T., III, Vrin, 1996.

———, *Lettre* à Mesland du 9 février 1645 A.T., IV, Vrin, 1996.

———, *Lettre* à Chanut du 6 juin 1647, A.T., V, Vrin, 1996.

———, *Lettre* à Morus du 5 février 1649, A.T., V, Vrin, 1996.

———, *Principes de la philosophie*, A.T., IX, Vrin, 1996.

———, *Traité de l'homme*, A.T., XI, Vrin, 1996.

———, *Description du corps humain*, A.T., XI, Vrin, 1996.

———, *Passions de l'âme*, A.T., XI, 1996.

Diderot D., *Lettre à Sophie Volland* du 15 octobre 1759.

———, *Lettre sur les aveugles*, in *Œuvres philosophiques*, Garnier, 1964.

Épictète, *Manuel*, in *Les Stoïciens*, Gallimard, 'Bibl. de la Pléiade', 1962.

Épicure, *Lettre à Hérodote*, in *Épicure, Doctrines et maximes*, trad. Solovine, Hermann, 1965.

———, *Lettre à Ménécée*, in *Épicure, Doctrines et maximes*, trad. Solovine, Hermann, 1965.

Flanagan B., *Bob Flanagan, Supermasochist*, cité par Philippe Liotard, in *L'œil électrique*, 15 juin–15 août 2000.

Focillon H., *Éloge de la main*, in *La vie des formes*, PUF, 1939.

De Fontenay É., *Le silence des bêtes*, Fayard, 1998.

Fontenelle B., *Lettres galantes*, Les Belles Lettres, 1961.

Foucault M., *Herculine Barbin dite Alexina B*, Gallimard, 1978.

———, *Surveiller et punir*, Gallimard, 'Tel', 1965.

———, *Les anormaux*, Gallimard, Le Seuil, 1999.

Fraisse G., *La différence des sexes*, PUF, 1996.

Freud S., *La vie sexuelle*, trad. J. Laplanche, PUF, 1969.

Goethe J. W., *Poésies, II, Des origines au voyage en Italie*, Aubier, 'Bilingue', 1971.

Goetz B., "Vers une éthique de l'architecture", in *L'architecture au corps*, Ousia, 1997.

De Gubernatis R., *Cunningham*, Éditions Bernard Coutaz, 1990.

Hegel G. W. F., *Encyclopédie des sciences philosophiques*, trad. Gibelin, Vrin, 1970.

———, *Esthétique* III, *Le système des arts particuliers*, trad. C. Bénard, revue par B. Timmermans et P. Zaccaria, Le Livre de Poche, 1997.

Heidegger M., "Lettre sur l'humanisme", *Questions III*, trad. A. Préau, R. Munier, et J. Hervier, Gallimard, 1966.

Henry M., *Philosophie et phénoménologie du corps*, PUF, 1965.

Hippocrate, *De la nature de l'homme, Hippocrate, Œuvres complètes*, Édition Littré, t. VI, 1839-1861.

Hobbes T., *Le citoyen*, trad. S. Sorbière, GF, 1982.

———, *Léviathan*, trad. F. Tricaud, Sirey, 1971.

Hoquet T., *La vie*, textes choisis et présentés par Thierry Hoquet, GF, 1999.

Jacob F., *La logique du vivant*, Gallimard, 'Tel', 1970.

———, *Le jeu des possibles*, Fayard, 1981.

Kant E., *Métaphysique des mœurs*, trad. V. Delbos, Vrin, 1979.

———, *Critique de la faculté de juger*, trad. Philonenko, Vrin, 1974.

———, *Leçons de métaphysique, Sur l'état de l'âme après la mort*, Le Livre de Poche, 1993.

———, *Conjectures sur les débuts de l'histoire*, in *La philosophie de l'histoire*, trad. S. Piobetta, Denoël-Gonthier, 'Médiations', 1974.

Kofman S., *L'énigme de la femme*, Le Livre de Poche, 1980.

Laërce D., *Vie, doctrines et sentences des philosophes illustres*, trad. R. Genaille, GF, 1965.

Lagrée J., "La santé et le salut : la pensée du corps dans l'*Éthique* de Spinoza", in *Le corps*, sous la direction de Jean-Christophe Goddard et

Monique Labrune, Vrin, 1992.

Lamarche-Vadel G., "La part commune", in *L'architecture au corps*, Ousia, 1997.

Lamarck J. B., *Philosophie zoologique*, GF, 1994.

Leibniz G. W., *Système nouveau de la nature et de la communication des substances*, GF, 1994.

———, *La monadologie*, Delagrave, 1975.

———, *Lettre de 1696 au journal des savants*, in *Système nouveau de la nature et de la communication des substances*, GF, 1994.

Leroi-Gourhan A., *Le geste et la parole*, Albin Michel, 1989.

Levinas E., *Éthique et infini*, Fayard, 1982.

Libis J., "L'androgyne et le nocturne", in *L'androgyne*, Cahiers de l'hermétisme, Albin Michel, 1986.

Locke J, *Essai philosophique concernant l'entendement humain*, trad. Coste, Vrin, 1989.

Lucrèce, *De la Nature*, trad. J. Kany-Turpin, Aubier, 'Bibl. philosophique bilingue', 1993.

Mably G., *De la législation, Œuvres complètes*, 1789, t. IX.

Maldiney H., "À l'écoute de Henri Maldiney", in *L'architecture au corps*, Ousia, 1997.

Malebranche N., *Traité de morale*, Vrin, 1977.

Mallarmé S., "Ballets", *Divagations*, 'Crayonné au théâtre', NRF, Gallimard, 1976.

Marchand J. P., "Corps, rythme, espace", in *L'architecture au corps*, Ousia, 1997.

Marx K., *Manuscrits de 1844*, trad. E. Bottigelli, Éditions Sociales, 1972.

———, *L'idéologie allemande*, trad. R. Cartelle, G. Badia, Éditions Sociales, 1974.

——, *Le Capital*, trad. J. Roy, Éditions sociales, 1976.

Mauss M., *Les techniques du corps*, in *Sociologie et anthropologie*, PUF, 1950.

Merleau-Ponty M., *Phénoménologie de la perception*, Gallimard, 1945.

——, *La structure du comportement*, PUF, 1972.

——, *Signes*, Gallimard, 1960.

——, *L'œil et l'esprit*, essais, 'Folio-Essais', 1964.

Mertens P., *Les éblouissements*, Points-Le Seuil, 1987.

La Mettrie J. O., *L'Homme-Machine*, Denoël-Gonthier, 'Bibl. Médiations', 1981.

Molière, *Dom Juan*, Classiques Larousse, 1971.

Mottini-Coulon E., *Essai d'ontologie spécifiquement féminine*, Vrin, 1978.

Nietzsche F., *Ainsi parlait Zarathoustra*, trad. G. Bianchis, Aubier, 1969.

——, *Le gai savoir*, traduction P. Wotling, GF, 1997.

——, *Par-delà le bien et le mal*, trad. G. Bianchis, Aubier, 1951.

——, *Fragments posthumes*, XIII, trad. P. Klossowski, Gallimard, 1976.

Onfray M., *Théorie du corps amoureux*, Grasset, 2000.

Orlan, *De l'art charnel au baiser de l'artiste*, Jean-Michel Place & Fils, 1997.

——, "Orlan conférence", in *De l'art charnel au baiser de l'artiste*, 1997.

Pascal B., *Pensées*, édition Lafuma, Le Seuil, 1962.

Pichot A., *Histoire de la notion de vie*, Gallimard, 'Tel', 1993.

Platon, *Phédon*, trad. Chambry, GF, 1965.

——, *Le Banquet*, trad. Chambry, GF, 1964.

——, *La République*, trad. Chambry, Les Belles Lettres, 1967.

——, *Timée*, trad. Chambry, GF, 1969.

Plotin, *Ennéades*, trad. É. Brehier, Les Belles Lettres, 1964.

Plutarque, *Des notions communes contre les Stoïciens*, in *Les Stoïciens*,

Gallimard, 'Bibl. de la Pléiade', 1962.

———, *Contra Epic.*, Jean Brun, *Épicure et les Épicuriens, Textes choisis*, PUF, 1981.

Ponge F., "Proêmes, notes premières de 'l'homme'", in *Le parti pris des choses*, NRF, Gallimard, 1948.

———, *Le parti pris des choses, notes pour un coquillage*, NRF, Gallimard, 1948.

Proclus, *Éléments de théologie*, trad. J. Trouillard, Aubier Montaigne, 1965.

Rabelais F., *Quart livre*, Le Seuil, 1997.

Richir M., *Le corps*, Hatier, 'Optiques philosophie', 1993.

Rodin A., *Éclairs de pensée, écrits et entretiens*, Éditions Olbia, 1998.

Rousseau J. J., *Contrat social*, GF, 1966.

———, *Discours sur l'origine et les fondements de l'inégalité parmi les hommes*, GF, 1971.

———, *Émile*, GF, 1966.

Ryle G., *La notion d'esprit*, trad. F. Jacques, Payot, 1978.

Saint Paul, *Première épître aux Corinthiens*, Genève, Labor et Fides, 1990.

Salem J., *Hippocrate, connaître, soigner aimer. Le serment et autres textes*, Le Seuil, 1999.

Salignon B., "Architecture immobile à grands pas", in *L'architecture au corps*, Ousia, 1997.

Sartre J.-P., *L'être et le néant*, Gallimard, 'Tel', 1943.

———, "Matérialisme et révolution", in *Situations* III, Gallimard, 1982.

Sauzet M., *Entre dedans et dehors, L'architecture naturelle*, Massin, 1996.

Schaal J. F., *Le corps*, Ellipses, 1993.

Scot Erigène J., *De Divisione Naturae*, trad. F. Bertin, PUF, 1995.

Séris J. P., *La technique*, PUF, 1994.

Sextus Empiricus, *Adversus Mathematicos*, in *Les Stoïciens*, Textes choisis par Jean Brun, PUF, 1973.

Spinoza B., *Éthique, Spinoza Opera*, Gebhardt, II, Heidelberg, 1972 ; trad. Pautrat, Le Seuil, 1988.

——, *Traité de la réforme de l'entendement*, G. II, trad. Appuhn, *Œuvres* I, GF, 1964.

——, *Traité politique*, G. III, trad. Appuhn, *Œuvres* IV, GF, 1966.

——, *Lettre* XXI à Blyenbergh, G. IV, trad. Appuhn, *Œuvres* IV, GF, 1966.

——, *Lettre* XXXVI à Blyenbergh, G. IV, trad. Appuhn, *Œuvres* IV, GF, 1966.

——, *Lettre* LIV, à Boxel, G. IV, trad. Appuhn, *Œuvres* IV, GF, 1966.

——, *Lettre* LXXXI à Tchirnhaus, G. IV, trad. Appuhn, *Œuvres* IV, GF, 1966.

Stelarc, "Entretien avec Jacques Donguy", in *L'art au corps*, 1996.

Stobée, *Eclogarum physicarum et ethicarum libi duo*, Jean Brun, in *Les Stoïciens, textes choisis*, PUF, 1973.

Stoller R. J., "Faits et hypothèses", in *Bisexualité et différence des sexes*, sous la direction de J. B. Pontalis, Gallimard, 'Folio-Essais', 1973.

Thomas, *Somme théologique*, trad. Roguet A. M., Éditions du Cerf, 1990.

Valéry P., *L'âme et la danse*, in *Œuvres* II, Gallimard, 'Bibl. de la Pléiade', 1960.

——, *Tel quel, Moralités, Tel quel, Choses tues*, in *Œuvres* II, Gallimard, 'Bibl. de la Pléiade', 1960.

——, *Mauvaises pensées et autres*, Gallimard, 'Bibl. de la Pléiade', 1960.

——, *Eupalinos*, in *Œuvres* II, Gallimard, 'Bibl. de la Pléiade', 1960.

——, *Alphabet*, Le Livre de Poche, 1999.

Voltaire F. M., *Dictionnaire de Philosophie*, article 'âme', GF, 1964.

Woolf V., *Orlando*, Le Livre de Poche, 1994.

——, *Une chambre à soi*, Denoël, 1992.

Younès C., Mangematin M., "Corps, mode d'habiter, Rythme architectural", in *L'architecture au corps*, Ousia, 1997.

옮긴이 후기

이 책은 샹탈 자케(Chantal Jaquet)의 *Le corps*(2001)를 옮긴 것이다. 프랑스의 출판사 PUF는 '중요한 질문들'과 '중요한 저작들' 총서를 내고 있으며, 이 책은 그 가운데 하나이다. 이 책의 저자, 샹탈 자케(1956~)는 파리 1대학 교수이며 스피노자 연구자로서, 스피노자 철학을 현상학, 정치철학 등과 연계시켜서 연구를 진행하고 있다. 이 책에서 그는 스피노자를 넘어서, 서양철학사 안에서의 '몸'(corps)이라는 단어의 의미의 정착을 면밀하게 탐구하고 있으며, 몸의 테크니컬하고 예술적인 역량뿐만 아니라 그 윤리적이고 성적인 역량에 대해 포괄적으로 다루고 있다.

　몸이라는 주제는 근대적 주체와 동시에 출현했다고 할 수 있다. 독자적인 사고의 주체이건 신에게 예속된 주체이건 근대적 주체는 '나'를 역사 속에 등장시켰고, 그런 '나'는 영혼과 몸이라는 두 가지 구성요소들을 가진 것으로서 나타난다. 근대적 주체를 성립시켰던 데카르트에게서 영혼과 몸은 각기 다른 실체에 속하는 것으로서 정의되고 영혼만이 근본적으로 주체로서 인정되었으나, 스피노자에게서 영혼과 몸은 동일한 실체의 두 가지 표현으로 정의되었다. 어쨌든 영혼과 몸은 근대 철학에서 중요한 두 주제였다. 하지만 영혼과 몸이 동등한 자리를 차지한 것은 아니었다. 가령 데카르트에게서 '나'는 몸보다는 영혼에 대해 더 잘 알 수 있는데, 왜냐하면 영혼의 본질인 사유를 사유의 주체가 모를 수 없기 때문이었다. 즉 사유하고 있는 나는 그 자신이 사유하고 있기 때문에 사유에 대해서 모를 수가 없다. 반면에 몸은 외부의 영향을 받는 수동적인 존재이며 능동적인 사유가 밝혀야 하는 대상이 된다. 그에게서 영혼은 원리상 몸에 비해 우위에 놓인다. 스피노자에게서는 영혼은 원리상으로 몸과 평행하다. 하지만 실제로 그의 텍스트에서 몸에 대한 서술은 많지 않다. 자케는 그 이유가 당시의 몸에 대한 객관적 지식의 부족 때문이라고 적는다. 일원론적 주장에도 불구하고, 그리고 영혼과 몸의 평행적 위상에도 불구하고 실제로 탐구와 관찰의 대상인 한에서의 몸은 영혼보다 열등한 위치에 있었다고 할 수 있다. 또는 몸에 대한 연구는 언제나 영혼에 상대적인 것으로, 영혼이 아닌 것으로서 이루어져 왔다고도 볼 수 있다.

그렇다면 근대 이후, 생물학이나 의학이 충분히 발달한 지금, 우리는 몸에 대해 잘 알고 있는가? 이 책의 저자는 그렇지 않다고 생각한다. 몸은 마치 우리 자신의 내부의 심연처럼 피부 안쪽에서 여전히 모호한 대상으로 남아 있다. 그리하여 저자는 폴 발레리(Paul Valéry)의 문장들을 가져오면서, 소크라테스의 '너 자신을 알라'(Gnôti Séauton)의 너를 몸으로 대체한다. 지성이나 이성의 활동으로 알 수 있는 모든 것을 벗어나 있는 몸. 따라서 그러한 몸을 알기 위해서는 이성의 사용이 아닌 다른 무언가가 필요하다.

그래서 샹탈 자케는 '몸'을 다시 발견하라고 권유한다. 몸은 '나'와 분리시킬 수 없이 늘 나를 따라오는 것이며, 그렇기 때문에 거리를 두고 대상화시킬 수 없는 것이기도 하다. 그런 몸에 대한 관심은 시대마다 달랐으며, 지금처럼 몸, 감각, 지각에 대해 거리낌 없이 몰두하는 시대에도 여전히 몸은 탐구해야 하는 것으로 남아 있다. 앞서 말했듯이 몸에 대한 탐구는 지성이나 이성의 사용이 아닌 새로운 방법론을 요청하는바, 역자는 이 책의 저자가 크게 세 가지 방식으로 몸의 탐구 내지 발견을 수행했다고 생각한다.

우선 그는 '몸'(corps, corpus)이라는 단어의 유래를 찾아서 어떻게 무차별적이고 일반적인 다수의 몸(물체)이 유기체적 몸과 구별되는 정의를 얻게 되었는지를 추적한다. 지금 우리가 알고 있는 몸은 일반적인 몸들의 단순한 모음인 집적이나 집합체와 다르게 종합적이고 고유한 유기체적 형태를 갖는다. 그리고 이러한 유기체적 형태는 실제로 홉스와 루소에게서 정치체(le corps politique) 이론을 구성하는 데기여한다.

그렇게 획득된 유기체적인 '살아 있는 몸'은 두 번째로 인간 안에서 영혼과 구별되면서 정의된다. 영혼과 몸은 결합되어 있는가, 아닌가? 만일 결합되어 있다면 어떤 방식으로 결합되어 있는 것일까? 저자는 흔히 이원론자인 데카르트가 인간의 영혼과 몸에 있어서만큼은 결합의 경험이라는 특별한 관점에서 출발해서, 어느 정도는 일원론으로도 읽힐 수 있을 정도로, 연구를 진행하고 있음을 보여 준다.

마지막으로 몸은 실천적이고 실증적인 차원에서, 한편으로는 행동의 역량으로서, 다른 한편으로는 성적 차이를 통해서 탐구된다. 저자는 건축에서의 몸과 공간의 관계 내지 연속성에 대한 현상학적 관찰과 직접적으로 몸과 관련된 무용 예술에서의 몸짓의 기호를 통해 몸이 가진 가능성들을 충분히 보여 준다. 뿐만 아니라 몸의 감각들은 윤리적 규범들의 비가시적인 척도가 된다.

이 책에서 전개되는 몸에 대한 세 가지 접근은 시대적으로도, 즉 고대·근대·현대에서 문제가 되는 몸 또는 몸들로도 읽혀질 수 있다. 그리하여 독자들은 이 책을 읽으면서 몸에 대한 사유의 역사적 흐름을 또한 가늠할 수 있으리라고 생각된다.

아마도 독자들은 이 책을 완독한 뒤, 저 고대 그리스 철학의 몸에서부터 현대의 정치적 이슈가 되고 있는 성차로서의 몸에 이르기까지 굽이굽이 긴 길을 거쳤다는 느낌을 가질 것이다. 때로는 그 여러 가지 길들이 하나로 수렴되지 않고 제각기 방향성을 가지고 있는 것처럼, 그래서 혼동이 가중되는 것처럼 느낄 수도 있을 것이다. 그럼에도 불구하고 우리는 몸에 실리는 저자의 목소리를 감지할 수 있는데, 그것을 두 가지로 이야기해 볼 수 있을 것 같다. 첫째, 우리는 몸을 완전하게 정의하고 구분할 수 없다. 몸을 해명하려는 여러 노력들은 몸들의 정의를 내리고 그 경계선을 완전하게 정하려고 할 때 늘 실패한다. 몸을 생명체로 정의내리고자 할 때, 가령 생명체이기도 하고 아니기도 한 바이러스가 생명체와 비(非)생명체 양 편에 걸쳐 있음을 알게 되고, 두 가지 생물학적 성으로 몸을 정의내리고자 할 때 양성구유의 실제적 존재가 그것을 가로막는다. 몸은 그 모든 것들에 걸쳐 있고 그 모든 것들을 포괄한다. 둘째, (자연적이고 생물학적인) 몸 자체가 가진 역량은 문화적인 거의 모든 영역에 영향을 미친다. 몸은 기본적인 예술적 역량은 물론이고, 그 감각들에 의해 윤리학에도 영향을 미친다. 그리고 몸의 향유와 성적 쾌락은 욕망의 에로스적 역량을 포함한다.

역자는 이 책을 건국대학교 몸문화연구소의 김종갑 소장님의 소개로 알게 되었다. 김종갑 소장님은 이 책을 발견하고 그 장점을 먼저 알아보신 뒤, 프랑스에서 메를로-퐁티를 연구한 역자에게 번역을 요청했다. 이 기회를 빌려서, 좋은 책을 소개하고 번역을 할 수 있는 기회를 준 김종갑 소장님에게 감사드린다. 역자는 이 책의 초벌 번역을 마친 뒤, 그 결과물을 가지고 몸과 관련된 다른 텍스트들과 함께 홍익대학교 미학과에서 강독 수업을 했다. 완성이 덜 된 부족한 번역을 함께 읽고 같이 공부해 준 미학과 학생들에게도 마찬가지로 감사 인사를 보낸다.

2021년 2월

옮긴이 정지은

찾아보기

몸: 하나이고 여럿인 세계에 관하여

초판1쇄 펴냄 2021년 3월 30일
초판2쇄 펴냄 2022년 1월 7일

지은이 샹탈 자케
옮긴이 정지은, 김종갑
펴낸이 유재건
펴낸곳 그린비
주소 서울시 마포구 와우산로 180, 4층
대표전화 02-702-2717 | **팩스** 02-703-0272
홈페이지 www.greenbee.co.kr
원고투고 및 문의 editor@greenbee.co.kr

주간 임유진 | **편집** 홍민기, 신효섭, 구세주, 송예진 | **디자인** 권희원, 이은솔 | **마케팅** 유하나, 육소연
물류유통 유재영, 한동훈 | **경영관리** 유수진

ISBN 978-89-7682-647-3 93160

學問思辨行: 배우고 묻고 생각하고 판단하고 행동하고

독자의 학문사변행을 돕는 든든한 가이드 _그린비 출판그룹

그린비 철학, 예술, 고전, 인문교양 브랜드
엑스북스 책읽기, 글쓰기에 대한 거의 모든 것
곰세마리 책으로 통하는 세대공감, 가족이 함께 읽는 책

이 저서는 2020년 대한민국 교육부와 한국연구재단의 지원을 받아 수행된 연구임 (NRF-2020S1A5B8097404)